Anka Muhlstein
Die Gefahren der Ehe

Elisabeth von England
und Maria Stuart

Aus dem Französischen
von Ulrich Kunzmann

Insel

Titel der französischen Originalausgabe:
Élisabeth d'Angleterre et Marie Stuart ou Les périls du mariage
© Éditions Albin Michel, Paris 2004

Satz: TypoForum GmbH, Seelbach
Druck: Ebner & Spiegel, Ulm
Printed in Germany
Erste Auflage 2005
3-458-17273-4

1 2 3 4 5 6 – 10 09 08 07 06 05

Inhalt

Für Louis

Vorwort

Als ich dieses Buch schreiben wollte, dachte ich über die Ehe der herrschenden Königinnen in der Zeit der absoluten Monarchie nach. Für einen Herrscher ist die Ehe eine Notwendigkeit, denn ohne Ehe gibt es keinen anerkannten Nachkommen. Ohne Erben endet die Dynastie. In Europa hat es kaum jemals einen unverheirateten König gegeben. Hingegen gab es ledige Königinnen, und sie gehörten nicht zu den unbedeutendsten, wie etwa Elisabeth von England und Christine von Schweden, um nur zwei zu nennen. Nicht etwa, weil es keine Bewerber gegeben hätte, sondern weil sie es so wollten. Denn für eine Königin, die wirkliche Macht besitzt, bringt eine Ehe besondere Probleme mit sich und bietet keine Vorteile. Für eine gekrönte Herrscherin bedeutet die Heirat zunächst einmal, daß sie ihre Unabhängigkeit beeinträchtigt. Für alle, die heiraten, gilt, daß sie sich einem Herrn und Gebieter unterwerfen. Der Begriff des Prinzgemahls ist eine moderne Vorstellung. Der Mann der Königin ist im 16. Jahrhundert »der König«. Zwangsläufig wird er zum herrschenden Teil des Paares. Eine uneingeschränkt herrschende Frau kann sich durchaus gegen die Aussicht sträuben, ihre Autorität zu teilen. Und dann: Wen soll sie heiraten?

Die Entscheidung für einen ausländischen Souverän ist nur sinnvoll, wenn er in einem Nachbarreich herrscht und wenn die Ehe zur dauerhaften Vereinigung der beiden Staaten führt, wie im Fall Isabellas von Kastilien und Ferdinands von Aragonien. Eine Vermählung mit einem anderen Herrscher aus einem entfernt liegenden Land bietet kaum einen Nutzen, weder in politischer Hinsicht – ihre Interessen können voneinander abweichen – noch vom persönlichen Standpunkt aus, denn jeder Ehegatte muß in seinem eigenen Land bleiben. Die Ehe würde sich auf seltene und kurze Begegnungen beschränken. Und was wäre, wenn der Anwärter ein jüngerer Königssohn ist? Er müßte dann allerdings glänzende persönliche Vorzüge haben, da ansonsten einer solchen Verbindung nur geringe politische Bedeutung zukommt. Käme vielleicht ein Untertan in Betracht? Dies könnte gefährlich werden, denn das würde unvermeidlich Neider auf den Plan locken, was im schlimmsten Fall zu einem Bürgerkrieg führt. Trotzdem darf man diese Möglichkeit nicht ausschließen, denn die Königin hat ja ständig mit Männern in ihrer Umgebung zu tun, die ihr zu gefallen suchen: Eine neue Liebe kann entstehen und die Königin beeinflussen.

Um dieses vielschichtige Thema zu veranschaulichen, habe ich mich entschieden, zwei Königinnen miteinander zu vergleichen, die in derselben Zeit lebten: Elisabeth von England und Maria Stuart. Diese beiden Cousinen, die sich die Herrschaft über die britische Insel teilten, hatten völlig entgegengesetzte Auffassungen von der Ehe. Die eine, Elisabeth, urteilte als Königin, bezwang ihr Liebesverlangen und beschloß, ehelos zu bleiben; die zweite, Maria, handelte als Frau, und zwar als eine Frau, die sich der Leidenschaft überließ. Sie heiratete, heiratete wieder und sogar noch ein drittes Mal. Diese Entscheidungen prägten das Schicksal der beiden Frauen und ketteten sie unlösbar aneinander. Sie führten das tragische Ende der einen herbei, als die andere den Befehl gab, sie hinzurichten.

I
Eine Prinzessin als Hurenbastard
1533-1553

Elisabeth, Tochter König Heinrichs VIII., genügte es nicht, auf die Welt gekommen zu sein, um sich das glanzvolle Dasein einer englischen Prinzessin zu sichern. Ihre Geburt am Sonntag, dem 7. September 1533, wurde zwar mit Freudenfeuern, endlosem Glockengeläut und einem feierlichen Tedeum in der Saint Paul's Cathedral begrüßt, doch nicht einmal drei Jahre danach enthauptete man ihre Mutter Anna Boleyn unter dem Vorwand, sie sei eine Ehebrecherin. Die kleine Prinzessin verlor ihren Rang, und die Nichtigkeitserklärung der Ehe ihrer Eltern machte aus ihr einen Bastard.

Das Leben verlief nicht ohne dramatische Konflikte am Hofe Heinrichs VIII., des Königs mit den sechs Gemahlinnen: Zwei von ihnen wurden geköpft und zwei andere verstoßen, eine starb im Kindbett, und nur die letzte konnte sich behaupten. Jedes seiner drei Kinder war von einer anderen Mutter. Die Erstgeborene, Maria die Blutige, war die Tochter Katharinas von Aragonien, der ersten Gattin, Elisabeth die der zweiten, Anna Boleyn, und das jüngste Kind, der einzige männliche Nachkomme, Eduard VI., war der Sohn Jane Seymours, der dritten. Elisabeth war siebzehn Jahre jünger als Maria und vier Jahre älter als ihr Bruder. Damit man ihre Kindheit, Jugend und Herrschaftszeit richtig versteht, muß man allerdings etwas weiter ausholen und diese hemmungslosen Familienverhältnisse anschaulich schildern.

Elisabeth war eine Tudor. Sie gehörte also zu einer Familie, die durch die Tatkraft ihres Großvaters Heinrich VII. und dank der Tatsache an die Macht gelangt war, daß im England des

15. Jahrhunderts keine allzu eindeutigen oder verbindlichen Erb-
folgegesetze galten. Das Erstgeburtsrecht, das in der Tradition
des französischen Königtums fest verankert war, wurde in England nicht zwangsläufig als ausreichend und notwendig anerkannt, um die Herrschaft zu erhalten, und hieraus erklären sich
die langen Machtkämpfe der Nachkommen Eduards III. Durch
diesen Bürgerkrieg, die sogenannten Rosenkriege – die Lancaster, jenes Haus, das Heinrich IV., Heinrich V. und Heinrich VI.
hervorbrachte, führten eine rote Rose als Wappenzeichen,
während eine weiße Rose die Linie der York symbolisierte –,
kam es schließlich zu einer Schwächung des Königtums. Wer
auch immer die Krone trug, er mußte sich dem Druck widersetzen, den die großen rivalisierenden Häuser – abwechselnd
Lancaster, York oder Warwick – unablässig auf ihn ausübten,
denn sie verfügten über regelrechte persönliche Armeen.

Als Richard III. am 22. August 1485 von Heinrich Tudor in
der letzten Schlacht der Rosenkriege getötet wurde, nutzte dieser, der letzte Nachkomme der Lancaster, unverzüglich seine
Chance. Lord Stanley, der die Partei des Königs verlassen und
damit den Sieg des Tudors ermöglicht hatte, hob die in den
Staub gefallene Krone hoch und setzte sie ihm auf den Kopf,
wozu der Ruf »Es lebe König Heinrich!« über das Schlachtfeld
schallte. Der neue König machte sich auf den Weg nach London, denn er war entschlossen, seine Rechte durchzusetzen –
etwas fragwürdige Rechte, wie er nur zu gut wußte. Sein Anspruch ließ sich durch die Herkunft seiner Mutter Margaret
Beaufort rechtfertigen. Margaret war die einzige Erbin der
Beauforts und damit eine Urenkelin Johanns von Gent, des
Herzogs von Lancaster, eines jüngeren Sohns von Eduard III.
Da sie in jenen grausamen Zeiten der Herrschaft Richards III.
um das Leben ihres Sohnes, des postumen Nachkommen
Edmund Tudors, fürchtete, ließ sie ihn durch seinen Onkel, den
Grafen Pembroke, in die Bretagne schicken. Dort bemühte er
sich unablässig, Komplotte anzuzetteln, um die Lancasters wie-
der an die Macht zu bringen. Bei seinem zweiten Versuch hatte
er Erfolg und setzte sich auf die einfachste Weise durch: Er

erklärte sich mit dem Namen Heinrich VII. zum König, berief im November 1485 das Parlament ein und bediente sich des Arguments, sein Sieg hätte den Willen Gottes offenbart, ohne daß er auf die Fragen der Erbfolge einging. Seine entschiedene Haltung, die allgemeine Kriegsmüdigkeit und die Tatsache, daß Richard III., der letzte Herrscher aus dem Hause York, keine Nachkommen hinterließ und außerdem seine Neffen, die Söhne Eduards IV., hatte ermorden lassen, waren ausschlaggebend für Heinrich Tudor. Erst danach heiratete er Elisabeth von York, die Tochter Eduards IV., womit er die Rivalität der beiden Clans endgültig überwand.

Die Geburt zweier Söhne und zweier Töchter stärkte die junge Dynastie. Arthur, der Erstgeborene, heiratete 1501 Katharina von Aragonien. Doch als die Trauung stattfand, litt er bereits an einer auszehrenden Krankheit, und er starb fünf Monate später. Offenbar wurde die Ehe der beiden jungen Leute nie vollzogen. Trotzdem war das spanische Ehebündnis, wozu eine lohnende Mitgift gehörte, allzu verlockend, als daß man leichten Herzens darauf verzichten konnte; der stets pragmatische Heinrich VII. löste das Problem, indem er seinen zum Kronprinzen aufgestiegenen zweiten Sohn Heinrich mit der blutjungen Witwe verheiratete. Auch seine beiden Töchter machten glänzende Partien. Margarete heiratete den schottischen König Jakob IV. (Maria Stuart wird ihre Enkelin sein), und die jüngere, Maria, wurde mit dem französischen König Ludwig XII. vermählt. Dieser starb kurz darauf, und die kinderlose Königin kehrte nach England zurück, wo sie eine zweite Ehe mit dem Herzog von Suffolk einging. Sie werden nur weibliche Nachkommen haben, und wir sollen noch auf ihre Enkelinnen Jane und Catherine Grey zu sprechen kommen. Als Heinrich VII. im Jahre 1509 starb und Heinrich VIII. den Thron bestieg, schienen die Erbfolgeprobleme jedoch ganz nebensächlich.

Der junge König war achtzehn Jahre alt. Stark, schön, hochbegabt für alle Leibesübungen, doch gleichermaßen von Musik, Tanz und Poesie fasziniert, Erbe eines Landes, das ein Ende der

inneren Auseinandersetzungen herbeisehnte, Gatte einer in ihn
verliebten Frau, die sich rührend um ihn bemühte, schien er zu
einer glorreichen Herrschaft bestimmt. Eine Reihe von Fehl-
und Totgeburten beunruhigte das junge Paar und sein Gefolge
nur wenig. Außerdem wurde 1516 ihre Tochter Maria geboren,
die kerngesund war. Der König empfand eine gewisse Enttäuschung, weil er keinen Sohn hatte. Da er jedoch überzeugt war,
daß ein Junge nicht lange auf sich warten ließe, zeigte er sich
kaum verstimmt. Schließlich konnte man mit Töchtern glänzende Eheverbindungen erreichen. Schon bald erheiterte ihn
die kleine Prinzessin mit ihren schlagfertigen Antworten, und
da ihm die ehelichen Pflichten gefielen, setzte er seine Bemühungen frohgemut fort. Doch die Jahre vergingen, und der
Erbe kam immer noch nicht. Die anmutige und zarte junge
Frau, die er geheiratet hatte, war verschwunden. Aus ihr war
nun eine kleine, kurzbeinige, plumpe Person geworden, die von
ihren zahlreichen vergeblichen Schwangerschaften erschöpft war
und sich anstrengte, ihm auf Schritt und Tritt zu folgen, so daß
sie ihn mit ihren Aufmerksamkeiten und Zärtlichkeiten ermü-
dete. Auf einmal erschien der sie trennende Altersunterschied
von sechs Jahren wie ein tiefer Abgrund. 1525 erreichte die
Königin das vierzigste Lebensjahr und die Schwelle des Alters,
während der vierunddreißigjährige König niemals heißblütiger
... und hellsichtiger gewesen war. Ganz offensichtlich würde
Katharina keine Kinder mehr bekommen. Man mußte die
Konsequenzen daraus ziehen.

Am Hofe begann man zu tuscheln. Es kursierten Gerüchte
über eine Aufhebung der Ehe. Für eine Trennung fehlte es nicht
an dynastischen Rechtfertigungen. Die Erinnerungen an die
Rosenkriege waren noch lebendig genug, damit eine klare Erbfolge allgemein wünschenswert erschien, und das Problem stellte sich mit weit größerer Schärfe, weil es in der Familie Tudor
keine männlichen Erbfolger als Ersatzlösung gab. In England
akzeptierte man sehr bereitwillig – wie es das Beispiel der Tudors bewies –, daß Mädchen die Königsmacht vererben konnten, aber man fürchtete sich vor der Herrschaft einer Frau.

Wäre eine regierende Königin imstande, Autorität im Krieg zu zeigen, wie dies in einer Zeit notwendig war, in der ein König seine Truppen in den Kampf führte? Die Frage, welche Rolle gegebenenfalls ihrem Gatten vorbehalten bliebe, beunruhigte die Gemüter mit vollem Recht. Ein Prinzgemahl konnte leicht die Macht an sich reißen, und ein ausländischer Fürst, was noch schlimmer war, brächte die Gefahr mit sich, wenn er seine Gattin überlebte, bedrohliche dynastische Verwicklungen heraufzubeschwören. Allerdings war ein solcher Fall noch nie eingetreten, und niemandem lag daran, diese Erfahrung zu machen. Für das Gemeinwohl schien es unerläßlich, daß der König ein zweites Mal heiratete. Man darf sich durchaus vorstellen, daß sich die Königin Katharina damit abgefunden hätte, wenn die Gegenwart einer Rivalin nicht jede Gemütsruhe und Objektivität in diesem Konflikt ausschloß und wenn die Juristen eine Lösung gefunden hätten, um die Rechte und die Stellung ihrer Tochter Maria zu schützen. Statt dessen entbrannte ein erbitterter Kampf, denn die sanfte und fromme Katharina wehrte sich verbissen und zeigte sich einem mächtigen Gegner gegenüber unnachgiebig und unerschrocken.

Heinrich VIII. hatte während seiner Ehe Mätressen gehabt – eine hatte ihm sogar einen Sohn geschenkt, den er anerkannte und zum Herzog von Richmond machte –, aber er war nie leidenschaftlich verliebt gewesen, und vor allem hatte keine von ihm begehrte Dame seine Avancen abgewiesen; wenn er aber übersättigt war, fühlte er sich schnell gelangweilt. Anna Boleyn, ein junges Hoffräulein, war selbstsicher genug, um ein anderes Spiel zu wagen. Sobald der König ihren Reizen erlegen war, verweigerte sie sich ihm. Sie wollte nicht das gleiche Abenteuer wie ihre ältere Schwester erleben, die sich dem König gefügt hatte, jedoch unfähig war, ihn zurückzuhalten, so daß sie sich wenige Monate danach gezwungen sah, einer mittelmäßigen Heirat zuzustimmen. Anna hatte Erfolg mit ihrer Hinhaltetaktik, und Heinrich VIII. verliebte sich heftig in sie. Der Stachel der Begierde verstärkte die Sorge um den Erhalt der Dynastie. Im Jahre 1527 war der König so weit, daß er seine rechtmäßige

Frau verstoßen wollte. Der Krieg zwischen ihnen dauerte sechs Jahre und endete mit einer politischen und religiösen Revolution im ganzen Königreich.

Der Vorwand für die verlangte Aufhebung der Ehe bestand darin, daß Heinrich die Witwe seines Bruders geheiratet hatte, eine von der Kirche untersagte eheliche Verbindung. Papst Julius II. hatte zwar einen Dispens erteilt, dagegen konnte man jedoch einwenden, daß er nicht das Recht hatte, das in der Heiligen Schrift ausgesprochene Verbot aufzuheben. Heinrich VIII. verfügte also über ein schwerwiegendes Argument. Katharina widersprach laut, ihre erste Ehe sei niemals vollzogen worden. Heinrich VIII. wußte ganz genau, daß er eine Jungfrau geheiratet hatte, und deshalb hatten sie und ihr Gatte nicht in Sünde gelebt. Der König war überzeugt, daß Papst Klemens VII. schnell seinen Wunsch erfüllen würde, und er kümmerte sich kaum um diesen Gegenangriff. Viele Herrscher, besonders sein Schwager Ludwig XII.,* hatten die Aufhebung ihrer Ehe erreicht. Aber Heinrich VIII. unterschätzte, welchen Einfluß Karl V., der Neffe Katharinas, auf den Papst ausübte, und sah nicht voraus, daß sich der Papst unzähliger Ausflüchte bedienen würde, die es ihm erlaubten, Zeit zu gewinnen. Der englische König bedrängte Klemens VII. vier Jahre lang. Selbst die Drohung mit einer Kirchenspaltung reichte nicht aus, um den Heiligen Vater zum Nachgeben zu zwingen. Allein Katharinas Tod konnte Heinrich VIII. befreien, und wenn man bedenkt, mit welch offenkundiger Brutalität er seine zukünftigen Gattinnen behandelte, darf man sich wundern, daß er Katharina nicht vergiften ließ. Schließlich bewies ihm Thomas Cromwell, einer seiner Staatsräte, daß er einen falschen Weg gewählt hatte und daß die Lösung für seine Probleme in England und nicht in Rom zu finden war.

---

* Ludwig, der Herzog von Orléans, hatte Johanna von Frankreich geheiratet, die, wie sich herausstellte, keine Kinder bekommen konnte. Nach seiner Thronbesteigung verstieß er sie, um Anna von der Bretagne, die Witwe seines Cousins und Vorgängers Karl VIII., zu ehelichen. Als sie starb, heiratete er Maria Tudor, die Schwester Heinrichs VIII.

Nun geht man über den besonderen Fall des Königs hinaus. Cromwell nutzte die zunehmende Unbeliebtheit der Kirche, der von ihr erhobenen Abgaben, ihrer Mißbräuche und ihres Einflusses, und damit begründete er die konstitutionelle Monarchie in England und organisierte den souveränen Staat. Er bemühte sich nicht um die Unterstützung des Oberhauses, bestand es doch zur Hälfte aus Geistlichen, die sich kaum anboten, die für sie so einträglichen Strukturen der Kirche anzugreifen. Er wandte sich vielmehr an das Unterhaus, denn dort gab es viele Kaufleute, Anwälte und kleine Adlige, die man kaum ermutigen mußte, damit sie die Veruntreuungen der Bischöfe und Priester bekanntgaben und beklagten. 1532 wurde in England die rechtliche Unabhängigkeit der katholischen Kirche abgeschafft. Es wurde untersagt, Berufung an die Kurie bei Ehe- und Erbfolgeangelegenheiten einzulegen. Heinrich VIII., der endlich von der päpstlichen Jurisdiktion befreit war, konnte sich nun von seiner Frau trennen. Eine weitere Bestimmung, die von wesentlicher Bedeutung für die Zukunft des Königreichs war, hob die finanzielle Bevormundung der englischen Kirche durch Rom auf. Bis zur Reformation mußte ein Bischof, wenn er seine Diözese übernahm, einen bestimmten Betrag an den Papst abführen, die Annate, die ein Drittel und mehr der Jahreseinkünfte des Bistums betrug. Nunmehr wurde diese Summe der Krone überlassen. Die Revolution, denn es handelte sich tatsächlich um eine solche, wurde durch die Enteignung der unermeßlichen Besitzungen der Kirche, deren Ländereien ein Viertel des Königreichs umfaßten, zugunsten des Staates abgesichert. Die Klöster wurden aufgehoben und ihre Güter verkauft. Auf nationaler Ebene führte das also zur Unterwerfung der Kirche unter die zivile Obrigkeit. Der König hatte die gesamte weltliche Macht der Kirche an sich gerissen, das heißt das Verwaltungs- und Steuerrecht, das Recht, ihre Würdenträger zu ernennen, und das Recht, ihre Gerichtshöfe zu kontrollieren. 1535 nahm Heinrich VIII. den Titel »Oberhaupt der Kirche von England« an ... und wurde Protestant.

Erzbischof Cranmer, der die Umgestaltung der englischen

Kirche leiten sollte, erklärte Anfang 1533 die Ehe zwischen Katharina und Heinrich für ungültig, und der König heiratete am 25. Januar desselben Jahres Anna Boleyn, eine schnelle und notwendige Entscheidung, denn die junge Frau hatte endlich dem König nachgegeben und war schwanger. Am 1. Juni wurde sie zur Königin von England gekrönt, und ihre Tochter Elisabeth wurde, wie bereits erwähnt, im September geboren. Da sie nunmehr als die einzig rechtmäßige Tochter ihres Vaters galt, erhielt sie den Titel der Kronprinzessin, den zuvor ihre Halbschwester Maria getragen hatte, und man räumte ihr den Vorrang vor ihrer älteren Schwester ein. Man muß sagen, daß sich Anna bei ihrem Triumph nicht großmütig zeigte und ihre Stieftochter mit einer Härte und Strenge behandelte, die ebenso grausam wie beleidigend war. Zu ihrem eigenen Unglück gab sie sich nicht damit zufrieden, das kleine Mädchen zu schikanieren. Unfähig, sich zu beherrschen, machte sie ihrem königlichen Gemahl Szenen und gab ihm die Schuld an ihrer eigenen Unbeliebtheit, nahm aber dessen wachsende Gereiztheit nicht wahr. Denn der so lange herbeigesehnte Erbe ließ immer noch auf sich warten.

Eine ruhigere, vernünftigere, realistischere Frau hätte alles getan, um die Enttäuschung und Ungeduld ihres Herrn und Gebieters zu beschwichtigen. Doch Anna war es nicht gewohnt, auf jemanden Rücksicht zu nehmen. Paradoxerweise war ihr einziger Schutz, daß Katharina lebte. Denn Heinrich VIII. glaubte, er könne seine zweite Ehe nicht auflösen, ohne den Weg für eine erneute Gültigkeitserklärung der ersten Ehe frei zu machen. Aber Katharina, die die unsichtbaren Fesseln ihrer Gefangenschaft nicht aushielt, starb am 7. Januar 1536. Am 29., gerade an jenem Tag, an dem das Begräbnis der ersten Königin stattfand, brachte Anna ein totgeborenes Kind zur Welt, einen Jungen. Das Unglück nahm kein Ende. Heinrich VIII. wollte nicht siebzehn Jahre warten, um eine Ehefrau loszuwerden, die ihn aufs äußerste reizte. Er beschuldigte sie des Ehebruchs, strengte einen Prozeß gegen sie an, denn er legte Wert darauf, daß die Dinge ordnungsgemäß vonstatten gingen. Doch er kümmerte sich nicht im mindesten darum, daß sie sämtliche Vorwürfe abstritt; er ließ die Ehe aufheben und befahl Annas Hinrichtung, die am 19. Mai 1536 vollzogen wurde. Er war so zuvorkommend, ihr das Henkerbeil zu ersparen, das man für unzuverlässiger und schmachvoller als das Schwert hielt, und für ihre Enthauptung ließ er einen besonders geschickten Henker aus Calais kommen. Elf Tage später heiratete er Jane Seymour.

Nun verlor auch Elisabeth ihren Rang. Sie und ihre Schwester Maria blieben Töchter des Königs, wurden als solche anerkannt und erzogen, doch ihre zweifelhafte Legitimität nahm ihnen jeden Anspruch auf den Titel einer Kronprinzessin. Als Jane Seymour einen Sohn gebar und damit Heinrich VIII. endlich die Freude bereitet war, einen männlichen Stammhalter zu haben, verringerte das außerdem ihre Bedeutung, bewirkte jedoch, daß wieder Ruhe in der Familie herrschte. Maria mußte nicht mehr hinter ihrer jüngeren Schwester auftreten, und die beiden Mädchen wichen ganz natürlich und bereitwillig hinter ihrem Bruder zurück. Ihre Anwesenheit bei Hofe brachte keine Schwierigkeiten mit sich. Solange Heinrich VIII. keinen weiteren Sohn bekam, hatte er überdies kein Interesse, Zweifel an ihrer Herrschaftsfähigkeit anzumelden, denn man mußte die beiden Mädchen ja zwangsläufig in Reserve halten. Überdies war es unbedingt notwendig, ihnen einen ehrenhaften Rang zuzuerkennen, um ihnen auf dem Heiratsmarkt einen gewissen Wert zu bewahren. Als Elisabeth geboren wurde, hatte man erwogen, sie mit dem Herzog von Angoulême, dem Sohn Franz' I., zu verloben; als Heinrich VIII. ein Jahr nach der Hinrichtung Anna Boleyns vorschlug, sie mit einem Neffen Karls V. zu verheiraten, lehnte dieser ab, wobei er »das Leben und den Tod ihrer Mutter« als Vorwand anführte. Der König wollte nicht, daß seine Tochter auf der europäischen Stufenleiter noch tiefer sank.

Indessen setzte sich das Eheleben Heinrichs VIII. in einem immer entsetzlicheren Chaos fort. Jane Seymour hatte ihre Pflicht erfüllt, als sie einen Sohn gebar, und daran starb sie, weil sie wie so viele andere Frauen dem Kindbettfieber erlag. Nun wollte der König eine politische Ehe schließen. All seine Versuche, auf diese Weise ein Bündnis mit Franz I. zu sichern, blieben ergebnislos. Er hatte keinen guten Ruf. Maria von Guise, für die man sich interessierte, weil sie hochgewachsen und gesund war, lehnte das Angebot ab. »Ich bin groß«, sagte sie, »aber ich habe einen kleinen Hals.« Und sie fuhr nach Schottland, wo sie Jakob V. heiratete. Nun richtete Heinrich VIII. seine Blicke auf Deutschland und entschied sich für Anna von Kleve, weil sein Botschafter sie ihm empfohlen hatte und der König einem Porträt Holbeins vertraute. Er hätte besser daran getan, auf den französischen Botschafter zu hören, der sie mit wohlüberlegten Worten als »groß, würdig, jedoch von mittelmäßiger Schönheit« beurteilt hatte. Das junge Mädchen ging in Dover an Land und setzte trotz des scheußlichen Wetters die Reise nach London fort, denn es wollte die Begegnung mit dem König, der sie in Greenwich erwartete, nicht hinauszögern.

Bei ihrem Anblick rief Heinrich VIII. bestürzt aus, man habe ihn bei der Ware betrogen. Was tun? Er konnte nicht mehr zurückweichen, ohne sich in die schlimmsten diplomatischen Verwicklungen zu stürzen. Die Hochzeit fand also im Januar 1540 in Greenwich statt, doch nachdem sich Heinrich VIII. einige Nächte lang um Anna bemüht hatte, gestand er seinem Minister Cromwell, daß seine »Natur sie verabscheute«. Er berief sich nicht auf irgendwelche mysteriösen Gründe, Zauber- oder Hexenkünste, um seine Impotenz zu entschuldigen, sondern lediglich auf den Widerwillen, den die schlaffen Brüste der Jungvermählten in ihm erregten. Sie aber, die unschuldig wie eine Nonne und heiter wie ein Vogel im Lenz war, konnte in ihrem nächtlichen Treiben nichts Ungewöhnliches entdekken. Da sie überzeugt war, daß ein Kuß genügte, um ein Kind zu machen, verstand sie nichts von den Ratschlägen ihrer Hofdamen, die sich wegen der unausstehlichen Laune des neuen Ehemanns beunruhigten. Noch sechs Monate setzte der König seine hartnäckigen Anstrengungen fort. Danach, im Juli 1540, beschloß er, »die deutsche Stute« nach Hause zu schicken. Anna war bodenlos naiv, doch es fehlte ihr nicht an gesundem Menschenverstand. Höchst bereitwillig stimmte sie der Scheidung zu – unter der Bedingung, daß sie nicht nach Deutschland zurückgeschickt würde. Heinrich VIII. war erleichtert, daß ihm ein unangenehmer Skandal erspart blieb; er schenkte ihr ein Schloß, versorgte sie mit einer ansehnlichen Leibrente, und sie überlebte in aller Ruhe und in gutem Einvernehmen mit der ganzen Familie.

Heinrich VIII., der bei seinen Bemühungen um eine Gattin aus fernen Ländern und durch die gar zu diskreten Berichte seiner Botschafter eine herbe Enttäuschung erlebt hatte, suchte sich nun Katharina Howard aus, eine junge und entzückende Person, die allzu leichtfertig, kokett und unbesonnen war, als daß sie die Gunst eines Mannes hätte bewahren können, den die Krankheit verbitterte, der unter grauenhaften Unterschenkelgeschwüren litt, übermäßig dick und mit seinem Stiernacken und seinen kleinen, in dem aufgeschwemmten Gesicht untergetauchten Augen abstoßend geworden war, der obendrein kaum noch in der Lage war, seine Begierden zu befriedigen, selbst wenn sie von einem vollkommenen Busen erhitzt wurden. Wie ihre Cousine Anna wurde Katharina des Ehebruchs angeklagt und 1542 geköpft. Katharina Parr, die sechste und letzte Gattin, heiratete Heinrich VIII. im Jahre 1543. Sie zeigte keine große Begeisterung, wie man sich vorstellen kann, war jedoch klug und vernünftig, denn sie hatte aus zwei früheren Ehen gelernt. Sie behauptete sich, ohne Szenen zu machen, und war Maria, Elisabeth und dem jungen Kronprinzen Eduard eine ausgezeichnete und liebevolle Stiefmutter. Nun wurden Elisabeths Aufenthalte am Hof länger, und sie konnte ihren Vater aus der Nähe beobachten. Doch gehen wir noch einmal ins Jahr 1536 zurück, jenes Jahr, in dem Anna Boleyn hingerichtet wurde.

Wie könnte man die Persönlichkeit Elisabeths ergründen, ohne sich zu fragen, wie sie auf den Tod ihrer Mutter reagierte? Eine schwierige Frage. Man weiß nicht, wann sie davon erfuhr, wer ihr das mitgeteilt hat und mit welchen Worten. Sie selbst hat nie ein Wort darüber geäußert. Im Alter von zwei Jahren und acht Monaten hätte sie sicher gespürt, welches Drama sich abspielte, wenn sie bei ihren Eltern gelebt hätte, mag man auch berücksichtigen, daß die damalige Zeit und diese Gesellschaftssphäre kein vertrauliches Familienleben zuließen. Doch dem allgemeinen Brauch folgend hatte man sie auf dem Land untergebracht, im Schloß von Hatfield, ungefähr dreißig Kilometer von London entfernt. Sie verfügte über ein Gefolge, und ihre Erziehung wurde der Gouvernante Lady Bryan anvertraut, die dasselbe Amt bei ihrer älteren Schwester ausgeübt hatte. Diese hatte man gezwungen, die Wohnstätte jenes Kindes zu teilen, das ihr den Titel, die Stellung und die Zuneigung ihres Vaters geraubt hatte. Wenn der König die kleine Elisabeth besuchte, wurde Maria in ihrem Zimmer eingesperrt, als Strafe, weil sie ihrer Mutter treu blieb und sich entschieden weigerte, Anna und deren Kind anzuerkennen. Die Hinrichtung Annas änderte das Verhältnis der beiden Schwestern. Als Elisabeth auf die bescheidene Stellung einer Tochter des Königs zurückgestuft wurde, erhielt Maria wegen des Altersunterschieds den Vorrang vor ihr. Die zwei Mädchen wohnten zwar weiterhin zusammen, doch nun hatte Maria ihre eigene Dienerschaft. Sobald sie sich nicht mehr der demütigenden Pflicht unterziehen mußte, ihrer Schwester zu dienen, ließ sie sich von ihrem Mitgefühl mit einem spaßigen und gescheiten kleinen Mädchen rühren, das sehr schnell begriff, daß es seine ältere Schwester zu respektieren hatte.

Heinrich VIII. ließ jenen ohne große Gefühlsregungen den Kopf abschlagen, die ihm mißfielen, aber er übertrug seinen Zorn nicht auf die Kinder der Opfer. (Außerdem war es Tradition, daß ein verurteilter Adliger seine Kinder dem König anvertraute.) Er setzte also die Besuche bei seiner Tochter fort, lud sie oft zum Hof ein und machte sich Gedanken, wie man ihr eine möglichst gute Erziehung geben konnte. Während Maria also darunter zu leiden hatte, daß man ihre Mutter schlecht behandelte, entging Elisabeth den von der Tragödie heraufbeschworenen Gefühlsqualen. Ihrer Schwester oder ihrem Bruder gegenüber zeigte sie nie ihr Gefühl der Unterlegenheit, wozu

sie das schmachvolle Ende ihrer Mutter hätte veranlassen können, und sie bekundete auch keinen Groll gegen ihren Vater:
Ganz im Gegenteil, sie bewunderte ihn, äußerte nie Furcht in
seiner Gegenwart, und als sie Königin wurde, führte sie ihn
häufig als Beispiel an. Außerdem war das Schafott, das unsere
Phantasie in Schrecken versetzt, damals ein Herrschaftsinstru-
ment. Man hatte so viele illustre Persönlichkeiten geköpft, weil
man ihnen entweder Verrat vorwarf oder weil sie sich weiger-
ten, den König bei seinem Scheidungsverlangen zu unterstützen, daß ihre Nachkommen diesen Tod als einen Ruhmestitel
ansahen. Wie wir noch sehen werden, gehörten zu Elisabeths
Vertrauten viele Waisen, die ihre Angehörigen aus Gründen der
Staatsräson verloren hatten. Ihr engster Freund Robert Dudley,
der erste Peer des Königreichs, der Herzog von Norfolk, ihre
Cousine Catherine Grey und andere hatten alle einen Verwandten unter dem Henkersbeil verloren. Deshalb ging es ihnen
nicht schlechter. Als Elisabeth den Thron bestiegen hatte, begünstigte sie oft ihre Verwandten der mütterlichen Linie und
nahm vom Grafen Hertford gern einen Ring mit einem Ver-
schluß an, unter dem ein Doppelporträt verborgen war – sie
selbst im Profil und ihre Mutter en face –, doch wenn Elisabeth
auch nicht ihre Mutter verleugnete, versuchte sie andererseits
nicht, die Erinnerungen an sie wiederzubeleben. Es war sehr
vernünftig, daß sie keinen Wert darauf legte, die Debatte über
ihre Legitimität aufzufrischen. So widerstrebte es ihr auch aufs
äußerste, eine Hinrichtung zu befehlen, und sie bewahrte zeitlebens eine in jenem Jahrhundert seltene Ehrfurcht vor dem
menschlichen Leben.

Als Eduard, der sehnlichst erwartete Erbprinz, im Oktober
1537 geboren wurde, hatte dies zur Folge, daß Heinrich VIII.,
der sich endlich nicht mehr um die Zukunft seiner Dynastie
sorgen mußte, seinen Töchtern näherkam und sie immer häu-
figer nach London reisen ließ. Die Taufe seines Sohns wurde
zum Anlaß eines großen Familienfestes. Er bestimmte Maria
zur Patin, was eine wahrhaftige Versöhnung bewies, und wollte,
daß auch Elisabeth an der Zeremonie teilnahm. Ihr wurde die

Aufgabe übertragen, das Taufmützchen zu überreichen, das der Priester dem Kind nach der Taufe aufsetzt, doch war sie selbst so klein, daß zwei Lords sie zum Altar tragen mußten. Trotzdem hielt sie sich bis zur letzten Ehe ihres Vaters nie lange bei Hofe auf. Außerdem wurde der kleine Prinz aufs Land geschickt, wo er mit seinen Schwestern zusammenlebte. Sie verbrachten ihre Zeit in verschiedenen Königsschlössern der Umgebung von London. Lady Bryan beendete ihren Dienst bei Elisabeth, um die Verantwortung für Eduard zu übernehmen. Zur Zufriedenheit beider kam das kleine Mädchen in die Obhut von Katherine Champernowne, genannt Kate. Als die junge Frau mit John Ashley, einem Cousin Anna Boleyns, die Ehe schloß, der zum Hofstaat der Prinzessin gehörte, blieb sie in Elisabeths Dienst.

Kate war sofort von ihrer kleinen Schülerin entzückt. Das Mädchen bewies einen solchen Lerneifer, daß man es sogar ein wenig zurückhalten mußte. Man unterrichtete die Kinder von ihrem sechsten Lebensjahr an in Latein sowie in den Grundlagen der Rhetorik, denn für einen Prinzen war es entscheidend, daß er sich angemessen ausdrücken konnte. Elisabeth zeigte eine erstaunliche Begabung für diese Kunst. Als Thomas Wriothesley, der Staatssekretär des Königs, eingetroffen war, um eine Angelegenheit mit Prinzessin Maria zu klären, bat er, die damals sechsjährige jüngere Schwester zu sehen. Sie sprach, wie er amüsiert berichtete, mit der Selbstsicherheit einer Vierzigjährigen. Dann kamen die Unterrichtsstunden in Französisch und Italienisch, Musik und Astronomie. Elisabeth gab deutlich zu erkennen, daß sie gern las. Ihre Schwester hatte eine sehr sorgfältige Erziehung genossen, doch sie wußte nichts von den Freuden intellektueller Spekulation, während Elisabeth zeitlebens großes Vergnügen an geistreichen Unterhaltungen hatte. Selten trennte sie sich von einer großen Tasche, die stets ein oder zwei Bücher enthielt. Man hatte sie gelehrt, ein Werk nicht nur nach dem Inhalt, sondern auch nach der stilistischen Eleganz zu beurteilen. Daher rührte ihr Sinn für Rhythmus und Stilempfinden, der aus ihr eine außergewöhnlich gute Rednerin machte.

Sie war elf Jahre alt, als Katharina Parr, ihre letzte Stiefmutter, in ihr Leben trat, gerade zu dem Zeitpunkt, da ihre Gouvernante Kate alles weitergegeben hatte, was sie wußte, und neue Lehrer unerläßlich wurden. Die Königin verfolgte aufmerksam die Fortschritte Elisabeths und Eduards, der ebenso frühreif und lernbegierig wie seine Schwester war. Die beiden Kinder lebten in getrennten Häusern, doch ihre Lehrer, alles Männer aus Cambridge, berieten sich häufig, wandten dieselben Methoden an und brachten ihre Schüler oft zusammen. Der einzige Unterschied in ihrer Erziehung bestand darin, daß Elisabeth nicht in die praktischen Aspekte der Politik eingeweiht wurde. John Cheke, der beste unter den Lehrern, war für den zukünftigen König verantwortlich. Für Elisabeth empfahl er einen jungen Mann, William Grindall, einen ausgezeichneten Gräzisten und Latinisten. Unglücklicherweise starb er sehr früh. Nun bat Elisabeth um Roger Ascham, den Lehrer Grindalls und Lieblingsschüler Chekes. Sie setzte ihren Wunsch durch, und Ascham übte auf sie einen entscheidenden Einfluß aus. Er beklagte sich, daß er nie nach Cambridge zurückkehren konnte, denn sie lehnte es ab, daß er sich auch nur für ein paar Tage entfernte. Er brachte ihr nämlich weitaus mehr als Latein und Griechisch bei, obwohl ihm auch dies so gut gelang, daß sich Elisabeth mit sechzehn Jahren in den klassischen Sprachen ebenso mühelos ausdrücken konnte wie in Französisch und in Italienisch, jener Sprache, die in diplomatischen Kreisen das Latein ablöste: Er hielt sich gern im Freien auf, hatte viel für körperliche Tätigkeiten, Spiele und Sport übrig, und er gab diese Vorliebe an das Mädchen weiter, das immer rasch von den geistigen Freuden zu den irdischeren Vergnügungen der Jagd, des Reitens und des Tanzes überging.

1544 beschloß Heinrich VIII., der genau wußte, daß er keine weiteren Kinder haben würde, seine Erbfolge zu regeln, indem er seine beiden Töchter offiziell rehabilitierte und sie als Nachfolgerinnen für den Fall bestimmte, daß sein Sohn ohne Nachkommen sterben würde. Wenn seine Töchter keine Kinder bekommen sollten, würde die Krone auf die Nachkommen seiner jüngeren Schwester Maria übergehen, die nach dem Tod Ludwigs XII. den Herzog von Suffolk geheiratet hatte. Damit schloß er die Nachkommen seiner älteren Schwester aus, der Königin von Schottland, weil sie keine reine Engländerin war. Um in England herrschen zu können, müsse man in England geboren sein, urteilte er. Diese Theorie wurde von der gesamten Bevölkerung unterstützt.

Mit dem Tod Heinrichs VIII. am 29. Januar 1547 sollte für Elisabeth eine gefährliche Periode der Ungewißheit beginnen, die erst elf Jahre später endete, als sie schließlich die Krone erbte. Dieses Jahrzehnt, in dem ihr Bruder und danach ihre Schwester herrschten und das von heftigen politischen und religiösen Wendungen geprägt war, wurde die Zeit ihrer politischen Erziehung. Da man sie unablässig beobachtete, verdächtigte, abwechselnd isolierte und hofierte, erkannte sie die Macht der Vorsicht und Verstellung und begriff, daß es unbedingt notwendig war, ihre Ansichten geheimzuhalten. Sie lernte die Kunst, sich mit vollkommener Kaltblütigkeit zu verteidigen. Die sechs Regierungsjahre ihres Bruders, mit dem sie sich gut verstand, wurden zu einer Zeit persönlicher Schicksalsprüfungen; unter der kurzen Herrschaft ihrer Schwester lernte sie die lebensgefährliche Bedrohung durch die Politik kennen.

Die Königinwitwe lud Elisabeth ein, bei ihr in London zu wohnen, als sie gleich nach dem Tod Heinrichs VIII. den Königspalast verließ. Katharina Parr war sanft, liebevoll und tiefreligiös. Man mochte sich vorstellen, daß sie ein höchst ehrenwertes Witwenleben führen würde. Dabei hätte man vergessen, daß sie mit dreiunddreißig Jahren noch ein lebhaft fühlendes Herz besaß. Sie hatte Heinrich VIII. nur ungern geheiratet, denn damals war sie in Thomas Seymour verliebt, der ein jüngerer Bruder Jane Seymours und somit ein Onkel des kleinen Königs Eduard VI. war. Thomas Seymour hatte das dreiste Auftreten eines erfolgreichen Verführers und die Unverschämtheit eines leichtlebigen Zweitgeborenen. Selbstverständlich war er nicht so töricht, die Königin zu umwerben, solange der König

lebte, doch sobald dieser gestorben war, erschien er wieder und
trat nun noch selbstsicherer auf, weil sein Bruder, der Herzog
von Somerset, den der Staatsrat zum Lordprotektor ernannt
hatte, das Amt eines Regenten für den unmündigen König ausübte. Tatsächlich hätte Thomas Seymour am liebsten noch
höher hinausgewollt, und er bildete sich kurze Zeit ein, er
könnte Maria oder Elisabeth heiraten. Aber das redete man ihm
aus. Die Liebe der immer noch schönen und attraktiven Katharina zu ihm war nicht erloschen. Im Mai 1547, nur fünf Monate
nach dem Tod Heinrichs VIII., heirateten sie heimlich. Doch
Seymour wartete nicht lange, bis er bei Frau und Stieftochter
einzog.

Die Dreistigkeit des schönen Seymour war erstaunlich. Er
hatte seinen ehrgeizigen Wunsch, die Königstochter zu heiraten, nicht erfüllen können, doch sie interessierte ihn weiter. Elisabeth war nun vierzehn Jahre alt. Sie wirkte sehr schön und
sehr elegant, wenn man dem Porträt glauben darf, das man für
ihren Vater kurz vor dessen Tod angefertigt hatte. Schwarze
Augen, deren lebhafter Blick an die ihrer Mutter erinnerte,
erstrahlten in einem regelmäßigen, außerordentlich bleichen
Gesicht, das von einer blonden und rötlich schimmernden,
üppigen Haarflut eingerahmt wurde. Auf dem Gemälde hält sie
ein Buch in der Hand und steht vor einer aufgeschlagenen
Bibel, als wollte sie ihre Klugheit und ihren Lerneifer betonen.
Sie hatte jedoch nichts von einem Blaustrumpf und zeigte sich
nicht unbeeindruckt von den Aufmerksamkeiten des schönen
Mannes, der neben ihr lebte, dessen Unternehmungsgeist und
Fröhlichkeit die Studienhausatmosphäre der Familie umge-
wandelt hatte. Katharina, die mit sechsunddreißig Jahren zum
erstenmal schwanger war und die sich von der innigen Zuneigung zu ihrem vierten Gemahl und ihrer ersten Liebe verblen-
den ließ, hatte ihre Autorität und auch ihren gesunden Menschenverstand eingebüßt. Sie ließ zu, daß sich gefährliche Spiele
anbahnten.

Der Herr des Hauses hatte es sich angewöhnt, frühmorgens
in Elisabeths Zimmer einzudringen. Wenn sie noch nicht auf-

gestanden war, zog er die Vorhänge zurück und wollte das Mädchen kitzeln, obwohl es sich, wie die Gouvernante erzählte, an den obersten Rand des Bettes flüchtete. War sie schon aufgestanden, wünschte er ihr einen guten Morgen und unterstrich seinen Gruß mit Klapsen auf Rücken und Hintern. Manchmal war er nur mit einem kurzen Hemd bekleidet und hatte nackte Beine, wenn er auftauchte. Die schockierte Gouvernante beklagte sich so energisch bei Katharina, daß diese die Mühe auf sich nahm, ihren Gatten bei seinen morgendlichen Besuchen zu begleiten, wobei er sich allerdings nicht besser benahm. Außerdem spielte sie eine zwielichtige Rolle, so große Angst hatte sie, ihren Mann zu verärgern. Einmal kam es im Garten zu einer unglaublichen Szene: Katharina hielt Elisabeth fest, während Seymour ihr Kleid in kleine Stücke zerschnitt. Dennoch machten ihr die Klatschgeschichten und der zu weit getriebene Flirt zunehmend Sorgen. Elisabeth hingegen besann sich eines Besseren und verhielt sich vorsichtiger. Obwohl sie gern spät schlafen ging, achtete sie sorgfältig darauf, recht früh aufzustehen und sich anzuziehen, um Seymour von seinen morgendlichen Umtrieben abzubringen. Katharinas Entbindung rückte näher; da ihre Gesundheit einige Besorgnis hervorrief, bediente sie sich dieses Vorwands, um die Prinzessin zu entfernen. Die beiden Frauen beschlossen in gegenseitigem Einvernehmen und ohne Bitterkeit, sich zu trennen. Elisabeth und ihr Gefolge richteten sich bei einem Edelmann und dessen Frau ein, die mit der Königinwitwe befreundet waren. Das junge Mädchen erkannte, daß es besser war, den vertraulichen Umgang mit einem Mann zu meiden, der sie vielleicht stärker verwirrte, als sie glaubte. Doch sie war mit Seymour noch nicht fertig. Als Katharina im September 1548 ein Mädchen zur Welt brachte, überlebte sie die Entbindung nicht; und Seymour, der sich durch diesen Tod befreit fühlte, bildete sich ein, daß endlich die Heirat mit der Prinzessin in greifbare Nähe rückte.

Sein Ehrgeiz überforderte seine Intelligenz, und er legte sich einen Plan zurecht: Da er einerseits eine Ehe mit Elisabeth erträumte, gewann er die Gouvernante für seine Absichten, und nun verlor auch sie alle Besonnenheit und Urteilskraft. Sie besprach die Angelegenheit mit ihrer jungen Herrin. Diese lächelte und errötete, schien den Vorschlag nicht übel aufzunehmen, doch wußte sie genau, daß sie verpflichtet war, den Staatsrat über alle Heiratspläne zu unterrichten, und deshalb ließ sie sich nicht zu weit auf die Affäre ein. Andererseits bemühte sich Seymour, den König für sich einzunehmen – sie standen in einem heimlichen Briefwechsel, wobei sie ihre Botschaften unter einem Teppich verbargen – und ihn zu überzeugen, daß er vom Parlament verlangen könne, seine Minderjährigkeit zu beenden. Seymour verfiel in seiner etwas überhitzten Phantasie auf den Plan, seinen älteren Bruder, den Lordprotektor, von der Macht zu verdrängen. Tatsächlich konspirierte er gegen die bestehende Ordnung, und der Staatsrat reagierte. Am 17. Januar 1549 ließ er Seymour festnehmen und in den Londoner Tower schaffen, was das Vorspiel zu einem Hochverratsprozeß war.

Elisabeth befand sich nun in einer sehr mißlichen Lage. Ihre Gouvernante Kate Ashley und ihr Schatzmeister Thomas Parry wurden ebenfalls verhaftet. Man verdächtigte sie, Elisabeths und Seymours Heiratspläne ohne Wissen des Staatsrates begünstigt zu haben. Darin bestand ihre Schuld, und das rechtfertigte, daß sie festgenommen und verhört wurden. Elisabeth konnte denselben Verdächtigungen nicht entgehen, und Sir Robert Tyrwhitt, ein vom Staatsrat ernannter Sonderbeauftragter, verhörte auch sie. Sie war fünfzehn Jahre alt, sie stand allein, aber sie verteidigte sich geschickt und mit überraschender Willenskraft.

Tyrwhitt wollte die Anklage gegen Seymour absichern. Er unterschätzte die Prinzessin, als er ihr riet, ihren Bediensteten die Verantwortung für die Heiratspläne anzulasten und den Staatsrat nachsichtig zu stimmen, indem sie sich auf ihre Jugend und Unerfahrenheit berufen sollte. Sie gab nicht nach, beteuerte ihre Unschuld und ging zum Gegenangriff über, denn nun beschuldigte sie den Staatsrat, nicht den guten Ruf der Schwester des Königs zu schützen, sondern Gerüchte zuzulassen, denen zufolge sie von Seymour schwanger wäre. Der Beauftragte mußte anerkennen, daß er es mit jemandem zu tun hatte, der klüger war als er: Sie verfüge über einen sehr scharfen Verstand, berichtete er dem Rat, und *but by great policy,* das heißt nur mit großem Geschick, sei aus ihr etwas herauszuholen.

Sie hatte sich also erfolgreich verteidigt, jedoch eine harte Lektion erhalten. Sie nahm Kate Ashley wieder bei sich auf, für die sie tiefe Zuneigung empfand. Parry genoß nie wieder ihr uneingeschränktes Vertrauen. Daß er sich an den von Seymour vorgeschlagenen finanziellen Abmachungen – dieser wollte, wie es hieß, einen Besitzaustausch vornehmen – beteiligt hatte, verärgerte sie ganz zu Recht. Sie ernannte einen anderen Berater für ihre Vermögensangelegenheiten: William Cecil. Dieser Mann stand damals am Beginn einer großen Karriere. Seymour wurde verurteilt und enthauptet, ohne daß sie äußerlich große Rührung zeigte. Er wäre ein geistvoller Mann gewesen, dem es jedoch an Urteilskraft fehlte, erklärte sie kühl.

Manche Historiker unserer Zeit wollen in dieser unschönen Affäre den tiefsten Grund ihres Mißtrauens gegenüber den Männern und der Heirat sehen. Doch auch wenn Elisabeth nicht heiraten wollte, befand sie sich gleichwohl gern in der Gesellschaft von Männern, und zwar von Männern vom Schlage Seymours. Alle ihre Favoriten waren wie er schön, lustig und intelligent, aber unfähig, sie geistig zu beherrschen. Ich glaube eher, daß diese Episode deshalb wichtig ist, weil Elisabeth dabei zum erstenmal verstand, daß die Nähe zum Thron ihre Größe und zugleich Schwäche ausmachte. Für einen Verschwörer war nichts leichter, als sie durch eine einfache persönliche Beziehung in seine Umtriebe zu verwickeln. Ihr Verhalten sollte fortan von äußerster Vorsicht bestimmt werden. Sie widmete sich wieder ihren Büchern, trat in aller Bescheidenheit auf, hielt die Augen niedergeschlagen und begnügte sich damit, hochgelehrte und tiefreligiöse Briefe mit dem König, ihrem Bruder, zu wechseln. Wenn sie bei Hofe erschien, empfing er sie mit großem Pomp und behielt sie stets in seiner Nähe.

Eduard VI., der kindliche König, »the boy King«, war ein schwächlicher und kränklicher Junge, der jedoch großen Anteil an geistigen Themen nahm und sich leidenschaftlich für religiöse Fragen interessierte. Unter der Regierung seines Onkels Somerset, des Lordprotektors, wurde der Protestantismus zunächst durch das Uniformitätsgesetz, das die Zelebration der katholischen Messe untersagte, und dann durch das Erscheinen des *Book of Common Prayer* gestärkt, eines englisch geschriebenen Gebetbuchs, das den Übergang vom Lateinischen zum Englischen in den Kirchen erleichterte.

Mehrere Volksaufstände – die intensive Entwicklung der Schafzucht bereicherte die Großgrundbesitzer und ruinierte die Bauern – untergruben die Autorität des Lordprotektors, dessen Position schon durch die Hinrichtung seines Bruders geschwächt war. John Dudley, sein Rivale im Staatsrat, ein ehrgeiziger, entschlossener und kühner Mann, lehnte sich nun gegen ihn auf. Der Favorit nutzte seinen Einfluß auf den jungen König – da er unter Dudleys Fuchtel stand, gewährte er ihm Ehren, Schätze und den Titel des Herzogs von Northumberland –, sammelte die Unzufriedenen um sich und ließ Somerset wegen angeblichen Hochverrats festnehmen. Dieser wurde im Februar 1552 hingerichtet.

Der fünfzehnjährige Eduard war im Grunde kein Minderjähriger mehr. Er führte den Vorsitz des Staatsrates, überließ aber Northumberland die Regierung. Die protestantische Kirche wurde noch stärker begünstigt, doch der sich verschlechternde Gesundheitszustand des jungen Königs stellte alles wieder in Frage. Seine Schwester Maria sollte die Nachfolge antreten. Nun war aber allgemein bekannt, daß sie niemals ihre katholische Gesinnung aufgegeben hatte. Durch Zwang ihres Vaters wurde sie genötigt, die neue Religion anzunehmen, und konnte sie unter der Herrschaft ihres Bruders nicht aufgeben, doch niemand zweifelte, daß es ihre erste Amtshandlung als Königin sein würde, eine katholische Messe zelebrieren zu lassen und die Protestanten zu entmachten. Das widersprach den Plänen Northumberlands.

Er überzeugte Eduard VI., das Testament seines Vaters für ungültig zu erklären, seine beiden Schwestern unter dem Vorwand auszuschließen, sie seien illegitime Kinder, und die Protestantin Jane Grey zur Nachfolgerin zu ernennen, die Enkelin Maria Tudors, die, wie es der Zufall wollte, seine Schwiegertochter war – ein weiterer entscheidender Vorteil. Elisabeth, die man unterrichtet hatte, war so klug, zu Hause zu bleiben und nicht ans Sterbebett ihres Bruders zu eilen. Damit vermied sie es, Partei ergreifen zu müssen. Maria, die merkwürdigerweise von Robert Dudley, dem jüngsten Sohn Northumberlands, gewarnt wurde, reagierte ebenfalls rasch und flüchtete nach Norfolk, wo die Anhängerschaft des Katholizismus weiter stark geblieben war.

Am 6. Juli 1553 starb Eduard VI. In London proklamierte man Jane Grey als Königin, während man Maria in Norfolk anerkannte. Die unvermeidliche Auseinandersetzung endete nach wenigen Tagen. Die Armee, die Northumberland ausgehoben hatte, um Maria in seine Gewalt zu bekommen, löste sich auf. Die Gefühle des Volkes ließen keinen Zweifel. Ob Maria eine Katholikin war oder nicht, sie war jedenfalls die Tochter Heinrichs VIII. Ihr stand die Krone rechtmäßig zu, und bei ihrem Einzug in London wurde sie mit Freudenrufen empfangen, während man Northumberland unter Hohngeschrei in den Tower brachte, wobei er in seinem Gefolge die junge und unglückliche Schwiegertochter Jane, die Neuntagekönigin, und seine vier Kinder mitführte.

Elisabeth, die sich klug aus dem ganzen Tumult herausgehalten hatte, wobei sie eine Krankheit vorschützte, genas auf wundersame Weise, sobald es keinen Zweifel mehr an Marias Triumph gab, und auf dem Weg nach London traf sie mit ihrer Schwester zusammen. Die Königin empfing sie mit allen erdenklichen Beweisen der Zuneigung, gab ihr den zweiten Platz im Krönungszug, und die beiden zogen zusammen in die Hauptstadt ein. Das Gefolge bot einen prächtigen Anblick, wie es sein mußte. Elisabeth teilte ihre Kutsche mit der dicken Anna von Kleve, die als einzige von den sechs Frauen Heinrichs VIII. überlebt hatte und die nicht ihre Freude verbarg, am Fest teilnehmen zu dürfen. Allen fiel der offenkundige Gegensatz zwi-

schen den zwei Schwestern auf. Das Gesicht der siebenunddrei-
ßigjährigen Königin zeigte alle Spuren eines schweren Lebens.
Eigentlich war sie nicht ausgesprochen häßlich, wie der venezianische Botschafter berichtet, obwohl seine Schilderung kaum
enthusiastisch wirkte: »Eher klein als groß, von rötlichweißer
Hautfarbe und sehr mager, hat sie große und graue Augen, rote
Haare und ein rundes Gesicht mit einer vielleicht ein wenig
platten und breiten Nase: Alles in allem könnte man sagen, daß
sie eher schön als häßlich ist, wenn es mit ihr wegen ihres Alters
nicht allmählich etwas bergab ginge.«[1] Doch ihr fehlte jeder
Liebreiz, und ihre Kurzsichtigkeit gab ihr ein distanziertes Aussehen. Ihre jüngere Schwester hingegen zeigte sich strahlend
jung, elegant und majestätisch. Außerdem beherrschte sie die
Kunst, die Menge zu begrüßen, die Blicke auf sich zu ziehen
und auf den Beifall mit einem glücklichen Lächeln zu antworten. Zweifellos verkörperte sie die Zukunft, doch die Gegenwart erfüllte sie mit einigen Sorgen. Wenn ihr Bruder, der ihr
stets große Zuneigung bekundet hatte, auf seinem Sterbebett
dennoch versucht hatte, sie von der Erbfolge auszuschließen,
was hatte sie dann nach dem Machtantritt einer Schwester zu
erwarten, mit der sie keinerlei Wesensverwandtschaft hatte?
    Es begann die Herrschaft der ersten Königin von England.
Eine schwierige Regierungszeit, und sie rechtfertigte alle Befürchtungen, die Heinrich VIII. bei der Aussicht geäußert hatte,
seiner Tochter den Thron zu überlassen. Was würde er gesagt
haben, wenn er sich hätte vorstellen können, daß nicht nur
England, sondern auch Schottland bis in die letzten Jahre des
Jahrhunderts der Regierung einer Frau unterworfen sein würde?

II
Das warnende Beispiel Maria Tudors
1553-1558

Die Herrschaftszeit Maria Tudors war kurz und unheilvoll –
unheilvoll für das Land, doch auch für die Königin. Ihre fünf
Regierungsjahre waren von Unvernunft und Stagnation ge-
kennzeichnet. Die Wechselfälle des Lebens hatten auf dem
Gesicht und im Geist der Königin ihre Spuren hinterlassen. Sie
litt weitaus mehr als Elisabeth darunter, daß sie in Ungnade
gefallen war, und wenn es auch nur deswegen wäre, weil sie älter
war und somit mehr begriff, was alles sie verloren hatte. Anders
als ihre Schwester, die nie an der Pflicht gezweifelt hatte, ihrem
Vater zu gehorchen, und die deshalb nie in Konflikt zu ihm
geraten war, hatte sich Maria geweigert, sich seinem Willen zu
unterwerfen. Er reagierte darauf, indem er sie in einer demütigenden Isolation hielt. In ihrer Jugend aller Liebe beraubt, von
der Ungerechtigkeit verhärtet, wandte sie sich unbeirrbar Spanien zu, dem Vaterland ihrer Mutter, wo sie seelischen Trost
und politische Unterstützung finden konnte.

Trotzdem hatte Maria Tudor, die kleine Prinzessin von Wales,
denn dies war der Titel der Kronprinzessin, der Erbin der englischen Krone, die von ihrem Vater verwöhnt und von den Höflingen bewundert wurde, zunächst eine glückliche Kindheit
erlebt, bis es 1527 zum erstenmal um das Problem der Scheidung ihrer Eltern ging. Damals war sie elf Jahre alt. Wie bereits
erwähnt, war es dem König nicht möglich, schnell zu agieren,
und wohl oder übel mußte er die Königin mit einem Mindest-
maß an Rücksichtnahme behandeln, das er ihr schuldig war.
Die Zuneigung, die er ihrer gemeinsamen Tochter immer gezeigt hatte, änderte sich während der ersten Jahre des Konflikts

nicht. 1531 aber verhärtete sich seine Haltung: Die Königin wurde in die nördlich von London gelegene Grafschaft Hertfordshire geschickt, und Maria zog nach Richmond, einem Fürstenschloß in Yorkshire, das weiter von der Hauptstadt entfernt war. Mutter und Tochter sollten sich nie wiedersehen. Heinrich VIII. untersagte ihnen jede Verbindung und jeden Briefwechsel. Er selbst empfing seine Tochter drei Jahre lang nicht. Die Geburt Elisabeths brachte sie um ihren Titel und ihre Unabhängigkeit. Sie wurde gezwungen, mit ihrer jüngeren Schwester zusammenzuleben, und nahm eine ganz untergeordnete Stellung ein. Ihr Vater verlangte ihr Silbergeschirr und ihren Schmuck zurück, und diese unnötig kleinliche Handlungsweise schockierte seinen Hofstaat. In dem Kampf zwischen Katharina von Aragonien und Anna Boleyn hatte die erstere viele Anhänger, denn man glaubte allgemein, Anna habe den König aufgehetzt, so zu handeln. Daß er die Prinzessin derart quälte und aus ihrer gewohnten Umgebung riß, schien mehr als übertrieben streng. Wenn der König die kleine Prinzessin Elisabeth besuchte, wurde Maria, die sich immer weigerte, Anna Boleyn als Königin anzuerkennen, in ihrem Zimmer eingesperrt, wo man sie auch die Mahlzeiten einnehmen ließ. Diese Strenge verstärkte nur noch den Starrsinn des jungen Mädchens. In den heimlichen Botschaften, die ihre Mutter schickte, empfahl sie ihr eine zwiespältige Verhaltensweise. Sie solle ihrem Vater gehorchen, aber bei religiösen Fragen nie nachgeben: Die Treue zu ihrer Religion verlangte jedoch von Maria, daß sie die Scheidung ihrer Eltern nicht anerkannte. Die Hinrichtung Anna Boleyns kehrte schließlich die Lage um. Maria, die sich vom spanischen Botschafter beraten ließ und die der Tod ihrer eigenen Mutter befreit hatte, unterwarf sich endlich ihrem Vater, dem König, sagte sich von der katholischen Kirche los und erhielt wieder eine angesehene Stellung bei Hofe.

Trotz aller Kränkungen bewahrte sie eine würdige und hochherzige Haltung. Ihre Verachtung Anna Boleyns übertrug sie nicht auf deren Tochter, mit der sie normale oder sogar herzliche Beziehungen unterhielt. Als sie Königin wurde, bewies sie

Nachsicht gegenüber ihren politischen Feinden. Ihre erste Regung war, allen zu vergeben: So etwa lehnte sie es ab, Jane Grey hinrichten zu lassen, liebte sie doch diese Cousine und kannte sie nur zu gut, um nicht überzeugt zu sein, daß sie Opfer des Ehrgeizes ihrer Familie war. Nur in religiösen Fragen verhielt sie sich unversöhnlich. Ihr Fanatismus brachte ihr den Beinamen »die Blutige« ein, denn die liebenswürdige kleine Dame, die gleich nach ihrer Thronbesteigung die katholische Kirche wiederherstellte, zögerte nicht, Menschen zu verbrennen, um deren Seele zu retten. Ihr religiöser Eifer und ihre politische Unfähigkeit rissen sie ins Verderben. Sie erkannte nicht, daß es unbedingt notwendig war, die Tudors unerschütterlich weiter mit dem Schicksal Englands zu identifizieren. Ganz im Gegenteil, sie wurde von dem Stolz auf ihr spanisches Blut und von ihrem religiösen Glauben beherrscht. Sehr bald wirkte sie in ihrem Königreich wie eine Fremde. Nichts ist gefährlicher für einen Herrscher. Das konnte sie nicht begreifen, und das machte sie verhaßt.

Es ging nicht ausschließlich um die Lehre. Man darf annehmen, daß der Protestantismus noch nicht genug Zeit hatte, um tiefe Wurzeln im Land zu schlagen, und daß sich viele Engländer damit abgefunden hätten, zur Messe in lateinischer Sprache zurückzukehren, und das trotz des unausrottbaren Hasses gegen die Priester und ihre Amtsgewalt, wie er vor allem in London und im Süden des Königreichs herrschte. Damit würde man aber den wirtschaftlichen Gesichtspunkt des Problems außer acht lassen. Ein großer Teil der Bevölkerung hatte sich durch den Kauf von Klosterländereien bereichert. Die neuen Eigentümer hatten – wie die Käufer der sogenannten Nationalgüter im nachrevolutionären Frankreich – nicht die geringste Absicht, diesen Besitz wieder herzugeben. Ihre Treue zur neuen Kirche war untrennbar mit ihrem neuerworbenen Vermögen verbunden. Die finanziellen Interessen dieser Käufer, die Adlige, Bürger und in einigen Fällen sogar Großbauern waren, schützten den Fortbestand des Protestantismus in England.[1] Die Religionspolitik der Königin erregte Unzufriedenheit, wie vorauszusehen war. Eine heftige Opposition zeigte ihr, daß sie das Vermögen der katholischen Kirche niemals wiederherstellen könnte, und die ersten in London zelebrierten Messen wurden von Tumulten unterbrochen. Doch der Königin fehlte es an politischem Einfühlungsvermögen, und durch ihre Heiratspläne verschärfte sie noch die religiöse Unruhe.

Bei ihrer Thronbesteigung war Maria schon siebenunddreißig Jahre alt. Sie durfte keine Zeit verlieren, wenn sie sich einen Erben sichern wollte. Nach Ansicht ihrer Staatsräte und des Parlaments kam einem Heiratskandidaten der unbedingte Vorrang zu: Edward Courtenay, der einzige Nachkomme Eduards IV. und letzter Sproß der Yorks. Die Ehe mit ihm hätte die Dynastie gestärkt, genau wie dies die Heirat Heinrichs VII. mit Elisabeth von York bewirkt hatte, und sie ließe sich rasch arrangieren. Maria verstand das nicht so. Sie urteilte nicht als englische Königin, sondern blieb den Grundsätzen treu, nach denen sie sich in den langen Jahren des Wartens und des Unglücks gerichtet hatte. In jener Zeit war der Beistand Spaniens ihr einziger Trost. Als sie den Thron bestieg, herrschte noch Karl V. Sein Sohn Philipp hatte eine portugiesische Prinzessin geheiratet und war verwitwet, stand also zur Verfügung. Die Gelegenheit schien ihm unwiderstehlich, England aus dem Bündnis mit Frankreich zu lösen und die Einflußsphäre Spaniens weiter zu vergrößern. Er hielt um Marias Hand an, und diese willigte ein, stellte sich taub gegenüber der allgemeinen Haltung ihrer Untertanen, die einen solchen Plan mit Bestürzung aufnahmen.

Seit dem dramatischen Ehekonflikt ihrer Eltern war jeder Versuch, sie zu einem Verlöbnis zu bewegen, zum Scheitern verurteilt. Franz I., der an sie als Frau für den Dauphin gedacht hatte, lehnte unverzüglich ab. Wer hätte wohl eine Prinzessin heiraten wollen, die gewissermaßen in Ungnade gefallen war, als illegitim verdächtigt wurde, nicht den geringsten Einfluß hatte, insgeheim dem Katholizismus anhing, aber Tochter eines protestantischen Herrschers war? Solange ihr Bruder lebte, stellte sich die Frage genausowenig, doch als sie frei und Köni-

gin wurde, reichte sie dem Erben des Königreichs Spanien
höchst bereitwillig die Hand. Mit der Schwärmerei einer alten
Jungfer geriet sie vor dem großartigen, von Karl V. geschickten
Porträt, von Tizian gemalt, ins Träumen: Es zeigte den Bewerber, der elf Jahre jünger als sie war, und bald bildete sie sich ein,
eine Liebesheirat einzugehen. Zwar gestand sie Simon Renard,
dem spanischen Botschafter, daß die Jugend des Bewerbers sie
ein wenig verwirrte, dieser versicherte indes, daß der junge
Witwer, der Vater eines Kindes, Don Carlos, außergewöhnliche
Reife beweise. Wenn Maria wegen der kühlen Reaktion ihrer
Untertanen und der Mißbilligung ihrer Staatsräte beunruhigt
war, so ließ sie das nicht erkennen. Eigensinn war ohne Frage
ihr charakteristischster Wesenszug. Elisabeth äußerte selbstverständlich nicht ihre Meinung, doch ihr Schweigen schloß nicht
aus, daß sie sich Gedanken machte. Es gab keinen Grund, daß
sie sich der geringsten Illusion über die Glückseligkeit der Ehe
hingegeben hätte. Die Bilanz des Ehelebens ihres Vaters war
vernichtend; die Eskapaden Seymours, des Gatten ihrer Stiefmutter, hatten sie in Mitleidenschaft gezogen, doch als sie die
Ehe ihrer Schwester beobachtete, die sowohl im privaten Bereich, wie wir später sehen werden, als auch auf politischem
Gebiet katastrophal war, sah sie sich in ihrem angeborenen
Mißtrauen gegen eheliche Bande bestärkt.

Die spanische Heirat führte zwei oppositionelle Bewegungen
zusammen. Die rein protestantische Opposition stellte alarmiert
fest, daß die Autorität des Papstes in England wiederhergestellt
wurde und die katholischen Kräfte neue Macht gewannen; die
eindeutig politische Opposition fürchtete den beherrschenden
Einfluß Spaniens im Königreich. Elisabeth wurde in den Konflikt hineingezogen, zumal sie als reine Engländerin und Protestantin als das Gegenteil ihrer Schwester erschien, und deshalb
vereinten sich in ihrer Person, ob sie es nun wollte oder nicht,
die Bestrebungen der oppositionellen Kräfte. Simon Renard,
der Botschafter Karls V., war sich dessen vollkommen bewußt
und beobachtete voll Sorge den möglichen Machtzuwachs der
Prinzessin.

Elisabeth hatte es in der Zeit ihres Vaters gelernt, keine überflüssigen Fragen zu stellen, keine unnützen Urteile abzugeben,
Diskretion und Gehorsam vorzuspiegeln. Unter der Herrschaft
ihrer Schwester wurde ihre Lage weitaus schwieriger und gefährlicher, und wäre es auch nur, weil sie sich nicht länger passiv
verhalten durfte. Sie mußte Stellung nehmen, so etwa zu den
religiösen Fragen. Zunächst beschränkte sie sich darauf, sich
jeder katholischen Zeremonie zu entziehen, doch angesichts
des offenkundigen Mißfallens der Königin hielt sie es für zweckmäßig, ihr nachzugeben, und bat, in der alten Religion des
Königreichs unterrichtet zu werden. Die Königin bezweifelte,
daß diese Bekehrung aufrichtig gemeint war. Renard warnte sie
täglich, denn er hätte gern gesehen, daß man Elisabeth im
Tower einsperrte oder ihr ein noch übleres Schicksal bereitete.
Maria verhielt sich ihrer jüngeren Schwester gegenüber äußerst
kühl und versuchte sogar im Widerspruch zur Meinung ihrer
Minister, Elisabeths Platz in der Erbfolge in Frage zu stellen.
Deshalb bat diese um die Erlaubnis, sich aufs Land zurückziehen zu dürfen. Vor aller Augen nahm sie Chorröcke und Meßgewänder mit, die für das Zelebrieren der katholischen Messe
unentbehrlich waren. Eine höchst sinnvolle Abreise.
Sie befand sich nicht in London, als die Botschafter Karls V.,
die beauftragt waren, die Bedingungen des Ehevertrags auszuhandeln, am 2. Januar 1554 eintrafen. Diese Botschafter wurden
auf den Londoner Straßen mit finsteren Mienen und sogar
Schneebällen empfangen. Darauf sollte noch Schlimmeres folgen. Es kam zu einem regelrechten Aufstand gegen die »spanische« Königin. Sir Thomas Wyatt, ein Edelmann aus der Grafschaft Kent, stellte sich an die Spitze der Rebellion. Als er in
London eindrang, führte er dreitausend Mann an. Die überlegenen Regierungsstreitkräfte zwangen ihn, sich zu ergeben,
aber die Königin und ihre Staatsräte hatten das Fürchten gelernt, und sie reagierten mit irrationaler Brutalität. Daß man
Wyatt und seine wichtigsten Stellvertreter hinrichtete, war normal, doch es ergab überhaupt keinen Sinn, daß dieses Schicksal
auch Lady Jane Grey und ihrem Gatten zuteil wurde, die schon

seit Monaten im Tower saßen, nicht die geringste Verbindung mit der Außenwelt hatten und überhaupt nichts von der Verschwörung wußten. Die Königin und ihre Minister wollten tatsächlich Elisabeth einschüchtern. Dabei gingen sie noch weiter, wozu sie der Botschafter Karls V. drängte.

Die größte Gefahr für Elisabeth rührte daher, daß ihr bloßes Dasein eine politische Bedrohung ihrer Schwester darstellte. Was gibt es Nützlicheres für eine Opposition als einen unmittelbar verfügbaren Ersatzherrscher? Elisabeth verstand das so gut, daß sie zeitlebens davor zurückschreckte, einen Nachfolger zu ernennen. Sie wußte aus Erfahrung – einer unbarmherzigen Erfahrung –, daß der Thronerbe alle Unzufriedenen anzieht, ob er es will oder nicht.

Sobald der Aufstand Wyatts niedergeschlagen war, setzte sich Maria mit dem Problem auseinander, das ihre Schwester darstellte. Elisabeth befand sich seit Dezember in Ashridge und litt an einer akuten Nierenentzündung. Sie erklärte, sie sei krank und nicht in der Lage, die Entfernung von wenigen Dutzend Kilometern auszuhalten, die sie bis London zurücklegen müßte, wohin die Königin sie bestellt hatte. Diese sah das ganz anders. Als die Ärzte, die sie an Elisabeths Krankenbett geschickt hatte, ihr zusicherten, daß die Reise nicht lebensbedrohlich sein würde, erteilte sie ihr den Befehl, sich an den Hof zu begeben. Elisabeth benutzte eine Sänfte und reiste in sehr kurzen Etappen, damit sie die Ankunft so lange wie möglich hinauszögern konnte. Als sie schließlich in der Hauptstadt ankam, sah sie so außerordentlich blaß aus, daß alle Zuschauer von ihrem Anblick betroffen waren. Sie wurde in den Palast von Whitehall gebracht, wo sie einen Monat eingesperrt blieb, während der Staatsrat über ihr Schicksal debattierte. Gardiner, der Bischof von Winchester, dem Botschafter Renard beistand, war davon nicht abzubringen: Maria könnte niemals ruhig regieren, wenn man Elisabeth am Leben ließe. Mendoza, der zukünftige spanische Botschafter in England, schrieb dem Bischof von Arras ganz unumwunden: »Man ist der Ansicht, daß man sie [die Prinzessin] hinrichten muß; solange sie noch am Leben ist,

kann der Prinz [Philipp] nicht ungefährdet ins Land kommen.«[2]
Andere Räte, vor allem Lord Paget, der Staatssekretär, widersetzten sich entschieden dieser Schlußfolgerung: Die Hinrichtung oder auch nur die Gefangenschaft der Prinzessin beschwor
die große Gefahr einer zweiten Rebellion herauf, die den Beistand einer wirklichen Volksbewegung finden würde. Maria
zögerte. Da sie jedoch dem Drängen der Spanier nicht widerstehen konnte, beschloß sie im März, Elisabeth im Tower einzu-
sperren.

Elisabeth hatte bei Schicksalsschlägen stets Ruhe und Würde
bewahrt, doch unter diesen Umständen genügte die bloße Er-
wähnung des Towers, um sie in Schrecken zu versetzen. Der
Tower, der zugleich als Festung, Königspalast, Gefängnis und
Hinrichtungsstätte für die Großen des Reichs diente, war der
Name eines ganzen Gebäudekomplexes. Bisher hatte Elisabeth
nur den Teil kennengelernt, der den Herrschern vorbehalten
war. Sie hatte diesen Bereich oft betreten, um ihren Vater oder
ihren Bruder zu besuchen, die dort gewöhnlich residierten.
Als Kind hatte sie in den Gärten gespielt und lange Zeit vor
den Käfigen des Tiergeheges verbracht, um die Löwen anzu-
schauen, die nach verschiedenen Königen benannt waren. Erst
vor kurzem hatte sie ihre Schwester dorthin begleitet, als diese
ihren triumphalen Einzug in London hielt. Vom Tower ging die
große Prozession aus, die Maria Tudor zu ihrer Krönung nach
Westminster führte. Diesmal aber drohte Elisabeth die Gefahr,
die Festung kennenzulernen, die in den Stein gehauenen Kerkerzellen mit den Gitterstäben an den Fenstern. Die Phantasie
ging mit ihr durch, hatte der Tower doch für sie eine besonders
grauenhafte zusätzliche Bedeutung: Dort hatte man ihre Mutter hingerichtet und deren verstümmelte Leiche zusammen mit
den anderen Opfern Heinrichs VIII. in der Kapelle St. Peter
ad Vincula begraben. Die Überführung von Whitehall in den
Tower konnte nur etwas sehr Schlimmes bedeuten. Gerade erst
hatte man dort ihre Cousine Jane Grey enthauptet, obwohl
allgemein bekannt war, daß sie nicht das geringste mit der Verschwörung Wyatts zu tun hatte. Warum sollte ihr selbst ein

besseres Schicksal bevorstehen? Sie bat die beiden Lords, die
sie verhaftet hatten, ihr eine Unterredung mit der Königin, ihrer Schwester, zu ermöglichen. Diese Bitte wurde abgelehnt.
Könnte man ihr wenigstens die Zeit lassen, der Königin zu
schreiben? Die beiden Männer willigten ein, und Elisabeth verfaßte langsam, ganz langsam ihre Epistel. Man hatte ihr mitgeteilt, daß sie auf dem Wasserweg in den Tower gebracht würde,
denn man befürchtete, eine Überführung durch die Londoner Straßen würde Sympathiebekundungen für sie herausfordern. Sie wußte, daß Schiffe bei Niedrigwasser nicht unter der
Londoner Brücke hindurchfahren konnten. Wenn sie ein paar
Stunden gewann, würde sie einen ganzen Tag in Freiheit gewinnen.

Der Brief wirkt erschütternd, denn die im allgemeinen so
regelmäßige Schrift Elisabeths sieht unsicher aus, und die zahlreichen, bei ihr so ungewöhnlichen Grammatikfehler beweisen, von welcher Erregung und Angst sie erfaßt war. Ihr Mißtrauen zeigt sich daran, daß sie mit großen Schrägstrichen den
unbeschriebenen unteren Teil der letzten Seite unbrauchbar
machte, weil sie befürchtete, daß man ihre Schrift nachahmte
und ein Schuldbekenntnis hinzufügte. Aber die Königin antwortete nicht, und am Palmsonntag, dem nächsten Tag, hielt
Elisabeths Barke im strömenden Regen am Fuß des Towers.
Man hatte sich entschieden, daß sie das Innere des Towers nicht
auf den »Queen's Steps«, den *Stufen der Königin*, betreten sollte,
sondern durch das »Traitor's Gate«, das *Tor der Verräter*. Von ihren
Wachen umringt, war Anna Boleyn durch dieses Tor als Gefangene eingetreten. Elisabeth versteifte sich und erklärte: »Here
landeth as true a subject, being a prisonner, as ever landed at
these steps, and before thee, O God, I speak it, having none
other friends but thee.«* Tatsächlich erlaubte der Wasserstand
nicht, anzulegen; man ging also am Tower Wharf an Land, und
sie schritt über die Zugbrücke in die Festung. Sie kam an den

---

* »Hier steigt eine Gefangene an Land, die treueste der Untertanen, die
jemals an diesen Stufen gelandet ist, und so spreche ich vor Dir, o mein Gott,
denn ich habe keinen anderen Freund als Dich.«

Löwen der Menagerie vorbei und erblickte das Schafott Jane
Greys, bevor sie das Gebäude betrat.

Auf Anordnung der Königin wurde sie in einem Gemach des
festungsartigen Palastes und nicht in einer Kerkerzelle untergebracht, doch man nahm ihr jede Möglichkeit, sich frei zu bewegen. Vielleicht zum erstenmal in ihrem Leben wurde Elisabeth,
die sich stets rühmte, die Tochter ihres Vaters zu sein, von den
Erinnerungen an ihre Mutter verfolgt. Anna Boleyn hatte zweimal dieselben Räume bewohnt: am Tag vor ihrer Hochzeit und
am Tag vor ihrer Hinrichtung. Man ließ der Prinzessin ihre
Kammerfrauen und gestattete, daß man ihr Essen von draußen
brachte, denn sie befürchtete, vergiftet zu werden; einige Tage
danach erlaubte man ihr sogar, an den Festungswällen spazie-
renzugehen, doch nichts konnte ihre Angst beschwichtigen.
Während ihrer Haft fanden drei Hinrichtungen statt, und
mehrmals fragte sie, ob man das Schafott Jane Greys abgerissen
hätte. Sie lebte völlig isoliert, und niemand durfte sie ansehen,
wenn sie für kurze Zeit ihr Zimmer verließ. Eines Tages gab ihr
ein fünfjähriges Kind, der Sohn eines Wächters, einen kleinen
Strauß. Man nahm ihr die Blumen weg, weil man befürchtete,
daß in ihnen eine Botschaft versteckt wäre. Trotzdem behandelte man sie respektvoll. Sie war eine Königstochter und die
Zukunft ungewiß: Der Graf von Sussex hatte ihre Wärter gewarnt, indem er sie darauf hinwies, daß sie sich vielleicht eines
Tages für ihr Verhalten verantworten müßten.

Diese Aussicht wirkte noch wahrscheinlicher, weil die auf-
einanderfolgenden Verhöre zu keinem Ergebnis führten, das es
erlaubt hätte, Anklage gegen die Prinzessin zu erheben. Sie verteidigte sich energisch. Es fehlte an Beweisen und, was vielleicht noch wichtiger war, an dem politischen Willen, sie zu
verurteilen. Die Spanier konnten den Staatsrat noch so sehr
drängen, unverzüglich zu handeln – die Regierung, die wohl
wußte, wie beliebt die Prinzessin in London war, sträubte sich,
weil sie befürchtete, daß eine ganz und gar ungerechtfertigte
Hinrichtung – oder selbst eine längere Haft – einen Ausbruch
des Volkszorns hervorrufen würde. Zwei Monate nach ihrer

Verhaftung öffnete man ihr daher die Tore, wenn auch die Freiheit, in die ihre Schwester sie entließ, streng beaufsichtigt wurde. Eine Rückkehr nach Hause kam nicht in Frage. Sie wurde
der Obhut von Sir Henry Bedingfield anvertraut, dem Oberhaupt einer großen Familie in Norfolk. Zusammen mit ungefähr hundert Mann erschien er im Tower, um die Gefangene zu
übernehmen. Am 19. Mai machte sich der ganze Trupp auf den
Weg nach Woodstock, einem kleinen, ziemlich baufälligen
königlichen Jagdschloß in der Grafschaft Oxfordshire. Elisabeth
bangte noch um ihr Schicksal, obgleich sie feststellen konnte,
daß ihre Beliebtheit nicht unter ihrer Kerkerhaft gelitten hatte.
Ganz im Gegenteil. Auf der kurzen Strecke von London nach
Woodstock, ihrem neuen Aufenthaltsort, verfolgten die Schüler
von Eton ihre Sänfte, um sie zu sehen, und wenn sie durch Dör-
fer kam, warfen ihr die Bäuerinnen Blumen und Kuchen zu,
obwohl sich Bedingfield bemühte, sie fernzuhalten. Schließlich
gelangten sie zu einer bescheidenen, unbequemen Behausung,
die Elisabeth als ihres Rangs unwürdig ansah. Bedingfield achtete kaum auf Elisabeths Proteste und überprüfte sorgfältig alle
Schlösser, bevor er einen pessimistischen Bericht verfaßte: Nur
drei Türen waren verschließbar. Daraufhin entschied er, die
Prinzessin im Pförtnerhaus unterzubringen.

Er benahm sich kleinlich und pedantisch, war sehr auf die
Ausführung seiner Anweisungen bedacht, die er der Prinzessin
eingehend vortrug. Jede Verbindung mit der Außenwelt war ihr
untersagt. Hingegen konnte sie sich auf ihn bei allen Problemen
verlassen, die mit ihrer Sicherheit zu tun hatten. Anders gesagt,
er mußte darauf achten, daß die Protestanten sie nicht entführen
und die Katholiken sie nicht ermorden konnten. Elisabeth fand
ihr Selbstbewußtsein wieder und hatte größtes Vergnügen daran, sich widerspenstig zu verhalten; unablässig stellte sie Forderungen, verlangte ihr Recht und schwieg hartnäckig, wenn der
Priester während der Messe für die Königin betete. Trotz alledem unterhielten das junge Mädchen und der alte Herr ausgezeichnete Beziehungen. Elisabeth neckte Bedingfield grausam
und nannte ihn ihren Kerkermeister; er betrachtete sich als

ihren Wächter und Beschützer und kniete nieder, wenn er das Wort an sie richtete.

Maria, die sich erleichtert fühlte, daß sie ihrer Schwester nicht den Hals abschneiden lassen mußte, und die mit dem Ausgang dieser unangenehmen Episode zufrieden war, interessierte sich nicht mehr allzusehr für Elisabeths Schicksal und bereitete sich mit Leib und Seele darauf vor, ihren Gatten zu empfangen. In ihrem bisher traurigen, grauen, vereinsamten Leben sollte das Auftreten eines Mannes einen Aufruhr der Gefühle bewirken. Die Spanier sahen diese Angelegenheit vor allem als einen politischen Schachzug an. Für Karl V., den spanischen König, römisch-deutschen Kaiser, Fürsten der Niederlande und König Siziliens, gehörte das Ehebündnis mit England, einer Insel, die mit ihren vier Millionen Einwohnern – einem Fünftel der Bevölkerung Frankreichs – recht geringe Bedeutung auf dem europäischen Schachbrett hatte, eher zu den Präventivmaßnahmen. Es ermöglichte ihm, den Bestrebungen des französischen Königs Heinrich II. entgegenzuwirken, der sich die Freundschaft Schottlands gesichert hatte, als er seinen Sohn Franz mit Maria Stuart verheiratet und so seinen Einflußbereich bis zur Nordsee ausgeweitet hatte. Nun war aber der freie Handel zwischen der englischen Küste und Flandern für Spanien unentbehrlich, denn dieser Handel brachte ihm größte Profite ein: Die Garne und die Wolle, die als Rohprodukte aus England eingeführt wurden, versorgten die ganze flämische Spinnereiindustrie. So hielt sich Karl V. die Möglichkeit eines gemeinsamen Vorgehens offen, womit sich die Verbindungen zwischen Frankreich und Schottland blockieren ließen. Ein weiterer Faktor hatte die Entscheidung des Königs bestimmt. Sein in den Niederlanden verhaßter Sohn Philipp hatte kaum eine Chance, seine Nachfolge als gewählter Kaiser anzutreten: Eine zusätzliche Krone war nicht zu verachten, selbst wenn ihm der Titel eines Königs von England keine wirkliche Macht verlieh.

Karl V., den sein Botschafter gewissenhaft unterrichtet hatte, erkannte recht genau, wie wenig Begeisterung die zukünftigen

Untertanen seines Sohns empfanden, so daß er versuchte, ihn zur Aufgabe seiner allzu spanischen Allüren zu bewegen und sich etwas aufgeschlossener zu geben. Dieser zeigte sich zu einigen Zugeständnissen bereit, zumal er nicht damit rechnete, sein ganzes Leben in England zu verbringen. Am 19. Juli 1554 ging Philipp in Southampton an Land. Fünf Tage später, am 24., zog er in Winchester ein, der Diözese des Bischofs Gardiner, einer der zuverlässigsten Stützen der Königin. Dort fand am Tag vor ihrer Hochzeit die erste Begegnung der zukünftigen Gatten statt. Maria wurde von der Erscheinung des schlanken und steifen jungen Mannes nicht enttäuscht, der eine bescheidene Körpergröße, sehr blonde Haare, eine helle Gesichtsfarbe und eine fleischige Unterlippe hatte und nach spanischer Art ganz schwarzgekleidet war. Er bewegte sich langsam und würdevoll und äußerte sich bedächtig auf lateinisch, denn er konnte kein Wort Englisch und mußte Maria fragen, die perfekt Spanisch sprach, wie man der Gesellschaft einen guten Abend wünschte. Man weiß nicht, wie er beim Anblick der kleinen Frau reagierte, die rot vor Aufregung und prunkvoll aufgeputzt vor ihm stand, doch den Augenzeugen zufolge zeigte er genug Lebensart, um sie freudig und liebevoll zu begrüßen. Es gab eine prächtige Zeremonie, und nachdem die Neuvermählten ein paar Tage in Windsor verbracht hatten, zogen sie in London ein. Philipp gab sich redliche Mühe, einen Kreis von Engländern um sich zu sammeln und sich ihren Sitten anzupassen – er ging so weit, daß er von ihrem Bier trank, ohne das Gesicht zu verziehen.

Gleichwohl betonten alle ausländischen Botschafter die zunehmenden politischen Spannungen, die sich weniger aus der spanischen Ehe als aus Marias Bemühungen ergaben, die katholische Religion vollständig wiederherzustellen und dem Papst die geistliche Macht über das Königreich zurückzugeben. Paradoxerweise drängte Karl V., der ein realistisches politisches Urteilsvermögen besaß, Maria nicht in diese Richtung: Er legte keinen Wert darauf, daß sein Sohn in einen Religionskrieg hineingeriet, und er machte seinen Einfluß beim Papst geltend, die

Entsendung eines Legaten nach England hinauszuzögern, um
die Kirchenspaltung zu beenden. Erst als der Papst den unwiderruflichen Verlust der Kirchengüter anerkannte, konnte sein
Vertreter Reginald Pole, der einzige englische Kardinal, in
Dover landen. Gleichzeitig mit seiner Ankunft fanden die Wah-
len zu einem neuen Parlament statt, das sich in religiösen Fragen
nachgiebiger verhielt. Die gesamte papstfeindliche Gesetzge-
bung wurde aufgehoben; neue Gesetze gegen Verräter und
Ketzer – das heißt die Protestanten – wurden verabschiedet. Das
ganze Werk Heinrichs VIII. wurde zurückgenommen. Es ist
denkbar, daß sich das Land damit abgefunden hätte, wenn
Maria nicht solchen grausamen Eifer gezeigt hätte.

Von Kardinal Pole – und nur von ihm – unterstützt, denn
man muß noch einmal hervorheben, daß sich Philipp überhaupt nicht an diesem Beschluß beteiligte, eröffnete Maria im
Januar 1555 eine Reihe von Prozessen, um die Ketzerei zu
bekämpfen. Wer sich weigerte, seinem Glauben abzuschwören,
wurde bei lebendigem Leibe verbrannt. Es gab annähernd dreihundert Märtyrer, in ihrer Mehrzahl einfache Leute, darunter
sehr viele Frauen und Halbwüchsige. Man zwang die Bevölkerung, den öffentlichen Hinrichtungen beizuwohnen, die noch
entsetzlicher wirkten, weil es ein ausgesprochenes Regenjahr
war und sich der Todeskampf der Unglücklichen endlos in die
Länge zog, was ihnen allerdings ermöglichte, außerordentlichen Mut zu beweisen. Das Ansehen Marias, die sich damit
ihren grauenhaften Beinamen »die Blutige« verdiente, sollte
sich davon nie wieder erholen. Sie war tatsächlich blutig und
obendrein beschränkt, denn die grausamen und unnötigen Ver-
folgungen führten dazu, daß im Königreich ein wahrer Haß auf
den Papst und die katholische Kirche feste Grundlagen gewann.
Sollte sie dies dennoch erkannt haben, so war sie zu fanatisch,
um einen Schritt zurückzuweichen. Außerdem hielt sie sich
durch einen göttlichen Gunstbeweis für gerechtfertigt: Seit
November erwartete sie ein Kind. Ihre Bischöfe ließen das
Tedeum singen. Sie fiel vor den Altären auf die Knie. Ihr Gatte
Philipp stellte Überlegungen über die Zukunft an und machte

sich keine Illusionen über diesen möglichen Erben. Ihn verfolgten trübere und realistischere Gedanken. Er hielt seine zweite Gattin für kaum gesünder als die erste. Nun war diese aber im Kindbett gestorben.

War es nicht besser, für den Fall, daß weder Maria noch ihr Kind überlebten, sich mit ihrer Erbin Elisabeth gut zu stellen? Deshalb drängte er, seine junge Schwägerin vollständig zu rehabilitieren, er ließ sie an den Hof kommen und fand offenbar Vergnügen an ihrer Gesellschaft und ihren Gesprächen. Dann wartete er und wartete immer noch, während sich im Gemach der Königin eine schaurige Schmierenkomödie abspielte. Im Verlauf des Jahres 1555 mußte sie einsehen, daß sie sich ihre Schwangerschaft nur eingebildet hatte, wovon sie aber nichts verriet. Meinte sie, so könnte sie ihren Gatten weiter an sich binden? Glaubte sie, daß ein Wunder eintreten würde? Sie ließ die Geburtsanzeigen vorbereiten und zog sich, wie es Brauch war, einen Monat vor dem angeblichen Entbindungstermin aus dem öffentlichen Leben zurück. Sie ließ Prozessionen und öffentliche Gebete veranstalten, doch das Kind kam immer noch nicht zur Welt, und das aus dem triftigen Grund, daß es kein Kind gab. Die ganze Affäre wurde ebenso lächerlich wie peinlich. Philipp reiste ab, sobald es ihm der Anstand erlaubte, und im August 1555 stand Maria allein da, gedemütigt, ohne Kind, ohne Ehemann und ohne große Illusionen: Die Zukunft gehörte ihrer Schwester. Zwar versuchte sie, Elisabeth zu entfernen, indem sie ihr vorschlug, den Herzog von Savoyen zu heiraten, doch Elisabeth lehnte so entschieden ab, daß der Plan aufgegeben wurde. – »Die Prüfungen, die ich zu erleiden hatte, haben mir endgültig alle Lust genommen, einen Ehemann zu suchen.«[3] – Philipp schlug ihr ohne großen Nachdruck seinen Sohn Don Carlos vor, der damals elf Jahre alt war. Elisabeth ließ sich genausowenig vom Angebot des schwedischen Königs in Versuchung führen, der ihr die Hand seines Sohns, des Prinzen Erik, anbot. Noch einmal erklärte sie ihrer Schwester, sie liebe die Ungebundenheit viel zu sehr, als daß sie sie aufgeben wollte.

Sie erhielt die Erlaubnis, ihre Hofhaltung wiederherzustellen und in ihr eigenes Schloß nach Hatfield umzuziehen. Voller Freude, daß sie ihre Unabhängigkeit wiederfand und der Wachsamkeit ihrer Beschützer und Wärter entkam, war sie sorgfältig darauf bedacht, sich mit tausend Vorsichtsmaßnahmen zu schützen, derart große Angst hatte sie vor den unwillkommenen Initiativen ihrer Anhänger. Man konnte ihr das unbedeutendste Wort zum Vorwurf machen: Sie durfte niemandem vertrauen. Sie mußte einer doppelten Bedrohung standhalten: als erstes einer politischen, doch auch, und das war noch gefährlicher, einer religiösen. Maria hätte zwar gezögert, ihre Schwester aus Gründen der Staatsräson hinrichten zu lassen, doch sie hätte sie ohne Bedenken geopfert, wenn es ihr strenger Glaube verlangt hätte. Bis zu Marias Tod wurden die Ketzergesetze mit glühendem Eifer befolgt, und man konnte sich durchaus vorstellen, daß ein geistlicher Gerichtshof aus Bischöfen, die entschlossen waren, das Reich im katholischen Gesetz zu erhalten, Elisabeth verurteilen würde, wenn sie im Verdacht des Protestantismus stünde. Daher unterwarf sich das junge Mädchen dem Zwang, die religiösen Vorschriften auf das strengste zu beachten.

Wenn sie nicht weiter behelligt wurde, so war das wahrscheinlich ihrem Schwager Philipp zu verdanken, der aus seinem fernen Spanien über sie wachte. Da er nunmehr überzeugt war, daß Maria eine tödliche Krankheit hatte, konzentrierten sich seine diplomatischen Bemühungen auf Elisabeth. Er wollte das Bündnis der Habsburger und der Tudors erhalten und hatte große Befürchtungen, Frankreich könne Maria Stuart, durch ihre Mutter die Urenkelin Heinrichs VII., als Königin von England durchsetzen, wenn Elisabeth gewaltsam ausgeschlossen würde. Dachte er daran, sie nach Marias Tod zu heiraten? Man behauptet es. Allerdings wußte er sehr genau, daß unter diesen Umständen eine dauerhafte politische Verständigung mehr wert war als ein Ehebund. Außerdem begriff er, daß es ihm schwerfallen würde, Elisabeth zu überzeugen. Sein Botschafter hatte ihm berichtet, daß die Prinzessin, als man sie wieder einmal zur Heirat drängte, erklärt hätte, »sie könne nicht vergessen, daß ihre Schwester die Zuneigung ihres Volkes verloren hätte, als sie einen Ausländer heiratete«.[4] Außerdem war Maria ja immer noch am Leben.

Philipp fuhr im März 1557 ein zweites Mal nach England. Zu diesem Zeitpunkt hatte ihm sein Vater Karl V., der nun zurückgezogen im Kloster San Yuste lebte, die Verantwortung für das Königreich übertragen. Er sah es jedoch als notwendig an, die Reise zu unternehmen, denn ihm lag daran, daß sich England an dem Krieg beteiligte, den er gegen Frankreich führte. Um Maria dafür zu gewinnen, war seine Anwesenheit unbedingt erforderlich. Er hielt es ebenfalls für unerläßlich, daß Elisabeth bei seinem Besuch zugegen war: zunächst einmal, um sie für sich einzunehmen, was er erreichte, indem er sie mit der größten Hochachtung behandelte, und dann, um eine beim Volk außerordentlich beliebte Prinzessin, die beim Zug durch London als einziges Mitglied der Königsfamilie die Menge zu Beifallsbekundungen veranlaßte, mit seiner Außenpolitik zu verbinden.

Nicht einmal drei Monate später reiste er wieder ab, obwohl Maria erneut angekündigt hatte, daß sie ein Kind erwartete. Diesmal glaubte ihr niemand, und sie blieb nicht lange bei diesem Märchen. Philipp ließ Maria als eine einsame, kranke und traurige Frau zurück, so daß sie mit den Schwierigkeiten allein fertig werden mußte. Da sie Philipp ergeben war, hatte sie zugestimmt, am Krieg auf dem Kontinent teilzunehmen. Er endete mit dem Verlust von Calais, einer Festungsstadt, die die Engländer mehr als zwei Jahrhunderte gehalten hatten. Dieser letzte Rest ihres französischen Besitzes hatte vielleicht keine große strategische Bedeutung mehr, doch die Niederlage veranschaulichte die Widersinnigkeit des spanischen Bündnisses. Der Botschafter Renard machte sich nicht mehr die geringste Illusion über den Erfolg dieser Politik: »Es ist unmöglich«, schrieb er im März 1558 in einem langen Bericht, »die Erbfolge Elisabeths zu verhindern, denn sie wird vom ganzen Volk geachtet und von einer mächtigen und gut organisierten politischen Partei unterstützt. Offensichtlich ist, daß England bei ihrer Thronbesteigung wieder protestantisch wird und aus dem Einflußbereich Spaniens ausscheidet.«[5]

Maria verzweifelte, weil Philipp, der sich immer noch in Brüssel aufhielt, es ablehnte, sie aufzusuchen und zu trösten. Krank und überzeugt, daß ihr die Gegner nach dem Leben trachteten, zog sie ihr Kettenhemd tags und nachts nicht mehr aus und ließ die Wache verdoppeln. Nur fünf Personen hatten das Recht, ihr zu nahen. Maria habe ihre letzten Lebensmonate als lebendig Begrabene verbracht, erinnerte sich Elisabeth an jene Zeit. Sie hielt sich nun vom Hof fern und war einzig damit beschäftigt, die freudige Zuversicht ihrer treuen Anhänger zu dämpfen, die die Thronbesteigung gern schneller herbeigeführt hätten, und über die Gründe für den Mißerfolg dieser Herrschaftszeit nachzudenken. Sie war nicht die einzige. Der venezianische Botschafter stellte fest, daß Marias Unglück einen doppelten Ursprung hatte: die unbändige und maßlose Liebe, die sie einem gleichgültigen Gatten schenkte, und den Haß, den sie seit ihrer Thronbesteigung gegen ihre Schwester empfand.

Diese Erklärung wirkt drastisch und überraschend, denn in den unruhigen Zeiten nach dem Tod Eduards VI., die Marias Krönung hinauszögerten, verhielt sie sich gegenüber ihrer kleinen Schwester sehr herzlich. Aber nach der demütigenden Scheinschwangerschaft änderte sich alles. Sie mochte noch so sehr die Augen davor verschließen, sie wußte ganz genau, daß das Volk all seine Hoffnungen auf Elisabeth setzte, ihre Nachfolgerin und ihr vollständiges Gegenteil. Was die Königin mehr als jeder andere Grund erbitterte, war die Gewißheit, daß Elisabeth sie täuschte und daß sie trotz ihres Leugnens die alte Kirche wieder abschaffen würde. Sie behauptete, Katholikin zu sein, doch wie hätte man sie nicht verdächtigen können, unaufrichtig zu sein? Sie verkündete, in keine protestantische Verschwörung eingeweiht zu sein, aber wie hätte man ihr glauben sollen? Unter den augenblicklichen Umständen verhielt sie sich äußerst vorsichtig, wobei Maria dieses Spiel um so besser durchschaute, als sie selbst, dem Zwang ihres Vaters gehorchend, die Protestantin gespielt hatte, und das bis zu ihrer Thronbesteigung. Darum weigerte sich die Königin hartnäckig, sie zu ihrer offiziellen Erbin zu ernennen, eine absurde Weigerung, denn Elisabeth konnte nicht mehr ausgeschlossen werden. Niemand wußte das besser als Philipp.

Dieser schickte den Grafen von Feria als Sondergesandten nach England. Er traf acht Tage vor Marias Tod ein. Den Weisungen Philipps gemäß, der ja nominell König von England war, leitete er eine Ratssitzung, auf der Elisabeths Erbfolgerechte bestätigt wurden, und zusammen mit Cecil, dem Privatsekretär Elisabeths, sorgte er für die Amtsübergabe. Maria starb am frühen Morgen des 17. November 1558. Am Mittag wurde Elisabeth zur Königin proklamiert, und der Herrschaftswechsel fand ohne die geringste Schwierigkeit statt. Die junge Königin bildete innerhalb von zwei Tagen ihre Regierung, noch bevor sie ihren Palast in Hatfield verließ, um nach London zu fahren. Ihre erste Amtshandlung bestand darin, William Cecil auf den entscheidenden Posten des Staatssekretärs zu berufen. Nur durch sie war er zu seinem Rang aufgestiegen, eine wesentliche Voraussetzung für die Treue eines Beraters. Sie hatte uneingeschränktes Vertrauen zu seinem Urteil und machte ihm ihr Verlangen klar, daß »[er] ohne Rücksicht auf [ihren] persönlichen Willen jenen Rat geben sollte, [den er] für den besten hielte, und [wenn er] etwas erführe, das geheim bleiben sollte, dürfte [er] es nur [ihr] allein mitteilen, und [er] könnte [ihrer] vollständigen Diskretion sicher sein«.[6] Der Minister gab ihr oft Ratschläge, die sie lieber nicht gehört hätte und die sie nicht immer befolgte, doch diese Unabhängigkeit gehörte zu ihrer Vereinbarung. Als zweites beschloß sie, den Staatsrat beträchtlich zu verkleinern, wobei sie ausdrücklich erklärte, ihrer Ansicht nach »führe die große Zahl eher zu Uneinigkeit und Verwirrung als zu einem guten Rat«.[7]

Wenn Philipp geglaubt hatte, sich durch sein Wohlwollen die Gefälligkeit seiner Schwägerin zu verdienen, so täuschte er sich. Die neue Königin verlor keine Zeit, um sich von Spanien zu distanzieren. Als Feria sie beglückwünschte und eine erkenntliche Äußerung erwartete, entgegnete sie lebhaft, sie habe ihre

Thronbesteigung nicht dem Schutz seines Herrn, sondern dem
Willen ihres Volkes, und allein diesem Willen, zu verdanken.
Feria mußte seinen Hochmut dämpfen und berichtete Philipp
ein wenig kleinlaut, man habe ihn empfangen »wie einen
Mann, der Bullen eines bereits zu Grabe getragenen Papstes
überbringt, und [...] das Königreich ist in der Hand junger
Leute, sie alle Verräter und Ketzer [...]. Die Alten und die
Katholiken sind unzufrieden, wagen es aber nicht, den Mund
aufzumachen. [Elisabeth] wird unvergleichlich mehr als ihre
Schwester gefürchtet und führt sich ganz genauso wie ihr Vater
auf [...]. Wir haben ein Königreich mit allem, was dazugehört,
verloren.«[8] Die spanische Ehe endete mit einer völligen Niederlage.

Manchmal frage ich mich, ob schlechte Beispiele nicht nützlicher als die guten sind. Elisabeth wurde eine große Herrscherin, indem sie genau das Gegenteil von dem tat, was Maria
Tudor unternommen hatte. Die Weigerung, sich in einen Krieg
auf dem Kontinent hineinziehen zu lassen, war eine Konstante
ihrer Politik, und vor allem der Stolz, eine reine Engländerin zu
sein, sowie die Gefahr, die es bedeutete, einen Ausländer zu
heiraten, bestimmten ihr Verhalten. Stets verabscheute sie religiösen Fanatismus, sowohl den der Katholiken als auch den der
Protestanten. Da sie von der unbedingten Notwendigkeit überzeugt war, im Einvernehmen mit dem Parlament zu regieren,
akzeptierte sie die Idee des Kompromisses. Noch überraschender wirkte, wie ihr Großsiegelbewahrer seine Parlamentsrede
beendete: »Die Königin [hat mich beauftragt, Ihnen zu sagen,]
daß ihr Wille oder ihre Willkür sie niemals so sehr beherrschen
werden, daß sie, um diese zu befriedigen, ihr Volk in Ketten
legen oder ihm einen Anlaß geben werde, seine Beschwerden
durch Aufruhr oder Unruhen zu äußern.«[9] Eine hochwichtige
Erklärung. Zum erstenmal erkannte ein Monarch an, daß die
Torheit des Souveräns die Rebellion der Untertanen heraufbeschwören konnte. Zum erstenmal räumte ein Monarch ein, daß
die Vernunft das Königtum von Gottes Gnaden mäßigen sollte.

Schließlich mußte sie auch erkennen, dies aber durch eigene Erfahrung, daß von einem Nachfolger eine unvermeidliche Anziehungskraft ausgeht. Die Opposition gewann größere Stärke, wenn sie sich um einen Thronprätendenten zusammenschloß. Wie ihre Schwester sollte sie ihren Erben erst im allerletzten Augenblick ernennen, doch anders als ihre Schwester bekam sie es mit einer Kronanwärterin zu tun, die als Freie wie als Gefangene gleichermaßen gefährlich war. Diese Anwärterin hieß Maria Stuart.

III
Die kleine Königin
1542-1563

Wenn die Geburt Elisabeths eine herbe Enttäuschung war, so wurde jene Maria Stuarts neun Jahre später, am 8. Dezember 1542, nicht besser aufgenommen: Ihr Vater, der schottische König Jakob V., lag krank im Bett und hatte allen Mut verloren, weil seine beiden Söhne ein Jahr zuvor gestorben waren und die Engländer am 24. November seine Truppen bei Solway Moss besiegt hatten, was das Land für eine Invasion sturmreif gemacht hatte. Als er die Neuigkeit erfuhr, drehte er sich zur Wand und sagte das Ende seines Reichs voraus. Wenige Tage danach starb er. Seine Tochter wurde also Königin von Schottland, während allgemeines Wehgeschrei erklang. Sie war nicht einmal eine Woche alt.

Der Zusammenbruch Schottlands war dermaßen vollständig, daß der englische Feind seinen Vormarsch nicht fortsetzte. Der siegreiche General erklärte Heinrich VIII. die Gründe für die Waffenruhe, indem er betonte, es würde ihm nicht zur Ehre gereichen, »auf einen Leichnam zu treten oder eine Witwe und ein Wickelkind gerade in dem Augenblick anzugreifen, da der König, ihr Gatte und Vater, begraben wird«. Die Diplomatie setzte sich gegen den Krieg durch. Der englische König berief seinen General ab und schickte Sir Ralph Sadler, einen Mann seines Vertrauens, der Schottland gut kannte, um die Lage im allgemeinen und die kleine Königin im besonderen zu prüfen.

Vor ihm wurde der Säugling ausgewickelt, und die Königin-mutter Maria von Guise wies ihn stolz darauf hin, daß das Kind kräftig war und eines Tages unfehlbar ebenso groß wie sie selbst sein würde. Sadler stimmte zu und ging dann auf die entscheidende Frage ein, wer das Königreich während der Minderjährigkeit Maria Stuarts regieren sollte. Sadler mißtraute Maria von Guise und ihren französischen Verbindungen, und er unterstützte die Kandidatur des Grafen von Arran, eines direkten Nachkommen der Schwester Jakobs III. und damit des Zweiten in der Erbfolgeordnung. Arran wurde zum Regenten ernannt, womit man ihn trotz seiner fehlenden persönlichen Autorität der Königinmutter vorzog. Seine unzulänglichen geistigen Fähigkeiten, sein gefügiger Charakter und sein sich zunehmend verschlimmerndes Unvermögen, die politische Wirklichkeit einzuschätzen, mißfielen den Engländern nicht, denn sie dachten an die Möglichkeit, sich Schottlands zu bemächtigen, ohne zu den Waffen greifen zu müssen: Es genügte, die schottische Königin mit Eduard, dem König und Erben Heinrichs VIII., zu verheiraten. Der junge Herr war fünf Jahre alt und die Königin wenige Wochen; aber darauf kam es ja nicht an.

Der Graf von Arran stimmte zu, und die Vereinbarung wurde unterzeichnet. Beide Parteien verpflichteten sich also feierlich zur Eheschließung. Wegen des zarten Alters der kleinen Verlobten wurde festgelegt, daß sie bis zu ihrem elften Lebensjahr in Schottland bleiben würde, dann sollte sie *per procurationem* verheiratet werden und sich nach England begeben. Heinrich VIII. beabsichtigte, für die Zwischenzeit einen englischen Gouverneur nach Schottland zu schicken, der bei Maria seines Amtes walten sollte. Er und seine Frau würden über die Gesundheit, das Wohlergehen und später die Erziehung des kleinen Mädchens wachen. Selbstverständlich versprach der englische König, die Unabhängigkeit des Königreichs Schottland vor und auch nach der Heirat zu achten.

Die Schotten hatten allerdings wenig Vertrauen zu ihrem mächtigen Nachbarn, und Heinrich VIII. hatte nicht mit den heftigen Schwankungen des politischen Lebens in Schottland gerechnet. Die Verträge wurden aufgekündigt. Der ungeduldige und jähzornige Heinrich VIII. griff daraufhin wieder zu den Waffen und führte einen erbarmungslosen Feldzug. »Brennt Edinburgh nieder und macht die Stadt dem Erdboden gleich,

damit ihre Ruinen die kommenden Geschlechter an die Falsch-
heit und Treulosigkeit ihrer Einwohner gemahnen«, schrieb er
dem Grafen von Hertford, dem Oberkommandierenden seiner
Armeen, der diese Befehle eifrig ausführte. Der Krieg zog sich
zwei Jahre hin, ein grausamer Krieg, in dessen Verlauf die Kind-
Königin von einem Schloß zum anderen gebracht wurde, um
der Gefahr zu entgehen, von den Engländern entführt zu werden. Da bot sich 1544 mit der Geburt des französischen Dauphins – des ersten Kindes Heinrichs II. und Katharinas von
Medici – eine alternative Heiratspolitik an, eine Politik, die
Maria von Guise besonders angenehm war und dazu führte, daß
sich die Haltung der schottischen Öffentlichkeit vollständig
änderte.

Die Brutalität der englischen Armeen, die ihre Offensive
weiter fortsetzten, die Kaltblütigkeit und Autorität Marias von
Guise, die ihr einige Jahre später die Regentschaft einbrachten, die Thronbesteigung Heinrichs II. im Jahre 1547, der sich
höchst bereitwillig zeigte, das so unbarmherzig von seinem
Nachbarn angegriffene Schottland zu verteidigen, das alles waren Faktoren, die die französische Heirat begünstigten. Die in
Pinkie Cleugh besiegten Schotten, die die Okkupation durch
englische Truppen ertragen und Frankreich um Hilfe bitten
mußten, vergaßen kurzzeitig ihre Streitigkeiten, und ihr Parlament stimmte im Juli 1548 zu, ihre Königin mit dem ältesten
Sohn des Königs von Frankreich zu verheiraten, unter der Bedingung, daß dieser Schottland wie sein eigenes Königreich
verteidigte und sich zugleich verpflichtete, es nicht zu annektie-
ren. Die Abreise der kleinen Königin, der *reinette*, um sie mit
ihrem französischen Beinamen zu nennen, erwies sich als unbedingt notwendig: Es wäre unklug gewesen, sie in ihrem Land
zurückzuhalten, das die Engländer teilweise besetzt hatten. Am
29. Juli 1549 fuhr sie einem neuen Leben entgegen: Sie war
sechseinhalb Jahre alt.

Maria Stuart gehört zu jenen historischen Persönlichkeiten, die
Kontroversen und Phantasievorstellungen herausfordern. Ein-

zelne Episoden ihres so kurzen und dramatischen Lebens zeigen eine ästhetische Qualität, die nicht einmal zwangsläufig etwas mit ihrer Schönheit zu tun hat und zum Träumen verleitet. Wie sollte man sich nicht rühren lassen, wenn man an ein blutjunges Mädchen denkt, das sich von einer bitterlich weinenden Mutter verabschiedet, an Bord einer beflaggten königlichen Galeere geht, deren Segel im Wind knattern, während es von vier hübschen kleinen Mädchen umringt wird, die so groß wie die Stiefel der sie führenden, sanften und lächelnden, bärtigen Seeleute sind? Man hatte Maria nicht von vier Kindern getrennt, die alle wie sie den Vornamen Maria (Mary) trugen, den vornehmsten Familien Schottlands entstammten und die man ihr seit ihrer Geburt als Gefährtinnen beigesellt hatte. Unbekümmert und von den neuen Eindrücken entzückt, lachten und spielten die Kleinen zwischen Takelwerk und Kanonen, ließen sich nicht vom heftigen Wanken des Schiffs beeindrucken, entschlüpften der Aufsicht der hübschen und verführerischen Gouvernante Lady Fleming, einer illegitimen Tochter Jakobs IV., die von der Seekrankheit gepeinigt wurde.

Sie brauchten sechs Tage und Nächte mit Stürmen und hohem Wellengang, bis sie Roscoff erreichten und die Freuden des »süßen Frankreichs« entdeckten. Feste und Feuerwerke sorgten für Unterhaltung auf dem Weg von der Bretagne in die Île-de-France. Ein Regiment aus weißgekleideten Kindern, die mit zierlichen Piken und Hellebarden bewaffnet waren, lief unter Trommelwirbeln und Pfeifenklang vor Maria Stuart auf den Straßen der Städte, durch die sie kamen. Im Schloß von Saint-Germain wurde sie am Hofe des Königs liebevoll empfangen, und Heinrich II. wird erklären, daß die *reinette* – denn dies war ihr Beiname bei Hofe – »das vortrefflichste Mädchen« wäre, das er jemals gesehen hätte. 1548 hatten Heinrich II. und Katharina von Medici erst drei Kinder: den Dauphin Franz, der ein Jahr jünger als seine kleine Verlobte war, und zwei Töchter, Elisabeth, die Philipp II. von Spanien heiraten wird, und Claude, die zukünftige Herzogin von Lothringen. Die vier Kinder wurden zusammen aufgezogen, verhätschelt, beschützt und vergöttert. Muß man dann noch betonen, wie sehr sich die Jugend Marias und die Elisabeths unterschieden? Die eine sonnte sich im Glanz schönster Aussichten und wurde von den besten Dichtern umschmeichelt – »Freut euch, meine Augen, / Nie werdet ihr Schöneres sehn«, wird sie von Du Bellay besungen –, das Leben der anderen wird ständig von Ungewißheit, Gefahr und Einsamkeit verdüstert. Auch ihre Erziehung unterscheidet sich grundsätzlich. Die andere, Elisabeth, erhielt, wie wir gesehen haben, eine betont intellektuelle und politische Ausbildung, die von den Ereignissen in ihrer Umwelt vertieft wurde. Marias Erziehung war darauf ausgerichtet, daß sie eine ideale Königsgemahlin werden sollte: Mit dem größten Erfolg lehrte man sie Musik, Tanz, Poesie, Latein und Italienisch, nur nicht Englisch, das sie erst viel später, während ihrer Gefangenschaft, lernen wird, und dazu brachte man ihr anmutiges Auftreten bei. Man vergaß, daß sie außerdem herrschende Königin in Schottland war.

Manchmal zog sie zwar eine schottische Tracht an, ein kariertes Wollcape, worin sie sich hüllte, um ein paar Tanzschritte anzudeuten, und mit ihren Marias, ihrer Amme und ihrer Gouvernante, der schönen Lady Fleming, sprach sie weiter schottisch. Doch bald zeigte sich, daß sich diese mehr mit dem König Heinrich II. als mit ihrer kleinen Schülerin beschäftigte. So erregte die reizvolle Schottin den Zorn der Diane de Poitiers, der offiziellen Favoritin, die es nicht gewohnt war, Rivalinnen zu haben, obwohl sie zwanzig Jahre älter als ihr Liebhaber war, und darum wurde sie heimgeschickt, nachdem sie einen Sohn geboren hatte, den Bastard Henri d'Angoulême, der zusammen mit den übrigen Kindern Heinrichs II. erzogen wurde. Man ersetzte sie durch eine französische Dame.

Schottland hatte also eine sehr geringe Bedeutung im Leben der kleinen Königin. Gewiß schrieb ihre Mutter Maria von Guise ausführliche Berichte über den Zustand des Königreichs, doch die kleine Königin gab sich offenbar selbst im Alter von zwölf Jahren, als sie nominell die Macht übernahm, damit zufrieden, der Regentin blanko unterzeichnete Briefe zu schicken, ohne sich in irgendeiner besonderen Weise nach den Ereignissen zu erkundigen. Noch schwerwiegender waren die Geheimverträge, die sie einige Jahre später – 1558 – bestätigte. Damals war sie sechzehn Jahre alt und im Unterschied zu ihrem zukünftigen Gatten höchst verständig und aufgeweckt; man kann sich kaum vorstellen, daß sie nicht die Tragweite dieser Verträge begriff. Durch diese Vereinbarungen übertrug sie dem französischen König ihr schottisches Reich für den Fall, daß sie ohne Nachkommen sterben würde, und sie verpflichtete sich im Namen ihrer Untertanen, Frankreich die Summen zurückzuzahlen, die es für ihre Erziehung und den Unterhalt von Truppen aufgebracht hatte, denen die Aufgabe oblag, die Regierung ihrer Mutter Maria von Guise zu schützen. Die Verträge waren geheim, die Steuererhebungen jedoch sehr spürbar, und die Folgen ließen in Schottland nicht lange auf sich warten.

In Schottland war es kalt und neblig, in den Schlössern lebte man recht unbequem, und die Einheimischen wußten nichts von dem ausgesuchten Luxus, den die Franzosen der Renaissance entwickelt hatten (und dem sie sich widmeten, wenn sie nicht damit beschäftigt waren, einander aus religiösen Gründen die Köpfe einzuschlagen), doch in Fontainebleau oder Chambord hatte man unrecht, wenn man ihren Stolz, ihr leidenschaftliches Interesse für geistige und religiöse Probleme und ihre Fähigkeit unterschätzte, sich den jeweiligen Umständen entsprechend der Unterstützung durch Engländer oder Franzosen zu bedienen. Jedenfalls entschlossen sich einige schottische Lords – weil sie sich gegen die zunehmende Last der Steuern empörten, mit denen sich die französischen Geldschränke füllten –, sich den Protestanten und somit den Engländern zuzuwenden, was der entschieden katholischen Politik ihrer Regentin Maria von Guise widersprach. Diese Adligen, die sich »Lords of the Congregation« nannten, vereinten sich in einem als *the Covenant* bezeichneten Bündnis. (Anders als die unbeständigen Familienbündnisse hielt sich dieses, das sich auf die Religion stützte; es wurde mehrmals erneuert und bildete bis zum siebzehnten Jahrhundert einen wichtigen Faktor der schottischen Politik.) Achtzehn Monate danach, im Mai 1559, wurde es von Elisabeth außerordentlich gestärkt, als sie die Rückkehr von John Knox erleichterte.

John Knox, der anerkannte Führer der Partei der schottischen Reformation, war ein schreckenerregender Prediger, schreckenerregend im wahrsten Sinne des Wortes wegen seines äußerst gewalttätigen Charakters. Die Franzosen hatten ihn auf die Galeeren geschickt, weil er an der Ermordung eines Kardinals beteiligt war. Nachdem man ihn auf Verlangen Englands freigelassen hatte, wurde er in die Truppe der Prediger und Propagandisten eingereiht, die Eduard VI. in seinem Königreich ausschickte, um die Reformation zu stärken. Seinen machtvollen Überzeugungen und seiner Beredsamkeit waren zahlreiche Bekehrungen zu verdanken, doch als Maria Tudor den Thron bestieg, wurde ihm seine Berühmtheit zum Verhängnis: Er mußte ins Exil gehen und suchte Zuflucht in Genf, der Hauptstadt des Kalvinismus. Elisabeth mochte ihn nicht allzusehr, denn er war gegen Frauen auf dem Thron. Aber sie nutzte die Gelegenheit, die katholische Partei in Schottland zu schwächen, sie erlaubte ihm, nach England zurückzukehren und von dort heimlich über die Grenze nach Schottland zu gehen. Überall, wohin er kam, stärkte er den Mut der Protestanten; sein politischer Verstand und seine außerordentliche Autorität waren von entscheidender Bedeutung für die protestantische Sache, die außerdem von den Streitkräften und dem Geld Englands nachhaltig unterstützt wurde.

In Frankreich machte man sich allerdings wenig Sorgen um diese Entwicklung. Bei Hofe waren die Gemüter ganz mit Festen, Ausritten und unterhaltsamen Aufenthalten in den Schlössern an der Loire beschäftigt. Es überraschte ein wenig, daß man die Vermählung Maria Stuarts und des Dauphins hinauszögerte, die das übliche Heiratsalter schon überschritten hatten, doch man hoffte immer noch, ein Mittel gegen die geistige Einfalt und die körperliche Schwäche des Thronerben zu finden. Der junge Mann liebte nur die Jagd ... und seine Verlobte.

Alle zeitgenössischen Chronisten berichten übereinstimmend, daß er ihr leidenschaftlich zugetan war und daß sie ihn stets sehr zärtlich behandelte. Endlich, am 24. April 1558, fand die Hochzeit statt. Eine prachtvolle Zeremonie in Notre-Dame vereinte Franz von Valois und Maria Stuart. Sie wurde »Dauphine«, die Gemahlin des Thronfolgers, und er König von Schottland. Heinrich II. ersuchte die Schotten, die »Ehekrone«* *(matrimonial crown)* nach Paris zu schicken. Die Schotten machten Ausflüchte, denn sie meinten ganz zu Recht, eine Krone sei es wert, daß man die Mühe einer Reise auf sich nehme. Die Verhandlungen zogen sich endlos in die Länge, bis eine Flut von Ereignissen hereinbrach, die so ernst waren, daß die Frage, ob Franz die Krone erhalten sollte, in den Hintergrund trat und die Schotten ihr Kleinod behielten.

1558 und 1559 waren Jahre der Wachablösung in Europa. Elisabeth bestieg den Thron im November 1558, sechs Monate nach der Heirat Maria Stuarts. Karl V. war einige Wochen zuvor gestorben, und Heinrich II. wurde sieben Monate später, im Juni 1559, bei einem Turnier in Paris tödlich verwundet. Karl hinterließ einen Erben im Mannesalter, Philipp II., den Witwer Maria Tudors, der eine neue Ehe mit Elisabeth von Valois, der Tochter Heinrichs II. und Katharinas von Medici, einging. Franz II., der Erbe des französischen Königs, war hingegen, wie wir gesehen haben, ein unfähiger, etwas zurückgebliebener Prinz. Elisabeth hätte sich darum wenig gekümmert, wenn der junge König nicht der Gemahl ihrer Cousine Maria Stuart, der Königin von Schottland, gewesen wäre, die somit zur Königin von Frankreich wurde und deren erste Amtshandlung es war, sich auch zur Königin von England zu erklären, da sie die einzige legitime Erbin Heinrichs VII. wäre. Damit eröffnete sie die Feindseligkeiten.

Der Anspruch Marias, der Enkelin der Margarete Tudor, der

---

* Die Ehekrone *(matrimonial crown)* ist dem Prinzgemahl des Souveräns vorbehalten.

älteren Schwester Heinrichs VIII., beruhte auf der illegitimen Herkunft Elisabeths I., von der die Katholiken im allgemeinen ausgingen, hatten sie doch nie die Gültigkeit der Scheidung Heinrichs VIII. und Katharinas von Aragonien anerkannt, so daß sie seine Ehe mit Anna Boleyn als nichtig ansahen. Im Jahre 1559 hatte Maria Stuarts Stellungnahme nicht viel zu bedeuten, denn ihr Recht auf die Nachfolge Elisabeths I. war, wie wir gesehen haben, von niemandem angefochten worden, und eine in Frankreich herrschende und residierende Königin hatte nicht die geringste Aussicht, die Stimmen der Engländer, selbst der Katholiken, auf sich zu vereinigen. Doch als Franz II. 1560, nach einem Herrschaftsjahr, starb, änderte das die Situation grundlegend: Da Maria Königinwitwe wurde, fand sie eine Handlungsfreiheit wieder, die Elisabeth beunruhigte. Die Tradition verlangte, daß eine französische Königin beim Tod ihres Gemahls sich in Weiß kleidete und vierzig Tage in einem schwarz ausgeschlagenen Gemach mit zugezogenen Vorhängen einschloß, um zu weinen und zu beten, wobei nur die Angehörigen bei ihr waren. Die heiße Tränen vergießende Maria gehorchte dem Brauch ... aber nur zwei Wochen lang. Danach öffnete sie ihre Tür ein wenig, um Botschafter, Minister und hohe Persönlichkeiten zu empfangen, denn die Frage ihrer Wiederverheiratung stellte sich schon mit großer Dringlichkeit.

Maria Tudor hatte bewiesen, welche Nachteile die Ehe einer Königin mit einem ausländischen Prinzen, dem Erben eines fernen Königreichs, mit sich brachte. Ein Prinzgemahl, der ganz an die Interessen seines Geburtslandes gebunden war, konnte nicht vermeiden, daß er im Land seiner Gattin entschieden unbeliebt wurde. Wenn er überdies sehr wenig Zeit bei ihr verbrachte, leistete er ihr keine moralische oder emotionale Unterstützung. Als Maria Stuart den Dauphin heiratete, hatte sie diese ungünstigen Folgen noch weiter getrieben. Sie verließ ihr eigenes Reich in frühester Kindheit, um an der Seite ihres Verlobten als französische Prinzessin erzogen zu werden. Es vergingen sechzehn Jahre, bevor sie an die Rückkehr dachte. Maria

kannte damals nichts von ihrer Heimat oder deren Bewohnern.
Schlimmer noch, mit Geheimverträgen hatte man die Interessen Schottlands denen Frankreichs untergeordnet, was so weit
ging, daß es gewissermaßen zu einer französischen Kolonie
wurde. Und schließlich war Schottland während ihrer Abwesenheit protestantisch geworden, sie selbst jedoch katholisch
geblieben. Muß man da noch erklären, daß ihre Rückkehr nach
dem Tod ihres Gatten zu Problemen führen würde? Die Frage,
die sich ihr stellte, lautete, ob sie unter diesen Bedingungen
überhaupt zurückkehren wollte. Ihr standen, wie sie dachte,
andere Entscheidungen offen.

Maria Stuart war mit achtzehn Jahren eine kinderlose Königinwitwe. Ein halbes Jahr zuvor hatte sie ihre Mutter verloren,
die sie als einzige in ihrem Geburtsland hätte anleiten können,
und so hatte sie keinen klar vorgezeichneten Weg zu erwarten.
Der persönliche Ehrgeiz hätte sie geradewegs nach Schottland
zurückführen müssen, um eine Macht auszuüben, die ihr durch
ihre Geburt zustand; Bequemlichkeit und Lebensfreude hätten
sie verleiten können, am französischen Hof zu bleiben, und das
Ruhmesstreben sollte sie veranlassen, eine ebenso glanzvolle
Heirat wie ihren ersten Ehebund zu ersehnen. Sehr schnell erkannte sie, wie eingeschränkt ihre Möglichkeiten waren.

Kurze Zeit träumte sie vielleicht davon, nicht nur in Frankreich zu bleiben, sondern auch ihren Schwager, den neuen
König Karl IX., zu heiraten und damit den ganzen Glanz ihres
früheren Ranges wieder zu erreichen. Aber Karl war erst zehn
Jahre alt, und außerdem zeigte sich Katharina von Medici, die
allmächtige Regentin geworden war, fest entschlossen, diese
Schwiegertochter kaltzustellen, die sie nicht immer respektvoll
behandelt hatte, denn Maria verließ sich auf die Unterstützung
ihrer Oheime mütterlicherseits, der Guisen, die einflußreich,
aggressiv und unbequem waren. Nun interessierte sich Maria
für Don Carlos, den Sohn Philipps II. Man konnte ihn für die
verheißungsvollste Partie des katholischen Europa halten, tatsächlich war er aber ein angsteinflößender Kandidat. Daß er
mißgestaltet und geistesgestört war, von Anfällen mörderischer

Raserei gepackt wurde, entmutigte Maria jedoch nicht, womit sie bewies, daß sie damals rein politisch dachte und nicht ihr persönliches Glück anstrebte. Doch Philipp II. setzte die Verhandlungen angesichts der Feindseligkeit Frankreichs und Englands nicht fort, die eine Einkreisung durch die Habsburger befürchteten, die bereits über die Niederlande und Spanien herrschten.* Andere gekrönte Prätendenten, der König von Schweden oder der von Dänemark, boten bescheidenere Möglichkeiten. Maria zog sie nicht in Betracht und bereitete sich daher auf die Rückkehr nach Schottland vor.

Der Tod ihrer Mutter hatte sie ihrer Helferin und Ratgeberin beraubt, doch ihr blieb ein Bruder oder vielmehr ein Halbbruder, James Stuart, ein illegitimer Sohn Jakobs V., der zwölf Jahre älter als sie war. Wenn man in Schottland die Sitten des alten Ägypten hätte übernehmen dürfen, so hätten sie wie Kleopatra und Ptolemäus heiraten können, und Maria wäre vielleicht ein glückliches und glanzvolles Schicksal zuteil geworden. James Stuart war Protestant, doch bei weitem kein Fanatiker. Dieser besonnene und sogar ein wenig förmliche Mann wurde in England sehr geschätzt, wo er mit Elisabeths Ministern verhandelte, bevor er nach Frankreich reiste, um die Rückkehr seiner Schwester vorzubereiten. Die religiöse Frage war das wesentliche Problem, das geklärt werden mußte.

Marias Katholizismus war für die große Mehrheit ihrer Untertanen unannehmbar geworden. 1560 hatte das schottische Parlament ein Gesetz erlassen, das die reformierte Religion als Staatsreligion festlegte, die Gerichtshoheit des Papstes über das Land abschaffte und das Zelebrieren der Messe im gesamten Staatsgebiet untersagte. James Stuart schlug Maria vor, ihrem alten Glauben abzuschwören. Das lehnte sie aber entschieden ab. Um eine ausweglose Situation zu vermeiden, räumte sie allerdings ein, daß sie nicht versuchen würde, ihrem Königreich

---

* Philipp II. hatte nicht die Nachfolge seines Vaters an der Spitze des Heiligen Römischen Reiches Deutscher Nation angetreten. Sein Onkel Ferdinand I. war zum nächsten Kaiser gewählt worden. Die Krone blieb also in der Familie.

den Katholizismus aufzuzwingen, und daß sie sich damit zufriedengäbe, die Messe in ihrer Privatkapelle zu hören. Ihr Bruder,
James Stuart, stimmte diesem Vorschlag zu und erklärte sich
bereit, ihre Anerkennung in Schottland durchzusetzen. Die
maßvolle Haltung der Königin machte auf Throckmorton, Elisabeths Botschafter in Frankreich, den besten Eindruck: »Sie
zeigt große Klugheit, Bescheidenheit und Urteilskraft. Ihr bei-
spielhaftes Verhalten und ihr Sachverstand, die mit zunehmen-
dem Alter nur weiter wachsen können, werden ihr noch mehr
Ansehen und Ehre einbringen und für sie selbst und ihr Land
von großem Nutzen sein, und«, fügte er hinzu, »sie hat ihre
Freude daran, sich von klugen Ratschlägen und besonnenen
Männern leiten zu lassen (was bei einem Fürsten oder einer
Fürstin eine große Tugend und das Zeichen tiefer Urteilskraft
und Weisheit ist).«[1] Hinter dem Lob des Botschafters, wie die
Zeitgenossen durchschauten, verbarg sich das Bedauern, daß
seine eigene Königin viel eher geneigt war, sich zu amüsieren
und nach ihrem eigenen Kopf zu handeln, als ihn zu Rate zu
ziehen.

Es blieb ein politisches Problem: das der Ratifikation des Vertrags von Edinburgh, den man im Mai 1560, das heißt vor dem
Tod Franz' II., ausgehandelt hatte. Der Vertrag bedeutete einen
Sieg der schottischen Protestanten, die erreicht hatten, daß sich
sowohl die Franzosen als auch die Engländer von ihrem Territorium zurückzogen. Ein Vertragsartikel bestimmte, daß die
Königin nicht mehr das Wappen Englands führen dürfte. In diesem Punkt und nur in diesem Punkt wollte Maria nicht nachgeben: Das hätte bedeutet, jeden Anspruch auf die Thronfolge in
England aufzugeben und unmißverständlich anzuerkennen,
daß Elisabeth rechtmäßig die Krone trug. Maria zögerte und
gewann Zeit, indem sie behauptete, sie könne nicht unterzeichnen, bevor sie nach Schottland zurückgekehrt wäre und die
Zustimmung ihres Rates erhalten hätte. Damit verärgerte sie
nachhaltig ihre Cousine, die Königin.

Trotzdem wurde nun Marias Abreise beschlossen, nachdem
James Stuart die schottischen Adligen ohne allzu große Mühe

überzeugt hatte, daß eine junge und fügsame Königin, die eine gute Position auf dem europäischen Schachbrett hatte, nicht zu unterschätzende Vorteile bot. Katharina von Medici gab in Saint-Germain ein glanzvolles Abschiedsfest, das vier volle Tage dauerte. Ronsard verfaßte eine Elegie auf die Abreise jener Frau, die Frankreichs »Blüte, Farbe und Licht« war, und Maria brach nach Calais auf, von einem großartigen Gefolge begleitet. Elisabeth, der es mißfiel, daß die Unterzeichnung des Vertrags von Edinburgh aufgeschoben war, hatte ihr einen Geleitbrief verweigert, der es ihr gestattet hätte, im Fall eines Unwetters die englische Küste aufzusuchen, doch Maria kümmerte sich nicht darum. Sie ließ ihr nicht ohne einen gewissen Stolz ausrichten, sie hätte die Fahrt unter noch gefährlicheren Umständen gewagt, als sie fünf Jahre alt war. Zweifellos werde es ihr gelingen, den Klippen und einem Zusammentreffen mit den englischen Schiffen auszuweichen. Sie lehnte auch, wie man sich vorstellen kann, mit einem ironischen Lächeln, das Angebot des Kardinals von Guise ab, der ihr vorschlug, aus Sicherheitsgründen ihren Schmuck aufzubewahren.

Am 14. August ging sie an Bord ihres Schiffes. Ihre vier Marias, drei Oheime, der spätere Memoirenschriftsteller Brantôme und Châtelard, ein Hofdichter, begleiteten sie. An die Stelle des fröhlichen kleinen Mädchens der Herfahrt war eine hochgewachsene, sehr schlanke und traurige junge Frau getreten, die von der Vorstellung ein wenig entmutigt wurde, daß sie das vertraute Land ihrer Kindheit für immer verließ, um unbekannten Prüfungen entgegenzufahren. Das diesige Wetter, das Calais und das Ufer verschleierte, ließ den Regen und Nebel Schottlands vorausahnen, und Brantôme schilderte, wie die Königin am Heck ihrer Galeere stand und zur französischen Küste zurückblickte, die im trüben Tageslicht schnell verblaßte, und wie sie schluchzte: »Leb wohl, Frankreich, leb wohl, Frankreich! Leb wohl, mein liebes Frankreich [...]. Ich glaube, ich werde dich nie mehr wiedersehen.«[2] Aber Maria hatte starke innere Kräfte, und außerdem änderten sich ihre Stimmungen ständig, als trieben die Meeresbrisen sie vor sich her.

Ein Zusammentreffen mit Elisabeths Schiffen führte zu einem Austausch von Höflichkeitsbekundungen und nicht von Kanonenkugeln. Die Überfahrt wurde dadurch nicht verzögert und dauerte nur fünf Tage. Die zwei Galeeren, denen ein Geleitzug aus kleineren Schiffen folgte, steuerten am Morgen des 19. August 1561 durch den Nebel, um die Mündung des Flusses Forth hinaufzufahren. Sie gelangten nach Leith, dem Hafen von Edinburgh. Der Kapitän ließ eine Salve abfeuern und warf den Anker aus. Seit zwei Tagen regnete es in Strömen, und John Knox, der unerbittliche Prediger, stellte bitter fest, daß »der Himmel damit bezeugte, was die junge Königin mit sich brachte: Betrübnis, Schmerz, Dunkelheit und Gottlosigkeit«. Man hatte die Königin nicht so früh erwartet, und niemand war da, um sie zu empfangen. Doch die Einwohner, die der Kanonenschuß alarmiert hatte, liefen herbei, um zu sehen, was da vor sich ging. Zu ihrem größten Erstaunen beobachteten sie, daß eine große, schwarzgekleidete Gestalt an Land stieg. Sie wurde von vornehmen Herren in prachtvollen Gewändern begleitet. Man ließ James Stuart aus Edinburgh holen, und der reiche Kaufmann Andrew Lamb bot sein Haus an, damit sich die Reisenden erholen konnten. Ein paar Stunden danach begann der offizielle Empfang.

Die junge Frau, die entschlossen war, ihre Untertanen für sich zu gewinnen, ließ sich von dem rauhen Wetter und dem Klang der Querpfeifen nicht entmutigen, die in den an zartere Harmonien gewöhnten Ohren unerträglich gellten. Sie erregte die Neugier der Landesbewohner. Ihre Anmut, ihre elegante Erscheinung zu Pferde, ihr Enthusiasmus, ihre Art, wie sie mühelos auf schottisch dankte, wurden von der Menge freudig begrüßt. Unablässig lächelnd gelangte sie zum Schloß Holyrood, einem der beiden Stadtschlösser. Holyrood, ein schönes Steingebäude, ein ehemaliges Kloster, das ihr Vater im französischen Stil umgebaut hatte, lag in einer offenen Landschaft außerhalb der Stadtmauern und wirkte beinahe heiter im Vergleich zu der schmucklosen Festung von Edinburgh, die die

Wohnhäuser ringsum erdrückte. Maria bekundete ihre Zufriedenheit mit den Gemächern, die man für sie im wohnlichsten
Turm des Hauses vorgesehen hatte. Ihre Untertanen versam-
melten sich noch an demselben Abend, um sie – zum großen
Mißvergnügen Brantômes – mit einer ohrenbetäubenden Sere-
nade zu erfreuen, während sie die hohen Herren und deren
Familien empfing, die ihren Hofstaat und ihr Gefolge bilden
sollten.

Der schottische Adel bildete eine winzige Gruppe – man
muß berücksichtigen, daß das gesamte Königreich nur fünf-
oder sechshunderttausend Einwohner hatte –, und deren Fami-
lienverbindungen, die wegen der Ehen unter Blutsverwandten,
der Scheidungen und illegitimen Nachkommen unübersicht-
lich und kompliziert waren, begünstigten erbitterte Rivalitäten
und unerwartete Wendungen. Da es unmöglich war, sich auf
ständig wechselnde Bündnisse zu verlassen, gestaltete sich das
politische Leben besonders stürmisch, zumal die Clanhäuptlinge die Autorität des Souveräns nur widerwillig anerkannten
und nicht die Gesetze befolgten. Darum griff man im Fall eines
Konflikts regelmäßig zu den Dolchen.

Maria richtete sich zunächst nach den Ratschlägen ihres
Halbbruders und tat sehr gut daran. James Stuart setzte sich mit
seiner ganzen Person ein, als er sich an die Tür ihrer Kapelle
stellte, um zu verhindern, daß Unmutsbekundungen der Protestanten die Sonntagsmesse nach ihrer Ankunft störten. Damit
bewahrte er sich das Vertrauen seiner Schwester, die ihn regieren ließ. Sie nahm an den Ratssitzungen teil, hielt eine Stick-
arbeit in der Hand und griff nicht in die Debatten ein. Gleichwohl beunruhigte sie ein politisches Problem, ein einziges: das
der Erbfolge in England. In diesem Herbst 1561 eine sonderbare
Zwangsvorstellung. Damals war keine der beiden Königinnen
verheiratet. Doch warum sollte man sich nicht vorstellen, daß
die eine wie die andere dieses Problem leicht lösen und sehr
bald für einen natürlichen Erben sorgen würde? Also wirkte
diese Frage durchaus nicht besonders dringlich, und wenn Elisabeth andererseits vorzeitig sterben sollte, so hatten andere

Anwärter auf die Krone den Vorteil vor Maria, da sie in England geboren waren und dort lebten. Dennoch schickte die
schottische Königin William Maitland schon im September
nach London. Er sollte mit ihrer Cousine verhandeln und ihr
die Anerkennung abnötigen, daß Marias Anspruch rechtmäßig
war.

William Maitland war einer der treuesten Helfer der Königin
und einer der wenigen schottischen Diplomaten der damaligen
Zeit. Er hatte Maria von Guise in London wie in Paris gedient.
Dieser bewundernswert gebildete und pragmatische Mann unterschied sich von seinen Landsleuten, weil er nicht den geringsten religiösen Fanatismus hatte. Sein Protestantismus nahm
keinen Anstoß an der Religion seiner Königin. Sein Auftrag
war unmöglich, das wußte er, doch er konnte von der englischen Königin eine freimütige Erklärung zu dieser schwierigen
und heiklen Frage erhalten, denn ihr lag an einer Heirat und
einer möglichen Mutterschaft.

Maria war ja nicht die einzige Thronanwärterin, und außerdem ließ die Stichhaltigkeit ihres Anspruchs zu wünschen
übrig. Wenn der Wortlaut des Testaments Heinrichs VIII. respektiert werden sollte, schloß sie das automatisch aus, weil sie
außerhalb des Königreichs geboren war. Ihre französische Erziehung stellte einen weiteren Nachteil dar, wies sie doch deutlich auf deren Kosmopolitismus hin, und schließlich machte ihr
Katholizismus sie in den Augen eines puritanischen Parlaments
wenig aussichtsreich. Trotzdem gab ihr Elisabeth damals wahrscheinlich den Vorzug vor der anderen Kandidatin – Catherine
Grey, der Schwester der unglücklichen Jane, der Neuntagekönigin –, denn zum großen Mißfallen der Minister stand kein
einziger Mann auf der Bewerberliste.

Elisabeth hatte ihre Cousine Catherine an den Hof kommen
lassen, doch sie mochte sie nicht, woraus sie kein Hehl machte.
1560 beging Catherine die nicht wiedergutzumachende Torheit, heimlich Lord Hertford zu heiraten und damit den Zorn
der Königin herauszufordern. Wie wir später sehen werden,

waren Elisabeths Reaktionen auf die Heiratspläne ihrer Damen und weiblichen Verwandten unvorhersehbar. Daher zeigte sie bei Maitlands Besuch im Jahre 1561 keine Feindseligkeit gegenüber ihrer schottischen Cousine, lehnte es allerdings aus ganz bestimmten und sehr persönlichen Gründen ab, sie zu ihrer Erbin zu erklären.

Sie hatte Maitland bereits zugestanden, daß Marias Ersuchen begründet war, denn sie wies nicht auf die Bestimmungen ihres Vaters hin, der ja jeden außerhalb der englischen Grenzen geborenen Prinzen von der Erbfolge ausschließen wollte. Da es in ihren Augen keinen anderen annehmbaren Kandidaten gab und da die Aussicht auf eine Union mit Schottland ein wünschenswertes Ziel war, mißfiel ihr die Lösung im Grunde nicht, doch um ihre Ablehnung zu begründen, eine offizielle Entscheidung zu treffen, entschuldigte sie sich damit, daß es unmöglich sei, gute Beziehungen mit ihrer Nachfolgerin zu unterhalten. Wenn sie Maria ernannte, würde dies sie unausweichlich veranlassen, ihre Nachfolgerin zu verabscheuen, erklärte sie dem Botschafter. »Es ist unbegreiflich, daß man von mir verlangt«, erläuterte sie, »mein Leichentuch vor meinen eigenen Augen auszubreiten. Glauben Sie denn, ich könnte jemals mein Leichentuch lieben?«[3] Ja, sie ging noch weiter, viel weiter, denn sie fand den Mut zu einem Geständnis, das ein Vater oder eine Mutter nie wagen würde: »Ein Fürst kann nicht einmal das Kind lieben, das als sein Nachfolger ausersehen ist [...]. Stellen Sie sich also vor, welche Freundschaft ich meiner Cousine entgegenbringen könnte, wenn sie zur Erbin ernannt würde?«[4] Diese höchst herausfordernde Erklärung, die so frei von jeder Heuchelei wie auch von jeder Affektiertheit ist, dieser offenkundige Beweis für eine unerbittliche Selbstbetrachtung erhellen die Haltung der Königin gegenüber Ehe und Mutterschaft. Warum sollte man ein Kind bekommen, wenn man es daraufhin zurückstieße? Aber sie war mit Maitland noch nicht fertig. Sie hatte ein weiteres Argument vorzubringen.

»Ich kenne die Unbeständigkeit des englischen Volkes; nie ist es mit denen zufrieden, die es regieren, und es richtet den Blick

auf jene, die die Nachfolge antreten sollen.« Und sie schloß mit
der auf lateinisch vorgetragenen Erklärung: »Die Engländer
sind eher geneigt, die aufgehende Sonne und nicht den unter-
gehenden Stern anzubeten.«[5] Davon wisse sie einiges, versicherte sie, denn sie habe das Morgenrot der Nacht ihrer Schwester Maria verkörpert. Unter diesen Bedingungen blieb kein
Verhandlungsspielraum, doch Elisabeth verlangte nicht, daß
Maria auf ihre Stellung verzichtete, ja, sie riet sogar Maitland,
das Thema mit ihrem Minister Cecil weiter zu besprechen.

Damals herrschte also zwischen den beiden Cousinen ein herzlicher Ton, obwohl Elisabeth nichts bewilligt hatte. Da Maria ihrem vielgerühmten Charme vertraute und sich sicher
fühlte, weil sie sah, wie sich ihre eigenen Untertanen zu ihr
bekannt hatten, ergriff sie im Mai 1561 die Initiative, um ein
Treffen mit der englischen Königin im englischen York vorzubereiten. Elisabeth sah es als ein vertretbares Risiko an, den Aufenthalt einer katholischen Königin in ihrem Königreich zu
gestatten. Sie erhielt die Zustimmung ihres Staatsrates, obwohl
man damit der papistischen Partei eine Gelegenheit bot, den
Mut ihrer Scharen aufzufrischen. Die zwei Minister Maitland
und Cecil, die sich beide regelmäßig beklagten, daß sie unter
der Fuchtel einer Frau standen, hatten nichts einzuwenden, und
das trotz der Kosten, die für diese Begegnung aufzubringen waren. Die zwei Königinnen tauschten Briefe, Porträts und Geschenke aus. Trotz des scheußlichen Wetters, das die Straßen
beinahe unbefahrbar machte, kamen die Vorbereitungen gut
voran, als eine aus Frankreich eintreffende Nachricht den Plan
scheitern ließ. Im Januar 1562 hatten die Hugenotten das Recht
erhalten, ihre Gottesdienste in einer bestimmten Zahl von ge-
schützten Orten abzuhalten. Diese Maßnahme forderte eine
wütende Reaktion der von den Guisen geführten extremsten
katholischen Partei heraus. Eine protestantische Kongregation
wurde in Vassy auf Befehl des Herzogs von Guise massakriert.
Einen Monat danach setzte der Religionskrieg das Land in
Brand. Die Hugenotten baten England um Hilfe, die Katholi-

ken wandten sich an Spanien. Unter diesen Umständen konnte Elisabeth natürlich London nicht verlassen, und das noch weniger, um die Nichte der Guisen zu empfangen. Das Treffen wurde verschoben, und die Königinnen widmeten sich wieder ihren üblichen Beschäftigungen.

Nun mußte Maria erleben, wie heftig die Kämpfe zwischen den Clans wüteten. Sie wollte die Treue ihres Halbbruders belohnen, indem sie ihn zum Grafen der reichen County Moray erhob. Dieser Titel war außer Gebrauch gekommen, und der Graf von Huntly verwaltete die dazugehörigen Güter. Huntly reagierte wütend, weil ihm damit beträchtliche Einkünfte entzogen wurden. Er griff gegen seine Königin zu den Waffen und prahlte, er sei imstande, sie zu entführen und mit seinem Sohn zu verheiraten, obwohl dieser schon eine Frau hatte. Er rühmte sich, er könne diese störende Ehe annullieren lassen. James Stuart übernahm die Führung der königlichen Armee. Es kam zu einem entscheidenden Gefecht, man schlug die Rebellen vernichtend und nahm den Grafen von Huntly gefangen. Gerade in diesem Augenblick erlag er einem Anfall, und er stürzte vom Pferd. Seine einbalsamierte Leiche wurde nach Edinburgh geschafft. Das Parlament trat zusammen, um den Verräter zu richten. Daß der Verräter tot war, verhinderte den Prozeß nicht. Man stellte den Sarg aufrecht vor die Gerichtsbeamten, die Huntly schuldig sprachen. Und sie konnten eines lebendigeren Schuldigen habhaft werden, seines Sohnes, der gleichfalls gerichtet und zur Enthauptung verurteilt wurde.

Der Frieden wurde wiederhergestellt, doch wenige Monate später störte ein weiterer Zwischenfall die Ruhe des Königshofes. Der Dichter Pierre Châtelard, der Maria nach Schottland gefolgt war, bekannte, wie es sich ziemte, eine höfische Liebe zu der jungen Frau. Dabei ließ er es nicht bewenden. Einmal, als es dunkel wurde, versteckte er sich aus Scherz oder Prahlerei unter ihrem Bett. Ihn entdeckten die Diener, die das Zimmer jeden Abend überprüften, bevor die Königin schlafen ging. Sie warfen ihn hinaus, und Maria verlangte nun von ihm, den Hof zu verlassen. Châtelard nahm das nicht ernst, und am nächsten Tag stieß er den Türhüter beiseite und stürzte sich auf sie, während sie gerade mit zwei Frauen allein war. Sie rief um Hilfe. Ihre Wachen nahmen Châtelard fest, der ins Schloßverlies geworfen wurde. Er kam vor Gericht, wurde zum Tode verurteilt und in Marias Gegenwart enthauptet, nachdem er Ronsards Hymne an den Tod als Gebet vorgetragen hatte.

»Gruß dir, glücklicher, nützlicher Tod,
du Arzt und Trost in schlimmster Not.«

Châtelards irrsinniges Verhalten veranlaßte die Hofgesellschaft, sich zu fragen, ob er ein Werkzeug gewesen war, das man benutzt hätte, um den guten Ruf der Königin zu beflecken. Wie dem auch sei, sie brauchte unbedingt einen Mann. Ihre Ehelosigkeit mußte gefährliche Unruhe um sie verbreiten und die Rivalitäten der Clans aufstacheln. Die Unterstützung ihres Bruders genügte nicht. Der Prediger John Knox stellte damals fest, daß »die Verheiratung unserer Königin das allgemeine Gesprächsthema ist«. Die Situation jenseits der Grenze war die gleiche.

1562 erlitt Königin Elisabeth einen Zusammenbruch, sie war schlimm an den Pocken erkrankt. Einige Stunden lang hielt man sie für verloren. Mitten in der Nacht wurde Cecil schleunigst in den Palast geholt. Er rief den Staatsrat zusammen, der feststellen mußte, daß es Meinungsverschiedenheiten über das Erbfolgeproblem gab. Die einen erklärten sich für Catherine Grey, die aus der von Heinrich VIII. begünstigten Suffolk-Linie stammte, die anderen erwogen, die Krone einem entfernteren Cousin zu geben, dem Grafen von Huntingdon, der den unschätzbaren Vorteil bot, ein Mann zu sein. Niemand erklärte sich für Maria. Die Königin erholte sich, aber alle, Minister, Höflinge, Kirchenmänner oder einfache Bürger, meinten einmütig, daß sie heiraten mußte.

Im Jahre 1563 befinden sich die zwei Königinnen also in einer vergleichbaren Lage: Beide erleben sie politische Schwierigkeiten, doch diese Probleme sind nicht unüberwindbar und gehören zum gemeinsamen Schicksal aller Herrscher. Ihre Position wird nicht unmittelbar bedroht. Was sich für diese männer- und kinderlosen Königinnen in düsteren Farben abzeichnet, ist die Zukunft. Die Frage einer Eheschließung wird die beiden unlösbar miteinander verbinden.

IV
Der schöne Dudley
1563-1565

Es wäre ein trügerischer Eindruck, daß sich die beiden jungen Frauen in der gleichen Lage befunden hätten. Autorität ist die Eigenschaft, die ein Souverän am dringendsten benötigt. Elisabeth zeigte von vornherein Autorität, und das trotz einer schwierigen, einsamen und oft von Demütigungen verdüsterten Jugend. Maria, die Königin seit ihrer Geburt war, der man stets schmeichelte und die man nie um Rat fragte, hatte nicht die geringste Autorität. Ihr, einer leidenschaftlichen Reiterin und beherzten Jägerin, fehlte es nicht an Mut, und sie fürchtete sich nicht vor Strapazen. Bei den Strafexpeditionen gegen allzu unabhängige Adlige konnte sie stundenlang an der Spitze ihrer Leute reiten und Freude daran finden. Ihr mangelte es an der geistigen Selbstsicherheit und dem Geschick, die einen gegen die anderen auszuspielen, um alle zu beherrschen, mit einem Wort, sie hatte kein politisches Talent. Der Nachteil ihres Liebreizes und ihrer Anziehungskraft bestand darin, daß sie ganz als Frau, das heißt in einer schwachen Position erschien, während Konflikte in dieser rohen Gesellschaft oft gewaltsam gelöst wurden. Die Tränen, die Maria häufig als Mittel benutzte, rührten ihre Gegner selten mehr als ihre Nervenkrisen oder ihre depressiven Stimmungen. Man meinte, all diese Äußerungen seien typisch für ein Mädchen, dem der Mann fehlte. James Stuart, den man nunmehr mit seinem Titel als Grafen von Moray bezeichnete, fühlte sich sehr wohl dabei, weil er überzeugt war, daß sie es immer ihm überlassen würde, die tatsächliche Macht auszuüben.

Elisabeth hingegen blieb nach fünf Herrschaftsjahren ein

Rätsel: Ein energischer Verstand zusammen mit einer ganz weiblichen Koketterie verwirrten ihre vertrautesten Gesprächspartner. Sie liebte die Männer, und trotzdem wollte sie offenbar nicht heiraten; in den Augen ihrer Zeitgenossen etwas Unbegreifliches. Ihre Lieblingsgefährten waren jung und schön, doch sie ließ sich von deren Ungestüm und Leidenschaft nicht mitreißen. Cecil blieb ihr am höchsten geschätzter Ratgeber und engster Mitarbeiter, ein Mann, der älter als sie war – sie war sechzehn Jahre alt, als er die Leitung der Staatsangelegenheiten übernahm – und aus einer verhältnismäßig bescheidenen Familie stammte. Er hatte zum Intellektuellenkreis von Cambridge gehört und teilte nicht ihre Freude an Tanz, Musik oder Jagd. Als sie ihm bei ihrer Thronbesteigung das Amt des Staatssekretärs übertrug, hatte sie erklärt, sie rechne damit, daß er sie »unabhängig von ihrem persönlichen Willen«[1] berate, und sie verspreche ihm »Verschwiegenheit«, ließ ihm also freie Hand, ganz offenherzig mit ihr zu sprechen. In den folgenden vierzig Jahren hielt sich Cecil an ihrer Seite. Sein wichtiges, nicht genau abgegrenztes Amt gründete sich vor allem auf seine persönlichen Beziehungen zur Herrscherin. Wenn man Robert Cecil, seinem Sohn und Nachfolger, glauben darf, glichen die Zusammenkünfte zwischen der Herrscherin und dem Staatssekretär endlosen und heimlichen Gesprächen von Verliebten. Niemand kannte die Königin besser als Cecil. Er respektierte ihr politisches Gespür und die Verführungskraft, mit der sie das Volk bei ihren Ausfahrten für sich gewann. Er bewunderte die Art, wie sie die Waffen einer Frau einsetzte, um ihre Ziele zu erreichen, und gerade er nahm die Tränen, die Mißstimmungen und das Lächeln der Königin sehr ernst und schrieb sie nicht irgendwelchen nervösen Anwandlungen eines Fräuleins zu. Geduldig ertrug er ihr Zögern wie ihre Meinungsumschwünge, aber in einem Punkt – der wesentlichen Frage ihrer Heirat – bemühte er sich unablässig, sie zu überzeugen, bis das Alter der Königin diesen Streit gegenstandslos machte.

Warum lehnte Elisabeth so hartnäckig alle ab, die um ihre Hand anhielten? Dabei hatte sich die Schar der Bewerber ver-

vielfacht, seitdem sie auf dem Thron saß. Man darf nicht daran
zweifeln, daß es ihr außerordentlich gut gefiel, den ersten Platz
einzunehmen. Ebensowenig darf man ihren Unabhängigkeits-
sinn unterschätzen. James Melville, Maria Stuarts Botschafter
am englischen Hof, erkannte sehr früh, daß ihr herrischer Charakter eine Ehe verhindern könnte. Als ihm die Königin erklärte, sie werde nur heiraten, wenn das Verhalten der schottischen Königin sie dazu nötige, schüttelte Melville den Kopf
und erwiderte, er wisse ganz genau, daß sie nie einen Mann
nehmen werde, was auch immer ihre Cousine tue, »weil die
Königin von England einen viel zu großen Appetit hat, als daß
sie einen Herrn ertragen könnte [...]. Wenn sie verheiratet
wäre, würde sie nur Königin von England sein, während sie
König und Königin zugleich ist, wenn sie allein auf dem Thron
sitzt«.[2] Einer oft vorgebrachten Theorie zufolge, die sich nicht
auf den psychologischen Aspekt dieser Entscheidung stützte,
sollte die Königin gewußt haben, daß sie unfruchtbar war. Eine
sehr fragliche Erklärung, denn Elisabeth erfreute sich einer ausgezeichneten Gesundheit, hatte regelmäßige Monatsblutungen
– das bestätigen die ihr ständig nachspionierenden Kammerfrauen –, und ihre oft von Cecil befragten Ärzte haben nie ein
körperliches Gebrechen erwähnt, das eine Schwangerschaft
hätte verhindern können. Somit blieb die Tatsache übrig, daß
sie stets erklärt hatte – und zwar, seitdem sie es abgelehnt hatte,
den Herzog von Savoyen zu heiraten, wie es ihre Schwester
Maria Tudor im Jahre 1557 vorgeschlagen hatte –, ihr liege
nichts an einer Heirat und ihr lediger Stand sei ihr vollkommen
recht. Das hinderte sie nicht daran, daß sie nicht abgeneigt war,
theoretisch diesen oder jenen Ehebund in Betracht zu ziehen,
der offenkundige politische Vorteile bot, oder von einem erfüll-
teren Liebesleben zu träumen und Wohlgefallen an den Huldigungen der Männer zu finden.

Daß sie die Begehrlichkeit der Männer erregen wollte, hatte
sich 1560 schon überall an den europäischen Höfen herumge-
sprochen: Nichts war ihr ein größeres Vergnügen, als Bewerber
an der Nase herumzuführen. Sobald sie die spanischen Heirats-

anträge abgelehnt und auch einen Antrag des schwedischen Prinzen zurückgewiesen hatte, fertigte sie die Herzöge von Savoyen, Nemours, Ferrara, Holstein und Sachsen ab, außerdem den Grafen von Arran, einen Angehörigen des schottischen Hochadels, und den Grafen von Arundel, den Nachkommen einer der ältesten englischen Familien; dann hatte ihr Kaiser Ferdinand seinen Sohn, den Erzherzog Karl, vorgeschlagen. Elisabeth hörte den Freiherrn von Breuner aufmerksam an, den Kammerherrn des Prinzen, der nach England gekommen war, um die Verdienste seines Herrn zu rühmen. Interessiert und wißbegierig erbat sie genauere Auskünfte über seine Fähigkeiten als Reiter, Tänzer und Musiker. Ein Mann, der sich damit zufriedengäbe, seine Tage vor dem Kamin zu verbringen, könnte ihr nicht zusagen. Da ihr wohlbekannt war, daß Breuner es sich nicht erlauben durfte, objektiv zu berichten, schickte sie einen regelrechten Fragebogen an ihren eigenen Botschafter in Augsburg; darin erkundigte sie sich nach dem Äußeren des jungen Mannes, seinen Neigungen und seiner Religion, und sie wollte sogar wissen, ob er »eine Frau und was für eine Frau geliebt hatte«.[3]

Nach dreimonatiger Prüfung lehnte sie ihn mit größter Höflichkeit ab, wobei sie anerkannte, daß diese Heirat ihr Ansehen in ganz Europa außerordentlich erhöht hätte, doch »nachdem wir unser Herz befragt haben«, erklärte sie Breuner, »haben wir darin kein Verlangen entdeckt, unser einsames Leben aufzugeben«. Breuner verlor jedoch die Fassung, weil sie sich ihm nach dieser Ablehnung plötzlich sehr gewogen zeigte. Einige Tage später fuhr er auf der Themse, als die königliche Barke längsseits kam. Die Königin bat ihn an Bord ihres Bootes und spielte ihm auf der Laute vor. Am nächsten Tag lud sie ihn ein, an ihrem Frühstück teilzunehmen – ein seltener Gunstbeweis –, und noch an demselben Abend durfte er sie auf einer weiteren Bootsfahrt begleiten. Ausgesprochen gutgelaunt plauderte sie ständig mit ihm und stellte ihm Fragen über den Erzherzog. Ausführlich erklärte sie ihm noch einmal, daß sie sich niemals binden werde, ohne ihren zukünftigen Gatten vorher persönlich gesehen zu haben. Breuner hingegen richtete sich nach den Weisungen seines Gebieters, den die Vorstellung kränkte, daß sich sein Sohn einem derart »kindischen und unschicklichen« Besuch unterziehen sollte. Breuner wies sie darauf hin, daß wenige Männer eine solche vorherige Prüfung hinnehmen würden; da er sich von ihrer Liebenswürdigkeit jedoch sehr ermutigt fühlte, versicherte er, er halte die Verhandlungen nicht für beendet.

Erik, der König von Schweden, der schon seit langen Monaten ungeduldig als Bewerber wartete und den die Abweisungen kaum entmutigten, kündigte inzwischen an, er wolle persönlich kommen, um ihr den Hof zu machen. Obwohl sie ihm mehr als einmal mitgeteilt hatte, daß die große Entfernung zwischen ihren Königreichen kaum für einen Ehebund spräche, bedrängte er sie immer noch und schrieb ihr lange lateinische Liebesbriefe, die sie sehr belustigten. Sie wies ihn weiterhin ab, dies indes so taktvoll, heiter und doppelsinnig, daß er sich noch lange um sie bemühte, wobei er auch gelegentlich mit Maria Stuart liebäugelte. Aber Erik, der unermüdliche Anbeter, wurde von seinem Nachbarn Johann von Finnland besiegt und abgesetzt, und seine Verehrerlaufbahn war zu Ende. Daß Elisabeth wenig Neigung zu einer Ehe zeigte, ließe sich zur Not damit rechtfertigen, daß es schwer war, einen standesgemäßen Partner zu finden.

Ja, wenn Maria Stuart ein Mann gewesen wäre! Denn offenkundig wäre es für Elisabeth ideal gewesen, den König eines Nachbarlandes zu heiraten. Ihre Abneigung, sich mit dem Souverän eines fernen Landes zu verbinden, war vollkommen vernünftig. Es blieb die Möglichkeit, einen jüngeren Königssohn zu ehelichen, um ein Kind zu bekommen, selbst wenn er kaum politische Vorteile bot. In diesem Fall war es ganz und gar vertretbar, wenn auch ungewöhnlich, daß sie sich vergewissern wollte, ob es übereinstimmende Neigungen und möglicherweise persönliche Sympathie gab. Allerdings mußte man einen Prinzen finden, der bereit war, sich einer Prüfung zu unterziehen. Schließlich war es aber so, daß die meisten europäischen

Königsfamilien katholisch waren, was Elisabeth vor eine zusätzliche Schwierigkeit stellte. Ihre ständigen Absagen ließen sich
also erklären, doch ihre hartnäckige Weigerung, ihre Nachfolge
zu regeln, war erstaunlich zwiespältig. Da sie es gleichzeitig
ablehnte, zu heiraten und einen Nachfolger zu ernennen, beschwor sie die Gefahr äußerst schlimmer Bürgerkriege für den
Fall herauf, daß sie vorzeitig sterben sollte. Ihre übertrieben
strenge Haltung gegenüber ihrer in England geborenen protestantischen Cousine Catherine Grey, die Heinrich VIII. in der
Erbfolgeordnung vorgesehen hatte, veranschaulicht diese In-
konsequenz.

Wenn jemand im England der Tudors in Ungnade gefallen war,
stürzte das seine Familie nicht ins Unglück. So etwa hatte Maria
Tudor zwar Jane Grey, die Schwester Catherine Greys, hinrichten lassen, doch sie bekundete weiter Wohlwollen für das junge Mädchen, das sie zur *Lady of the Bedchamber* ernannt hatte.
(Mary, die jüngste Schwester der Familie Grey, war damals viel
zu jung, um sich an den Hof zu begeben.) Als Elisabeth den
Thron bestieg, blieb Catherine am Hof, führte nun aber ein
unbequemes und freudloses Dasein. Elisabeth mochte sie nicht;
sie verhehlte nicht, daß sie wenig Bewunderung für Catherines
geistige Fähigkeiten und Talente empfand. »Sie hat keine Stärken und keine Fähigkeiten, die Arme!«[4] sagte sie eines Tages zu
Maitland. Außerdem hatte die Königin sie sofort vom Amt der
Lady of the Bedchamber zu der weniger vertraulichen Stellung der
Lady of the Privy Chamber heruntergestuft. Catherine hingegen
fürchtete ihre Cousine und nahm ihr übel, sie ohne jede Aus-
zeichnung zu behandeln. Als der Graf von Hertford um ihre
Hand anhielt, wagte sie es nicht, ihr dies mitzuteilen, so sehr
fürchtete sie Elisabeth.* Das alles geschah 1560, noch vor der
Rückkehr Maria Stuarts nach Schottland.

---

* Der Graf von Hertford war der Sohn des Lordprotektors und somit der
Neffe Thomas Seymours, jenes Mannes, mit dem sich die junge Elisabeth auf
gefährliche Spiele eingelassen hatte. Und man hatte seinen Vater und auch seinen Onkel hingerichtet.

Die junge Catherine handelte nun voller Ungeduld und Leichtfertigkeit. Sie schloß mit ihrem Verehrer heimlich die Ehe. Die Königin hatte sich aus London entfernt, um ein paar Tage in einem nahe gelegenen Schloß zu verbringen und auf Jagd zu gehen. Catherine gab vor, unter heftigen Zahnschmerzen zu leiden, damit sie nicht bei der Königin bleiben mußte. Am nächsten Tag verließ sie in Begleitung ihrer zukünftigen Schwägerin Lady Jane Seymour den Palast von Whitehall bereits um acht Uhr morgens durch eine Geheimtür, durch die man den Garten betrat. Von dort aus gelangte man zum Flußufer. So erreichten sie den Wohnsitz der Hertfords. Der Graf erwartete sie, jedoch hatte sich der Pastor verspätet. Die energische Lady Jane ging los, um ihn zu suchen, und brachte ihn mit. Er nannte seinen Namen nicht, und niemand fragte ihn danach. Das Brautpaar beschrieb ihn später als einen Mann mittleren Alters mit rotem Gesicht und rotem Bart, der eine einfache schwarze Soutane getragen habe. Ohne Zeit zu verlieren, hielt er den Gottesdienst und verabschiedete sich. Lady Jane gab ihm zehn Pfund als Bezahlung für seine Dienste. Dann tranken die jungen Leute ein Glas Wein, nahmen ein paar Süßigkeiten zu sich, und die Schwägerin verschwand.

Die Jungverheirateten verloren keine Minute, sie gingen zu Bett und »erkannten sich fleischlich«.* Sie mußten sich beeilen, denn Lady Catherine hätte nicht das Essen versäumen dürfen, das am Mittag mit dem Haushofmeister der Königin vorgesehen war. Darum zogen sie sich schleunigst wieder an. Daß sich eine Dame dieses Rangs ihre Kleidung ganz allein überziehen konnte, bewog die Untersuchungsbeamten, die sich später mit dieser Frage beschäftigten, zu den ernsthaftesten inneren Zweifeln, aber der Graf versicherte, seine Frau hätte sich in einer Viertelstunde ankleiden können. Er begleitete sie zu dem Tor, das zum Fluß ging. Dort wartete seine Schwester, und da inzwischen die Flut eingetreten war, nahmen die zwei jungen Frauen ein Boot, um zum Palast zurückzufahren.

---

* Diese ganze Beschreibung folgt der späteren Aussage des Grafen. (Alison Plowden, *Lady Jane Grey, Nine Days Queen*, Stoud, Sutton, 2003, S. 150.)

Nun begann ein Roman, der mehr an eine Hintertreppen-
geschichte als an eine Palastintrige erinnert. Catherine wagte
immer noch nicht, etwas zu sagen. Von Zeit zu Zeit fand sie
sich mit ihrem Ehemann zusammen, was ihre gefällige Schwägerin und eine verständnisvolle Kammerfrau ermöglichten.
Aber Jane Seymour starb im März 1561; die Kammerfrau bekam
Angst und schied aus Lady Catherines Diensten aus. Im April
verlangte die Königin von Hertford, den Sohn ihres Ministers
Cecil nach Frankreich zu begleiten. Eine Anweisung der Königin lehnte man nicht leichtfertig und grundlos ab. Für Hertford
gab es durchaus einen ganz besonderen Grund, sich nicht zu
entfernen, doch gerade auf ihn durfte er sich nicht berufen.
Lady Catherine glaubte – ohne daß sie sich dessen schon sicher
war –, daß sie ein Kind erwartete. Die Bestätigung blieb nicht
lange aus. Ein paar Monate später war sie nicht mehr in der
Lage, ihren Zustand zu verheimlichen. Ihr fehlte jede moralische Stütze – ihre Mutter war gestorben und ihre Schwester viel
zu jung, um ihr auch nur im geringsten helfen zu können –, und
in ihrer schlimmsten Notlage wandte sie sich an Elizabeth Saintlow, eine alte Freundin ihrer Familie, und vertraute sich ihr an.*
Ob diese nun eine alte Freundin war oder nicht, jedenfalls weigerte sie sich, zu Catherines Gunsten einzugreifen. Nun entschloß sich Catherine, ihren Schwager Robert Dudley,** den
Oberhofstallmeister der Königin, um Hilfe zu bitten. Eines
Nachts drang sie in sein Zimmer ein, setzte sich an den Rand
seines Bettes und erzählte ihm all ihr Unglück, gestand, daß es
ihr aufs äußerste widerstrebte, sich der Königin anzuvertrauen,
und bat ihn um seine Vermittlung. Man kann sich vorstellen,
wie verblüfft Dudley über diese nächtliche Erscheinung war.
Am nächsten Morgen unterrichtete er Elisabeth, ohne jedoch
für die unglückliche Catherine einzutreten.

---

* Einige Jahre später wird man wieder von dieser Elizabeth hören, die den
Grafen von Shrewsbury geheiratet hatte und zur Wächterin Maria Stuarts
wurde.
** Guildford, Roberts Bruder, hatte Lady Jane Grey geheiratet und war
zusammen mit ihr hingerichtet worden.

Die Blitze des königlichen Zorns gingen unverzüglich auf deren Kopf nieder. Die arme dumme Gans mit ihrem dicken Bauch wurde noch an demselben Tag im Tower eingesperrt und der Graf von Hertford in größter Eile zurückgerufen. Elisabeth war keineswegs nachsichtig gestimmt. Sie reagierte mit äußerster Strenge. Der Graf von Hertford wurde gleich nach seiner Ankunft in den Tower gebracht, und man leitete eine Untersuchung über die Rechtsgültigkeit der Ehe ein. Da Jane Seymour gestorben war und man den Pastor nicht wiederfinden konnte, geriet die Heiratszeremonie in den Verdacht einer gesetzwidrigen Handlung. Damit eine heimliche Ehe anerkannt wurde, mußte man beweisen, daß der zelebrierende Priester ordiniert war, und zwei Zeugen benennen. Unterdessen brachte Catherine einen Jungen zur Welt, der in derselben Kapelle, wo die geköpften Leichen seines Großvaters und seiner Tante Jane ruhten, auf den Namen Edward getauft wurde.

Elisabeth ließ sich nicht im mindesten rühren und zeigte sich nicht bereit, ihr zu vergeben. Sie übergab alle Akten den Kirchenbehörden. Der Erzbischof von Canterbury, der für ihre Wünsche empfänglich war, urteilte, daß zwischen Lady Catherine und Lord Hertford keine Heirat stattgefunden hätte. Demzufolge waren sie der Sünde der Hurerei schuldig. Er erlegte ihnen eine große Geldbuße auf und empfahl, sie so lange im Gefängnis zu lassen, wie es Ihrer Majestät gefalle. Der Gouverneur des Towers behandelte sie mit einiger Nachsicht, um so mehr, als Elisabeth damals schwer erkrankte und ein großer Teil des Staatsrates für den Fall, daß die Königin sterben würde, für die Thronbesteigung Lady Catherines eintrat. Er legte keinen Wert darauf, die Frau zu drangsalieren, die möglicherweise seine Königin werden konnte. Da er sie zerstreuen wollte, ließ er ihre mehr oder weniger zahmen Affen und ihre Lieblingshunde kommen, und vor allem versäumte er es, die Türen abzuschließen. Die beiden Gatten fanden sich also regelmäßig zusammen, und im Februar 1563 wurde ein zweites Kind geboren. Elisabeths Zorn steigerte sich nun ins Maßlose. In London empfand man Mitgefühl mit dem Unglück eines jungen romantischen

Paares, und man hätte gern gesehen, daß sich die Königin weniger streng verhielte. Sie, die gleichwohl ein feines Gespür hatte, wenn es darum ging, die öffentliche Meinung zu erfassen, gab nicht nach. Der Gouverneur des Towers fand sich in seinem eigenen früheren Herrschaftsbereich als Gefangener wieder, und die jungen Leute wurden aufs Land geschickt. Der Graf wurde zusammen mit dem älteren Kind unter die Aufsicht seiner Mutter gestellt. Den Säugling ließ man Lady Catherine, die wie auch ihr Kind der Obhut ihres Onkels anvertraut wurde.

Dennoch verlangten die Besorgnisse, die 1562 von der bereits erwähnten Erkrankung der Königin hervorgerufen wurden, daß man eine Lösung fand. Das Unterhaus legte der Königin eine Petition vor, die weniger auf die Notwendigkeit einer Heirat hinwies, sondern vor allem betonte, daß sie einen Erben ernennen müsse. Nie zuvor hätte das Reich eine solche Unsicherheit erlebt. Sollte die Königin unglücklicherweise sterben, so sah das Parlament »das unsagbare Elend des Bürgerkriegs« voraus, »die bedrohlichen Einmischungen ausländischer Fürsten und die Gefahren für Besitz und Leben der Untertanen«.[5] Die Königin entgegnete unerschütterlich, sie verstehe gut, daß sich die Abgeordneten beunruhigten, doch diese Frage sei so schwerwiegend und bedeutend, daß sie nicht auf der Stelle antworten könne. Man dürfe ihr jedoch vertrauen: Sie sehe sich als die Mutter ihrer Untertanen an und werde sich ihnen gegenüber nie eine Nachlässigkeit zuschulden kommen lassen. Das Oberhaus griff ebenfalls ein und ersuchte die Königin inständig, zu heiraten, »wo sie wolle, wen sie wolle und sobald sie wolle«,[6] und einstweilen möge sie ihren Nachfolger bestimmen. Die Königin erwiderte heftig, daß ihre Haut zwar Blatternarben trage, aber nicht runzlig sei. Selbst wenn sie schon alt wäre – sie stand im neunundzwanzigsten Lebensjahr –, könne Gott ihr noch Kinder schicken, wie er sie der heiligen Elisabeth geschenkt hätte, während die Ernennung eines Nachfolgers die Gefahr eines blutigen Krieges in England heraufbeschwöre. Außerdem hatte man nicht nur die Verhandlungen mit Karl von

Habsburg wiederaufgenommen, vielmehr hatte auch Katharina
von Medici, die einen erfolgreichen Abschluß dieser Verhandlungen befürchtete, im Februar 1565 ihren Sohn, den minderjährigen König Karl IX., vorgeschlagen. Elisabeth hatte das mit
einem Lachen quittiert und den französischen Botschafter Paul
de Foix darauf hingewiesen, sie befürchte, sein Herr werde finden, sie sei »alt und darum widerwärtig«,[7] doch ihrer Hinhaltetaktik getreu erklärte sie, sie werde ihrem Adel die Frage vorle-
gen, und ein paar Monate lang wurden die zwei Kandidaten in
Reserve gehalten.

Diese Weigerung, eine Entscheidung zu treffen, wirkte em-
pörend, war jedoch vielleicht nicht so irrational, wie es scheinen mochte. Elisabeth wußte, daß sie keinen Nachfolger auswählen konnte, der einmütige Unterstützung finden würde. Im
Innersten glaubte sie, daß sich Maria Stuart trotz ihrer Religionszugehörigkeit besser als ihre leichtfertige Cousine Catherine eignete, wofür ihre Erfahrung, ihre Verbindungen und der
offenkundige Nutzen einer Union der beiden Königreiche
sprachen. Außerdem hatte Maria große Zurückhaltung in religiösen Angelegenheiten bewiesen und die vor ihrer Rückkehr abgeschlossenen Vereinbarungen gewissenhaft eingehalten. Dennoch hing alles von dem Ehemann ab, den die schottische Herrscherin nehmen würde.

Es gab nicht so viele verfügbare Heiratskandidaten, obwohl
sie gegenüber Elisabeth den Vorteil hatte, daß sie einen Katholiken auswählen konnte. Maria hatte lange gehofft, daß das Heiratsprojekt mit Don Carlos zustande kommen würde, doch
Philipp II., der erkennen mußte, daß der unheilbare Wahnsinn
seines Sohnes jede Ehe untersagte, beendete alle Verhandlungen. Erzherzog Karl, der Sohn des Kaisers, blieb übrig. Er gehörte auch zu den möglichen Kandidaten, die um die Hand der
Königin von England anhielten, und zeigte darum kaum Begeisterung, denn ihm war London lieber als Edinburgh, wenn
er wählen konnte. Nachdem Maria zwei Jahre als Witwe verbracht hatte, mußten ihre hohen Ansprüche der Wirklichkeit
weichen. Der Widerstand Katharinas von Medici verbot ihr

jeden französischen Heiratsplan; Elisabeth hatte mitgeteilt, sie würde jede Ehe mit einem spanischen, französischen oder österreichischen Prinzen als einen offen feindseligen Akt ansehen. Wenn sie sich für einen schottischen Ehemann entschied, beschwor sie die Gefahr herauf, das Kräfteverhältnis zwischen den Clans aus dem Gleichgewicht zu bringen. Überdies drängte sich der Graf von Arran – ebenjener, der an eine Heirat mit Elisabeth gedacht hatte – wegen seines Platzes in der Familienhierarchie als einziger Kandidat auf, denn er war der natürliche Nachfolger Marias für den Fall, daß sie kinderlos bleiben würde, doch er verlor sich in Träumen und verfiel ebenfalls dem Wahnsinn.

Da kam der einfallsreichen Elisabeth eine neue Idee. Stand ihr nicht das Recht zu, einen – selbstverständlich englischen – Gatten für ihre Cousine auszuwählen? Eine mit ihrer Zustimmung geschlossene Ehe wäre ein Schritt – wenn nicht ein entscheidender (so weit ging Elisabeth nicht), doch zumindest einer, der eine Verständigung und die implizite Zusage, Maria als Erbin anzuerkennen, näher brachte. Nun forderte sie Maitland zu einem Besuch auf und unterbreitete ihm einen verblüffenden Vorschlag. Nach reiflicher Überlegung, verkündete sie, sei sie zu dem Schluß gekommen, daß sich ein einziger Mann eigne, die Wünsche ihrer Cousine zu erfüllen. Ein so vollkommener, so gut mit allen Reizen und Vorzügen ausgestatteter Mann, daß sie ihn selbst gern heiraten würde, wenn sie Neigung für die Ehe empfände. Dieser Mann war kein anderer als Robert Dudley, ihr bester Freund. Maitland mußte wohl fest auf den Füßen stehen, um bei dieser unsinnigen Erklärung nicht zusammenzubrechen. Robert Dudley? Er konnte sich nicht einmal vorstellen, wie er Maria diesen Vorschlag mitteilen sollte, und sobald er sich verabschiedet hatte, eilte er zum spanischen Botschafter, um ihm sein Herz auszuschütten. Warum war er dermaßen entsetzt, als er den Namen Robert Dudley hörte?

Nun müssen wir auf die Vergangenheit zurückkommen, denn Robert Dudley war ein alter Bekannter der Königin Elisabeth. Seine Familie hatte die spektakulärsten Schicksalsumschwünge erlebt. Edmund, der Großvater Roberts, hatte Heinrich VII. als eine Art staatlicher Finanzkontrolleur gedient. Sein Amt bestand darin, die Akten zu überprüfen, um Ländereien zu entdecken, für die keine Steuern bezahlt worden waren, und um von den Eigentümern die rückständige Bezahlung zu verlangen. Meisterhaft erlernte er die Kunst, alte Regelungen wiederzubeleben, die es dem König gestatteten, noch mehr Geld einzutreiben. Selbstverständlich wurde er nicht nur von Heinrich VII. großzügig belohnt, sondern man beschuldigte ihn auch, wahrscheinlich zu Recht, Bestechungsgelder von den Überprüften anzunehmen. Daher verabscheute man ihn, und als Heinrich VIII. den Thron bestieg, ließ er ihn verhaften und hinrichten – weniger aus Überzeugung, sondern eher aus Demagogie. Doch die Schande traf nicht die übrige Familie, und seine Witwe heiratete Arthur Plantagenet, einen illegitimen Sohn Eduards IV., der Heinrich VIII. als Stallmeister diente und die konfiszierten Güter des Toten erhielt.

Edmunds Sohn John war Mündel der Krone geworden – ein üblicher Brauch, wenn ein Mann starb und einen minderjährigen Erben hinterließ – und wurde von Sir Edward Guildford erzogen, einem alten Freund seines Vaters, der dem Staat das Sorgerecht für den jungen Mann abgekauft hatte (der Vorteil einer derartigen Regelung bestand darin, daß das Mündel, wenn es großjährig wurde, sein Erbrecht zurückkaufen mußte). John heiratete Jane, die Tochter seines Schutzherrn, zeichnete sich im Heeresdienst aus und erschien bald am Hof. Obwohl der Schatten des Schafotts auf ihm lastete, machte ihn der König zu einem seiner Lieblingsgefährten. Er war sehr ehrgeizig und entschlossen, sein Vermögen wiederherzustellen. Er absolvierte eine glänzende Karriere im Staatsdienst und führte ein glückliches Privatleben, was die Geburt von dreizehn Kindern bezeugt. Dazu gehörte ein Junge, Robert, der 1533 geboren wurde, in demselben Jahr wie Elisabeth.

Zehn Jahre danach, 1543, heiratete Heinrich VIII. seine letzte Frau Katharina Parr, die sehr enge Beziehungen zu Jane Dudley unterhielt. Als kleine Mädchen waren die beiden von Katharina von Aragonien ausgewählt worden, um am Unterricht ihrer Tochter Maria Tudor teilzunehmen. Die beiden blieben Freundinnen, und sobald die Trauung stattgefunden hatte, beeilte sich Jane, den jungen Robert bei der neuen Königin einzuführen. Die Tradition, den jungen Prinzen Schulkameraden beizugesellen, erhielt sich weiter, und Katharina Parr, die sich sehr sorgfältig um die Erziehung ihrer Stiefkinder kümmerte, ließ Robert von Herzen gern an den Lektionen Elisabeths und ihres Bruders Eduard teilnehmen, wenn sie sich alle zusammen befanden. Elisabeth war zwar frühreifer und brillanter als der Knabe, doch sie hatte seine Gesellschaft gern. Wie sie schwärmte er für Jagd, Reiten und Tanz, einen Bereich, in dem er sich besonders hervortat. Deshalb verbrachten sie viel Zeit gemeinsam. Danach wurde das Leben schwieriger.

Wie wir bereits gesehen haben, stellte sich John Dudley, der Herzog von Northumberland geworden war, an die Spitze der Verschwörung, die sich gegen Maria Tudor zum Zeitpunkt ihrer Thronbesteigung richtete. Man warf ihn zusammen mit seinen vier Söhnen ins Gefängnis. Er wurde unverzüglich hingerichtet. Ein Jahr später köpfte man seinen Sohn Guildford und seine Schwiegertochter Lady Jane Grey, die Neuntagekönigin. Unterdessen schmachteten die drei anderen Jungen, darunter Robert, in ihren Kerkerzellen. Wir sind nun im Jahre 1554, als auch Elisabeth im Tower eingesperrt wird. Selbstverständlich gab es keinen Kontakt zwischen den beiden Freunden während ihrer Haft und nicht einmal bei ihrer Freilassung. Elisabeth erschien selten am Hof, und Robert – ein Beweis für seinen wenig nachtragenden Charakter – bot Philipp von Spanien, dem Prinzgemahl Maria Tudors, seine Dienste als Kriegsmann an, und das kam Philipp sehr gelegen. Robert Dudley nahm auf spanischer Seite an mehreren Schlachten auf dem Festland teil, und als Lohn für seine ausgezeichneten Dienste erhielt er einen Teil seiner Güter zurück. Als Elisabeth den Thron bestieg, war

Robert Dudley also ein angesehener Mann. Er hatte Mut gezeigt; sein Vermögen war nicht unbeträchtlich, denn seit seiner
Heirat mit Amy Robsart – einer Liebesheirat, wie man betonen
muß – war er ein bedeutender Grundbesitzer in Norfolk geworden.

Als einer der ersten huldigte er Elisabeth, und sie, überglücklich, einen Jugendfreund wiederzufinden, nahm ihn mit Freuden auf. Sogleich ernannte sie ihn zum *Master of the Horse*,
das heißt zu ihrem Oberhofstallmeister. Diese kluge Wahl forderte keinerlei Kommentare heraus. Sein Bruder hatte unter
Eduard VI. dasselbe Amt bekleidet. Diese Stellung war keine
Sinekure, denn sie machte ihn für alle königlichen Ställe sowie
für die Organisation aller Fahrten der Hofgesellschaft verantwortlich.[8] Ein Mann wie Robert Dudley, ein unübertrefflicher
Reiter, der sich ausgezeichnet auf Pferde verstand und sich
außerdem im ganzen Hofzeremoniell sehr genau auskannte, erfüllte alle Voraussetzungen, um dieses Amt gut auszuüben. Er
erhielt eine Dienstwohnung am Hof ... und ließ seine Gattin auf
dem Lande zurück. Das war so üblich. Die Ehefrauen verwalte-
ten den Grundbesitz, zogen die Kinder auf und kamen selten an
den Hof. Elisabeth hatte einige Freundinnen, doch ohne jeden
Zweifel zog sie die Gesellschaft der Männer vor, und bald zeigte
sich, daß ihr diejenige Robert Dudleys lieber als jede andere war.

Er ermunterte sie, alle Tage auszureiten, und das gefiel ihr
sehr gut. Als wollte er einen Ausgleich für die Mißgeschicke ihrer gemeinsamen Jugend schaffen, gestaltete er für sie die prächtigsten Lustbarkeiten – Turniere, Bankette, Maskeraden oder
Theatervorstellungen –, und, was sie als sparsame Haushälterin
besonders schätzte, er stürzte sich nicht in unbesonnene Ausgaben. Überdies raffte er nicht wie so viele andere in ihrem Dienst
ein Vermögen zusammen; hingegen verwandte er einen großen
Teil seiner Einkünfte, um der Königin großartige Geschenke zu
machen. Sie liebte es außerordentlich, Arbeit und Vergnügen
miteinander zu verbinden; auch er ging im Handumdrehen
vom Ernst zu belanglosen Späßen über. Elisabeth bewahrte
indes stets ihre geistige Überlegenheit. Er war für sie nicht

gefährlich; er amüsierte sie. Noch mehr bedeutete es für eine
junge Frau, die sich vom bedrückenden Apparat eines Hofstaa-
tes aus vielen alten Herren umgeben sah – Staatsräten, Ober-
häuptern der wichtigsten Familien, Botschaftern, Beamten –,
daß Robert Dudley ein gleichaltriger Freund war, mit dem sie
scherzen und eine äußerst sprunghafte Sprache voller Anspie-
lungen teilen konnte, die von den anderen nicht verstanden
wurde, und daß sie sich uneingeschränkt auf ihn verlassen
durfte. Schließlich war er groß, schön, elegant und hatte eine
stolze Haltung, was ihr nicht mißfiel.

Die Neider nannten ihn »den Zigeuner«, weil er es nicht an
einer Stelle aushielt, ein unermüdlicher Tänzer war und sein
braungebranntes Gesicht eher an die Sonne des Südens als an
den englischen Nebel erinnerte. Für Elisabeth war er einfach
»Zwei-Augen«, und er unterzeichnete seine Briefe an sie mit »ô
ô«. Selbstverständlich kamen Klatschgeschichten auf, und in
den Depeschen der Botschafter wurde den böswilligen Gerüchten ein beträchtlicher Platz eingeräumt. »Lord Robert«,
berichtete Feria, der Botschafter Philipps II., »steht bei der
Königin so hoch in Gunst, daß er alle Angelegenheiten ganz
nach seinem Belieben erledigt. Es wird sogar behauptet, Ihre
Majestät besuche ihn bei Tag und Nacht in seinem Zimmer«.[9]
Noch bedeutsamer war, daß er ein am Hof kursierendes Gerücht weitererzählte: Amy Robsart, Dudleys Frau, hatte angeblich Brustkrebs, und die Königin warte nur auf deren Tod, um
ihren Verehrer zu heiraten. Vielleicht wäre es günstig für den
König, seinen Herrn, so schloß Feria, Verhandlungen mit Lord
Robert einzuleiten, um sich dessen Wohlwollen zu sichern. Bei
den Venezianern finden sich die gleichen Andeutungen: »Robert Dudley [...] ist ein sehr schöner junger Mann, dem die
Königin soviel Liebe und Zuneigung zeigt, daß viele Leute
glauben, wenn seine Frau, die seit einiger Zeit krank ist, sterben
sollte, würde sich die Königin sehr gern bereit finden, ihn zu
heiraten.«[10] Maria Stuart, die sich damals noch in Frankreich
aufhielt, äußerte ihr boshaftes Erstaunen, daß die englische
Königin ihren Stallknecht heiraten wolle. Am schwerwiegend-

sten war die Unterredung, die der treue Cecil mit dem spanischen Botschafter hatte, ein durchaus nicht harmloses Gespräch, das geführt wurde, um weitererzählt zu werden. Daß dieser Inbegriff der Zuverlässigkeit und Redlichkeit zu einem derartigen Winkelzug griff, läßt ermessen, wie groß seine Besorgnis war. Für alle würde es besser sein, bekannte er, wenn Robert Dudley im Paradies und nicht auf Erden wäre. Ja noch schlimmer: Er fügte hinzu, er habe Dudley in dem dringenden Verdacht, daß er seine Frau aus dem Wege räumen wollte. Dieser Meinungsaustausch fand am 8. September 1560 statt. Am nächsten Tag entdeckte man Lady Dudley, die Gattin Roberts, tot am Fuße einer Treppe. Sie hatte sich das Genick gebrochen. Hatte sie sich freiwillig hinabgestürzt? Hatte man sie gestoßen? Die Affäre stank zum Himmel.

Elisabeth begriff das auf der Stelle. Sie verlangte von Robert, den Hof zu verlassen und das Ergebnis der Untersuchung abzuwarten, bevor er wieder vor ihr erschiene. Wie konnte man sich nicht über einen derart sonderbaren Unfall beunruhigen? Amy Robsart war vor ein paar Monaten zu Anthony und Ursula Forster gezogen, einem befreundeten Ehepaar, das ein großes Haus aus dem 14. Jahrhundert hatte. Die Forsters bewohnten einen Flügel für sich, die alte Mutter des Besitzers, Mrs. Owen, hatte eine eigene Wohnung behalten, und Lady Dudley war mit ihrer Gefährtin Elizabeth Odingsells in einer Reihe von Zimmern über der großen Eingangshalle untergekommen. Der 8. September war der erste Tag des Jahrmarkts in der kleinen Nachbarstadt Abingdon. Amy gab allen ihren Dienern frei, damit sie den Jahrmarkt besuchen konnten, und sie drängte ihre Freundin Odingsells, auch hinzugehen. Diese hatte keine große Lust, denn die sonntägliche Stimmung in der von Bauern wimmelnden Stadt gefiel ihr nicht, doch schließlich gab sie Amys eindringlichen Bitten nach. Amy selbst nahm das Abendessen nur zusammen mit der alten Dame ein. Nach der Mahlzeit kehrte sie allein in ihr Zimmer zurück.

Als die Diener vom Jahrmarkt heimkamen, fanden sie Amy tot am Fuß der Stufen, die zu ihrer Wohnung führten. Unver-

züglich schickte man einen Boten, der Robert Dudley benachrichtigen sollte, und eine Untersuchung wurde eingeleitet. Das
ungewöhnliche Betragen der jungen Frau, die sich ganz offensichtlich bemüht hatte, alle ihre Leute aus dem Haus zu entfernen, konnte auf einen Selbstmord hindeuten. Obwohl ihre
Kammerfrau dies bestritt, ließ sich die Möglichkeit nicht ausschließen, daß sie dieser Versuchung nachgegeben hatte: Tatsächlich litt Amy an einer sehr schmerzhaften Krebserkrankung
im fortgeschrittenen Stadium und kam außerdem schlecht darüber hinweg, daß ihr Mann sie verlassen hatte. Eine modernere
Theorie beruft sich auf den von der Krankheit bewirkten inten-
siven Kalziumverlust. In einem solchen Fall kann der kleinste
falsche Schritt zu einem tödlichen Sturz führen. Man erklärte
Robert Dudley für unschuldig, obwohl das Geheimnis nie ganz
gelüftet wurde. Aber es genügte nicht, als unschuldig befunden zu werden, wenn man die Königin von England heiraten
wollte.

Elisabeth, die sich während der achttägigen Untersuchung
ungewöhnlich nervös verhalten hatte, fühlte sich außerordentlich erleichtert. Sie erklärte die Angelegenheit für abgeschlossen und beeilte sich, ihren »ô ô« zurückzurufen. Eine drei-
wöchige Hoftrauer wurde eingehalten und Amy in einer sehr
feierlichen Zeremonie in Oxford bestattet. Sie war begraben,
doch in den Gedanken ihrer Zeitgenossen höchst gegenwärtig.
Die Gerüchte verstummten nie, weder in der Nähe des Ortes,
wo das Drama stattgefunden hatte, noch in London oder Paris.*
Die Königin geriet in Zorn und berief sich auf die Schlußfolgerungen der Untersuchung, um ihren Dudley zu schützen, sie
überhäufte ihn mit Gunstbeweisen und gab ihm in ihrem Palast
von Greenwich eine Wohnung nahe bei ihrer eigenen. »Ich

---

* Noch im 19. Jahrhundert wollte Alexis de Tocqueville unbedingt das verfal-
lene Herrenhaus besuchen, und er beschwor die Erinnerungen an die »so
bezaubernde und reizvolle« Amy Robsart herauf, »... die in den für sie vorbereiteten Abgrund stürzte«. [Brief an Mary Mottley vom 30. August 1833, in:
Œuvres, papiers et correspondance (»Werke, Dokumente und Briefe«), Bd. XIV, S.
392.] Wahrscheinlich hatte er das absonderliche Melodrama *Amy Robsart*
gesehen, das Victor Hugo zehn Jahre zuvor aufgeführt hatte.

kann ohne meinen Lord Robert nicht auskommen. Er ist wie
mein Schoßhündchen: Sobald er sich in einem Zimmer befin-
det, meint jeder, daß ich sogleich eintrete.«[11] Sie gab sich nicht
mit solchen Scherzen zufrieden. Sie ernannte ihn zum Staatsrat.

Am Ratstisch gab es nicht sehr viele Plätze, doch Robert
hatte sich seinen Sitz verdient, als er sie im Oktober 1562 in
militärischen Angelegenheiten sehr klug beriet. Er hatte ihr
ebenfalls sehr gute Dienste geleistet, als er in Europa ein Spionagenetz aufbaute, das sie besser als zuvor unterrichtete. Aber von
einer Heirat war keine Rede, obwohl Dudley beharrlich danach
verlangte, der, da er weniger politischen Verstand als die Königin besaß, nicht jegliche Hoffnung verloren hatte. Alle Bot-
schafterberichte betonten tatsächlich die unheilvollen Auswirkungen des Skandals. Aus Paris schrieb Throckmorton: »Der
eine lacht über uns, der andere droht und wieder ein anderer
schmäht die Königin. [Bei alldem] sträubt sich mir jedes Haar
auf dem Kopfe und glühen mir die Ohren.«[12] Die Königin war
viel zu sehr auf ihren guten Ruf bedacht, als daß sie ihren
Gefühlsregungen nachgegeben hätte, und sie beruhigte Cecil
mit den Worten, wenn sie jemals heiraten sollte, »dann nur als
Königin und nicht einfach als Elisabeth«.[13]

Im Herbst mußte sie wieder einmal die mahnenden Worte
der Abgeordneten ertragen, daß ihre Heirat unbedingt notwendig sei. Sie antwortete geheimnisvoll, was ihre Nachfolge betreffe, »so habe man sowohl zu deren Wohl als auch für ihre
eigene Sicherheit andere Lösungen bedacht«.[14] Im März bot sie
Maria durch Maitlands Vermittlung *ihre Augen* an ... Maitland
hielt das für einen schlechten Scherz. Er wollte sich durch eine
witzige Ausflucht retten, indem er seine Freude äußerte, daß
Elisabeth ihre große Zuneigung für die schottische Königin
beweise, weil sie ihr geben wolle, was ihr selbst am liebsten sei,
doch seine Königin könnte es sich nie verzeihen, wenn sie ihr
die Freude und den Trost nähme, die ihr Lord Robert bereite.
Königin Elisabeth ließ sich indes nicht aus der Fassung bringen
oder entmutigen.

Gefühle lassen sich nicht in jedem Fall leicht durchschauen.
Diese Aufgabe wird immer schwieriger, je weiter die Ereignisse
zurückliegen, zumal wenn man sich Gedanken über eine ver-
schlossene, oft widersprüchliche und kaum zu Bekenntnissen
fähige Persönlichkeit macht. Doch wie könnte man widerstehen, eine Erklärung für eine derart überraschende Initiative zu
finden? Wie ich glaube, muß man die tatsächlichen Nachteile
bedenken, die für Elisabeth eine Ehe mit Dudley gebracht hätte.
Zuerst und vor allem gab es da den dunklen Schatten, den der
Tod seiner Ehefrau auf ihn geworfen hatte. Man darf durchaus
nicht unterschätzen, wie die Verleumdungen auf die Königin
wirkten. Es ließe sich überhaupt nicht vorstellen, vor allem
nicht im Fall einer Frau, daß jemand herrschte, ohne absolute
moralische Autorität zu besitzen. Außerdem wußte Elisabeth,
daß Robert großen Neid erregt hatte und daß die Vergangenheit seiner Familie nicht geeignet war, die Gemüter zu beruhigen. Wenn sie ihn heiratete, müßte das die Gefahr heraufbeschwören, Aufrührer zu einer Rebellion anzustiften. Schließlich wäre ein Gatte, selbst ein so attraktiver Gatte, für sie eine
Bürde. Sie war nicht bereit, sich der Autorität eines Mannes zu
unterwerfen. Solange es ihr Dudleys Ehe unmöglich machte,
ihn zu heiraten, träumte Elisabeth von der Liebe; als sich ihr die
Möglichkeit bot, sich zu binden, wich sie zurück, und je mehr
Dudley sie bedrängte, desto mehr entzog sie sich. Es beküm-
merte sie, daß sie ihm eine Krone verweigerte, doch in der Ein-
gebung eines Augenblicks kam sie darauf, ihm eine andere
Krone zu bieten.

Dieser Kunstgriff hatte durchaus seine Vorteile. Was die persönliche Seite betraf, so hätte sie zwar auf Roberts Gegenwart
verzichten müssen, doch die Freude, ihn zum König zu erheben, wog einen solchen Verlust auf. In politischer Hinsicht
würde seine Anwesenheit in Schottland zu einer friedlichen
Annäherung zwischen den beiden Nationen führen, den französischen oder spanischen Einfluß schwächen, und wenn sie
schließlich einen Nachfolger haben mußte, wäre er immerhin
der Sohn Roberts. Cecil, der stets ein wenig eifersüchtig auf den

schönen Dudley war, nahm diese Initiative höchst bereitwillig auf, die ihn aus dem Weg geräumt hätte, und in diesem Sinne schrieb er Maitland, wobei er alle Vorzüge Dudleys aufzählte und erklärte, »daß er von der Königin besonders geschätzt wird«.* Er betonte, daß er Talente und Qualitäten habe, die man bei vielen Fürsten vergebens suchen würde. Die beiden hauptsächlich Betroffenen zeigten allerdings nur wenig Begeisterung.

Robert Dudley hatte nicht die geringste Lust, nach Schottland überzusiedeln, selbst wenn er der Gatte der Königin wäre, hatte er doch immer noch nicht die Hoffnung aufgegeben, seine eigene Königin zu heiraten. Außerdem glaubte er hartnäckig, daß es sich um eine Intrige handelte, die Cecil eingefädelt hätte, um ihn loszuwerden. Seine Befürchtungen waren allerdings gering. Er wußte genau, daß ihn die schottische Königin nie akzeptieren würde. Diese beherrschte sich jedoch, als Lord Randolph, der Botschafter Elisabeths, ihr im Oktober 1563 diesen beleidigenden Vorschlag machte, und für den Fall ihrer Zustimmung verlangte sie als Gegenleistung, daß Elisabeth sie zu ihrer Nachfolgerin ernannte und daß das Parlament diese Entscheidung bestätigte. Da ihr klar war, daß die englische Königin niemals einwilligen würde, gewann sie so Zeit, indem sie zwecklose Verhandlungen führte. Denn ihr schwebte ein anderes Projekt vor. Wenn sie schon einen englischen Adligen heiraten müßte, wäre es besser, einen Mann von königlichem Geblüt zu erwählen und damit ihren eigenen Anspruch zu stärken. Einen solchen jungen Mann gab es. Er hieß Henry Stuart, Lord Darnley, und entstammte der zweiten Ehe der Margarete Tudor, der Schwester Heinrichs VIII. In erster Ehe war sie mit dem schottischen König Jakob IV. verheiratet. Nach seinem Tod hatte sie ein zweites Mal geheiratet, einen Schotten aus einem sehr vornehmen Geschlecht, den Grafen von Angus. Von ihm

---

* Das Manuskript enthält eine interessante Streichung. Cecil hatte geschrieben: »von der Königin besonders geliebt [beloved]«. Nach genauerer Überlegung strich er das Wort *geliebt* und ersetzte es durch *geschätzt*. (Vgl. Derek Wilson, *Sweet Robin*, London, Allison and Busby, 1997, S. 141.)

hatte sie eine Tochter, Margaret, die Gräfin von Lennox, die spätere Mutter Darnleys. Maria und Darnley hatten also dieselbe Großmutter und dieselbe Religion.

Elisabeth hatte Melville klargemacht, daß sie wisse, wie sehr sich Maria für Darnley interessierte. Der Botschafter entzog sich einer eindeutigen Stellungnahme und antwortete lediglich scherzend, daß der noch bartlose junge Mann überhaupt nicht in Betracht komme. Man mußte vorsichtig taktieren, denn weder Darnley noch seine Eltern durften England ohne Zustimmung der Königin verlassen. Diese versuchte noch einmal, Robert Dudleys Position zu stärken: Sie verlieh ihm die Grafschaft Leicester, weil sie hoffte, ihn so für ihre Cousine annehmbarer zu machen. Doch ihr Eifer ließ allmählich nach. Die Angelegenheit zog sich noch ein paar Monate in die Länge. Elisabeth, die das satt bekam, was sie das schottische Labyrinth nannte, erklärte sich schließlich mit Darnleys Abreise nach Edinburgh einverstanden. Hatte Dudley sie überzeugt, daß ihre Trennung allzu schmerzlich wäre? Hatte sie erkannt, daß Darnley ein kleineres Übel darstellen würde, denn sie konnte ja Maria nicht endlos davon abhalten, sich einen Gatten zu nehmen, und ein katholischer Engländer war besser als ein Herzog von Guise oder ein österreichischer Erzherzog? Immerhin ließ der junge Mann seine Mutter als Geisel in England und begab sich im Februar 1565 an den Hof Maria Stuarts. Nun sollten sich die Ereignisse beschleunigen.

V

Marias Heirat
1565-1566

Darnley kam am 13. Februar 1565 in Edinburgh an. Die Königin und ihr Gefolge bereiteten ihm einen freundlichen Empfang. Niemals hatte jemand außer seiner Mutter seine geistigen Fähigkeiten gerühmt, doch er war groß und schlank, was in Marias Augen nicht unerhebliche Vorzüge darstellte. Sie selbst hatte eine Größe von fünf Fuß und elf Zoll,* so daß sie alle um Hauteslänge überragte. Endlich entdeckte sie mit ihrem jungen Cousin – er war drei Jahre jünger als sie – die Freude, die Gaillarde zu tanzen und dabei ihrem Kavalier in die Augen zu schauen. Ein ausgezeichneter Beginn. Trotz seines schwächlichen Aussehens saß er gut zu Pferde, nahm begeistert an der Jagd teil und machte ganz allgemein einen guten Eindruck auf die Schotten. Er wollte unbedingt eine Predigt des fürchterlichen John Knox hören, um deutlich zu zeigen, daß sein Katholizismus wie der Marias nicht der eines Glaubenseiferers war. Maria gab zwar ihre würdevolle Haltung nicht auf, doch sie schien mehr als zufrieden. Da erkrankte der junge Darnley an Masern und mußte das Bett hüten. Maria eilte zu seinem Krankenlager. Für ihren Gatten, den schwächlichen Franz II., hatte sie in ihrer ganzen Jugendzeit gesorgt. Die erfahrene Krankenwärterin ließ den jungen Mann nicht allein und umhegte ihn mit Arzneien und Zärtlichkeiten. Nach einigen Wochen erholte er sich, während sie krank aus dem Zimmer zurückkam: liebeskrank und entschlossen, sich zu kurieren, indem sie ihn so bald wie möglich heiratete.

---

* Die liegende Figur, die sie auf ihrem Grabmal in Westminster Abbey lebensgetreu darstellt, hat eine Länge von einem Meter achtzig.

Die junge Frau – kühl, ehrgeizig, gleichgültig gegenüber Huldigungen, mit makellosem Ruf im Gegensatz zu ihrer Cousine Elisabeth, deren guter Name von der Dudley-Affäre beeinträchtigt war – wirkte wie verwandelt. Der englische Botschafter Randolph war schockiert. »Ich weiß nicht, wie ich den beklagenswerten und mitleiderregenden Zustand der armen Königin beschreiben soll, die ich bisher für so würdig, so besonnen, so ehrbar in all ihren Handlungen hielt und die ich nun durch ihre Zuneigung zu Lord Darnley so verändert finde, daß sie ihre Ehre aufs Spiel gesetzt hat [...]. Sie ist derart außer sich, und er ist derart hochmütig geworden, daß er jedem Ehrenmann unerträglich wird und schon beinahe vergißt, was er ihr schuldet. Was soll aus ihr werden? Welches Leben wird sie an seiner Seite führen? Das auszudenken überlasse ich anderen.«[1] Die Zukunft sollte die Ängste des Botschafters bestätigen.

Marias grundsätzlicher Fehler bestand darin, daß sie keine Verzögerung bei der Erfüllung ihres Herzenswunsches duldete. Sie nutzte nicht den einzigartigen Vorteil, einen Bewerber vor Augen zu haben und noch frei wählen zu können, um den jungen Mann zu prüfen, und nahm sich nicht die Zeit, ihn genau zu beobachten. Seine gefälligen Umgangsformen, seine mädchenhaften Gesichtszüge und seine glatte Haut verbargen eine verdorbene und rachsüchtige Wesensart. Sobald er sich der Gefühle Marias sicher war, trat er dermaßen brutal auf, daß er viele Ehrenmänner mit Fäusten schlug, und sie konnten ihm seine Schläge nicht heimzahlen. Hemmungslos stürzte er sich in Saufgelage. »Seine Äußerungen sind so dünkelhaft und widerwärtig, daß man meinen könnte, er sei der König der Welt, er, der so kurz zuvor lediglich Lord Darnley war«, erklärte ein Höfling, der damit die Meinung aller seiner Gefährten aussprach. Zu bedenken ist überdies, daß seine Zugehörigkeit zum Lennox-Clan die Gefahr mit sich brachte, das von Moray erreichte Gleichgewicht zu zerstören und innerhalb des Adels zu zusätzlichen Spannungen zu führen. Randolph, der sah, wieviel Geringschätzung und Haß das Verhalten Darnleys heraufbeschwor, schrieb an Cecil: »Welch ein Unglück, daß er den Fuß in dieses Land gesetzt hat [...]. Ich halte es nicht für sicher, doch ich befürchte, daß er unter diesen Leuten kein langes Leben haben wird.«[2] Seine Verwandlung vollzog sich beinahe unverzüglich, und es wirkt überraschend und tragisch, daß sich Maria keine Gedanken darüber machte, bevor sie Hochzeit feierte. Ja noch schlimmer, sie hatte sich selbst dermaßen verändert, daß sie nicht wiederzuerkennen war, wie Randolph weiter schildert: »Sie hat alle Majestät verloren, weder ihr Geist noch ihre Schönheit sind wie zuvor; ihre gute Laune und ihr Betragen haben sich gewandelt, und ich kann sie nicht mehr beschreiben.«[3]

Elisabeth, die Maitland im April unterrichtete, äußerte ihre Unzufriedenheit über den Ungehorsam ihres Untertanen, denn Darnley hatte sie nicht um die Heiratserlaubnis gebeten. Sie teilte Maria mit, daß sie diesen Ehebund für unangemessen, nachteilig und ihrer Freundschaft abträglich hielt. Maria zuckte die Achseln und ließ antworten, daß sie sich bei der Gattenwahl sehr wohl nach ihrem eigenen Urteil richten könne. Gleichzeitig verlor sie die Unterstützung ihres Bruders, der sich bemühte, sie vor der Gefahr einer Rebellion der Clans zu warnen. Da seine Ratschläge nichts ausrichteten, verließ er den Hof, denn er sah ganz zu Recht voraus, daß ihm der zukünftige König feindlich gesinnt war. Maitland, der treue Minister, dessen Erfahrung und Geduld der jungen Königin so viel genützt hatten, erkannte voller Schrecken, daß das innere Gleichgewicht des Landes bedroht war, und er stellte sich nur zu gut vor, zu welchen Schwierigkeiten die Thronbesteigung eines katholischen Prinzen führen würde. Doch auch ihm schenkte man kein Gehör. Maria, die sich ganz ihrer Leidenschaft hingab, ignorierte alle vorsichtigen Ratschläge. Ohne sich weiter um die Folgen ihrer Entscheidung zu kümmern, bereitete sie für den 29. Juli 1565 ihre Hochzeit mit Darnley vor, »dem männlichsten und wohlgestaltetsten Mann, den sie jemals gesehen hatte«.[4] Es begann die Herrschaft Darnleys, eine kurze, brutale und mörderische Herrschaftszeit.

Obwohl Darnley die Gunst der Königin genoß und die Höflinge sicher waren, daß er ihr König sein würde, gingen sie ihm aus dem Weg. Während der ersten Monate seines Aufenthalts in Schottland war David Riccio sein einziger Gefährte: ein Musiker, der Maria als französischsprachiger Sekretär diente. Riccio war 1561 im Gefolge des savoyischen Botschafters nach Schottland gekommen. Der bemerkenswert häßliche, kleine und sogar ein wenig bucklige Mann, der jedoch eine schöne Baßstimme besaß, erregte die Aufmerksamkeit Marias. Sie hatte eine Leidenschaft für die Musik, und vielgestaltige Konzerte verschönerten alle privaten Abendgesellschaften. Sie bat ihn, bei ihr zu bleiben. Er stieg noch ein paar Stufen höher, als sie feststellte, daß dieser Italiener sehr gut Französisch schrieb, und sie ernannte ihn zu ihrem Sekretär für ihre gesamte französische Korrespondenz. Das war kein politisches Amt; da jedoch die Beziehungen der Königin zu ihrer Wahlheimat sehr wichtig waren, kannte sich Riccio schließlich in den Staatsangelegenheiten gut aus. Er hatte mühelos Zugang zur Königin, und das verschaffte ihm ein gewisses Ansehen, dessen er sich unbedacht rühmte. Er gewann die Sympathie Darnleys, indem er schamlos geheime Lustbarkeiten organisierte, und sein Einfluß, der sich nicht durch geistige Vorzüge rechtfertigen ließ, wurde ausschlaggebend.

Er betätigte sich emsig, sobald er sah, daß Maria zur Heirat entschlossen war. Er setzte auch den Brief an den Papst auf, um die für die Heirat zweier Cousins notwendige Dispens zu erbitten. Die Kanzlei des Vatikans hingegen kennt keine Eile, und die ungeduldige und selbstsichere Maria wartete nicht auf die Ankunft der Briefschaften, um die Vorbereitung der Zeremonie abzuschließen. Sie verzichtete ebenfalls, wie wir gesehen haben, auf die Erlaubnis Elisabeths. Am 22. Juli 1565 ernannte sie Darnley zum Herzog von Albany, und dann, am Tag vor der Hochzeit, proklamierte sie ihn aus eigener Machtvollkommenheit zum König, ohne das Parlament zu unterrichten.* Die

---

* Der Titel verlieh ihm keine politische Autorität. Nur die Gewährung der Ehekrone brachte die Herrschaftsgewalt mit sich. Maria hatte sie Franz II. bewilligt.

gemäßigte Maria, die sich eifrig bemühte, weder die Königin von England noch ihre eigenen Adligen unnütz zu provozieren, die zu Recht überzeugt war, daß sie nicht ohne die Ratschläge ihres Bruders auskommen konnte, und die sich in einem solchen Glorienschein sah, daß sie sich nur eine hohe und glanzvolle Eheverbindung vorzustellen vermochte, war verschwunden. Es blieb eine Frau, die sich in einen Dummkopf verliebt hatte, der obendrein lasterhaft und gewalttätig war, dem aller Verstand und der geringste politische Rückhalt fehlten. Randolph, den diese Entwicklung zur Verzweiflung trieb, berichtete, daß er nie »eine eigensinnigere, stärker auf ihrer eigenen Meinung beharrende Frau ohne Ordnung, Vernunft und Urteilskraft« gesehen hätte. Wie läßt sich dieser Wandel anders als durch den Überschwang einer körperlichen Leidenschaft erklären, die noch heftiger wirkte, da Maria Stuart offenbar zuvor nie den geringsten Kitzel der Sinnenlust verspürt hatte? Während sich Elisabeth immer vom anderen Geschlecht lebhaft angezogen fühlte und in große Versuchung geriet, Dudley aus dem einfachen Grund zu heiraten, daß er ihr gefiel, hatte Maria nie im geringsten zu erkennen gegeben, daß sie ihr Herz für so etwas entdeckte. Sittsam mit einem körperlich und geistig unreifen Jungen verheiratet, und dann, als man sie nach Schottland gebracht hatte, unter der Führung ihres Bruders, hatte sie gleichsam als junges Mädchen weitergelebt, und wenn sie derart nachdrücklich gewünscht hatte, Don Carlos zu heiraten, so gewiß nicht seiner persönlichen Reize wegen. Falls man gewettet hätte, welche von den beiden Königinnen aus Leidenschaft heiraten würde, hätte man auf Elisabeth gesetzt und damit unrecht gehabt.

Die Hochzeit fand am Sonntag, dem 29. Juli 1565, statt. Der Gegensatz zur prunkvollen ersten Trauungszeremonie mit dem Dauphin erreichte beinahe tragische Ausmaße. Im April 1558 drängte sich in Paris eine fröhliche und strahlende Menge an beiden Seiten eines blauen, mit Lilien bestickten Teppichs. Er führte vom Ufer der Seine zu einem Pavillon, den man vor

Notre-Dame aufgestellt hatte, ein Pavillon mit einem Thron-
himmel aus blauer und mit goldenen Lilien durchwirkter
Zypernseide. Die Menge wollte den königlichen Hochzeitszug
bestaunen, der »über und über von Gold und Silber funkelte«.
Die an der Spitze laufenden, gelb und rot gekleideten Musiker
betraten den Teppich als erste. Hierauf kam eine Eskorte von
Rittern vor den Kirchenfürsten, die mit ihren prächtigsten
Meßgewändern bekleidet waren und mit Edelsteinen verzierte
Kruzifixe trugen. Sie bewegten sich mit langsamen Schritten
auf die Kathedrale zu. Dann traten der Dauphin, seine Ge-
schwister und Cousins auf. Schließlich erschien an der Seite des
Königs Heinrich II. die Königin von Schottland, ein glück-
strahlendes Geschöpf, dem das Volk zujubelte. Es folgten Katharina von Medici, die Prinzessinnen, die hohen Würdenträger des Hofes und die Botschafter. Im Gegensatz zum Landes-
brauch hatte sich Maria für ein weißes Kleid entschieden,
obwohl dieses Weiß traditionsgemäß die Trauerfarbe der französischen Königinnen war. Doch niemand hat wohl das wunderschöne, über und über bestickte Kleid, das in der Sommer-
sonne lebhaft glitzerte, für ein Trauergewand gehalten. Sieben Jahre später in Edinburgh verließ eine junge Frau, die
im Schwarz der tiefen Trauer gekleidet war, wie es dem alten
Brauch entsprach, um sechs Uhr morgens ihr Gemach und
begab sich in würdevoller Haltung zur königlichen Kapelle von
Holyrood, am Arm des Grafen von Lennox, des Vaters Darnleys. Daß es zu dieser ungewöhnlichen Stunde keine Zuschauer
gab, war damit zu erklären, daß eine katholische und deshalb
streng private Zeremonie vorgesehen war.

Maria hatte sich für diese Tracht entschieden, um zu zeigen,
daß der König von Schottland kein Mädchen, sondern eine
Witwe, die Witwe des französischen Königs, heiratete. Allein
vor dem Altar stehend, erwartete sie die Ankunft ihres Bräuti-
gams. Sie gelobten einander eheliche Treue nach den Vorschriften des katholischen Ritus. Danach verschwand der junge Ehemann, und Maria blieb wieder allein, das Gesicht unter ihrer
schwarzen Kapuze verborgen, um die Messe zu hören. Als sie

die Kapelle verließ, wechselte sie die Kleidung in einer symbolischen Handlung und gestattete jedem aus ihrem Gefolge, eine
der vielen mit Samt überdeckten Nadeln aus dem Rock heraus-
zulösen, die dessen Falten festgesteckt hatten. Hierauf zog sie
sich in ihr Gemach zurück und erschien wieder in einem
prachtvollen weißen Kleid, wie es sich für den zweiten Aufbruch zu einem glücklichen Leben eignete. Ein Bankett versammelte den ganzen Adel um die Neuvermählten, während
Trompeten und Geigen erklangen. Die Menge balgte sich vergnügt um die Münzen, die freigebig aus den Palastfenstern geworfen wurden. Man tanzte und speiste. Schließlich gingen die
jungen Leute zu Bett, wie der englische Botschafter berichtete.
Gern möchte man glauben, daß Maria nun Freuden entdeckte,
die den Preis rechtfertigten, den sie später bezahlen mußte.

Es sollten keine acht Tage vergehen, bis die politischen Folgen dieses Ehebundes spürbar wurden. Die Clanhäuptlinge
waren über die kaum verhüllten Drohungen Darnleys verärgert, den es erzürnte, daß Maria sie in ihrer ersten Herrschaftszeit begünstigt hatte. Eine Rebellion brach aus, die rasch niedergeschlagen wurde. Maria bewies ihren gewohnten Mut
und zögerte nicht. Die furchtlose Reiterin rief ihre Getreuen
zusammen und sprang in den Sattel, von ihrem Gatten gefolgt,
der einen vergoldeten Harnisch trug. Sie führte ihre Leute den
Aufständischen entgegen. Von Marias schneller Gegenwehr
überrascht, ohne daß die von Königin Elisabeth erwartete Hilfe
eintraf, unterwarfen sich alle Rebellen, außer ihrem Bruder
Moray, der über die Grenze ging und sich in England nieder-
ließ.

Maria hatte das Spiel gewonnen … vorläufig. Sie versuchte,
zwischen den Clans ein neues Gleichgewicht herzustellen,
indem sie jene begünstigte, die stets Gegner ihres Bruders
waren. So etwa kehrte der Graf von Bothwell, der in den kommenden Monaten eine entscheidende Rolle spielen sollte, aus
dem von Moray erzwungenen Exil zurück. Bothwell, der Erbe
der Hepburns, einer hochangesehenen südschottischen Familie, hatte ein außerordentlich abenteuerliches Leben geführt. Er

war zwar Protestant, hatte aber Maria von Guise unterstützt. Als diese starb, hatte er Maria Stuart in Frankreich aufgesucht und war zusammen mit ihr nach Schottland zurückgekommen. Er wurde zum Mitglied des Staatsrates ernannt, doch im März 1562 klagte ihn der Graf von Arran an – wahrscheinlich zu Unrecht, denn Arran war als Wirrkopf bekannt –, daß er die Königin entführen wollte. Er wurde festgenommen und in Edinburgh eingesperrt. Er entfloh und rettete sich nach England. Dort wurde er abermals verhaftet und in den Tower geworfen. Ein paar Monate danach konnte er wieder nach Frankreich gelangen. Maria rief ihn bei einer der ersten Adelsrevolten zurück, und er lieh sich ein Fischerboot, um unauffällig an Land zu gehen. Er heiratete Jean Gordon, eine Tochter des Huntly-Clans, aber dieser üble Bursche, »ein in Purpur gehüllter Affe« mit gebrochener Nase und abstehenden Ohren, ein kräftiger und brutaler Kerl, war ein Weiberheld und wußte nichts von ehelicher Treue.

Nicht daß die Königin ihren Adligen getraut hätte, trotz dieser Wachablösung ... Sie hegte ihnen gegenüber wenig Illusionen, und wie auch viele andere Herrscher verzichtete sie lieber auf deren Dienste für ihre vertraulichen Beziehungen. David Riccio, der sich stets an ihrer Seite befand, wurden nun immer wichtigere Aufgaben übertragen. Auch damit bewies Maria ihren fehlenden politischen Sachverstand. Sie brauchte keinen unterhaltsamen Sekretär, sondern einen Ratgeber, der sie im Labyrinth der politischen Clan-Konflikte leiten konnte. Ein Ausländer wie Riccio war mit diesem Gebiet ebensowenig vertraut wie sie, und außerdem erweckte er den Neid mehrerer großer Herren. Ein Ratgeber, der aus bescheidenen Verhältnissen kommt, muß in seinem eigenen Interesse weiter bescheiden auftreten und darf vor allem nicht durch übertriebenen Luxus auffallen. Nun gab Riccio aber mit Freuden die schwarze Dienertracht seiner Anfänge auf und stolzierte farbenprächtig in Samt und Seide. Man wußte seine allzu neue und hervorstechende elegante Erscheinung durchaus nicht zu würdigen. So erregte er auch Darnleys Zorn, weil er solch vertraulichen

Umgang mit der Königin hatte. Sehr schnell – und diese Schnelligkeit ist vielleicht das merkwürdigste Kennzeichen des abenteuerlichen Honigmonds der Maria Stuart – war die Ehe der Königin zerrüttet, dies jedoch nicht, bevor sie ein Kind erwartete.

Darnley, den seine Gattin mit Geschenken und Liebkosungen überschüttete, hatte in seinem Auftreten jedes Maß überschritten. Im Staatsrat gab er sich hochmütig und überheblich, sprach laut und heftig. Im Privatleben bewies er schockierende Unwissenheit und unerträgliche Rüpelhaftigkeit. Meistens war er betrunken und immer jähzornig, so daß er sich bei allen verhaßt machte. Ebenso schnell, wie er Maria verführt hatte, wirkte er abstoßend auf sie. Sie, die zuvor unablässig seine Gesellschaft gesucht hatte, verbot ihm nun ihre Tür, und dies um so lieber, als sie seine Dienste als Deckhengst nicht mehr benötigte; sie, die ihm zuvor echte politische Verantwortung übertragen wollte, benachrichtigte ihn nicht mehr, wenn der Staatsrat zusammentrat. Fortan verweigerte sie ihm das Recht, die königlichen Insignien zu tragen. Sogar die Medaillen und Münzen, die man nicht nur mit den Köpfen beider, sondern auch mit seinem auf der linken Seite, an erster Stelle stehenden Namen – Henricus et Maria – geprägt hatte, wurden aus dem Verkehr gezogen. Sie fürchtete ihn nicht. Darnley vermochte nichts auszurichten, so allgemein bekannt war seine Unfähigkeit und so absolut seine Isolierung. Doch sie durchschaute nicht, welche Gefahr von den Baronen ausging, die wegen ihrer relativen Entmachtung wütend waren: Die Autorität Morays und Maitlands hatte sie zurückgehalten. Nun würden sie sich über alle Hemmungen hinwegsetzen, zumal die Vorzugsstellung Riccios sie aufs äußerste reizte. Sobald die Zwietracht des Königspaares an die Öffentlichkeit drang, kamen sie auf den Einfall, sich Darnleys zu bedienen, um die Königin zu demütigen, und man erlebte eine schändliche Annäherung: Ein Prinzgemahl nahm an einer Verschwörung teil, die gegen die herrschende Königin, seine Gattin, gerichtet war.

Das Manöver gelang mühelos. Darnley ließ sich in seiner
Eitelkeit überzeugen, »daß seine Ehe mit dem Einverständnis
des Adels geschlossen wurde, der ihn dieses Rangs für würdig
hielt; daß das ganze Königreich die Augen auf ihn gerichtet
hatte; daß alle ihm folgen und auf dem Schlachtfeld dienen
würden, wo es eine Schande war, daß eine Frau komman-
dierte«.[5] Maria hingegen schien sich seltsam wenig Sorgen um
die bedrohliche Lage zu machen. Die Opposition bestand aus
den vom Hof entfernten protestantischen Adligen, wie etwa
Moray, der immer noch von Knox geleiteten protestantischen
Kirche, die voller Sorge sah, daß Maria, die mit dem Beistand
Frankreichs und Spaniens und der finanziellen Unterstützung
des Papstes rechnete, ihre Versöhnungspolitik gegenüber England aufgegeben hatte, und schließlich den politisch aktiven
Baronen, die früher im Staatsrat einflußreich waren, von Maitland und Morton geführt wurden und sich wegen der dem ver-
ächtlichen Riccio eingeräumten Bedeutung tief gekränkt fühlten. Die allgemeine Eifersucht, die Riccio mit seiner Bevorzu-
gung durch die Königin hervorrief, vereinte diese buntscheck-
ige Opposition. Die Protestanten empörten sich über den
Einfluß eines Katholiken, den man verdächtigte, ein Agent des
Papstes zu sein, die Politiker machten ihn verantwortlich, weil
sie in Ungnade gefallen waren, und schließlich hatte sich auch
Darnley, der vor Wut tobte, seitdem er aus dem Schlafzimmer
der Königin vertrieben war, gegen seinen ehemaligen Freund,
den Kumpan seiner Ausschweifungen, gewandt, war er doch
überzeugt, daß ihn Maria abwies, weil sie Riccios Geliebte
geworden war. Man braucht nicht weiter darauf hinzuweisen,
daß ihn die Verschwörer in dieser Auffassung bestärkten, um
sich seine Komplizenschaft zu sichern.

Mord war ein in der damaligen Zeit oft eingesetztes politisches Instrument, und in Schottland wurde er mit einer gewissen Feierlichkeit vorbereitet. Die Verschwörer verständigten
sich untereinander und kannten sich viel zu gut, um sich bei der
Verpflichtung mit einem Versprechen oder einem Ehrenwort
zufriedenzugeben. Man stellte eine Urkunde – »a bond« – aus,

in der die Rolle jedes einzelnen festgelegt war. Diese Urkunde
trug die Unterschrift und das Siegel der Verschwörer. Die Mittäter des Komplotts zeigten eine ebenso kurzsichtige wie zyni-
sche Einstellung. Sie trafen also zusammen, um ein Abkommen
zu unterzeichnen, dem zufolge man Darnley die Ehekrone
anbieten, die Emigranten zurückrufen und die protestantische
Religion erneut bestätigen wollte. Maitland unterschrieb nicht,
vielleicht, weil sich sein gesunder Menschenverstand, wenn
nicht seine Ehre für einen Augenblick meldete. Darnley hingegen signierte das Dokument. Der Tod Riccios wurde von den
Unterzeichnern nicht genau angegeben, was jedoch Darnley
betraf, so bestand der wesentliche Teil des Unternehmens aus
der Ermordung des Italieners. Randolph, der englische Botschafter, wurde von seinen Spionen unterrichtet und leitete die
Information an Elisabeth weiter, doch sie warnte Maria nicht.
Wenn sie es getan hätte, so hätte die schottische Königin außerdem nicht auf sie gehört, wie sie auch nicht auf Melville hörte,
ihren früheren Botschafter in London, der ihr die bedrohlichen
Gerüchte mitteilte, die in der Stadt kursierten. Achselzuckend
versicherte sie, ihre Landsleute seien stark im Reden und
schwach im Handeln. Riccio, den man ebenfalls gewarnt hatte,
antwortete im gleichen Ton: »Worte, das sind alles Worte. Die
Schotten prahlen gern, aber ihre Prahlereien klingen hohl.«[6]

Am Sonnabend, dem 9. März 1566, nahm die seit sechs Monaten schwangere Maria in ihrem privaten Turmzimmer, das in
dieser Jahreszeit gemütlicher als die großen Säle des Schlosses
war, das Abendessen gemeinsam mit Riccio, Lady Argyll, einer
illegitimen Tochter Jakobs V. und also ihrer Halbschwester,
sowie einigen weiteren Gästen ein, darunter ihrem Stallmeister
Arthur Erskine. Man muß sich folglich vorstellen, wie eng dieser Raum war: Kaum acht Personen hatten Platz am Tisch. Das
kleine Speisezimmer lag neben ihrem Schlafgemach. Eine Ge-
heimtreppe verband es mit Darnleys Privaträumen, die sich
im unteren Stockwerk befanden. Riccio, der in einem da-
mastenen, pelzverbrämten Wams prangte, plauderte fröhlich,

als Darnley den Vorhang, der den Eingang zum Schlafzimmer verhüllte, beiseite schob und eindrang. Man rückte zusammen, um ihm Platz bei Tisch zu machen, und die Mahlzeit ging weiter, als plötzlich Lord Ruthven in voller Rüstung auftauchte, mit dem Schwert in der Hand, bleich wie ein Gespenst. Maria reagierte bestürzt, denn niemand außer ihrem Gatten hatte das Recht, den Geheimgang zu benutzen. Sie fragte ihn in heftigem Ton, was er da treibe. Ruthven antwortete ergrimmt, er komme, um mit »diesem Feigling David« abzurechnen, der schuldig sei, die Ehre des Königs befleckt zu haben. Der wehrlose und ganz zu Recht erschrockene Riccio eilte zur Königin. Mit beiden Händen ihren Rock packend, flehte er sie an, ihn zu retten. Doch die übrigen Verschwörer, von denen zwei mit Pistolen bewaffnet waren und drei weitere einen Dolch in der Hand hielten, waren hintereinander die schmale Treppe hinaufgestiegen und stürmten schon in den Raum. Sie machten jeden Fluchtversuch unmöglich und stürzten sich auf den Unglücklichen. Seine im Stoff verkrampften Finger wurden gewaltsam losgerissen. Die Männer schleppten ihn nach draußen, während er schrie: »Gerechtigkeit, Gerechtigkeit, retten Sie mein Leben, Madame.« Dann schlugen sie mit Fäusten und Dolchen wild durcheinander auf ihn ein, und das mit solcher Raserei, daß sie sich alle die Hände verletzten. Schließlich warfen sie den Toten, der zu einer unförmigen und blutenden Fleischmasse geworden war, ins Treppenhaus. An seinem abscheulich verunstalteten Körper zählte man insgesamt dreiundfünfzig Wunden.

Darnley hatte sich nicht am Fest beteiligt. Er blieb bei Maria, weil er sie überzeugen wollte, daß er kein Mittäter wäre, doch sein Verrat war so offensichtlich, daß sie sich keinen Augenblick täuschen ließ. Außerdem zweifelte sie nie daran, daß man ihr Leben und das des ungeborenen Kindes vorsätzlich gefährdete, denn warum hatte man sich schließlich entschieden, Riccio in ihrem Beisein zu ermorden? Sie stieß Vorwürfe gegen den Mann hervor, den sie aus dem Nichts erhoben und zum König gemacht hatte, sie beleidigte ihn und überschüttete ihn mit den schlimmsten Beschimpfungen. Und er, den das Blutbad erschüttert hatte, antwortete mit einer Flut von jammernden Klagen. Seit dem Aufstieg Riccios habe sie aufgehört, ihn, Darnley, zu lieben; sie vertraue ihm nicht mehr, sie suche ihn nie mehr in seinem Zimmer auf. Er jammerte wie ein verzogenes Kind, das er immer gewesen war, und damit gab er Maria wieder die überlegene Position zurück. Er ist ein Verräter und ein Feigling. Sie wird die Konsequenzen daraus ziehen.

In diesem Augenblick der Gefahr und äußerster Gewalt wird sie sich bewundernswert klug ... und hinterlistig verhalten. Vorläufig ist sie wehrlos, verwundbar und vollkommen allein, und sie weiß es. Die Männer der Verschworenen halten Holyrood umstellt und sperren alle Ausgänge. Niemand kann ihr zu Hilfe kommen. Die von dem ungewöhnlichen Tumult alarmierte Menge strömt vor den Toren zusammen, aber der am Fenster erscheinende Darnley beruhigt die Gemüter: Man habe einen italienischen Spion getötet, doch der Königin drohe keine Gefahr. Sie ruhe aus. Alle sollten das gleiche tun und schlafen gehen.

In Wahrheit war Maria eine Gefangene. Die Adligen, auf die sie sich verlassen konnte, Bothwell und Huntly, schwangen sich an einem Seil kühn über die Löwengrube hinweg, sprangen hinab und entkamen. Sie hatte begriffen, daß die Sieger sie vielleicht bis zur Geburt des Erben verschonen würden, ihre Tage als regierende Königin aber gezählt waren. Sie, die auf Rache sann, zeigte bemerkenswerte Kaltblütigkeit und Selbstbeherrschung, entschloß sich, den einzigen Trumpf auszuspielen, den sie in der Hand hatte: Darnley, den widerwärtigen Darnley.

Nachdem sich Darnley am Fenster gezeigt hatte, ging er ins Schlafzimmer der Königin. Ihren Abscheu, ihre Wut und ihr Ehrgefühl verbergend, empfing sie ihn höflich und ließ sich auf ein Gespräch mit ihm ein. Nun bewies sie ihm, daß sie gemeinsame Interessen hatten. Wie könnte er sich einbilden, daß ihm die Barone erlauben würden, die Macht auszuüben? Er solle einen Augenblick überlegen. In deren Hand wäre er eine Marionette. Habe er vergessen, wie geringschätzig sie ihn behandelt hätten? Sie nannte zahlreiche Beispiele und hörte damit erst

auf, als sie sah, daß er unsicher wurde. Das dauerte nicht lange:
Er hatte seine Gattin am frühen Abend verraten, und bevor die
Nacht endete, hatte er seine Komplizen im Stich gelassen. Daraufhin handelte Maria äußerst rasch, wußte sie doch genau, daß
nichts ihn daran hindern würde, sein Mäntelchen abermals
nach dem Wind zu hängen. Schon am nächsten Morgen stand
sie zu ihrer gewohnten Zeit auf, kleidete sich an und empfing
ihren Bruder, der herbeigeeilt war, um seine einflußreiche Position wieder einzunehmen, wie er hoffte. Ihn begleiteten Morton, Maitland und sogar der grauenhafte Ruthven. Sie ließ
nichts von ihrer Furcht durchblicken und stellte sich ganz selbstverständlich von neuem unter den Schutz ihres Bruders, den sie
mit meisterhaft vorgespielter Rührung begrüßte: »Ach! Wären
Sie hier gewesen, so hätten Sie nicht zugelassen, daß man mich
auf diese Weise behandelte«, sagte sie und warf sich in seine
Arme. Er übernahm die Leitung der Verhandlungen und schlug
einen Kompromiß vor. Maria verpflichtete sich, den Verschwö-
rern zu vergeben; und diese sagten zu, ihre Wachen abzuziehen.
Da sie mißtrauisch waren, hätten sie gern eine schriftliche Zusage erhalten. Der ganze Tag verging mit Verhandlungen, und
als der Abend kam, gestand Maria schließlich ein, daß sie
erschöpft sei; sie fühlte sich dermaßen unwohl, daß sie den Beistand einer Hebamme erbat. Hinter diesem mächtigen Schutz-
wall blieb sie unbehelligt; niemand würde sie nun stören, zumal
man glücklicherweise auch nicht bemerkt hatte, daß sie ihren
Pagen und den Hauptmann ihrer Leibwache für einen kurzen
Augenblick in ihr Gemach bestellt hatte.

Eine eigenartige Situation, in der jeder glaubt, gewonnenes
Spiel zu haben. Moray wiegt sich wieder in Sicherheit und hält
sich aufs neue für unentbehrlich; die Verschwörer freuen sich,
daß sie ihre Herrscherin mit geringer Mühe – der Ermordung
eines Hampelmanns – überwunden haben, und Darnley plu-
stert sich auf und läuft ständig hin und her zwischen der Gattin,
die er zwei Tage zuvor ausgeliefert hat, und seinen Freunden,
die er am Vortag verraten hat. Da diese Herrschaften in ihrem
Triumph schwelgen, beschließen sie, daß es Zeit für ein Bankett

und Trinkgelage sei und daß man die Frauen ihren Krämpfen und Unpäßlichkeiten überlassen könne. Ein paar Stunden später rollten sie alle unter den Tisch.

Die auf der Lauer liegende Maria fühlt sich in der eintretenden Stille sicher, sie öffnet die Tür, schlüpft nach draußen, steigt vorsichtig die Turmtreppe im Dunkeln hinab und erreicht einen unterirdischen Gang, der zum kleinen Friedhof des Schlosses führt. Man erwartet sie. Darnley, der es mit der Flucht eilig hat, stürmt als erster davon. Die Königin setzt sich rittlings hinter Arthur Erskine, ihren Stallmeister. Begleitet vom Hauptmann ihrer Leibwache, ihrem Pagen und einigen anderen treuen Dienern, wird diese im sechsten Monat schwangere Frau mit verhängten Zügeln galoppieren, um das Schloß Lord Setons, des Vaters einer ihrer Marias, nach einem scharfen Ritt von fünfunddreißig Kilometern zu erreichen. Dort bietet man ihr ein Omelett als Frühstück, ein Ersatzpferd und eine Eskorte von zweihundert Reitern, damit sie sich wieder auf den Weg machen kann. Am späten Vormittag gelangt sie zu ihrer Burg Dunbar, einer Festung, die südöstlich von Edinburgh die Küste schützt. Dort nimmt sie die Angelegenheiten wieder in ihre Hand.

Sie hat die Schlacht durch ihren Wagemut, ihre Schnelligkeit und eine Energie gewonnen, die bei einer Frau in ihrem Zustand unglaublich ist. Die entsetzliche Szene am Vorabend hat sie nicht gelähmt, vielmehr findet sie in sich selbst die notwendige Kraft, um einen niederträchtigen Ehemann, den Komplizen ihrer Angreifer, zu manipulieren, sich auf einen wahnwitzigen Ritt einzulassen und ihre Anhänger mitzureißen. Deshalb triumphiert sie. Sie setzt ihren Siegeszug fort, ruft ihre Getreuen zusammen und stellt eine Truppe auf. Dabei steht ihr Bothwell zur Seite, denn Maria hat nichts von einer Amazone – sie braucht einen Mann, und Bothwell ist das Gegenteil von Darnley: handfest, draufgängerisch und kühn. Sie bereiten sich auf die Rückkehr nach Edinburgh vor, wo die Verschwörer entdecken, daß man sie hinters Licht geführt hat. Die am schlimmsten Kompromittierten fliehen; John Knox verschwindet, und

Maitland, der es in seiner Umsicht vermieden hat, während der Szene am Mordabend aufzutauchen, hält es gleichwohl für zweckmäßig, sich aus Edinburgh zu entfernen.

Maria Stuart versöhnt sich mit ihrem Bruder und ersucht ihn, neben Bothwell und einigen anderen Hochadligen, die nicht in das Komplott verwickelt waren, wieder in ihren geheimen Staatsrat einzutreten. Doch was soll sie mit dem doppelten Verräter tun, mit dem doppelt entehrten Darnley? Seine Anwesenheit ist Maria verhaßt, und sie gibt sich keine Mühe, das im privaten Verhältnis zu verbergen. In der Öffentlichkeit bleibt sie allerdings höchst vorsichtig. Darnley ist ja der Vater ihres Kindes. Wenn dieser Schlappschwanz seine Vaterschaft in Zweifel ziehen sollte, würde das noch ungeborene Kind als Bastard in Verruf geraten; wenn sie versuchte, diesen lästigen Gefährten loszuwerden, indem sie die Nichtigkeitserklärung der Ehe beantragt, so würde sich dasselbe Problem stellen. Eine annullierte Ehe beeinträchtigt die Legitimität der Nachkommen. Maria Tudor und Elisabeth hatten lange darunter gelitten. Sie muß also ihre widerwärtige Lage mit Geduld ertragen und bei ihrem Einzug in Edinburgh sowohl ihren Triumph als auch ihre eheliche Verbundenheit zeigen. Aber Darnley hat selbstverständlich nichts mehr zu sagen. Niemand will zu seinem Gefolge gehören. In seiner Gesellschaft befinden sich nur noch ein paar Domestiken. James Stuart, der Graf von Moray, der sich mit Bothwell versöhnt hat, gewinnt hingegen wieder maßgeblichen Einfluß, der zu einer Verbesserung der Beziehungen zwischen Schottland und England führt.

Elisabeth reagierte spontan und mit außerordentlicher Entschiedenheit auf das Abenteuer ihrer Cousine. Zunächst einmal aus Loyalität zu einem anderen gekrönten Haupt, denn sie verabscheute grundsätzlich jeden Angriff auf einen rechtmäßigen Herrscher, und dann aus weiblicher Solidarität: Sie war entsetzt über die wahrlich grauenhaften Einzelheiten, die ihr Maria in einem persönlichen Brief aus Dunbar mitteilte. Sie gewöhnte sich an, ein Miniaturbild Marias zu tragen, das an ihrem Gürtel hing, wie der spanische Botschafter berichtet. Sie erklärte ihm, an Marias Stelle hätte sie das Herz ihres Ehemanns mit ihrem eigenen Dolch durchbohrt. Außerdem sagte sie sich gewiß im stillen, daß dieses scheußliche Blutbad einen zusätzlichen Beweis für die Gefahren der Ehe lieferte.

Die folgenden Monate waren eine Zeit des Burgfriedens. Die schwerfällig gewordene, nach all diesen Heimsuchungen erschöpfte Maria schien am Ende ihrer Kraft. Sie hatte es abgelehnt, wieder in Holyrood zu wohnen, und zog in das Schloß – oder, genauer gesagt, die Festung – von Edinburgh, das unbequemer und schmuckloser, aber auch viel leichter zu verteidigen war. Am 19. Juni 1566 schenkte sie dort in einem großen Bett, dessen Himmel aus Taft und Samt war, einem Jungen das Leben. Er war ein Glückskind und bekundete unverzüglich seine Kraft und Gesundheit. Er erhielt den Namen Jakob. Trotz einer sehr mühsamen Entbindung ruhte sich Maria nicht auf ihren Kopfkissen aus. Sie ließ alle hochangesehenen Persönlichkeiten des Hofes in ihr Zimmer kommen, bestellte Darnley zu sich, der während der Geburt abwesend war, und zeigte ihm das Kind mit den Worten: »Gott hat Ihnen und mir einen Sohn geschenkt, der von niemand anderem als von Ihnen gezeugt ist.«[7] Darnley antwortete nichts. Es war ja allgemein bekannt, daß nur sein eifersüchtiges Geschwätz zu Zweifeln über die Legitimität des kleinen Prinzen geführt hatte, als er sich durch die einflußreiche Stellung David Riccios gekränkt fühlte.[*] Dann nahm Maria das Kind in die Arme und sprach mit klarer Stimme weiter: »Ich bezeuge vor Gott, als stünde ich hier vor dem Jüngsten Gericht, daß es Ihr Sohn ist und keines anderen Sohn, und ich wünsche, daß alle hier anwesenden Frauen und Männer Zeugen seien, daß er so sehr Ihr eigener Sohn ist, daß ich fürchte, es werde später einmal für ihn schlimm ausgehen.«[8] Der Vater senkte den Kopf und ging hinaus, ohne ein Wort zu sagen.

---

[*] Diese Verleumdung hielt sich über lange Zeit hinweg. Heinrich IV. bezeichnete Jakob im privaten Kreis gern als Salomon, womit er auf Davids Vaterschaft anspielte.

VI
Politischer Mord oder Verbrechen aus Leidenschaft?
1566-1567

Die glückliche Geburt seines Sohns Jakob machte Darnleys einzigen Trumpf unwirksam. Maria brauchte diese Drohne überhaupt nicht mehr, und sie hielt sich nicht zurück, ihn das spüren zu lassen. Was kümmerte sie noch der Ehemann? Sie hatte ja das Kind. Sie befand sich auch Elisabeth gegenüber wieder im Vorteil. Diese bekam es nun mit einer Thronprätendentin zu tun, die einen Sohn hatte, was ihre Aussichten außerordentlich vergrößerte. Jakobs Geburt stärkte daher in England die nachdrücklichen Forderungen, daß Elisabeth endlich heiraten sollte. Sie brauchte unverzüglich einen Ehemann, wenn man die etwaige Thronbesteigung einer katholischen Königin verhindern wollte. Das erkannte sie selbst an, als sie dem Abgesandten der Habsburger erklärte, »daß sie stets gehofft hätte, ledig zu bleiben, daß sie nun aber, weil all ihre Untertanen sie bedrängten, entschlossen sei, sich einen Mann zu nehmen«.[1]

Die Verhandlungen mit dem Erzherzog Karl gestalteten sich daraufhin intensiver und konkreter. Die Botschafter und Ratsmitglieder diskutierten weniger über sein Aussehen und seinen Charme als über die Möglichkeit, ihm die freie Ausübung seiner Religion zu gestatten, wenn er auf seinem katholischen Glauben beharrte. In London setzte man auf diese Heirat. Seit der Geburt des schottischen Kronprinzen kam es am Hofe Elisabeths zu spürbaren Spannungen, denn viele englische Lords, Robert Dudley an erster Stelle, aber auch der Herzog von Norfolk, der Graf von Pembroke und noch andere betonten freimütig, daß man endlich die Regelung der Erbfolge erwartete. Dies um so mehr, als es schien, daß Maria ihre politische

Position gefestigt hatte. Die Adligen, deren Macht durch die
fehlgeschlagene Verschwörung geschwächt war und die richtig voraussahen, daß die Existenz des Kindes die Stellung ihrer Königin zunehmend sichern würde, scharten sich einmüti-
ger denn je um Maria. Die Geister hatten sich offenbar be-
sänftigt, was in Schottland selten vorkam. Tatsächlich beruhte
dieses Einvernehmen nur auf dem gemeinsamen Haß gegen
Darnley.

Die Königin ertrug ihn nicht mehr. Jeder verachtete ihn,
jeder ging ihm aus dem Weg, man grüßte ihn kaum, und dazu
kam noch, daß Darnley, der seinen Unmut schwer beherrschen
konnte, in Gegenwart seiner Lakaien wütend tobte, und diese
erzählten seine Schmähreden weiter und bauschten sie auf. Ja
noch schlimmer, er bemühte sich um ausländische Unterstützung. Er beschuldigte die Königin bei Philipp II., »unverläßlich
im Glauben«[2] zu sein, er präsentierte sich als der einzige wahre
Verteidiger des Katholizismus am Hofe. Einige Tage vor der offiziellen Taufe seines Sohnes drohte er sogar damit, zum Kontinent abzureisen. Maria geriet in Aufregung, denn sie befürchtete, daß Darnley behaupten würde, er sei nicht der Vater des
Kindes. All die kleinlichen Zwistigkeiten machten sie buch-
stäblich krank. Maitland erkannte genau, daß der Grund für die
düstere Stimmung der Königin im Widerwillen gegen diese
katastrophale Ehe bestand: »Sie hat ihn mit so vielen Ehren
überhäuft [...], was der Meinung ihrer Untertanen widersprach, und er hat es ihr mit so viel Undank vergolten und sich
ihr gegenüber so schlecht betragen, daß es ihr das Herz bricht,
weil sie weiß, er ist ihr Gatte, und weil sie keinen Ausweg aus
dieser Lage sieht.«[3] Monsieur du Croc, der französische Botschafter, stellte ebenfalls fest, daß eine Versöhnung unter diesen
Umständen unmöglich schien. Darnleys Betragen erwies sich
nicht nur als unerträglich, vielmehr mißtraute ihm die Königin
auch so sehr, daß es ihr genügte, ihn im Gespräch mit einem
Lord zu sehen, um sich einzubilden, daß man ein neues Komplott gegen sie vorbereitete.[4] In einem langen Brief an Katharina von Medici schilderte der Botschafter die am Hof herr-

schende Atmosphäre: Die Königin und die Lords hielten tatsächlich zusammen, der König sei auf der einen Seite wie auf der anderen schlecht angesehen: »Wie er sich aufführt, kann es gar nicht anders sein, denn er will alles sein und überall befehlen. Schließlich kommt es mit ihm so weit, daß er überhaupt nichts ist [...] Oft beklagt er sich bei mir ... und ich versichere ihm, daß die Königin, da sie persönlich gekränkt sei, [ihm niemals] die Autorität [zurückgeben werde], die er früher besessen hätte, und daß er sich durchaus mit der Ehre und dem Wohlleben zufriedengeben [müßte], die sie ihm biete.«[5] Am schlimmsten für die Königin sei es vielleicht, sagte er zum Abschluß, daß sie wisse, für ihr Unglück selbst verantwortlich zu sein. Die ständigen Streitigkeiten mit Darnley ließen sie befürchten, daß er ihren Sohn entführte. Im August meinte sie, daß das Kind in größerer Sicherheit sei, wenn es aus Edinburgh ins Schloß von Stirling gebracht werde, die unbezwinglichste Festung Schottlands, wo es unter dem Schutz von Lord Mar leben sollte.*

Nun dringt man ins Schattenreich ein. Ende November 1566 trifft sich die Königin mit ihren wichtigsten Ratgebern auf Schloß Craigmillar, in der Nähe von Edinburgh. Auf der Tagesordnung stand: Was sollte mit Darnley geschehen? Maitland hatte dem schottischen Botschafter in Frankreich während eines Gesprächs anvertraut, ihn bringe die Vorstellung zur Verzweiflung, daß ihre Herrscherin an einen solchen Mann gebunden sei, sie jedoch selbst nicht wisse, »wie sie sich seiner entledigen könne«. Ihn beunruhigte ihre unaufhörliche Mattigkeit, und sie war dermaßen niedergeschlagen, daß sie eines Abends gestand, als auch Moray anwesend war, sie habe jede Lebensfreude verloren, und »wenn sie keine andere Lösung finde, bringe sie sich um«.[6]

---

* Um die komplexen Beziehungen zwischen den verschiedenen schottischen Familien zu veranschaulichen, möchten wir hier anführen, daß Margaret Erskine die Schwester von Lord Mar und die Mutter von James Stuart, dem illegitimen Sohn Jakobs V., war.

Wie wir schon gesehen haben, konnte man eine Aufhebung der Ehe oder selbst eine Scheidung nicht in Betracht ziehen, weil das den kleinen Jakob zum Bastard herabgewürdigt hätte. Also blieben nur radikalere Lösungen als die gesetzlich erlaubten übrig. Man gelangte zu einer Vereinbarung, deren genauer Wortlaut unbekannt ist. Maria erhielt wohl ausreichende Zusicherungen, denn sie erklärte sich einverstanden, den Mördern Riccios zu vergeben und die Rückkehr der beschuldigten Lords aus dem Exil zu gestatten. Darnley reagierte bestürzt auf diese Nachricht. Die ehemaligen Komplizen würden ihm seinen Verrat niemals verzeihen. Nun wurde ein Geheimvertrag von den Räten unterzeichnet, jedoch nicht von der Königin. Man trennte sich, und Maria beschäftigte sich vor allem damit, die für den 12. Dezember in Stirling vorgesehene Taufe ihres Sohnes vorzubereiten.

Die Taufe, die nach katholischem Ritus vollzogen und von Festen, Bällen und Maskenspielen begleitet wurde, war ein großartiges Ereignis, wie es sich für ein Kind gehörte, dessen Patin die Königin von England und dessen Pate der König von Frankreich war. Natürlich erschienen diese Herrscher nicht persönlich, schickten aber prächtige Geschenke. Ganz besonders bewunderte man das herrliche Taufbecken aus reinem Gold, das Elisabeth geschenkt hatte. Die Abwesenheit eines anderen, die des Vaters, verwirrte viel mehr. Er blieb schmollend in seinem Zimmer, zeigte sich nicht bei der Zeremonie und auch nicht während der anschließenden Lustbarkeiten. Er überließ es Bothwell, die Gäste willkommen zu heißen. Darnleys Verhalten nahm dem Fest nichts von seinem Glanz, ließ jedoch großes Unheil vorausahnen. Du Croc, der überzeugt war, daß diese ganze Angelegenheit schlecht ausgehen mußte, vertraute dem Erzbischof Beaton, seinem Amtskollegen in Paris, seine Sorgen an, aber er wollte nicht »die Gründe schriftlich darlegen, die ihn zu der Überzeugung brachten, daß eine Besserung unmöglich war«.[7] Darnley teilte wohl ebenfalls diese Überzeugung, denn er entschloß sich, nach Glasgow abzureisen. Dort hatten die Lennox, seine Familie, ihren Sitz. Wollte er den anderen zuvorkommen und einen Gewaltstreich versuchen?

Die Verschwörungsgerüchte hielten sich so hartnäckig, daß Maria den kleinen Prinzen wieder zu sich kommen ließ, weil sie befürchtete, daß ihr Gatte das Kind in seine Gewalt bringen wollte, denn Stirling befand sich in größerer Nähe zu Glasgow als zu Edinburgh. In Wirklichkeit litt ihr Mann an den Pocken. Der Schwerkranke mußte das Bett hüten und konnte zwei Monate lang nicht aufstehen. Nun ließ sich Maria zu jener Tat ihres Lebens hinreißen, die die heftigsten Kontroversen ausgelöst hat: Im Januar 1567 begab sie sich nach Glasgow, um Darnley nach Edinburgh zurückzuholen. Warum?*

Die in ihre Heldin verliebten Biographen der Königin bringen die Hypothese vor, ihr gutes Herz hätte sich bei dem Gedanken rühren lassen, daß der arme Junge fern von ihr litt. Nun ja ... Wer eher politisch argumentiert, nimmt an, daß sie den Einfluß seines Vaters, des Grafen von Lennox, fürchtete und es für klüger hielt, Darnley im Auge zu behalten, obwohl man sich schwerlich vorstellen konnte, daß dieser in seinem kläglichen Zustand zu irgendeiner bedeutsamen Initiative fähig gewesen wäre. Die Zyniker, zu denen ich gehöre, plädieren für die finsterste Möglichkeit: Maria und ihre Anhänger hatten einen Pakt geschlossen. Wenn wir einräumen, daß sie sich nicht verpflichtet hat, persönlich einzugreifen, so hatte sie doch wenigstens zugestimmt, ihnen freie Hand zu lassen. Allerdings mußte Darnley auch anwesend sein. Einem Bothwell, einem Morton oder einem Moray wäre er niemals freiwillig gefolgt. Nur die Königin konnte ihn zurückbringen, und daran zweifelte sie im übrigen nicht. »Weiß ich denn nicht, daß sein Herz so weich ist wie Wachs und meines wie ein Diamant?«[8] erklärte sie.

Geschickt kombinierte sie ihren Charme und ihre Autorität, so daß sie ihn überzeugen konnte, sich ihr anzuschließen und

---

* Die umfangreiche Bibliographie über dieses Thema, die Alison Weir für ihr Buch *Mary Queen of Scots, and the Murder of Lord Darnley*, New York, Ballantine, 2003, zusammengestellt hat, umfaßt mehr als fünfhundert Titel.

wieder seinen Platz im Palast einzunehmen. Der von Fieber-
schauern geschüttelte Unglückliche streckte sich am Boden der
Sänfte aus. Sein mit Pusteln bedecktes Gesicht war hinter einer
Taftmaske verborgen, aus der nur die vereiterten Lider hervor-
starrten. Es schien einfacher, was er selbst anerkannte, ihn nicht
im Schloß von Edinburgh zu pflegen, das in dieser Jahreszeit so
feucht, kalt und düster war. Selbst Holyrood eignete sich nicht,
vielmehr ein kleineres, gesünderes und bequemeres, mit einem
Garten umgebenes Haus, das, wie der Zufall wollte, Moray
gehörte. Das Häuschen, das Kirk o'Field hieß, lag bei der Kirche von Saint-Mary-in-the-Fields und nur wenig von Holyrood entfernt, wo sich die Königin aufhielt. Diese ordnete an,
aus dem Schloß die unentbehrlichen Wandteppiche hinzu-
bringen, damit man sich vor der Kälte schützen konnte, außerdem Möbel und eine Wanne, die man brauchte, damit der
Kranke baden konnte. Man benutzte eine ausgehängte Tür,
um ihn von einem Ort zum anderen zu transportieren. Das für
ihn vorgesehene Schlafzimmer befand sich im ersten Stock. Im
Erdgeschoß wurde ein anderer Raum für die Königin herge-
richtet. Dort ließ sie ein schönes Bett aus violettem Samt für
den Fall aufstellen, daß sie sich entschließen sollte, in diesem Haus zu übernachten. Sie hatte erklärt, ihrem Gatten so
oft wie möglich Gesellschaft zu leisten. Es ist Sonnabend, der
1. Februar 1567.

Sie hielt Wort und wurde aufs neue eine zuvorkommende
Krankenwärterin wie in der Zeit ihrer ersten Liebe. Sobald er
sich wohler fühlte, arrangierte sie Kartenspiele und Abendessen
im engsten Kreis. Sie blieb zwei Abende, am Mittwoch und
Donnerstag, so lange bei ihm, daß sie nicht nach Holyrood hin-
aufging, um die Nacht zu verbringen, als wollte sie damit bekunden, daß sich das Ehepaar vollständig versöhnt hatte. Am
Sonntag, dem 9., gab man bekannt, daß der geheilte Darnley
am nächsten Tag wieder seinen Platz am Hof einnehmen könnte. An diesem letzten Sonntag in der Karnevalszeit hatte Maria
einen ausgefüllten Tag. Am Morgen wohnte sie der Hochzeit
zweier Angehöriger ihres Hofstaats bei, danach begab sie sich in

ein benachbartes Schloß, wo man ein Abschiedsmahl für den aus dem Amt scheidenden savoyischen Botschafter ausgerichtet hatte. Schließlich wollte sie in Begleitung Bothwells, Huntlys und Kennedys den Abend bei Darnley beenden – Moray, der ein außerordentliches Talent hatte, sich im richtigen Moment zu entfernen, vor allem jedesmal, wenn man einen Mord vorbereitete, war abgereist, um seine kränkelnde Frau zu besuchen, und Maitland hütete sich ebenso wie Morton, sich sehen zu lassen. Es war eine sehr fröhliche Abendrunde, die Männer würfelten, während sie am Bett ihres Gatten saß und mit ihm plauderte. Um elf Uhr erhob sie sich, um nach Holyrood heimzukehren. Darnley protestierte. Es wäre ihm lieber gewesen, daß sie bis zum nächsten Tag bei ihm blieb, doch sie gab nicht nach und ritt mit ihrer Eskorte zurück.

In Holyrood erklingen die Geigen und Dudelsäcke, und sie bezeugen, daß der Ball, der die Hochzeitsfeier abschließt, noch andauert. Die Königin tritt in den Saal und mischt sich unter die Gäste. Als sie ihr Gemach aufsucht, bittet sie Bothwell und Traquair – einen Getreuen, der ihr in der Nacht, als Riccio ermordet wurde, bei der Flucht geholfen hatte –, zu ihr zu kommen. Sie möchte einen Augenblick mit ihnen sprechen. Dann zieht sich Traquair zurück, und sie bleibt noch ein paar Minuten mit Bothwell allein. Schließlich bläst man die Kerzen aus. Stille senkt sich auf das Schloß herab.

Um zwei Uhr morgens reißt eine Explosion alle Stadtbewohner aus dem Schlaf. Die Königin schickt unverzüglich Leute aus, um zu erfahren, was vor sich geht. Man teilt ihr mit, Kirk o'Field House sei vollständig zerstört, Darnley und sein Diener wären erdrosselt worden, und man habe sie im Garten entdeckt. Offenbar waren sie mißtrauisch geworden, da sie ein verdächtiges Geräusch hörten. Als Darnley sah, daß eine Gruppe von Männern still das Haus umringte, hatte er in seiner Angst versucht zu entfliehen. Er ließ sich an einem Strick nach draußen hinab, konnte aber den Angreifern nicht entkommen. Bothwell eilt zum Tatort und befiehlt, den Toten ins nächste Haus zu tragen, wo eine Menschenmenge zusammenströmt, um ihn zu sehen. Man läßt Chirurgen und Mitglieder des Staatsrates kommen, damit man ein genaueres Gutachten über die Todesursache erhält. Dann wird die Anweisung gegeben, die Leiche in eine Sänfte zu legen und ins Schloß zu bringen. Inzwischen kommt Bothwell zurück, um sich mit Maria zu besprechen. Sie haben einiges zu bereden.

Wenn Bothwell einen kühlen Kopf, politischen Verstand und ein ritterliches Herz bewahrt hätte, so hätte er Maria überzeugt, sich in ihren Gemächern einzuschließen, strengste Trauer anzulegen und eine gewissenhafte Untersuchung anzuordnen. Er hingegen hätte einige Zeit aus der Öffentlichkeit verschwinden müssen. Aber Bothwell dachte nicht als Staatsmann und ließ es an Höflichkeit gegenüber Frauen fehlen.

Die Mörder hatten sich entschieden, im Dunkeln zuzuschlagen. Ein Dolchstoß, ein Arkebusenschuß lassen kaum Anonymität zu. Wenn es auch nur einen Zeugen gibt, wird es dem Schuldigen unmöglich, das Offensichtliche zu leugnen. Aber eine Pulverexplosion ist die ideale Waffe für ein kollektives Verbrechen und bietet den Vorteil, daß bei seiner Ausführung einiges unklar bleibt. Alles deutete auf Bothwell als Verantwortlichen hin, und er wußte es, doch die Rolle der Königin war weniger eindeutig: Sie hätte sich ohne weiteres entscheiden können, sich länger in Kirk o'Field House aufzuhalten, und in diesem Fall wäre sie zusammen mit den anderen Hausbewohnern getötet worden. Hatte der Mann, der die Lunte anzündete, absichtlich gewartet, bis sie sich entfernt hatte? Wie ließ sich das beweisen? Um sich vor allen Anschuldigungen zu schützen, mußte sie sich unbedingt von Bothwell lösen und so den geringsten Anschein einer Komplizenschaft und folglich einer Mitschuld vermeiden.

Katharina von Medici und Elisabeth äußerten sich sogleich in langen persönlichen Briefen. Sie beschworen Maria, mit größter Entschiedenheit zu handeln. Solange sie nicht die Schuldigen bestraft hätte, würde sie weiter im Verdacht stehen. Wenn Elisabeth nicht von dem Skandal persönlich betroffen wurde, den der Tod von Robert Dudleys Gattin bedeutete, so deshalb, weil sie sich sofort von ihm distanziert und die Ergebnisse der Untersuchung abgewartet hatte. Die Ermordung Darnleys konnte weitaus schlimmere Folgen haben. Die englische Königin nahm die Gefahren sehr ernst, denen sich Herrscher aussetzten, die sich von ihren Untertanen angreifen oder verleumden ließen: »Meine Ohren sind so erstaunt, mein Verstand ist so betrübt und mein Herz so erschreckt über die entsetzliche Nachricht von dem abscheulichen Mord an Eurem verstorbenen Gatten, meinem getöteten Vetter, daß ich noch jetzt kaum imstande bin, darüber zu schreiben. [Obwohl sein Tod mich im tiefsten Innern berührt, weil er ein so naher Verwandter ist,] möchte ich Euch unerschrocken sagen, was ich hierüber denke. Ich kann Euch nicht verhehlen, daß ich mir mehr um Euch Kummer mache als um ihn. O Madame! Ich würde meine Pflicht als treue Cousine oder als wohlgeneigte Freundin nicht erfüllen, wenn ich mir mehr Mühe gäbe, Euch Angenehmes zu sagen, anstatt darauf zu drängen, Eure Ehre zu wahren. Deshalb darf ich Euch nicht verschweigen, was die meisten Leute denken: nämlich, daß Ihr bei der Sühnung dieser Tat durch die Finger sehen wollt und daß Ihr Euch hüten werdet, jene anzurühren, die Euch einen solchen Gefallen erwiesen haben. Daher könnte man glauben, daß den Mördern Straffreiheit zugesichert wurde [...]. Ich ermahne Euch, ich rate Euch und bitte Euch flehentlich, Euch diese Angelegenheit so zu Herzen zu nehmen, daß Ihr nicht fürchtet, selbst den anzurühren, der Euch am nächsten steht, wenn ihn dies betrifft, und daß Euch nichts zurückhalten wird, eine exemplarische Bestrafung anzuordnen«, schrieb sie ihr am 24. Februar 1567 auf französisch.[9] Maria Stuart kümmerte sich nicht im geringsten um diesen angstvollen Brief, dessen eindringlicher Ton sie hätte erschüttern müssen.

Es kann nicht überraschen, daß die Geschichte Maria Stuarts so viele Romane, Theaterstücke, Opern, leidenschaftliche Darstellungen und Legenden angeregt hat: Man kennt nicht den Wortlaut der Gespräche, die sie in vielen entscheidenden Augenblicken ihres Lebens mit den ihr Nahestehenden geführt hat. Die maßgeblichsten Unterhaltungen fanden oft ohne Zeugen statt; die Echtheit zahlreicher Briefe ist nicht zweifelsfrei verbürgt. Man rekonstruiert; man denkt über die psychologischen Gegebenheiten nach, doch sie sind lediglich Hypothesen, weil sich eine verwirrende Sprunghaftigkeit feststellen läßt, die auf ständige tiefgreifende Veränderungen der Beziehungen zwischen den einzelnen Beteiligten zurückzuführen ist und sich jeder Bemühung widersetzt, in den Handlungen eine Logik zu entdecken. Der Verstand sucht immer nach einer sinnvollen Verbindung zwischen verschiedenen Ereignissen. Nichts beunruhigt stärker, als wenn man sich einer Reihe von Tatsachen gegenübersieht und nicht den roten Faden zu erkennen vermag, der sie miteinander vereint. Nichts fällt schwerer als das Bekenntnis, daß etwas unbegreiflich ist. Trotzdem ist es unmöglich, eine vernünftige und zufriedenstellende Erklärung für das Verhalten Maria Stuarts in der bevorstehenden Tragödie zu finden. Maria Stuart ist keine homogene Persönlichkeit, sondern ein Kaleidoskop, in dem unablässig die disparatesten Bilder aufeinanderprallen, zerfallen und sich wieder zusammenfügen.

Nicht zu bezweifeln ist, daß sich die schottische Königin während dieser Krise unvernünftig verhalten hat. Am 9. Februar 1567 war Maria schon verliebt, wahnsinnig verliebt – und das muß man wörtlich nehmen – in Bothwell, und niemand in ihrer Umgebung besaß genug Einfluß auf sie, um ihren Überschwang zu dämpfen. Diese doppelt ehebrecherische Leidenschaft war strafbar; das wußte sie. Sie litt darunter, daß sie es niemandem gestehen durfte. Du Croc, der alte Botschafter, der eine wahrhaft innige Zuneigung für die Frau empfand, die einst seine junge Königin war und die in so kurzer Zeit so viele Tragödien erlebt hatte, entdeckte als einziger, daß sie von einer heimlichen Wunde gepeinigt wurde. Wem hätte sie ihre Schmach und ihr Verlangen anvertrauen können? Anders als Elisabeth, die in Cecil einen Mann von bewährter Treue und Ergebenheit hatte, fehlte Maria Stuart ein Ratgeber, der von ihr, allein von ihr abhing

und der ihr uneingeschränkt ergeben war. In ihrer Umgebung
verfolgte jeder seine eigenen Ambitionen. Die Meinungsverschiedenheiten ihres Kreises entarteten zu persönlichen Leidenschaften. Trotzdem hätte sie unbedingt eine Anleitung ge-
braucht. Sie besaß weder die Autorität noch die erforderlichen
Kenntnisse, um zu regieren. Doch sie vermochte es nie, ihre
Günstlinge auf Nebenrollen zu beschränken, zwischen der
Macht der Sinne und geistiger Macht zu unterscheiden und das
Ansehen eigenständigerer Ratgeber zu schützen. Wenn sie
einen Sinn für Geheimnisvolles hatte, so fehlte ihr doch der für
Geheimhaltung. Als sie sich auf die überstürzte Ehe mit Darnley einließ, mußte sie durch ihre eigene Schuld auf ihren Bruder
Moray und auf Maitland als Ratgeber verzichten, die ihr bei
ihrer Rückkehr aus Frankreich so nützliche Dienste geleistet
hatten. Nachdem sie Darnley ihre Gunst entzogen hatte,
wandte sie sich Bothwell zu, dessen wilde Kraft, Stärke und
Brutalität sie verführten oder vielmehr niederschmetterten,
und sie gewährte ihm unermeßliche politische Macht, die sich
nicht mit seinen Fähigkeiten rechtfertigen ließ.

Maria drückte ihre Gefühle oft in Gedichten aus, und eines
erhellt den Beginn dieses Abenteuers:

> »Gar manche Träne ich um ihn vergieße,
> Da er sich diesen Körper nahm,
> Bevor er noch mein Herz gewann.«[10]

Man kann sich vorstellen, daß Bothwell, der lange Stunden
allein mit Maria verbrachte, ihr Gewalt angetan hat, und daß
diese Frau, die zwei blutjunge Männer geheiratet hatte, mit ihm
den Sinnenrausch kennengelernt hat, einen solchen Rausch,
daß sie fortan mit hemmungslosem Ungestüm nach Bothwell
verlangte. Die sinnliche Leidenschaft überwältigte Maria, und
aus bloßer Ungeduld, weil sie es kategorisch ablehnte, sich auch
nur vorübergehend von Bothwell zu trennen, sollte sie Königreich, Sohn und Ehre verlieren. Sie war sich dessen vollkommen
bewußt, wie es der Schluß des Sonetts beweist:

»Für ihn hab' ich seitdem der Ehre abgesagt [...]
Für ihn Gewissen und Gewalt dahingewagt,
Für ihn Verwandtschaft, Freundschaft weggegeben [...]«[*]

Für welches Verhalten entschied sich das Liebespaar in diesen
ersten maßgeblichen Morgenstunden nach der Ermordung
Darnleys? Daß sie mit besonderem Nachdruck auf die Gefahr
hinwiesen, der die Königin entkommen war, sich aber nicht auf
die Suche nach den Schuldigen konzentrierten. Noch an demselben Tag schrieb Maria daher dem Erzbischof Beaton, ihrem
Botschafter in Paris, daß Gott sie gerettet habe und »daß es ihr
die Sorgfalt ihres Staatsrates [...] gestatten werde, die grausame
Tat [der Schuldigen] mit einer Strenge zu bestrafen, die den
kommenden Jahrhunderten als Beispiel dienen sollte«.[11] Der
Staatsrat folgte derselben Linie: Als er Katharina von Medici die
Tragödie mitteilte, betonte er, daß »die Verbrecher um ein Haar
das Leben der Königin und der meisten Lords ihres Gefolges
ausgelöscht hätten«, und versicherte, daß eine Untersuchung,
um die Mörder zu entdecken, bereits im Gange sei.

Man ordnete die traditionelle Trauerzeit an, und Darnley
wurde in der königliche Kapelle beigesetzt, wie es einem König
von Schottland zustand. Die ungerührte, beinahe apathische
Maria schien nicht zu erkennen, welch mächtiges Gewitter im
Anzug war, während schon in allen Straßen der Hauptstadt
angeschlagene beleidigende Plakate sie, sie und Bothwell, beschuldigten, Komplizen zu sein. Man stellte sie als Sirene[**] mit
nackten Brüsten und der Krone auf dem Kopf dar, über einem
Hasen, wobei auf beiden Seiten die Buchstaben M und B standen, damit niemand die symbolische Bedeutung falsch auffas-
sen konnte. Maria zwang sich nicht zu einem zurückgezogenen
Leben, wie es für eine Königinwitwe unbedingt vorgeschrie-
ben war, und schützte sich nicht durch ein untadeliges Verhal-

---

[*] Zit. nach: Stefan Zweig, *Maria Stuart*, Frankfurt am Main, S. Fischer
Verlag [34]2003; S. 213 (Anm. d. Ü.)
[**] Eine Sirene, »a mermaid«, war eine andere Bezeichnung für eine Prosti-
tuierte, und ein Hase war im Wappen Bothwells abgebildet.

ten, sondern verließ Holyrood eine Woche nach dem Begräbnis, um sich bei Lord Seton zu erholen, wo sie ... Bothwell
empfing. Die Volksmeinung beschuldigte zwei ihrer Diener,
Komplizen der Tat zu sein. Was tut Maria daraufhin? Sie verschaffte ihnen Pässe und erleichterte ihre Abreise. Giftige Gerüchte kursierten in Frankreich, Spanien, Venedig und vor
allem in England. Sie wurden vom savoyischen Botschafter in
Schottland unterstützt, denn seit seiner Ankunft in London ließ
er durchblicken, daß die Königin wahrscheinlich das Komplott
ganz genau kannte. »Er beschuldigt sie nicht, aber er erklärt sie
auch nicht für unschuldig«, berichtete Guzmán de Silva, der
Botschafter Philipps II. in England.

Trotz all dieser Warnungen und der immer konkreteren Be-
schuldigungen gegen Bothwell traf Maria keine Vorkehrungen,
um ihn zu entfernen. Ganz im Gegenteil, sie überhäufte ihn mit
Gunstbeweisen, die unter diesen Umständen allgemeine Entrüstung hervorriefen, als wäre sie von diesem Mann hypnotisiert.
Wir möchten noch einmal betonen: Die Verantwortung der
Königin für das Attentat konnte niemals genau festgestellt werden. Es war unmöglich, ihre Schuld zu beweisen. Ihre törichte
Haltung nach den Ereignissen hat sie jedoch unwiderruflich
verurteilt. Die Tatsachen zählten dabei weniger als der äußere
Schein. Ihr Botschafter bei den Valois schrieb ihr freimütig,
wenn sie lange Stunden mit dem Grafen von Bothwell allein
verbringe und sich hierauf beim Ballspiel zusammen mit ihm
vergnüge, biete das nicht nur Stoff für Klatschgeschichten am
Hof, sondern überzeuge auch die Öffentlichkeit, daß sie Komplizen seien. Darnleys Vater, der Graf von Lennox, reichte eine
Klage gegen Bothwell ein. Der Verlauf des Prozesses glich einer
Posse, einer tragischen Posse. Bothwell erschien vor Gericht,
den Degen an der Seite, einen Dolch im Gürtel, umringt von
mehr als tausend Gefolgsleuten. Lennox wagte es nicht, nach
Edinburgh zu kommen, um seine Anklage zu vertreten. Die
eingeschüchterten Richter fällten einen unsinnigen Urteilsspruch. Unter dem Vorwand, daß Lennox' Abwesenheit die

Anklage gegenstandslos mache, sprachen sie Bothwell frei, und dieser ritt triumphierend und kampfbereit, ohne die geringste Scham in Edinburgh umher. Niemand getraute sich, laut Zweifel über den Abschluß des Verfahrens zu äußern, obwohl den Hofchronisten zufolge alle tuschelten, daß Bothwell schuldig sei.[12]

Das Verhalten der Königin war alles andere als angetan, die Gemüter zu beruhigen. Einen Tag nach diesem zumindest anfechtbaren Urteil gewährte sie Bothwell die Ehre, das Zepter und die Krone an der Spitze des Zugs zu tragen, der sich zur Parlamentseröffnung begab. Wenn er die Krone schon in der Hand trug, war es nicht mehr weit, daß er sie sich auf den Kopf setzte. Der stets vorsichtige und um den Schutz seiner politischen Zukunft besorgte Moray verließ Schottland und ging nach England, wo er dem spanischen Botschafter bestätigte, daß Bothwells Scheidung offenbar nahe bevorstand. Allerdings fügte er in respektvollem, wenn auch etwas scheinheiligem Ton hinzu, er glaube jedoch nicht, daß seine Schwester jenen Mann heiraten werde, »in Anbetracht ihrer Stellung, ihrer großen Tugend und der kürzlichen Ereignisse«. Die Neuigkeiten aus Schottland waren noch erregender. Bothwell hatte während eines Abendessens von den anwesenden Lords verlangt, seiner Heirat mit der Königin schriftlich zuzustimmen, und diese hatte in einem einigermaßen schamlosen Gefühlsausbruch erklärt, sie würde herzlich gern Frankreich, England und ihr schönes Schottland für ihn hergeben und ihm in einem weißen Rock bis zum Ende der Welt folgen.[13] Der englische Staatsrat, den diese hektischen Umschwünge verblüfften, geriet in Unruhe wegen der Machtergreifung eines derart unvernünftigen Mannes wie Bothwell. Cecil erklärte: »Schottland ist im Morast versunken; die rechtschaffensten Leute möchten ins Exil gehen; die Bösen werden von ihrem sich plötzlich meldenden Gewissen erschüttert.«[14] Doch das Schlimmste stand noch bevor.

Am 21. April schwang sich Maria in den Sattel, um ihren Sohn zu besuchen, den man nach Stirling zurückgebracht hatte und der sich in der Obhut des Grafen von Mar befand. Drei

Tage später war sie auf dem Heimritt nach Edinburgh, als ihr Bothwell und einige hundert Berittene den Weg versperrten. Angeblich wollte er sie an einer Rückkehr in die Stadt hindern, weil dort mysteriöse Unruhen ausgebrochen wären, und sie statt dessen nach dem Schloß Dunbar bringen, dessen Nutzungsrecht er sich hatte übertragen lassen. Die unter der Leitung Maitlands stehende Eskorte versuchte, sich diesem sonderbaren Aufruhr zu widersetzen, doch die Königin erklärte sich einverstanden, Bothwell zu folgen, »um jedes Blutvergießen zu vermeiden«. Man ersuchte Maitland höflich, allein nach Edinburgh zurückzukehren. Maria und Bothwell galoppierten unbehindert nach Dunbar, wo sie acht Tage in engster Vertrautheit verbrachten, während man in Edinburgh mit größter Hast das Scheidungsverfahren Bothwells bei den geistlichen Gerichten betrieb. Eine Liebschaft mit einer Dienstmagd genügte den Pastoren, um die Scheidung zu rechtfertigen. Vor den katholischen Priestern berief man sich, um für die Aufhebung der Ehe einzutreten, auf eine Verwandtschaft vierten Grades zwischen den Ehegatten.

Niemand ließ sich von dieser sogenannten Entführung täuschen. Trotzdem ermöglichte sie die überstürzte Heirat der Königin, wenn nämlich ein Mann einer Frau Gewalt antut, verpflichtet ihn der Ehrenkodex, sie so bald wie möglich zu heiraten. Die einzige Möglichkeit, diese Ungeduld Marias glaubwürdig zu erklären, bestand in der Annahme, daß sie schwanger war und dies wußte, so daß sie unbedingt heiraten mußte, ohne eine angemessene Wartezeit einzuhalten. Aber so geriet sie in eine entsetzliche, ganz ausweglose Lage. Ihre Schwangerschaft zwang sie, sich zu beeilen, und ihre Eile verriet ihre Mitschuld an der Ermordung ihres Gatten. Schon im April 1567 war sie verloren.

Bothwell und die Königin kehrten Anfang Mai gemeinsam nach Edinburgh zurück und zogen durch die Stadt, wobei Bothwell die Zügel des Pferdes der Königin hielt. Die kleinen Leute, die einst ihre junge Königin begeistert empfangen hatten, murrten angesichts dieses Schauspiels. John Craig, der Pa-

stor von Edinburgh, brachte trotz Bothwells Drohungen den
Mut auf, vor dem Staatsrat seinen Abscheu zu bekunden. »Ich
beschuldige [Bothwell]«, erklärte er, »des Ehebruchs und der
Entführung, daß er das Gesetz der Kirche mißachtet, ich ver-
dächtige ihn des geheimen Einverständnisses mit seiner Frau,
um so plötzlich eine Scheidung zu erreichen, und schließlich
kann diese Heirat nur den Argwohn verstärken, den der Tod des
Königs hervorgerufen hat«.[15] Wieder einmal warnte der französische Botschafter die Königin: Sie setze sich der Gefahr aus, alle
ihre französischen Freunde zu verlieren. Nichts zeigte Wirkung. Maria Stuart heiratete Bothwell am 15. Mai, drei Monate
nach dem Mord an ihrem vorherigen Gatten, und zwar nach
protestantischem Ritus (obwohl sie sich nicht zur reformierten
Religion bekehrt hatte) während einer schnellen Zeremonie in
der großen Halle von Holyrood, um vier Uhr morgens ... Sehr
wenige Zeugen waren erschienen: Beinahe alle Lords hatten es
vorgezogen, auf eine Teilnahme zu verzichten; der französische
Botschafter hatte die Einladung abgelehnt, weil er befürchtete,
daß man sonst glauben könnte, sein König sei in diese Affäre
verwickelt. Es gab keine Bälle oder Bankette, um die Hochzeit
feierlich zu begehen. Als Brautkleid diente Maria ein alter gel-
ber Rock, den sie mit weißem Taft ausfüttern ließ, und ein langes schwarzes Gewand, das mit Goldborten verziert war. Ihre
erste Hochzeit war ein strahlendes Fest, ihre zweite Eheschließung war durchaus verheißungsvoll, die dritte war unwürdig.
In neun Jahren hatte sich ein rascher Niedergang vollzogen, der
sich nun noch beschleunigen sollte.

Das katholische Europa hatte Maria Stuart seit ihrer Thronbesteigung unterstützt. Die ausländischen Höfe wußten zwar,
daß sie im religiösen Bereich wenig Handlungsfreiheit hatte,
doch sie verkörperte eine Hoffnung. Nach dieser improvisier-
ten Hochzeit mit einem geschiedenen Protestanten verlor sie
alles Ansehen. Karl IX. und Katharina von Medici teilten ihrem
Botschafter mit, daß sie sich auf Grund ihres unglaublichen Verhaltens außerstande sähen, ihr die geringste Hilfe zu leisten. Der
Papst wusch seine Hände in Unschuld. Auf protestantischer

Seite gewann sie keine zusätzliche Unterstützung. In London äußerte man Entrüstung, und jeder fürchtete sich vor den Folgen, die der Wahnsinn der letzten drei Monate bewirken würde. Die Schotten waren über die hemmungslose Sinnlichkeit schockiert, mit der sich diese skandalöse Ehe allein erklären ließ, wie sie glaubten, und sie verhielten sich der Königin gegenüber immer gehässiger. Die Vertrauten, deren es nur noch sehr wenige gab, weil die meisten Großen den Hof fluchtartig verlassen hatten, waren angesichts der Haltung Marias fassungslos. Von der verliebten Frau blieb nichts mehr übrig. Monsieur du Croc, der französische Botschafter, der entsetzt die Beziehungen zwischen den Jungvermählten beobachtete, berichtete nach Paris: »Schon hat [die] Reue begonnen. Als Ihre Majestät am Donnerstag nach mir rufen ließ, fiel mir ein sonderbares Benehmen zwischen ihr und ihrem Gatten auf. Sie wollte sich entschuldigen, indem sie sagte: Wenn ich sie traurig sähe, so wäre es, weil sie nie mehr Freude haben wollte und nur noch eines wünschte, den Tod. Als sie gestern mit Graf Bothwell zusammen war, hörte man sie laut schreien, man solle ihr ein Messer geben, um sich zu töten.«[16]

Bothwell hatte nichts von einem charismatischen Führer. Ganz im Gegenteil besaß er das Talent, sich Feinde zu machen. Das wußte er, und er gab sich deshalb keinen Illusionen hin. Als eine Gruppe von Lords (Morton, Argyll, Atholl und Mar) in Stirling zusammenkam – wo immer noch der kleine Prinz festgehalten wurde, obwohl ihn seine Mutter lieber bei sich gehabt hätte – und ihre Absicht verkündete, nach Darnleys Mördern zu suchen und ihre Königin zu befreien, reagierte er deshalb, indem er so viele Leute aushob, wie er konnte. Die Königin, die über keine Reserven mehr verfügte, gab die Anweisung, Elisabeths Taufgeschenk einzuschmelzen, um diese Truppe zu finanzieren. Sie verließ das unsicher gewordene Edinburgh und folgte Bothwell in das Kastell von Borthwick, das ungefähr zwölf Kilometer südlich der Stadt lag und einem Bundesgenossen Bothwells gehörte. Die aufständischen Lords, die diese Rückzugsbewegung nicht im mindesten entmutigte, griffen

mit ihren Streitkräften die Festung an. Bothwell war ein zu
guter Stratege, als daß er unter diesen Bedingungen einer Be-
lagerung standgehalten hätte. Er entfloh und überließ es der
Königin, die Lage allein zu bewältigen.

Angesichts der Gefahr gewann sie ihre Tatkraft zurück. Maria
Stuart zeichnete sich nicht durch eine besondere Liebe zu langen Überlegungen aus, das Handeln hingegen erregte sie und
gab ihr unvergleichlichen Mut. Sie ließ sich von den Drohungen und Beleidigungen nicht beeindrucken und weigerte sich
stolz, ihren Angreifern nach Edinburgh zu folgen. Ihre entschlossene Haltung verunsicherte die Lords, so daß sie sich für
den Rückzug entschieden, um auf Verstärkungen zu warten.
Unverzüglich nutzte sie ihre Chance. Sie zog Männerkleider
an, und im Schutz der hereinbrechenden Nacht schlich sie
durch eine Tür in der Mauer nach draußen. Ein berittener Diener erwartete sie dort. Ein Pferd stand bereit, und im Galopp
floh sie zum nächsten Schloß, wo sie wieder mit Bothwell
zusammenkam. Daß sie schwanger war, behinderte sie keinen
Augenblick. Gemeinsam erreichten sie nun die Festung Dunbar.

Das Schloß stand leer wie alle Schlösser, wenn deren Herren abwesend waren. Maria sah sich gezwungen, einen roten
Schottenrock, einen Kittel, dessen Ärmel mit Bändern befestigt
waren, wie es der Mode der einheimischen Frauen entsprach,
und einen schwarzen Samthut zu borgen. Zusammen mit Bothwell bemühte sie sich, aus Bauern und Söldnern ein impro-
visiertes Heer aufzustellen. Da Bothwell überzeugt war, daß
ihm nur ein Angriff den Sieg bringen konnte, gab er den Befehl, nach Edinburgh gegen die Rebellen zu marschieren. Am
15. Juni 1567 standen sich die Gegner an einer Stelle gegenüber,
die Carberry Hill hieß. Sie hatten sich auf beiden Seiten eines
Bachs aufgestellt, belauerten sich und rührten sich nicht. Bothwells Männer waren kaum begierig, gegen Reiter anzustür-
men, die sicher im Sattel saßen, offenkundig gut bewaffnet
waren und sich um ein Banner scharten, das einen unter einem
Baum ruhenden Mann darstellte; neben ihm kniete ein Kind,

das die Hände zum Himmel erhob und rief: »Richte und räche
meine Sache, o Gott!« Eine wundersame politische Kehrtwen-
dung: Die Lords, die sich alle an der Ermordung Darnleys beteiligt hatten, warfen sich so zu seinen Rächern auf. Trotzdem
zögerten sie, am hellichten Tag über ihre Königin herzufal-
len. Die Schotten hatten keine großen Bedenken, Verschwö-
rungen anzuzetteln, doch ihr Ehrenkodex untersagte es ihnen,
ihre Lehnsherrin offen anzugreifen.

Du Croc, der als Beobachter gekommen war, griff nun ein
und bot seine Vermittlung an. Von einer kleinen Eskorte begleitet, ritt er durch den Bach und wandte sich zu dem Hügel,
wo die totenbleiche und offensichtlich erschöpfte Maria Stuart
allein auf ihn wartete, abseits von den Männern. Sie hatte kein
großes Verhandlungstalent und erkannte offenbar nicht, wie
schwach ihre Position war. Sie sprach immer noch als Königin,
verriet indes ihre Nervosität mit einem unruhigen Blick und
verlangte die Unterwerfung der Lords. Sie wies jeden Vorschlag
zurück, ihr Schicksal von dem Bothwells zu trennen. Während
die Unterredung im Gang war, ritt Bothwell heran, kühn, mit
klarem Blick und Selbstvertrauen ausstrahlend. Du Croc, der
ihn nicht mochte und der es ihm übelnahm, daß er die Königin
in eine solch entsetzliche Lage gebracht hatte, ließ sich gleichwohl von dessen Wagemut beeindrucken. »Ich muß gestehen,
daß ich in ihm einen großen Krieger sah, der mit Selbstbewußtsein sprach und der seine Leute kühn und geschickt zu führen
wußte. Ich konnte nicht umhin, ihn zu bewundern, denn er
sah, daß seine Feinde entschlossen waren und er selbst kaum auf
die Hälfte seiner Leute zählen konnte. Dennoch blieb er völlig
unerschüttert.«[17] Und da er sich nicht auf seine Truppen verlassen konnte, schlug er vor, die Angelegenheit durch einen Zwei-
kampf mit einem gleichrangigen Adligen zu regeln. »Bleiben
Sie hier auf dem Hügel«, sagte er zu du Croc, »das Schauspiel
wird sich lohnen.«[18]

Tatsächlich gab es gar kein Schauspiel. Der erste Kandidat,
der sich vorstellte, wurde von der Königin wegen seiner niedrigen Geburt abgewiesen. Die Unterhandlungen zogen sich in

die Länge, und schließlich wurde Bothwell überhaupt nicht herausgefordert, hatte aber deshalb kein gewonnenes Spiel. Die Königin schickte nun einen Parlamentär zu Kirkcaldy, dem Führer der Reitertruppe, und ersuchte ihn, allein zu ihr zu kommen. Er gehorchte und beugte sogar das Knie vor ihr, bevor er das Wort an sie richtete und einen Kompromiß vorschlug. Die Königin solle zusammen mit den Adligen nach Edinburgh zurückkommen, und Bothwell könne gehen, wohin er wolle. Man werde ihn nicht verfolgen. Da Maria so über ihr eigenes Schicksal beruhigt war, nahm sie an. Bothwell mischte sich nicht in diese Unterredung ein und fügte sich ihrer Entscheidung. Nun trat er auf sie zu, um sich zu verabschieden. Er umarmte sie, sprang in den Sattel und verschwand in scharfem Galopp. Sie werden sich nicht wiedersehen. Und Maria muß allein der Mißachtung und dem Zorn ihrer Untertanen standhalten.

Kirkcaldy hatte ihr versprochen, bei ihrer Rückkehr nach Edinburgh werde man sie mit allen ihrem Rang gebührenden Ehren behandeln. Wahrscheinlich hatten er und seine Gefährten das auch beabsichtigt, doch er hatte die Soldaten nicht in der Gewalt, die ihr die schlimmsten Beleidigungen an den Kopf warfen, sobald sie sich unter ihnen befand. Dann, um sechs Uhr abends, begann eine entsetzliche Heimreise. Die Königin ritt in ihren schmutzigen Kleidern hinter dem schimpflichen Banner, das Rache für die Ermordung Darnleys verlangte. Von allen Höfen, aus allen Dörfern eilten die Leute herbei, um die gedemütigte Frau zu sehen, und überall erklang derselbe Ruf, dieselbe Drohung: »Verbrennt die Hure! Verbrennt die Mörderin!« Kirkcaldy versuchte, die Menge mit der flachen Klinge auseinanderzutreiben, doch gegen die Schreie vermochte er nichts. Um zehn Uhr nachts traf der Zug in Edinburgh ein. Nach dieser Bedrängnis verstand jeder, daß die entehrte Königin nicht wieder herrschen würde. Man führte sie nicht ins Schloß, sondern brachte sie ins Haus des Provosten, wo man sie einsperrte.

Der Grimm, daß sie sich so von ihren Baronen hatte täuschen lassen, erfüllte sie mit einer nervösen Energie, die dem Wahn-

sinn sehr nahekam. Sie weigerte sich, irgend jemanden anzuhören, und lief ans Fenster, um an ihr Volk zu appellieren. Aber
das Volk sieht hinter den Gitterstäben nur eine hysterische, zer-
zauste Frau mit bloßer Brust, zerrissenem Mieder und einem
von Schlamm und Tränen beschmutzten Gesicht.

Die Lords, die diese Gegnerin beunruhigte, deren einzige
Stärke in ihrer Schwäche, das heißt ihrem Geschlecht, bestand,
wußten nicht, welchen Entschluß sie fassen sollten. Moray hielt
sich weiter in England auf, und solange er abwesend war, übte
niemand die geringste Autorität über Maria aus. Überdies fühlten sich die Barone nicht auf allzu festem Boden, denn es bestand ja weiter die Gefahr einer gewissenhaften Untersuchung
des Darnley-Mordes, in den sie alle verwickelt waren. Da sie
befürchteten, daß sich die Meinung der Einwohner zu Marias
Gunsten änderte, verabredeten sie einmütig, die Königin am
nächsten Tag nach Holyrood zurückzubringen. Dort fand sie
ihre Frauen und ihr vertrautes Gefolge wieder. Endlich konnte
sie sich umkleiden und vor allem etwas zu sich nehmen, denn
aus Angst vor Gift hatte sie sich am Vortag geweigert, etwas zu
essen. Die Ruhepause dauerte nicht lange. Lord Morton erschien und kündigte ihr ohne Umschweife an, daß sie unverzüglich wieder aufbrechen müsse. Man erlaubte ihr nicht, Ge-
päck mitzunehmen, und nur zwei Kammerfrauen durften ihr
folgen. Wußte er, daß sie ein Kind erwartete? Wahrscheinlich
nicht, denn die Hochzeit war ja gerade einen Monat her. Man
kann bezweifeln, daß er größere Milde gezeigt hätte, wenn er
es gewußt hätte. Es herrschten rauhe Sitten, und niemand
wünschte die Geburt eines Bothwell-Sohns. Man hätte eine
Fehlgeburt mit Freuden begrüßt. Ein lauter Klagechor schwoll
im großen Saal des Schlosses an, wo sich ihre Damen und Diener versammelt hatten. Maria, die erkannte, wie unnütz der geringste Widerspruch war, erhob sich jedoch und schwang sich
in den Sattel.

Zu Unrecht glaubte sie, daß man sie nach Stirling bringen
würde. Tatsächlich wandte sich die kleine Truppe nach Leith,
das westlich von Edinburgh lag. Einen Augenblick hoffte sie,

daß Getreue ihr beistehen wollten, und sie versuchte, ihr Pferd zurückzuhalten. Doch die Männer, die sie umringten, trieben ihr Tier mit der Peitsche an, und die kleine Truppe setzte mit verhängten Zügeln ihren Weg fort. Spätnachts erreichten sie das Ufer des Lochleven-Sees. Auf einer Insel erhob sich das Schloß von William Douglas, dem Halbbruder James Stuarts, des Grafen von Moray.* Maria kannte den Ort, weil sie in glücklicheren Tagen dort Enten und Wildgänse gejagt hatte. Man stieß sie in ein Boot, und die Ruderer fuhren sie über das schwarze Wasser. Nichts war für ihre Ankunft vorbereitet. Man brachte sie im zweiten Stock des Turms unter, im höchst spartanischen Schlafzimmer des Schloßverwalters. Dort, am Ende ihrer Kräfte und verzweifelt, brach sie zusammen und verharrte zwei Wochen in einem betäubten Zustand, der um ihr Leben bangen ließ.

---

* Margaret Erskine, die Mutter James Stuarts, hatte Robert Douglas geheiratet. Ihr Sohn William war also der Halbbruder mütterlicherseits James Stuarts, der Neffe von Lord Mar und außerdem noch der Cousin und Erbe des Grafen Morton.

VII
Lochleven
1567-1568

Maria, die offenbar eine widerstandsfähige Konstitution hatte, erholte sich und machte sich allmählich mit ihrer neuen Umgebung vertraut. Das Schloß Lochleven gehörte Lady Douglas, der Mutter ihres Halbbruders James Stuart. Sie, die man nun »the old lady«, die alte Dame, nannte, war ja in ihrer Jugend die Mätresse Jakobs V. gewesen und hatte ihm sechs illegitime Kinder geschenkt, die er anerkannte. Danach hatte sie Graf Douglas geheiratet, und die robuste Mutter hatte weitere sieben Kinder bekommen. Als die Königin in Lochleven gefangengesetzt wurde, wohnten in Lochleven der älteste Douglas-Sohn William und George, der jüngste, ein schöner junger Mann mit dem Kosenamen »pretty Geordie«. Die Barone, die Maria dort hingebracht hatten, waren schnell wieder aufgebrochen, nachdem sie ihren Auftrag erfüllt hatten. Als Wächter ließen sie zwei von ihren Leuten zurück, Lord Ruthven, den Sohn jenes anderen Ruthven, der an der Ermordung Riccios teilgenommen hatte, und Lord Lindsay.

Der Ort wirkte nicht gerade heiter. Inmitten der dicken Granitmauern erhoben sich ein großer, vom Ende des 14. Jahrhunderts stammender quadratischer Turm und ein kleinerer Rundturm, der ein selbständiges Bauwerk war. Um den Gebäudekomplex gab es keine Felder oder Wälder, denn er nahm die ganze Inselfläche ein.* Der Loch, einer der flachsten Seen von ganz Schottland, hatte einen Durchmesser von nur fünf Kilometern, und der Anblick des ständig von Wind und Regen

---

* Heute ist die Insel größer, weil der Wasserspiegel des Sees beträchtlich gesunken ist.

gepeitschten Wassers hätte eine weniger starke Seele als die der
Königin zur Verzweiflung bringen können.

Sie kapselte sich in einem gewissermaßen unreflektierten
Eigensinn ab. Im Grunde wußte sie genau, daß ihre leidenschaftliche Liebe zu Bothwell eine unhaltbare Lage herbeigeführt hatte, daß sie sich offen über Gesetz und Herkommen
hinweggesetzt hatte, doch sie weigerte sich, daraus die entsprechenden Schlußfolgerungen zu ziehen und anzuerkennen, daß
ihr Recht, die Krone zu tragen, in Frage gestellt war. In ihren
Augen konnte dieses göttliche, unveräußerliche und unantast-
bare Recht nicht abgeändert werden. Und in bestimmter Hinsicht hatte sie nicht unrecht. Darin besteht das höchst komplexe
Wesen ihrer Geschichte. Es war eine revolutionäre Tat, sich der
Königin zu bemächtigen und sie gefangenzuhalten, und so
faßte man dies auch in Europa auf. Niemand verteidigte Maria
Stuart, die ihrem Ruf durch ihre Heirat eines gerade erst geschiedenen Mannes geschadet hatte, wobei dieser auch noch
beschuldigt wurde, die Ermordung seines Vorgängers angestif-
tet zu haben; an allen Höfen war man sich im klaren, daß sie sich
entehrt hatte, daß sie ihre unabänderlich untergrabene Autorität nicht mehr als absolute Herrscherin ausüben könnte, daß
man die Abneigung und den Zorn ihres Volkes berücksichtigen
müßte – und trotzdem blieb es eine Tatsache, daß man einen
Souverän von Gottes Gnaden nicht stürzen durfte. Man konnte
ihn ermorden, ihn abzusetzen war unmöglich. Kein Beispiel für
die Absetzung eines Monarchen, keine Prozeßvorschrift für ein
solches Verfahren gab es. Marias Zukunft bedeutete für Schottland und ganz Europa weniger ein politisches Problem als vielmehr eine grundsätzliche Frage. Das verstand ihre Cousine Elisabeth sofort, und sie zog daraus die Konsequenzen.

Obwohl die Lords brutal auftraten, sich mit solcher Hast
der Person der Königin bemächtigten und sich zusätzlich auch
noch deren Silbergeschirr aneigneten, als sie Holyrood verließen, hätten sie gern einen Kompromiß mit ihr erreicht. Ihr Verhalten bot Anlaß zur Kritik. Sie hatten wie Rohlinge gehandelt,
und das wußten sie. Als es in Carberry Hill nicht zur Schlacht

gekommen war, hatte sich Maria freiwillig bereit erklärt, ihnen zu folgen, nachdem sich Bothwell entfernt hatte. Durch die Gefangennahme Marias hatten sie die mit ihr getroffene Vereinbarung gebrochen.

Außerdem verbot ihnen die Rolle, die sie bei der Ermordung Darnleys gespielt hatten, sich als Rächer hinzustellen. In der nunmehrigen Rollenverteilung fehlte der gerechte Richter. Maitland, der so vorsichtig gewesen war, sich nicht an den Umtrieben der letzten Monate zu beteiligen, wurde als Parlamentär zur Königin geschickt, sobald sie sich stark genug fühlte, ihn zu empfangen. Er hätte gern durchgesetzt, daß sie in die Scheidung von Bothwell einwilligte, und er deutete die Möglichkeit an, daß sie zugunsten ihres Sohnes auf die Krone verzichten sollte. Aber die Königin lehnte eine Scheidung kategorisch ab, denn diese hätte sie in ihrem Zustand, den sie nicht verheimlicht hatte, dazu verdammt, einen Bastard auf die Welt zu bringen. Er konnte ihr kein Zugeständnis abringen. Selbst unter den mißlichsten Umständen ließ sich Maria nicht einschüchtern, und ein Brief Elisabeths hatte ihr wieder Mut gemacht.

Obwohl Elisabeth sie wegen der schmachvollen Ehe mit Bothwell scharf zurechtwies und die Legitimität des Kindes, das Maria erwartete, aufgrund der anfechtbaren Scheidung des Vaters anzweifelte, sicherte sie ihr schwesterliche Unterstützung zu: »Um Euch in Eurem Unglück zu trösten, von dem Wir vernommen haben, sind Wir entschlossen [...], in aller Eile einen Unserer getreuesten Diener zu entsenden, nicht nur, um Eure Lage zu erkunden, sondern auch, um mit Eurem Adel und Eurem Volk zu verhandeln und ihnen zu zeigen, daß es Euch nicht an Unserer Freundschaft und Macht fehlen soll.«[1]

Sie gab Throckmorton, den sie für diesen Auftrag auswählte, die eindeutigsten Instruktionen mit. Zunächst einmal sollte er darauf hinwirken, daß Maria freigelassen wurde – wenn man nämlich den Untertanen erlaubte, ihren Herrscher der Freiheit zu berauben, so widerspreche dies dem göttlichen Gesetz; danach sollte er die Bestrafung der Mörder Darnleys fordern und schließlich versuchen, den kleinen Jakob unter englischen

Schutz zu stellen und ihn in die Obhut seiner Großmutter väterlicherseits zu geben. Es wäre von ihr leichtfertig gewesen, sich nicht um einen möglichen Erben zu kümmern, während es keinen Nachfolger von ihrem eigenen Blut gab. Die Zukunft des kleinen Prinzen war für sie wichtiger als je zuvor, denn gerade als jenes Drama in Schottland stattfand, brach Elisabeth endgültig die Verhandlungen ab, die sie 1566 auf Drängen des Parlaments wieder aufgenommen hatte, um einen Heiratsvertrag mit Erzherzog Karl abzuschließen.

Eigentlich wäre die Hoffnung berechtigt gewesen, daß diese Verhandlungen endlich zu einem Ergebnis führten: Elisabeth verlangte immer noch, den Bewerber zu sehen, bevor sie eine unwiderrufliche Entscheidung traf, aber die Berichte über dessen äußere Erscheinung, die der auf Erkundungsreise geschickte Schwager Cecils erstattet hatte, hatten sie beruhigt: Er sei mittelgroß und »hat ein hübsches Gesicht, er ist gut gebaut, schmal in der Taille und hat eine breite Brust«, er habe »schöne Schenkel und schlanke Beine, die ein ganz klein wenig gebogen sind«.[2] Was sein Wesen betreffe, so habe der Beobachter entdeckt, er sei »höflich, liebenswürdig, gerecht und klug, auch verfügt er über ein gutes Gedächtnis«.[3] Überdies lehnte es der Erzherzog nicht ab, für die abschließende Überprüfung nach England zu kommen. Beide Parteien hatten eingeräumt, daß man zu einer Einigung über die Frage der Kosten der erzherzoglichen Hofhaltung gelangen werde, denn diese hatte zu vielen Disputen geführt. Es blieb jedoch das Problem des Religionsunterschieds, obgleich der Kaiser nur minimale Forderungen stellte. Der Erzherzog erklärte sich einverstanden, die Königin zu den anglikanischen Gottesdiensten zu begleiten, unter der Bedingung, daß er die Messe in seinem Zimmer hören dürfte. Schwerlich konnte man weniger verlangen, und trotzdem lehnte die Königin diesen Vergleich ab.

Denn das Beispiel Schottlands hatte Elisabeth nachdenklich gemacht, und sie überlegte als Politikerin. Wenn sie ein Kind bekäme – ein Kind, das jedenfalls nur eine recht unsichere Aussicht war –, so würde das zwar die Nachfolgefrage lösen, aber keineswegs die dramatischen Konflikte verhindern, wie sie in einer wenig harmonischen Ehe auftreten. Im persönlichen Bereich würde es der Religionsunterschied den Gatten unmöglich machen, gleichen Schritt zu halten und einen gemeinsamen Willen zu bekunden, mit einem Wort, so etwas nahm ihnen die Wirkungskraft. Darunter würde ihre Autorität leiden, besonders weil in dieser Zeit, in der die Religion das größte Hindernis für die Einheit des Königreichs darstellte, ein katholischer Prinzgemahl, selbst wenn er beispielhafte Diskretion bewiese, die katholische Partei durchaus stärken und den Zorn der Protestanten erregen mußte. Wie sollte man nicht annehmen, daß ihre katholischen Untertanen den Erzherzog ermutigen würden, mehr Handlungsfreiheit zunächst für sich selbst und dann für seine Glaubensgenossen zu fordern, die nur, wenn sie wirkliche Gefahren auf sich nahmen, die Messe zelebrieren konnten? So würde denn diese Ehe den Thron bei weitem nicht sichern, sondern ihn gefährden, und bald müßte man erleben, daß England vom Parteienhader zerrissen würde, daß es dem Bürgerkrieg zum Opfer fiele und denselben Schrecken der Religionskämpfe ausgeliefert wäre, wie sie in Frankreich und den Niederlanden wüteten, oder daß es sich dem Grauen der politischen Wirren auslieferte, die sich in Schottland so unheilvoll auswirkten.

Wieder einmal teilte sich ihr Staatsrat in Anhänger der Heirat um jeden Preis, die von Cecil geführt wurden, und deren Gegner, die sich um Robert Dudley scharten. Diese fehlende Einmütigkeit bestärkte die Königin in ihrer Weigerung, sich auf ein Abenteuer einzulassen, bei dem man, wie sie sagte, sich nur einmal irren konnte. Nach den dramatischen Ereignissen um Dudley hatte sie erklärt, sie werde als Königin heiraten. In diesem konkreten Fall verwarf sie den Antrag ebenfalls als Königin. Ihr Standpunkt ließ sich nicht widerlegen.

Im Jahre 1567, also zu der Zeit, da sie ihren ernsthaftesten und respektabelsten Bewerber abweist, ist Elisabeth vierunddreißig Jahre alt. Während die Aussichten auf eine Ehe allmählich in nichts zerrinnen, entdeckt sie nach und nach die politischen und symbolischen Vorzüge der Jungfräulichkeit: In ihrer Jugend erkannte sie, welch ungeheuren Irrtum ihre Schwester begangen hatte, als sie heiratete. Zwanzig Jahre später überzeugen sie die widersinnigen Abenteuer Maria Stuarts beinahe ganz, daß eine Königin im Spiel der Ehelotterie, ob es nun von der Liebe oder der Politik bestimmt wird, nichts zu gewinnen hat. Sie bricht nicht alle Brücken ab – und das Problem der Gattenwahl wird noch zu vielen überraschenden Wendungen führen –, aber sie läßt sich nicht vom Kinderwunsch beherrschen, und deshalb interessiert sie sich fortan noch stärker für das Schicksal Jakobs, der vielleicht ihre Krone erben wird.

Doch die Schotten wollten sich nicht ihrem Willen beugen, und Throckmorton erhielt nicht einmal die Erlaubnis, Maria zu sehen. Sie wechselten allerdings ein paar Briefe, und Maria erklärte ihm ganz unmißverständlich, daß sie niemals in eine Scheidung von Bothwell einwilligen werde, wo sie doch ein Kind von ihm erwarte. Throckmorton, dem bewußt war, daß er sich nutzlos bemühte, hätte seine Mission gern beendet, zumal ihm Maitland unumwunden gesagt hatte, daß er seine Zeit vergeudete. Doch Elisabeth wollte unbedingt auf ihrem Standpunkt beharren; allerdings erkannte sie genau, wie schwach ihre Position war, und sie empfand keinerlei Mitgefühl für die Mißgeschicke Maria Stuarts. Man kann sich sogar vorstellen, daß sie diese Königin verachtete, die sich zweimal der Leidenschaft hingegeben hatte, was zweimal zu traurigen Folgen führte, war Maria doch eine Herrscherin, die nicht wie sie selbst, Elisabeth, leidvoll erfahren hatte, daß ein solches Amt persönliche Opfer verlangte. Aber die Gewißheit, daß die Schotten einen gefährlichen Präzedenzfall schufen, spornte sie an. Sie befürchtete, daß ihre Gegner ermutigt wurden, ebenso zu handeln, denn die große Realistin Elisabeth hielt die Unterstützung durch alle Engländer nie für gesichert. Sie wußte, daß sie Feinde hatte, und wollte nicht, daß unmittelbar jenseits ihrer Grenzen das Beispiel von Untertanen, die ihrer Souveränin Gewalt antaten, den eigenen Gegnern unerwünschte Gedanken eingab.

Ende Juli veränderte ein Unglücksfall die Voraussetzungen des Problems. Maria hatte eine Fehlgeburt. Sie brachte tote Zwillinge zur Welt. Die Scheidung von Bothwell oder wenigstens eine endgültige Trennung von ihm wurde möglich und weitaus leichter, weil er von der Bildfläche verschwunden war. Tatsächlich hatte man trotz der gegebenen Zusagen sofort Jagd auf ihn gemacht, und er war seinen Verfolgern zunächst entkommen, indem er auf eine der Orkneyinseln nördlich von Schottland flüchtete. Die Lords reagierten, indem sie ihn einkreisten. Dieser Teufelskerl konnte ihre Wachsamkeit täuschen und in einem armseligen Fischerboot aufs offene Meer hinausfahren. Er geriet in einen Sturm, doch ein dänisches Schiff rettete ihn. Als er an Land kam, wurde er erkannt, von den Behörden zeitweilig festgehalten und dann wieder freigelassen. Für kurze Zeit. Eine Dänin, der er einige Jahre zuvor die Ehe versprochen hatte, reichte Klage bei Gericht ein, und bis zu seinem Verfahren durfte er seinen Wohnsitz nicht mehr verlassen. Inzwischen verlangten die Schotten und Engländer seine Auslieferung, jene, um ihn zu töten, diese, um sich eine Geisel und einen Zeugen zu sichern. Die Dänen lieferten ihn nicht aus, doch nachdem sie ihn wegen seines gebrochenen Eheversprechens verurteilt hatten, sperrten sie ihn unter sehr harten Bedingungen ein. Dieser so kraftvolle Mann, dieser große Jäger und vorzügliche Reiter, der sich wie wahnsinnig nach Bewegung sehnte, ertrug die Haft nicht. Wie ein tollwütiges Tier warf er sich gegen die Gitterstäbe seiner Zelle. Nun schloß man ihn in Eisen und kettete ihn so eng an einen Pfosten an, daß er nicht mehr aufstehen konnte. In wenigen Monaten wurde er wahnsinnig, sein Körper allerdings widerstand noch zehn Jahre.* Schon lange dachte Maria nicht mehr an ihn.

Eigentlich machten sich die Lords im Sommer 1567 weniger Sorgen um Bothwell als darum, wie sie die baldige Thronent-

---

* Seinen mumifizierten Körper zeigte man vier Jahrhunderte lang in der benachbarten Kirche. Auf Anweisung der Königin Margarethe, der heutigen dänischen Königin, wurde er endlich begraben.

setzung ihrer Königin erreichen konnten. Sie verloren keine Zeit. Maria war äußerst geschwächt, erschöpft und entkräftet. Sie konnte sich nicht erheben, als Lord Lindsay an ihrer Tür erschien. Diesen Mann, dessen Brutalität allgemein bekannt war, durfte sie unmöglich warten lassen. Sie mußte ihn also empfangen und anhören. Ohne das geringste Taktgefühl bat er sie oder verlangte vielmehr von ihr, ihre Abdankung zugunsten ihres Sohns zu unterzeichnen und Moray, der endlich nach Schottland zurückgekehrt war, die Regentschaft zu übertragen. Zunächst weigerte sie sich, doch schließlich fand sie sich damit ab, so sehr erschreckten sie die Beleidigungen Lindsays, der drohte, ihr die Kehle durchzuschneiden. Diese Drohungen erhielten besonderen Nachdruck durch eine heimliche Botschaft Throckmortons. Sie war in dieser Burg isoliert, die von blaugrünem Wasser umspült war, worin ein Körper untergehen konnte, ohne einen Strudel zu hinterlassen, und es erschütterte sie, daß die Lords bei einem gewissen George Dalgleish, einem Diener Bothwells, eine Kassette beschlagnahmt hatten. Darin lagen ihre Briefe an Bothwell und ihre eigenhändig geschriebenen Sonette, also für sie äußerst kompromittierende Dokumente.* Außerdem war sie zu Recht überzeugt, daß ein unter solchen Umständen abgepreßtes Dokument keine rechtliche Bedeutung hatte, so daß sie endlich einwilligte, ihre Unterschrift darunterzusetzen. Am 29. Juli 1567 wurde ihr Sohn mit dreizehn Monaten zum König von Schottland gekrönt und damit Jakob VI. Ein Feuerwerk, das eher die Absetzung der Mutter als die frohe Thronbesteigung des Sohnes begrüßte, störte die Stille Lochlevens und die Erholung der Königin. Einen Monat danach wurde James Stuart zum Regenten proklamiert. Im Land kehrte wieder Ruhe ein.

Dank der erzwungenen Atempause, die man der Königin nun auferlegte, konnte diese schnell genesen, und das Leben im Schloß gestaltete sich mit ihr als Mittelpunkt. Die Brutalität,

---

* Später, im Zusammenhang mit der in York durchgeführten Untersuchung der Ermordung Darnleys, kommen wir noch einmal auf den Inhalt dieser Kassette zu sprechen.

mit der man eine macht- und schutzlose Frau behandelt hatte, schmerzte ihre Kerkermeister, die ihr nunmehr herzliches Mitgefühl zeigten. Alle Frauen der Familie Douglas freundeten sich mit ihr an. Die junge Gattin des Schloßverwalters, die selbst schwanger und darum für Marias Unglück besonders empfänglich war, schlief manchmal in deren Zimmer, um ihr Gesellschaft zu leisten, und verließ sie den ganzen Tag nicht. Die beiden jungen Mädchen des Hauses gaben sich alle erdenkliche Mühe, um sie zu zerstreuen, und sogar die mürrische Reserviertheit der alten Witwe schwand bald dahin. Maria erreichte, daß man ihr Diener schickte: einen Koch, einen Apotheker und vier zusätzliche Kammerfrauen. Das Gemach, das sie bewohnte, wurde so gut wie möglich eingerichtet. Sobald sich Maria wieder wohl fühlte, verlangte sie nach ihrem Stickzeug, nach Kleidern, Atlasärmeln, einem Mantel aus feiner holländischer Leinwand und Strümpfen. Man mußte auch ihre Perücken, ihre falschen Zöpfe und ihre Haarnadeln schicken. Denn sie wollte vorteilhaft aussehen.

Nun verbrachte sie ihre Abende zusammen mit der Familie Douglas. Man spielte Karten, manchmal wurde sogar getanzt. Die Damen widmeten sich ihren Handarbeiten, und Maria konnte ganz ungehindert ihren Charme aufbieten, an dem es ihr nicht mangelte. Da Bothwells Anziehungskraft keinen Einfluß mehr auf sie hatte, löste sie sich von diesem Mann, dem sie ihre Ehre und ihr Königreich geopfert hatte, wie man sich von einem alten Kleidungsstück trennt. Nie erkundigte sie sich nach seinem Schicksal. Nie warf sie einen Blick zurück. Vorläufig hatte sie in ihrem neuen Lebenskreis genug zu tun. Zuerst richtete sie ihre Aufmerksamkeit auf Ruthven. Ein paar Wochen zuvor, während des Ritts, auf dem sie nach Edinburgh zurückgebracht wurde, hatte sich der junge Mann sehr grob zu ihr benommen. Vielleicht wählte man ihn deshalb aus, um sie auf ihrer Insel zu überwachen. Doch sie schien es ihm überhaupt nicht nachzutragen, sondern behandelte ihn so liebenswürdig und machte ihn ihren Wünschen gegenüber so fügsam, daß es die anderen Lords für klüger hielten, ihn zu entfernen, nachdem sie von William Douglas erfahren hatten, daß er sich ihr zu Füßen geworfen und um ihre Hand gebeten hatte. Maria ließ sich von dieser Trennung nicht einschüchtern. Ihr blieb ja die Familie ihrer unfreiwilligen Gastgeber, der Douglas.

Besondere Zuneigung hatte sie zu einem verwaisten Cousin gefaßt, der »little Douglas« oder Willy genannt wurde und gerade erst dem Jünglingsalter entwachsen war. Er machte sich zu ihrem treuen Helfer. Das bewies er, indem er sich um ihre Geheimkorrespondenz kümmerte. Danach stellte sie befriedigt fest, daß der junge Geordie, der jüngste Sohn des Hauses, sie nicht aus den Augen ließ, und das waren keine Wächteraugen, sondern die eines Verliebten. Was versprach sie ihm? Alles oder nichts? Auch das weiß man nicht. Jedenfalls verständigte er sich mit einer Wäscherin, die jede Woche mit anderen Mägden auf dem See hin- und herfuhr. Sie sollte Dienstbotenkleidung für die Königin besorgen. Der Zeitpunkt erwies sich als günstig: Die junge Frau des Schloßverwalters war soeben niedergekommen, und in der allgemeinen Aufregung achtete man kaum auf Marias Treiben. Am Morgen des 25. März 1568, in eine grobe Tracht gezwängt, das Gesicht hinter einem dichten Schleier verborgen, schritt sie durchs Tor und sprang ins Boot. Am anderen Ufer wartete George Douglas mit Pferden auf sie. Doch ein Ruderer erlaubte sich Zudringlichkeiten und wollte ihr Gesicht anschauen. Sie wehrte sich, aber ihre zarten Hände verrieten sie. Die Männer erkannten sie und brachten sie unverzüglich ins Schloß zurück.

Es folgte eine große Familienszene. George Douglas wurde gebeten, sich aus dem Staube zu machen, allerdings brachte man Maria nicht in ein anderes Gefängnis. Wo hätte sich auch ein anderer Ort finden lassen, der sicherer als diese Wasserburg war? Es wurde lediglich ein strengeres Ritual eingeführt. Der Schloßverwalter verlangte, daß man alle Schlüssel nach dem Abendessen auf den Tisch legte. Er steckte sie in die Tasche und nahm sie mit ins Schlafzimmer, wenn er nachts zu Bett ging. Aber man rechnete nicht mit Marias Einfallsreichtum und Charme, mit dem sie die jungen Douglas in ihren Bann zog.

Geordie blieb weiter in der Nähe und konnte sich regelmäßig mit der Königin und ihren Anhängern in Verbindung setzen: mit Lord Seton und dem Clan der Hamiltons, die überglücklich waren, gegen Moray zu intrigieren.

Die in Schottland so häufigen politischen Frontwechsel machten es unwahrscheinlich, daß das Bündnis der Lords lange fortbestand. Nachdem Bothwell außer Gefecht gesetzt war, zweifelte niemand, daß eine Aufhebung der Ehe leicht zu erreichen wäre, was für die Königin eine neue Heirat ermöglicht hätte. Selbstverständlich gehörte George Douglas zu den Bewerbern. Ein Hamilton dachte ebenfalls daran, außerdem ein Stuart, Lord Methven. Ein erfolgreicher Ausbruch aus der Haft könnte zu einem politischen Umschwung führen, so hoffte Maria. Darum bereitete George Douglas die Flucht auf dem Festland vor, während der kleine Willy Douglas, völlig im Banne der Königin, sie über den See bringen wollte, und das nicht einmal fünf Wochen nach dem ersten Fluchtversuch. Zunächst hatte er daran gedacht, daß sie hinten im Garten über die Mauer klettern und aus einer Höhe von zwei Metern nach unten springen könnte. Eine ihrer Damen meldete sich freiwillig, um dieses Unternehmen zu erproben, doch bei der Landung verstauchte sie sich den Knöchel, und man gab den Plan auf. Maria mußte also kühn durch die Tür hinaus, und dazu mußte Willy die Schlüssel an sich bringen.

Der Ausbruch ist für den 2. Mai 1568 vorgesehen. Die ersten Maitage sind nach altem Brauch Festtage, und der kleine Douglas möchte dies nutzen, um eine Lustbarkeit zu veranstalten. Er tituliert sich »Abt der Unvernunft« und gibt sich allen möglichen Narreteien hin. Jeder, selbst die Königin, nimmt an diesem Schauspiel teil. Man muß unbedingt verhindern, daß die Schloßbewohner die Reitertruppe beobachten, die sich am Ufer versammelt. Gegen Abend jedoch macht man Lady Douglas auf ungewöhnliche Bewegungen aufmerksam. William Douglas wundert sich, was noch schlimmer ist, daß sich der kleine Willy an den Booten zu schaffen macht und offenbar ...»Was treibt dieser Dummkopf dort?« grummelt er ungehalten. Da täuscht Maria einen Ohnmachtsanfall vor, und ihr Unwohlsein zwingt den Lord, seinen Beobachtungsposten zu verlassen, um für sie ein Glas Wein zu holen. Niemand findet es sonderbar, daß sie beschließt, das Abendessen abzukürzen, und sich frühzeitig zurückzieht.

Nun hat der kleine Willy seinen Auftritt. Alle sind um den Tisch versammelt, und er legt, als geschähe es aus Versehen, eine Serviette auf die Schlüssel, die auf dem Tischtuch liegen, so daß er sie heimlich entwenden kann. Dann gibt er einer Kammerfrau der Königin ein verabredetes Zeichen. Sie bringt die Nachricht in Marias Zimmer hinauf. Die Königin zieht daraufhin das Kleid und den Kapuzenmantel einer Dienerin über, steigt die Treppe hinab und läuft beherzt über den Hof, auf dem mehrere Dienstboten ihren Tätigkeiten nachgehen. Sie verläßt das Schloß durch das eiserne Haupttor, das Willy Douglas hinter ihr wieder absperrt. Den Schlüsselbund wird er los, indem er ihn einfach ins Wasser wirft. (Man wird ihn dreihundert Jahre später auf dem Seegrund wiederfinden.) Danach gehen sie ohne übertriebene Eile zu den Booten, die alle aneinandergebunden sind – damit war Willy Douglas beschäftigt, als Lord Douglas ihn gerade ausfragen wollte und von der Ohnmacht der Königin abgelenkt wurde –, so daß sie kein brauchbares Boot an der Insel zurücklassen und damit jede Verfolgung unmöglich machen. Am anderen Ufer steigen sie an Land. George Douglas und John Beaton, dessen Familie stets Maria treu geblieben war, erwarten sie dort. Sie steigen auf die Pferde, die, was das Maß der Ironie vollmacht, den Douglas gehören. Tatsächlich befanden sich die Stallungen der Familie Douglas auf dem Festland, und George Douglas hatte drei von den besten Pferden ausgesucht und mitgenommen, ohne daß sich die Stallknechte darüber wunderten, denn so etwas war ja bei einem Sohn des Hauses etwas ganz Alltägliches. Mitten in der Nacht gelangen die Flüchtlinge nach Niddry, einem Lord Seton gehörenden Schloß. Am nächsten Morgen erscheint Maria auf dem Balkon und wird von den Einwohnern bejubelt. Sie ist wieder Königin und wendet sich huldvoll den beiden Douglas zu, um ihnen zu danken, haben sie doch für diesen Erfolg gesorgt. Sie werden ihr bis zum Tode treu bleiben. In Lochleven hingegen versuchte der unglückliche Schloßverwalter, sich das Herz mit dem eigenen Dolch zu durchbohren.

Das gelang ihm nicht, und Maria hatte auch keinen größeren Erfolg, als sie ihren Thron wieder einnehmen wollte. Für kurze Zeit glaubte sie daran, weil sie mit Erstaunen feststellte, wie mühelos sie einen Teil des Adels um sich scharte. Die einen schlossen sich ihr aus Treue an; die anderen, insbesondere die mächtige Familie der Hamiltons, aus Feindschaft gegen den Regenten, der mit harter Hand regierte und so in gewissem Umfang den Frieden in Schottland aufrechterhielt, womit er viele Lords verärgerte. Der französische Botschafter machte ihr seine Aufwartung, und Elisabeth schickte ihr ein Glückwunschschreiben, das von einem außerordentlichen Botschafter überbracht wurde. Der Regent Moray ließ sich von solchen demonstrativen Sympathiebekundungen nicht beeindrucken, zumal die Haltung der englischen Regierung im Grunde doppeldeutig war. Einerseits freute sich Elisabeth über die Befreiung ihrer Cousine, andererseits übte Cecil, ihr Staatssekretär, Druck auf Moray aus, daß er sich einer Restauration der uneingeschränkten Macht seiner Schwester widersetzen sollte. Nach kurzem Zögern holte er rasch eine Armee zusammen.

Maria hätte es wahrscheinlich vorgezogen, sich mit ihrem Bruder zu verständigen. Sie war von Niddry aus in ein anderes Schloß weitergereist, das den Hamiltons gehörte. Sie war nicht naiv genug, um an die Uneigennützigkeit der Hamiltons zu glauben, doch der überraschende Zustrom von Männern, die bereit waren, für sie zu den Waffen zu greifen – ihre Streitkräfte waren zweimal größer als die des Regenten –, bewog sie, am 13. Mai eine Schlacht zu liefern und nicht lieber zu versuchen, ihre Macht auf diplomatischeren Wegen zurückzugewinnen. Das sollte bittere Folgen für sie haben. Ihre uneinigen, schlecht

kommandierten Truppen schienen eher geeignet, sich untereinander zu streiten, als ihr zu folgen und den Feind anzugreifen. Sie erlitt eine vernichtende Niederlage. Moray verlor keinen einzigen Soldaten, während über hundert Anhänger der
Königin getötet und dreihundert gefangengenommen wurden.
Deshalb mußte sie umkehren und fliehen, in den Südwesten des
Landes fliehen, eine noch weitgehend katholische Region, wo
ihre Verbündeten Herries und Maxwell riesige Ländereien
besaßen. Sie war schon dreimal in der Nacht entflohen: zusammen mit Darnley nach der Ermordung Riccios, dann, als Mann
verkleidet, um sich mit Bothwell in Dunbar zu treffen und ihre
letzte gemeinsame Schlacht in Carberry Hill zu liefern, und
schließlich zehn Tage zuvor mit George Douglas. Dieser vierte
und letzte Ritt wurde der härteste, verzweiflungsvollste und
nutzloseste.

Die schlanke junge Frau hatte eine unerhörte körperliche
Widerstandskraft aufzubringen. Das unwegsame Gelände, das
sie durchqueren mußte, die primitiven Versorgungsquellen, die
unsicheren Plätze, wo sie unter gefährlichen Bedingungen ra-
stete, glichen einem Alptraum, und genauso schilderte sie diesen Ritt ihrem Onkel, dem Kardinal von Lothringen: »Ich habe
Beschimpfungen, Verleumdungen, Gefangenschaft, Hunger,
Kälte, Hitze erlitten, ich bin geflohen, ohne zu wissen, wohin,
zweiundneunzig Meilen durch das Land, ohne Mahlzeit und
Rast. Ich mußte auf der nackten Erde schlafen, saure Milch
trinken und Hafergrütze ohne Brot essen. Drei Nächte habe ich
wie eine Eule, ohne eine Frau zu meiner Hilfe, in diesem Land
gelebt, wo ich zum Lohn dafür kaum etwas anderes als eine
Gefangene bin.«[4]

Weiter oben habe ich gesagt, daß Maria die Fähigkeit hatte,
durch ergreifende Schilderungen zu rühren. Könnte sich ein
Romancier nicht verführen lassen von der Erinnerung an das
kleine Mädchen, wie es den Fuß auf das Schiff setzt, das es nach
Frankreich bringt, an die Prinzessin, die an ihrem Hochzeitstag
in Notre-Dame vor Freude strahlt, an die junge schwangere

Frau, die auf ihrer nächtlichen Flucht hinter dem Reiter sitzt, oder auch an die Gefangene, die kühn ihr Gefängnis verläßt, um gewissermaßen unter den Augen ihrer Wächter in ein Boot zu springen? Wie hätte sich Walter Scott nicht in diese tapfere Reiterin verlieben sollen, die Moore, Wälder und Felder in einem wahnsinnigen Galopp durcheilt? Wie könnte man sich nicht mitreißen lassen und ihren Sieg wünschen? Aber die Wirklichkeit ist unempfänglich für Poesie, und diesmal gerät die Reiterin in einen ausweglosen Hinterhalt, in dem sie ihre Krone, ihre Freiheit und schließlich ihr Leben verlieren wird.

Am Ende dieser wilden Jagd gelangten die Königin und ihr Gefolge nach Terregles, dem Lehnsgut der Maxwells. Sie darf auf keinen Fall umkehren. Sie muß über die Grenze gehen und ins Ausland fliehen. Aber wohin? Sie konnte zwischen drei Möglichkeiten wählen. Mühelos hätte sie ein Schiff mieten können, um nach Frankreich zu kommen; sie konnte ebenfalls nach Flandern hinüberfahren und von dort aus nach Spanien weiterreisen; oder sie konnte ganz einfach ein kleines Boot nehmen, den Solway Firth überqueren und sich in die Hand ihrer Cousine Elisabeth geben. Der gesunde Menschenverstand hätte sie veranlassen müssen, nach Frankreich zu gehen. Frankreich war mehr als ihre zweite Heimat. Dort hatte sie glücklich gelebt; sie war gemeinsam mit dem König und seinen Brüdern erzogen worden. Gewiß, ihre Schwiegermutter stand nicht in dem Ruf, sie innig zu lieben, aber Maria hing als Königinwitwe von niemandem ab, und man darf annehmen, daß sie dort in Sicherheit und im Schutz ihrer mächtigen Familie mütterlicherseits gelebt hätte. Spanien wirkte weniger verlockend, denn ihre jüngsten Torheiten – vor allem ihre protestantische Heirat mit Bothwell – hatten Philipp II. empört. England bot eine noch ungewissere Zuflucht. Maria verbarg nicht, daß ihre Gefährten sie davon abbringen wollten, dieses Land aufzusuchen, und daß sie allein entschieden hatte, dorthin zu fliehen, obwohl sie dort keine nahen Familienangehörigen, keine Besitzungen und Einkünfte hatte. Elisabeth hatte ihr zwar trotz ihrer Vorhaltungen nicht die Hilfe versagt, doch wenn sie ihr in Edinburgh

beistand, war dies andererseits weit von der Bereitschaft entfernt, eine katholische Königin aufzunehmen, die unablässig als
Prätendentin mit dem Anspruch auf ihren eigenen Thron auftrat. Die Vorsicht hätte zumindest verlangt, sie nach ihrer Meinung zu fragen und um die Erlaubnis zu bitten, ihr Königreich
betreten zu dürfen.

VIII
Ein störender Gast
1568-1572

Maria Stuart bat Elisabeth nicht um Asylrecht, und diese hatte
vielleicht Gründe, darüber froh zu sein, denn Marias Ankunft
stellte sie vor ein unlösbares Problem. In ihrer ersten Gefühlsre-
gung hätte sie ihre Cousine gern ehrenvoll empfangen. Wir
haben bereits gesehen, daß Elisabeth stets den Grundsatz der
Unveräußerlichkeit der Krone entschieden befürwortete. Nach
ihrer Vorstellung widersprach es dem Naturrecht, einen Souverän zur Abdankung zu zwingen, ihn gefangenzusetzen oder zu
bedrohen, und trotz des Widerstandes ihrer Regierung, trotz
des törichten Verhaltens Maria Stuarts hatte sie diese unnachgiebig verteidigt. Doch als Maria überraschend in England
erschien, stellte sich das Problem nicht mehr als abstrakte Frage.
Nun ging es um englische Innenpolitik, denn die schottische
Königin, die wegen ihrer Stellung in der Erbfolgeordnung tatsächlich die Thronerbin Elisabeths war, hatte in ihrer jugend-
lichen Ungeduld diesen Platz gefordert, während Elisabeth
noch lebte. Kein Mitglied des Staatsrates hatte vergessen, daß
Maria beim Tod Maria Tudors die Initiative ergriffen hatte, sich
zur Königin von England zu proklamieren, und daß sie während ihres Frankreichaufenthalts das Königreich im Wappen
führte. Man konnte sie also nicht wie einen gewöhnlichen
Flüchtling behandeln. Allein ihre Anwesenheit auf englischem
Boden bedrohte das Gleichgewicht zwischen den einzelnen
politischen Gruppen.

Ihre unglücklichen Abenteuer und die beharrliche Treue zu
ihrer Religion hätten ihr bald Anhänger zugeführt, besonders
unter den englischen Katholiken. Leicht ließe sich eine Rebel-

lion provozieren, vor allem, wenn Frankreich, Spanien und Schottland die Pläne der ins Exil gegangenen Königin begünstigten. Die politische Lage in Schottland war zu labil, als daß man nicht befürchten mußte, daß die Clanhäuptlinge, von der höchst verlockenden Möglichkeit angespornt, Unruhe bei ihrer Nachbarin zu verbreiten, sich der Sache ihrer Königin anschließen würden. Doch gab es schier unüberwindliche Hindernisse, die es den Engländern verboten, sich ihrer unwillkommenen Besucherin mühelos zu entledigen.

Sie sahen schlimme Folgen voraus, wenn sie Maria auf ein Schiff nach Frankreich setzten, denn ganz bestimmt würden ihre Oheime, die furchtbaren Guisen, ein Unternehmen unterstützen, mit dem man ihr eine Krone zurückgeben und eine andere dazugewinnen könnte. Ein Gerücht, daß die Guisen bereits an eine Heirat zwischen Heinrich, dem Herzog von Anjou, dem Bruder und Erben des Königs Karl IX., und Maria dachten, wobei diese Verbindung die Position Marias außerordentlich stärken würde, war schon im Staatsrat bekanntgeworden und hatte dessen Mißtrauen gegenüber Frankreich verdoppelt. Wenn man sie gewaltsam auf ihren Thron zurückbringen wollte, müßte das bedeuten, daß man einen Bürgerkrieg in Schottland und einen erneuten Ausbruch der Feindseligkeiten zwischen beiden Nationen heraufbeschwor. Wie könnte man sich außerdem vorstellen, daß ein protestantischer Herrscher einer protestantischen Nation eine katholische Königin aufzwingen würde? Wenn man sie nach Schottland zurückschickte, ohne daß sie von einem Heer begleitet würde, so käme das im Grunde ihrer Hinrichtung gleich. Denn wie sollte man sicherstellen, daß ihre Barone nicht versuchen würden, sie aus dem Wege zu räumen? Maria hatte sich auf eigenen Wunsch unter den Schutz Elisabeths gestellt, und ohne den Anstand zu verletzen, konnte diese sie nicht Feinden ausliefern, deren Verhalten ebenso unversöhnlich wie unvorhersehbar war. Guzmán de Silva legte Philipp II. das Problem folgendermaßen dar: »Obwohl [die Engländer] recht zufrieden sind, sie in der Hand zu haben, müssen sie vieles bedenken. Wenn man sie gefangen-

hält, wird das wahrscheinlich Anstoß bei allen Nachbarfürsten
erregen; wenn sie in Freiheit bleibt und sich ungehindert mit all
ihren Freunden verständigen kann, wird sie vielerorts Verdacht
erregen. Wie dem auch sei, jedenfalls steht fest, daß die beiden
Frauen nicht lange miteinander auskommen.«[1] Doch wo war
Maria Stuart in dieser Zeit?

Am Sonntag, dem 16. Mai 1568, sahen die Spaziergänger, die
um sieben Uhr abends am Hafen der Kleinstadt Workington
umherschlenderten – sie liegt an der Irischen See, also der englischen Westküste, und der Solway Firth* trennt sie von Schottland –, daß sich ein Boot näherte. An Bord befanden sich keine
Fischer, sondern sechzehn Passagiere von offenkundig vorneh-
mer Herkunft. Zu ihnen gehörte eine junge, sehr große und
schlanke Frau. Sie hielt ihr Gesicht mit einer Kapuze verdeckt
und strauchelte, als sie den Fuß auf den Boden setzte. Sobald
einer ihrer Gefährten, Lord Herries, ausgestiegen war, wollte er
mit dem Schloßverwalter des Ortes sprechen, den er kannte,
wie sich herausstellte. Dieser war nicht daheim, doch man ließ
die Reisenden in sein Haus, und ein Diener, ein Franzose,
erkannte sofort die Königin, trotz ihrer ganz kurz geschnittenen
Haare, wozu er erklärte, er hätte sie unter glücklicheren Umständen kennengelernt. Sie verbrachte den folgenden Tag bei
einem angesehenen Bürger, einem großen Kaufmann, der über
ihre ärmliche Kleidung erschrak, ihr ein großes Stück leuch-
tend roten Samtstoffes gab und für sie schnell ein schwarzes Lei-
nenkleid zuschneiden und nähen ließ. Am 18. sorgte der Vize-
gouverneur der Nachbarstadt für ihren Umzug in das Schloß
von Carlisle. Allerdings war er so vorsichtig, Cecil um Instruktionen zu bitten, denn er erkannte durchaus die brisante Lage,
zu der die Ankunft der Königin von Schottland führte.

Am 20. Mai gelangte die Nachricht nach London. Wie
immer in kritischen Situationen entschied sich Elisabeth für
eine Bedenkzeit. Sie schickte Sir Francis Knollys,** ihren Cou-

---

* Ein Firth ist eine Mündung, die so breit wie ein Meeresarm ist.
** Sir Francis Knollys hatte Catherine Carey geheiratet, die Tochter ihrer
Tante Mary Boleyn, der älteren Schwester Annas.

sin und langjährigen Freund, nach Carlisle. Er sollte ihr Bericht erstatten und die Angelegenheit in die Hand nehmen. Dieser alte, etwas mürrische Protestant ließ sich gleich nach seiner Ankunft von der jungen Frau, von ihrer Beredsamkeit und ihrem Urteilsvermögen, ihrer Herzlichkeit und ihrem Mut beeindrucken. Am 11. Juni, nachdem er also zwei Wochen in ihrer Gesellschaft verbracht hatte, stand er offenbar immer noch in ihrem Bann: »Sie legt keinen Wert auf irgendein Zeremoniell, abgesehen davon, daß man ihren königlichen Rang anerkennt [...]. Sie ist bereit, sich allen Gefahren auszusetzen, wenn sie ihr zum Sieg verhelfen [...]. Es scheint ihr ganz gleichgültig zu sein, ob ihre Feinde durch das Schwert oder durch die Aussicht auf Gewinn oder auch durch innere Parteiungen und Streitigkeiten besiegt werden [...]. Für sie zählt ganz allein der Sieg. Alles andere – selbst der Reichtum – scheint ihr verächtlich und nichtswürdig. Was soll man nur mit einer solchen Fürstin anfangen?«[2] Königin Elisabeth wird achtzehn Jahre brauchen, bis sie auf diese Frage antwortet. Inzwischen veränderte sich ihre Außenpolitik grundlegend, ihre Religionspolitik im Innern verhärtete sich, und paradoxerweise wurden Jakobs, des Sohnes Marias und Darnleys, Aussichten auf ihre Nachfolge gesichert.

Cecil regelte zunächst das dringlichste Problem, als er Elisabeth überzeugte, Maria nicht an den Hof kommen zu lassen. Marias Erscheinen hätte bedeutet, daß Elisabeth entschlossen für sie Partei ergriff, also Moray und die in Edinburgh herrschenden Lords ins gegnerische Lager verwies, was diese veranlassen könnte, den kleinen König nach Frankreich in Sicherheit zu bringen, wie dies ungefähr zwanzig Jahre zuvor in Marias frühester Kindheit geschehen war. Überdies würde es nur Marias persönliche Ambitionen stärken, wenn sie unter dem Schutz der Königin von England stünde. Wenn sie einer ersten mitleidigen Regung nachgab, so hätte das bedeutet, »eine Schlange an ihrem Busen zu nähren [...] [und] die Reden der Aufrührer und Unzufriedenen unter ihren eigenen Untertanen [zu ermutigen]«.[3] Cecil befürchtete gleichfalls, daß Maria versuchen würde, nach Frankreich zu fliehen. Man mußte sie also daran hindern, noch einmal zu entrinnen. Sie hatte ja schon bewiesen, wie einfallsreich sie bei solchen Unternehmen war. Sie brauchte außerdem nur ein Tuch ans Fenster zu binden, um zu entkommen, schrieb Knollys, den es noch mehr beunruhigte, daß er sich selbst früh schlafen legte, während die Königin bis zum Morgengrauen in ihrem Zimmer auf und ab ging. Dazu verdächtigte er George Douglas, ihren Komplizen und Bewunderer, der sie nie verließ, die kühnsten Pläne zu ersinnen. Deshalb beschloß man, sie und ihr ganzes Gefolge nach Bolton Castle zu bringen, einem isolierten, mit hohen Mauern umgebenen Schloß in Yorkshire, also im Zentrum Englands, einem Ort, der sicherer als das an der Küste und der schottischen Grenze so nahe Carlisle war.

Knollys wandte unendliche Geduld auf, um die Königin zu überzeugen, sich mit diesem neuen Aufenthaltsort abzufinden, dessen Nachteile sie sehr wohl erkannte, und tapfer ertrug er ihre Schreie, Tränen und Klagen. »Wollte ich alle Schwierigkeiten schildern, die wir zu überwinden hatten, bis sie in den Umzug einwilligte, so müßte ich statt eines Briefes eine ganze Geschichte schreiben.«[4] Sie selbst hatte einen flehentlichen Bittbrief an ihre »gute Mutter« Katharina von Medici geschrieben: »Der König schuldet mir etwas Geld«, teilte sie ihr mit, »und ich habe gar nichts: Ich schäme mich durchaus nicht, Euch als der Frau, die mich aufgezogen hat, meine Klage vorzutragen, denn mir bleibt nicht einmal soviel, um ein Hemd kaufen zu können.«[5] Elisabeth hatte ihr ein paar Kleider geschickt, die so erbärmlich schlecht waren, daß Knollys behauptete, weil er sich wegen dieser Knauserei schämte, sie seien für ihre Kammerfrauen bestimmt. Allerdings ließ man ihr Röcke, Unterröcke und Accessoires aus Schottland kommen, die in ihren Augen recht minderwertig waren. Die Königin stellte verbittert fest, daß ihr ein einziges Taftkleid nie und nimmer genügen würde. Schließlich traf ihre treueste Freundin Mary Seton ein, und durch eine Perücke, Haarteile und Bänder, die sie mitbrachte, vermochte die geschickte junge Frau zu verbergen, daß die Königin ihre Haarflut geopfert hatte. Nachdem diese sich wieder sehen lassen konnte, gewann sie ihre Selbstsicherheit zurück und machte sich zum Kampf bereit.

Harte Verhandlungen begannen, sobald sich Maria in Bolton eingerichtet hatte. Um die Weigerung zu begründen, ihre Cousine bei Hofe zu empfangen, hatte sich Elisabeth des Vorwandes bedient, Maria stehe im Verdacht einer Mitschuld an der Ermordung Darnleys. Gleich nachdem sich Marias Unschuld in einer von englischen Kommissaren durchgeführten Untersuchung erwiesen hätte, werde es ihr eine Freude sein, sie endlich zu treffen. Das sei ein beleidigendes Angebot, erklärte die Königin von Schottland. Als Königin von Gottes Gnaden habe sie keinen anderen Richter als Gott. Auf das Argument, die Untersuchung befasse sich ebenfalls mit der Rolle der Lords, entgegnete sie, man dürfe Untertanen und Souverän nicht auf die gleiche Stufe stellen. Selbst wenn man die Ansprüche des Gottesgnadentums nicht berücksichtigte, konnte sich Elisabeth nicht auf eine sehr zuverlässige rechtliche Grundlage berufen. Einen in Schottland begangenen Mord hatte man nicht in England zu richten, und kein Gesetz erlaubte Elisabeth, sich in den Konflikt zwischen Maria Stuart und ihren Untertanen einzumischen. Diese mußte sich jedoch dem Willen Elisabeths beugen. Für ihre Befreiung konnte sie nicht mit Spanien rechnen, das einen kostspieligen Kampf gegen einen Aufstand in den Niederlanden führte, ebensowenig mit Frankreich, dessen Botschafter sie vor einer Rückkehr nach Schottland warnte, wo sie stärker bedroht sei, als wenn sie unter dem Schutz Englands stehe.

Im Oktober 1568 wurde die Untersuchung in York eröffnet. Die englischen Kommissare waren der Herzog von Norfolk, der reichste und älteste Peer des Königreichs, der Graf von Sussex und Sir Ralph Sadler. Diesen hatte Heinrich VIII. beim Tod Jakobs nach Schottland geschickt. Damals empfing ihn Maria von Guise, und sie ließ die einige Wochen alte Maria vor ihm auswickeln, um ihn von der Gesundheit des Säuglings zu überzeugen. Die Engländer mußten sich mit den Vertretern Marias – John Leslie, dem Bischof von Ross, und Lord Herries, die ihr nach England gefolgt waren – sowie mit den Kommissaren beraten, die von den beschuldigten Baronen ernannt waren. Moray und Maitland nahmen ebenfalls an der Konferenz teil. Sie hatten sich ja zum Zeitpunkt des Attentats nicht in Edinburgh aufgehalten und standen folglich nicht in Verdacht. Maria hatte es selbstverständlich abgelehnt, dort zu erscheinen, weil sie die Rechtmäßigkeit des Verfahrens bestritt. Die Engländer betonten jedoch, daß es sich nicht um ein Gericht, sondern um einen Ausschuß handelte, der den Auftrag habe, die Rolle der Königin bei der Ermordung Darnleys aufzuklären. Wenn Elisabeth allerdings glaubte, daß ihre Abgesandten das Heft in der Hand haben würden, so irrte sie sich. Zwischen Maria und den Lords wurden unverzüglich heimliche Intrigen eingefädelt.

Das Paradoxe an dieser Untersuchung war, daß beide Parteien desselben Verbrechens schuldig waren. Den Mord an Darnley hatten sowohl seine Gattin als auch ihre Barone gewollt. Deren Komplizen- und Mitwisserschaft sowie deren Billigung des Verbrechens, wenn nicht gar deren konkrete Schuld ließen sich nicht bestreiten. Maria hatte deren Unterschriften unter dem »bond« gesehen, jener Vereinbarung, die sie einige Tage vor dem Attentat abgeschlossen hatten; die Barone hatten ihre Briefe an Bothwell gelesen und hatten also eine Waffe, die sie gegen Maria verwenden konnten. Aber niemand hatte ein Interesse daran, die Hintergründe der Affäre zu enthüllen. Wenn man sie hörte, so war Bothwell, und nur Bothwell, für den Mord uneingeschränkt verantwortlich. Da Bothwell in einem dänischen Gefängnis saß, drohte von ihm nicht die Gefahr, daß er seine Mittäter genannt hätte. Die belastenden Briefe wurden nicht offiziell vorgelegt. Allerdings verbreitete Moray – der auf eigene Faust handelte und dem daran lag, daß seine Schwester nicht nach Schottland zurückkehrte, damit er seine Autorität als Regent unangefochten bewahrte – Kopien im englischen Lager. Als Maria erkannte, daß die Konferenz nicht von der Stelle kam, beschloß sie, eine andere Karte auszuspielen: eine gezinkte Karte. Dabei ging es nicht um einen König oder einen Bauern, sondern um einen Herzog, den ersten Herzog des Königreichs.

Der Herzog von Norfolk, einer der Kommissare der englischen Königin, war dreimal verwitwet, unermeßlich reich und ein wenig überzeugter Protestant. Seit seiner letzten Ehe mit Lady Dacre, einer nordenglischen Großgrundbesitzerin, besaß er in diesen katholisch gebliebenen Regionen einen maßgeblichen politischen Einfluß.[6] Seine Schwester Lady Scrope, die Burgherrin von Bolton, wo Maria Stuart festgehalten wurde, hatte ihm ein rührendes Bild der Königin entworfen und ihn so für sie eingenommen. Zwar hatte er angesichts einiger Dokumente aus der Kassette, die Moray ihm wohlüberlegt gezeigt hatte, seinen eigenen Worten zufolge vor Ekel gezittert: »Die zügellose und schmutzige Liebe zwischen Bothwell und der Königin, ihr Abscheu vor dem ermordeten Mann und die Verschwörung gegen sein Leben waren derart offenbar, daß jeder gute und wohlgesinnte Mann erschauern und zurückschrecken mußte«,[7] hatte er Königin Elisabeth erklärt. Und trotzdem ... machte er sich zum Verteidiger Marias, gab die Positionen auf, die ihm seine eigene Herrscherin anempfohlen hatte, und verständigte sich mit Marias Vertretern, um nicht die öffentliche Verlesung der berüchtigten Briefe zu verlangen. Woher kam diese überraschende Haltung?

Tatsächlich hatte er ein langes Gespräch mit Maitland geführt. Und Maitland, der Diplomat, der ehemalige Botschafter Marias in London, der diskreteste und fähigste schottische Baron, hatte ihm zunächst versichert, daß der Papst die vorherige Ehe der Königin für ungültig erklären werde, und ihm dann vorgeschlagen, sie zu heiraten. So eröffnete er ihm die großartige Aussicht, König von Schottland und vielleicht sogar König von England zu werden. Trotz der gefährdeten Lage Marias hatte ihre Hand – diese kleine Hand, deren Finger ihre Krone krampfhaft festhielten und leidenschaftlich gern eine zweite Krone, die des Königreichs England, ergriffen hätten – nichts von ihrem Reiz verloren. Ein toter Gatte, ein ermordeter Gatte, ein zugrunde gerichteter Gatte, und man befand sich wieder an der Ausgangsposition. Daß Norfolk in Versuchung geriet, konnte gewiß nicht überraschen. Aus dem Gefolge Elisabeths waren bereits Stimmen laut geworden, die daran dachten, daß es gut wäre, Maria einen ernsthaften und den englischen Interessen aufgeschlossen gegenüberstehenden Mann beizugeben, wenn sie nach Schottland zurückkehrte. Außerdem vergaß im Jahre 1569 niemand, daß Maria Stuart, ob sie nun Gefangene war oder nicht, unbestritten die erste in der Erbfolgeordnung blieb. (Catherine Grey war ein Jahr zuvor verstorben und hatte illegitime Kinder hinterlassen, weil man ihre Ehe für ungültig erklärt hatte.) Wenn Maria jemals die Nachfolge ihrer Cousine antreten sollte, so konnte ein englischer Prinzgemahl, ein Angehöriger des Hochadels und Besitzer riesiger, an Schottland grenzender Ländereien den Übergang von einer Königin zur anderen erleichtern. Robert Dudley hatte nichts einzuwenden; Cecil wurde unterrichtet, da er jedoch überzeugt war, daß sich Elisabeth widersetzen würde, verriet er ihr nicht das geringste. Wenn man allerdings die Königin von diesen Geheimverhandlungen fernhielt, verurteilte man sie zum Scheitern, weil man sie wie ein Komplott aussehen ließ. Außerdem gab es keine Geheimgespräche in einer Welt, in der sich Diplomaten und Spione kaum voneinander unterschieden. »Herrscher haben große Ohren, die weit und nah hören«, pflegte Königin Elisabeth voller Stolz und mit Sachkenntnis zu behaupten.

Besorgt über den unerwarteten Verlauf der Konferenz in York, die sich bedrohlich einem äußerst verwirrenden Debakel näherte, rief sie Norfolk zurück. Elisabeth war oft undurchschaubar, sie verschmähte in der Diplomatie weder Intrigen noch geheime Kanäle, doch ihre hochherzige Gesinnung verhinderte Winkelzüge. Jede andere Haltung hätte von einer Schwäche gezeugt, die mit der Autorität eines Souveräns über seine Untertanen unvereinbar war. Also fragte sie den Herzog geradeheraus, ob es Grund für das Gerücht über seine erneuten Heiratspläne gebe. Der unglückliche Norfolk, der sich nicht durch besonderen Mut auszeichnete und sich ganz naturgemäß Sorgen um seinen Kopf machte – er wußte genau, daß auch nur der schüchterne Versuch eines derartigen Arrangements die Zustimmung seiner Souveränin verlangte und daß diese den geheimen Plan einer Ehe mit Maria Stuart als einen verräterischen Akt ansehen würde –, leugnete auf das entschiedenste. »Ich und eine Ehebrecherin, eine Verbrecherin heiraten! Nein, ich schlafe gern auf einem sicheren Kopfkissen«,[8] erwiderte er entrüstet.

Elisabeth stellte sich so, als wäre sie überzeugt, doch sie nahm die Untersuchung wieder energisch in ihre Hand. Sie ließ die Verhandlung nach Westminster verlegen, um sie schärfer zu überwachen und Cecil sowie mehreren anderen Mitgliedern des Staatsrates zu ermöglichen, daran teilzunehmen. Daß man so schnell und ohne ihr Einverständnis eine Heirat Marias mit ihrem reichsten und mächtigsten Untertan erwogen hatte, ließ sie deutlich erkennen, wie gefährlich die Anwesenheit Marias in ihrem Land sein konnte. Deshalb gab sie jeden Anspruch auf Objektivität auf und verständigte sich mit Moray, um seine Regierung zu unterstützen. Moray versuchte nun, seine Schwester zu vernichten, indem er den Inhalt der berüchtigten Kassette zur Überprüfung vorlegte. Sofort beteuerte Maria laut, daß es Fälschungen seien, ohne daß sie einen unwiderlegbaren Beweis erbringen konnte.* Ihre Vertreter, die nicht in der Lage waren, Morays Angriff wirkungsvoll abzuwehren, entschieden sich für den Rückzug, wobei sie allerdings das Recht verlang-

---

* Das Problem der Echtheit dieser Dokumente wurde nie ganz zweifelsfrei geklärt, denn die Originale sind verlorengegangen, vielleicht wurden sie auf Anordnung Jakobs I. verbrannt. Die vorliegenden Briefe sind daher Abschriften auf schottisch, die aus einem französischen Originaltext übersetzt wurden. Die Sonette liegen auf französisch vor. Ein Argument derjenigen, die Maria für die Verfasserin halten, besteht darin, daß niemand in Schottland imstande gewesen wäre, diese Verse zu dichten, und daß die Briefe zu zwanglos, sprunghaft und ungenau sind, als daß man sie mit dem Ziel angefertigt haben könnte, die Königin zu belasten. Außerdem weiß man, daß sich die Schrift der Originalbriefe nach dem italienischen Schrifttyp richtete, der auch am Hof der Valois benutzt wurde und jenseits des Kanals, wo man dem Vorbild der gotischen Schrift folgte, sehr selten vorkam. Andererseits wurden diese Dokumente nie Maria Stuart vorgelegt, obwohl sie mehrmals danach verlangt hatte. Vgl. die Einleitung zu: *Letters and Poems, by Mary Stuart, Queen of Scots*, New York, Philosophical Library, 1947; Michel Duchein, *Marie Stuart*, Paris, Fayard, 1987; und Alison Weir, *Mary, Queen of Scots, and the Murder of Lord Darnley*, New York, Ballantine, 2003.

ten, Maria direkt vor der Königin zu verteidigen, doch es war ja allgemein bekannt, daß es für diesen Antrag nicht die geringste Aussicht gab, angenommen zu werden. Sie befanden sich nunmehr in einer schwachen Position: Nachdem man wußte, was die Korrespondenz der Königin enthielt, wurde es ihr unmöglich, wieder die uneingeschränkte Macht zu erhalten, aber die Verhandlungen gingen hinter den Kulissen weiter. Drei Lösungen kamen in Betracht: Entweder entsagte Maria dem Thron und blieb in England, oder sie erklärte sich einverstanden, die Herrscherwürde mit ihrem Sohn zu teilen, wobei sie Moray die Regentschaft bis zur Großjährigkeit des Kindes übertrug, oder die letzte Möglichkeit, sie behielt ihren Titel, kehrte jedoch nicht nach Schottland zurück und ließ ihren Bruder regieren. Dafür hätte Maria indes ihren Stolz bezähmen und die Bedingungen des einen oder anderen Antrags annehmen müssen. Sich so etwas vorzustellen hätte bedeutet, daß man sie schlecht kannte.

Man steuerte geradewegs auf eine Sackgasse zu. Die Untersuchung mußte zu Ende gehen, und wäre es auch nur, um Moray zu ermöglichen, nach Schottland zurückzukehren und wieder die Regierung zu übernehmen. Elisabeth gab sich mit einer Kompromißlösung zufrieden. Am 10. Januar 1569 erklärte sie die Untersuchung für abgeschlossen: Sie bestätigte, daß sie weiter uneingeschränktes Vertrauen zu Moray hatte, und gewährte ihm ihre Unterstützung in seiner Stellung als Regent, und gleichzeitig erkannte sie an, daß Marias Schuld nicht bewiesen wäre. Nun hätte man sich vorstellen können, daß sie die Rückkehr der Königin nach Schottland gestatten und sie dabei der Autorität Morays unterwerfen würde, doch sie war damit nicht einverstanden, wenn sie nicht zuvor von ihm die Garantie erhielte, daß er ihr Leben schonte. Moray, der sie mit aller Macht loswerden wollte, lehnte eine derartige Verpflichtung kategorisch ab, wobei er sich des Vorwandes bediente, daß man in Schottland möglicherweise Anklage gegen sie erheben werde, wie es der Mord an Darnley erforderte. Elisabeth, die Maria

ebenfalls loswerden wollte, drohte, sich darüber hinwegzusetzen und Maria gewaltsam auf den Thron zurückzuführen. Anstatt noch ein wenig Geduld aufzubringen, rühmte sich Maria
Stuart jedoch, sie werde die Unterstützung Frankreichs und
Spaniens erhalten, und das nicht nur, um ihre Krone zurückzu-
bekommen, sondern auch, damit sie die Krone Elisabeths hin-
zugewinnen könnte. Dem spanischen Botschafter, der ihr einen
Besuch abstattete, erklärte sie, wenn ihr sein Herr zu Hilfe komme, »sei sie innerhalb von drei Monaten Königin von England,
und die Messe werde im ganzen Königreich gelesen«.

Diese Bemerkung wurde wiederholt und weitergetragen.
Eine solche Drohung durfte man nicht ignorieren, zumal die
diplomatischen Beziehungen mit Spanien gespannt waren: Die
Spanier hatten englische Schiffe und Waren in den Niederlanden beschlagnahmt, und Elisabeth hatte zurückgeschlagen, indem sie ein paar Wochen zuvor spanischen Besitz in England
konfiszierte. Unter diesen Bedingungen war ein zuverlässiges
Bündnis mit der protestantischen Regierung Morays offenbar
jedem Versöhnungsversuch mit Maria vorzuziehen. Vorläufig
sollte diese in England bleiben und ihre rechtliche Stellung im
ungewissen belassen werden. Weder verurteilt noch reingewa-
schen, ihrer Bewegungsfreiheit beraubt, aber nicht abgesetzt. In
dieser verworrenen Situation verfügte sie über keine Macht,
stellte allerdings, einer Zeitbombe vergleichbar, eine potentielle
Gefahr dar, die für Elisabeth außerordentlich bedrohlich wirkte.

Maria wurde unter die Bewachung des Grafen von Shrewsbury gestellt, eines damals ungefähr vierzigjährigen Mannes,
der schwach und zugleich pedantisch war. Seine Ehefrau, die
fürchterliche, mehrere Jahre ältere Elizabeth Saintlow, genannt
Bess of Hardwick, war schon dreimal verwitwet und stand in
dem Ruf, ein höchst widerwärtiges und autoritäres Mannweib
zu sein. Sie verbrachten ihr Leben hauptsächlich in dem großen
und ganz neuen, inmitten eines wunderschönen Parks stehenden Chatsworth House, dem Palast von Wingfield und dem
Schloß Sheffield, die weit nördlich von London und südöstlich

von Manchester lagen. Zum erstenmal seit ihrer Ankunft in England wurde sich Maria des Ernstes der Lage bewußt. Ihre Gefangenschaft ließ ihr jedoch eine nicht zu unterschätzende Bewegungsfreiheit. Zwar durfte sie sich nicht entfernen, doch im Innern des Schlosses führte sie ein Leben als Herrscherin eines winzigen Fürstentums, und sie war eine merkwürdig wohlwollende Herrscherin. Das Ehepaar Shrewsbury hatte von ihr niemals kritische Phasen übler Laune zu ertragen. Instinktiv nutzte sie ihre Anziehungskraft. Zwar verstand sie es durchaus, Forderungen zu stellen, doch nie mit den Waffen des Zorns oder des Trotzes.

Man gestattete ihr noch immer, im Saal des jeweiligen Herrenhauses, das sie bewohnte, einen Kronbaldachin aufzustellen. Ausschließlich für sie hielt man silbernes Geschirr bereit. Teppiche, damals ein seltener Luxus, machten ihre Zimmer wohnlich und gaben zusätzliche Wärme. Graf Shrewsbury behandelte sie mit jeder erdenklichen Rücksichtnahme; nie hätte er sich an sie gewandt, ohne das Knie vor ihr zu beugen. Es fehlte ihr nicht an Dienern, Kammerfrauen, Ärzten, Sekretären, Putzmacherinnen, Tapezierern, ja nicht einmal an einem Priester. Zu ihrem Hausstand gehörten ungefähr fünfzig Personen, für deren Kosten zum größten Teil Elisabeth aufkam. Zu seinem großen Mißfallen mußte Graf Shrewsbury die übrigen Ausgaben auf sich nehmen. Maria Stuart, die immer noch aus Frankreich die Einkünfte ihres Wittums erhielt,* trug nicht zu ihren Unterhaltskosten bei, sondern verwendete ihr Geld vor aller Augen für Almosen und auf diskretere Weise für ihre Geheimkorrespondenz und für verschiedene Spione in ihren Diensten.

Die Tage verliefen geruhsam und nicht ohne Unterhaltung. Höhepunkte waren Besuche von Grundherren aus der Umgebung, Jagdpartien oder Ballspiele. Ihre Hunde, Spaniels, die man ihr aus Frankreich schickte, ihre Vögel und ihr Taubenhaus beschäftigten sie lange Stunden. Abends musizierte man, wäh-

---

* Eine Königinwitwe hatte das unveräußerliche Recht auf eine Leibrente. Bei der Unterzeichnung des Ehevertrags legte man deren Höhe fest.

rend sich die Damen ihren Handarbeiten widmeten – Maria war eine leidenschaftliche Stickerin. Angeregt tauschte man Klatschgeschichten aus, und die indiskrete Bess steuerte viele Gerüchte über Königin Elisabeth bei. Darüber freute sich Maria, deren ausgeglichenes Wesen den Grafen begeisterte, während er die Szenen, die ihm seine jähzornige Gattin ständig machte, geduldig ertrug. Der junge William Douglas, der seit der Flucht aus Lochleven stets anwesend war, bot ihr den Trost einer abgöttischen Verehrung. Die Nacht brachte ihr hingegen kaum Ruhe, denn hinter dem äußeren Schein eines sanftmütigen Gastes verbarg sich eine hemmungslose Verschwörerin.

Ihren beiden Sekretären Claude Nau und Gilbert Curle fehlte es nicht an Arbeit. Nau, ein Lothringer und Schützling der Guisen, diente ihr seit langer Zeit. Seine ausgezeichneten Englischkenntnisse ermöglichten es ihm, schnell alles in Klartext oder chiffriert zu übertragen, was ihm Maria – immer auf französisch – lieferte. Spätnachts verfaßte sie Briefe, die für den französischen Hof oder den spanischen König bestimmt waren. Sie schrieb dem Papst und ihren Anhängern in Schottland. All ihre Hoffnungen konzentrierten sich auf eine Rebellion der Katholiken und die Unterstützung Spaniens. Man vereinbarte Geheimzeichen und kodierte Nachrichten. Man versteckte die Botschaften in Schuhsohlen, Perückenlocken, ausgehöhlten Stöcken, Wäschestücken und manipulierten Kassettendeckeln. Die Agenten Elisabeths wußten das, manchmal fingen sie die Briefe ab, und bei anderen Gelegenheiten hielten sie es für günstiger, sie durchzulassen.

Maria ließ sich nicht entmutigen. Als Norfolk von Elisabeth gewarnt wurde, hätte das seinen Heiratsplänen ein Ende bereiten müssen, doch es brachte ihn nicht von seiner Absicht ab. Ganz im Gegenteil. Maria ergriff die Initiative und schrieb ihm charmante Briefe. In seinen Antworten machte er sehr weitgehende Versprechungen, wobei er in seiner unbegreiflichen Naivität immer noch hoffte, daß er diese Umtriebe geheimhalten könnte. Elisabeth, die stets über alles wohlinformiert war, gab ihm noch einmal eine Gelegenheit, ihr seine Ambitionen vertraulich mitzuteilen. Elisabeth bat ihn, sie in Greenwich zu besuchen, und fragte ihn, welche Nachrichten er mitbringe. »Soviel ich weiß, gibt es nichts Neues«, antwortete er. »Wahrhaftig, Sie kommen aus London und haben nichts von einem Heiratsprojekt erfahren?« Er sagte noch immer nichts. Sie lud ihn zu einem gemeinsamen Abendessen ein, und als sie ihn verabschiedete, gab sie ihm einen Nasenstüber und riet ihm, er solle sehr gut auf sein Kopfkissen achtgeben. Als sie drei Wochen danach von beunruhigenden Bewegungen an der schottischen Grenze erfahren hatte, beließ sie es nicht bei Späßen. Norfolk wurde in den Ehrensaal von Whitehall bestellt, jenem großen Palast im Herzen Londons, der ihre Hauptresidenz war. Dort machte sie ihm heftige Vorwürfe wegen seiner Illoyalität und befahl ihm bei seinem Treueid, sich nicht mehr in die schottischen Angelegenheiten einzumischen. Er wollte sie beschwichtigen, indem er versicherte, daß er »wenig Achtung für die Königin von Schottland empfinde«. Sie ließ sich allerdings von seinem Leugnen nicht überzeugen und vertraute Cecil an, wenn sie ihn gewähren lasse, werde er Maria heiraten, und vier Monate nach der Hochzeit werde sie, Elisabeth, im Tower sitzen. Unterdessen entfernte sich Norfolk, der einen Fieberanfall vorschützte, ohne ihre Erlaubnis vom Hof und teilte mit, er werde in vier Tagen zurück sein. Diese Impertinenz beunruhigte Elisabeth sehr: Wenn sich Norfolk ein derart ungebührliches Verhalten erlaubte, so deshalb, weil sich eine größere Rebellion zusammenbraute.

Tatsächlich hatte sie schon von dem Gewitter erfahren, das im Norden des Landes, einem katholisch gebliebenen Gebiet, aufzog. Die zunehmende Autorität der Königsmacht erbitterte die beiden regionalen Großgrundbesitzer, die Grafen von Northumberland und Westmorland, »die Grafen des Nordens«, die auf ihrem katholischen Glauben beharrten und wenig geneigt waren, die Königin zu hofieren. Die Anwesenheit Maria Stuarts bewog sie, von einem Regimewechsel zu träumen: Sie hielten es für möglich, eine autoritäre Herrscherin, die sich eifrig um die Konzentration der Macht in ihrer Hand bemühte, durch eine Königin zu ersetzen, die ihnen die Freiheit verdankte und den ganzen Glanz ihrer einstigen Größe wiederherstellte. Maria Stuart ermutigte sie von ihrem Schloß aus mit schmeichlerischen Briefen und kleinen Geschenken für die Gräfinnen. »Der ganze Norden ist bereit«, berichtete de Spes, der neue spanische Botschafter, an Philipp II., »und wartet nur auf die Befreiung der Königin von Schottland.«

Wenn sich Norfolk den Grafen des Nordens anschloß, wurde Elisabeths Lage prekär. In elf Herrschaftsjahren hatte sie den inneren Frieden durchgesetzt, doch sie wußte, wie unsicher er war. Ihre Schwester mußte zwei Aufstände bekämpfen, den der Anhänger Jane Greys und den unter der Führung von Thomas Wyatt. Die drohende Koalition der katholischen Barone stellte eine weitaus größere Macht dar. Elisabeth verlor keine Zeit. Ein energischer Befehl zwang Norfolk, seine Ländereien zu verlassen und nach London zurückzukommen, wo er sofort in den Tower eingeliefert wurde. Danach ergriff sie die Vorsichtsmaßnahme, Maria Stuart in das Schloß Tutbury zu verlegen, das südlich von Birmingham, bei Coventry lag, also mitten im protestantischen Gebiet, um jeder Möglichkeit einer Entführung vorzubeugen. Diese Entschlossenheit Elisabeths erfüllte Norfolk mit Schrecken, so daß er eine geheime Botschaft an Westmorland und Northumberland schickte, um sie zu warnen und ihnen anzuraten, das ganze Unternehmen abzubrechen: »Es geht um meinen Kopf«, erklärte er Westmorland genauer. Die hohen Herren hätten gern den Feuereifer ihrer Truppen gedämpft. Sie hatten alles zu verlieren. Die Einkerkerung Norfolks stärkte ihren Mut durchaus nicht, doch ein Zurückweichen hätte ihnen jede Glaubwürdigkeit genommen. Die in höchste Erregung versetzten katholischen Führer hatten sich zusammengeschart und bedrängten Northumberland. Gräfin Northumberland, die Norfolks Schwester war, entrüstete sich über die Feigheit ihres Gatten. »Wenn Sie nicht

voran gehen, wird man uns und unser Land für immer verachten, und uns bleibt nur noch, ein Loch zu graben, um uns zu
verstecken.«[9]

Am 14. November 1569 drangen die Rebellen in die Kathedrale des nicht einmal hundert Kilometer von der schottischen
Grenze entfernten Durham ein. Dort zerrissen sie die protestantischen Bibeln. Dann schwärmten sie in die benachbarte
Gegend aus und zelebrierten überall, wo sie durchkamen, die
katholische Messe. Doch bald erlahmte die Bewegung. Die
Mehrheit der Katholiken schloß sich nicht dem Aufruhr an;
Maria blieb eine Gefangene, und das königliche Heer, das energisch vorrückte, fand auf seinem Marsch bald nur noch ver-
sprengte Horden. Northumberland und Westmorland flohen
nach Schottland. Aber Northumberland wurde gefangengenommen und nach England zurückgeschickt – Moray hatte
nicht das geringste Interesse, sich mit Elisabeth anzulegen.
Westmorland konnte in die Niederlande entkommen, wo er ein
kümmerliches Leben mit einer sehr dürftigen spanischen Pen-
sion fristete. Seine Frau hingegen, deren Mut und Entschlossenheit von Elisabeth bewundert wurden, blieb in ihrem Schloß
und lebte von einer Rente, die ihr Elisabeth bewilligte.

Elisabeth hatte durch ihr schnelles Eingreifen und dank der
Unterstützung des Volkes bewiesen, daß die Zeit der großen
unabhängigen Feudalherren ein für allemal zu Ende war. Ihre
Freude und Erleichterung zeigten sich offenkundig in einem
eigenhändigen Postskriptum, das sie am Schluß des offiziellen
Dankesbriefes an ihren General Lord Hunsdon hinzusetzte:
»Ich weiß nicht recht, mein lieber Harry, was mir größere
Freude gemacht hat: der Sieg oder daß Ihr von Gott als Werkzeug meines Ruhmes ausersehen wurdet. Zum Wohle meines
Landes genügt der Sieg, doch für die Zufriedenheit meines
Herzens hat mich Eure Rolle noch mehr gefreut.«[10] Zu würdigen sind hier auch der spontane Ton des Billetts und die rei-
zende Form, ihre Dankbarkeit auszudrücken. Dank ihrer
kunstvollen Sprachbeherrschung konnte sie stets das angemessene Wort finden. Cecil wurde als Belohnung zum Baron

Burghley ernannt.* Der vernichtenden Niederlage der Verschwörung folgte eine Strafexpedition nach Schottland, dem Unterschlupf aller gesuchten Rebellen. Nun fühlte sich Elisabeth so sicher, daß sie Mitleid mit dem kranken und gedemütigten Norfolk empfand. Nach einem Schuldgeständnis und einer vollständigen Unterwerfung wies sie ihm im Sommer 1570 sein eigenes Schloß als Aufenthaltsort an.

In Schottland wüteten unterdessen die gewalttätigen Machtkämpfe weiter. Eine Gruppe von Baronen hatte Moray ermordet, weil sie ihm seine Autorität neidete. Nun bemühte sich Elisabeth aufs neue, Maria auf ehrenhafte Weise loszuwerden. Der Tod ihres Bruders, der ihr immer entschieden feindlich gesinnt war, führte zu einer neuen und für sie möglicherweise günstigeren Lage. Wieder einmal versammelte man die Vertreter der beiden Königinnen und dazu die des kleinen Königs. Und wieder einmal gerieten die Gespräche in eine Sackgasse. Die Schotten stritten sich untereinander, und schließlich vertagte man die ganze Angelegenheit bis zum Sitzungsbeginn des Parlaments.

Zu dieser Zeit bemühte sich Cecil, Elisabeth zu beweisen, daß die wahre Gefahr von ihrer Ehelosigkeit und von der Existenz Maria Stuarts selbst drohe. In einem Abschnitt einer kurzen Denkschrift, die er über dieses Thema verfaßte, legte er die Risiken der Situation dar:

»Es gibt verschiedene Grade der Gefahr. Wenn Ihr heiratet, ist die Gefahr geringer; wenn Ihr es nicht tut, nimmt sie zu. Wenn die Freiheit [der Königin von Schottland] entweder hier oder in Schottland eingeschränkt bleibt, ist die Gefahr geringer; wenn sie ihre Freiheit wiedererlangt, nimmt die Gefahr zu. Wenn man sie des Gattenmordes schuldig spricht, wird sie weniger gefährlich sein, wenn man diese Tatsache verschweigt, wird dieses Brandmal verblassen und die Gefahr für Euch größer sein.«[11] Elisabeth tat nicht immer, was ihr Cecil riet, doch sie begriff stets sehr genau, was er ihr sagte. Eine Ehe konnte die

---

* Ich werde ihn weiter mit seinem Namen William Cecil bezeichnen.

mächtigste Waffe aus ihrem Arsenal sein, um gegen Maria zu kämpfen. Und über diese Waffe konnte sie verfügen, denn schließlich war sie 1570 erst siebenunddreißig Jahre alt. War es nicht Zeit, daß sie sich umsah und wieder die Initiative ergriff, um die Bündnisfrage zu überdenken? Der Moment schien außerordentlich günstig, weil sich die internationale Lage wesentlich verändert hatte.

Während des ersten Teils der Herrschaftsjahre Elisabeths hatte das alte Bündnis mit Spanien standgehalten. Die wirtschaftlichen Erfordernisse wogen schwerer als die Religionsunterschiede: Die englischen Tuchproduzenten konnten nicht auf ihre Abnehmer in den spanischen Niederlanden verzichten, und das galt auch im umgekehrten Sinne. Außerdem war England mit seinen vier Millionen Einwohnern nicht stark genug, um sich dem Schutz Spaniens zu entziehen, das mehr als doppelt so viele Einwohner hatte und außerdem über den ungeheuren Reichtum seiner amerikanischen Kolonien verfügte. Philipp II. wollte andererseits keinen Konflikt entfachen, der den freien Seeverkehr mit seinen flämischen Besitzungen gefährden konnte.

Etwa 1570 wurde die französische Politik auf Betreiben Katharinas von Medici immer unkalkulierbarer. Da sie sich in diesem von Religionskriegen zerrissenen Land verzweifelt bemühte, ein Gleichgewicht zwischen den Parteiungen aufrechtzuerhalten, schwankte ihre Haltung gegenüber Spanien. Wenn die katholischen Extremisten das Übergewicht hatten, stemmte sie sich gegen den Einfluß Philipps II. und ersehnte ein Bündnis mit England. Wenn die Gemäßigten und die Protestanten neue Kraft gewannen, geriet sie in Angst, weil sie genau wußte, daß der spanische König nicht zögern würde, Frankreich zu überfallen, um der römisch-katholischen Kirche zum Sieg zu verhelfen und eine französische Einmischung in den Niederlanden zu verhindern. Dann versuchte sie, Elisabeth für sich zu gewinnen. In ernsten Fällen setzte Katharina von Medici ihre Hoffnung stets auf persönliche Bündnisse. Da kam ihr der Gedanke, ihren Sohn Heinrich, den Herzog von Anjou, zum englischen König zu machen.

Man könnte sich unmöglich einen widersinnigeren Plan vorstellen. Elisabeth hatte gerade erst Erzherzog Karl abgewiesen, und das im wesentlichen aus religiösen Gründen, während man nun die Kandidatur eines Prinzen vorschlug, der achtzehn Jahre jünger als sie, inbrünstiger Katholik und der mutmaßliche Erbe der französischen Krone war.* Dieses Angebot vereinte alle vorstellbaren Nachteile. Heinrichs Alter und leichtfertiger Charakter waren ein schlechtes Vorzeichen für ein persönliches Einvernehmen mit der Königin, und seine Treue zur katholischen Kirche ließ schwierige Verhandlungen über die ihm zu gewährende Religionsfreiheit voraussehen. Fügen wir hinzu, daß dieser junge Mann, der sich maßlosen Vergnügungen hingab und mit einer schon beinahe lächerlichen Eleganz gekleidet war, der sich mit Perlen und diamantenen Ohrringen schmückte, nicht die Voraussetzungen eines Königs von England besaß. Er hatte viel übrig für große Herzensergüsse und unpassende Erklärungen, er war unreif und wirklichkeitsfremd, verband großen Starrsinn mit fehlender Erfahrung und erschien im Kronrat, »ohne viel gelernt oder erfahren zu haben«.[12] Wenn er jemals den Thron besteigen sollte, so befand sich England schließlich in der großen Gefahr, Frankreich untergeordnet zu werden.

Das Hochzeitsprojekt war aus französischer Sicht nicht weniger sonderbar, und wäre es auch nur wegen der offenkundigen Abneigung des Heiratskandidaten. Über alle Maßen schätzte er das Leben in Frankreich, seine Vergnügungen und die Vorteile, die ihm seine Mutter Katharina unaufhörlich verschaffte, denn sie zog ihn all ihren anderen Kindern vor. Er erklärte ohne Umschweife, daß er den Gedanken verabscheute, eine alte Frau zu heiraten. Man muß wohl zugeben, daß die Aussicht auf eine Verbindung zwischen einem jungen Mann von zweifelhafter Männlichkeit und mystischer Gemütsart und einer außerordentlich politisch gesinnten Frau, die das reifere Alter erreicht

---

* Sein Bruder Karl IX. hatte vor kurzem Elisabeth von Österreich geheiratet und zu dieser Zeit keine legitimen Kinder. Er wird im übrigen nie Nachkommen haben, und sein Bruder Heinrich erbt die Krone im Jahre 1574.

hatte, aber für die Huldigungen der bedeutenden Männer ihres Gefolges empfänglich und daran gewöhnt war, nahezu absurd wirkte. Warum wurden unter solchen Umständen die Verhandlungen eröffnet? Weil die beteiligten Parteien ihre wahren Interessen verbargen, unklare und oft hinterhältige Kombinationen ausheckten, für ihr jeweiliges Publikum etwas vorspielten. Es kam weniger auf das Endergebnis als auf die öffentliche Wirkung an, die man den diplomatischen Bemühungen verlieh. Anders als bei allen übrigen Heiratsplänen zeigte Elisabeth nicht das geringste persönliche Interesse und auch nicht den Wunsch, den Kandidaten zu sehen. In diesem Fall wurde das Heiratsprojekt ausschließlich als politisches Werkzeug benutzt.

Elisabeth und ihre Staatsräte wußten sehr genau, daß die Guisen und ihre ultrakatholischen Anhänger davon träumten, Maria Stuart zu befreien und mit dem Herzog von Anjou zu verheiraten. Wenn sie, Elisabeth, ankündigte, sie selbst wolle ihn heiraten, so vereitelte das diese Hoffnung und beseitigte damit eine solche Gefahr. (Ganz offensichtlich wäre es Katharina von Medici lieber, die Königin von England zur Schwiegertochter zu haben, als daß sie auf eine Rückkehr Maria Stuarts setzte.) Die Heirat mit Anjou schien das beste – und vielleicht das einzige – Mittel, Maria Stuart in Schach zu halten. Damit wurde ihr jede französische Hilfe entzogen und sie von der Erbfolge ausgeschlossen, wenn erfreulicherweise ein Kind zur Welt kam. Und wenn Elisabeth mit einem französischen Prinzen verheiratet wäre, würde es ihr außerdem leichter fallen, Maria nach Schottland zurückzuschicken und sich so von ihrer höchst unerfreulichen Gegenwart zu befreien. Die Feindseligkeit des Papstes, der Elisabeth im Jahr zuvor exkommuniziert hatte,*

---

* Die Bulle hatte eigentlich keine rechtliche Bedeutung, weil sie nicht mit dem kanonischen Recht übereinstimmte. Der Papst hatte Elisabeth keine einjährige Frist gewährt, um sich zu verteidigen. Außerdem bezeichnete er sie als die »sogenannte Königin« von England, während Rom sie bereits 1559 anerkannt hatte. Folge der Bulle war, daß sie die Feindschaft des englischen Volkes gegen den Papst verstärkte.

wäre unwirksam, und der König von Spanien geriete in große Verlegenheit, wenn die Hochzeit tatsächlich stattfand. Ein
weiterer Vorteil war die Aussicht auf ein Verteidigungsbünd-
nis mit Frankreich, das den Eifer der Spanier dämpfen und
neue Bemühungen, die englischen Katholiken in Aufruhr zu
versetzen, behindern mußte. Elisabeth hatte die Rebellion
ihrer Barone des Nordens rasch niedergeworfen, doch ihr
lag nichts daran, diese Erfahrung zu wiederholen. Auch in
innenpolitischer Hinsicht mißfiel es Elisabeth nicht, Heiratsverhandlungen kurz vor dem Zusammentreten des Parlaments
zu eröffnen und sich so die üblichen Klagen über ihre Ehelosigkeit zu ersparen, während solche Bittgesuche sie sonst immer zu Wutausbrüchen reizten, unter denen Cecil, der unablässig derartige Vorstöße wagte, mehr als jeder andere zu leiden
hatte.

Was nun Katharina von Medici betraf, so wollte sie diese Ehe
vor allem, um ihrem Lieblingssohn eine Krone zu verschaffen.
Außerdem sah sie darin gewiß ein Mittel, die ultrakatholische
Partei zu schwächen, die Position Frankreichs gegenüber Spanien zu stärken und schließlich jede Möglichkeit einer Ehe Elisabeths mit Heinrich von Navarra auszuschließen, den sie sich
für ihre Tochter Margarete vorbehielt.*

Der französische König Karl IX. wollte sich diesen Bruder
vom Halse schaffen, den ihre gemeinsame Mutter stets in den
Vordergrund rückte und dessen Redetalent, glanzvolles Auftreten und mühelose Ausdrucksweise ihn eifersüchtig machten.
Außerdem dachte Karl IX. im Jahre 1570 daran, Spanien die
Niederlande zu entreißen, und deshalb suchte er eine Annäherung an England. In politischer Hinsicht war der Zeitpunkt gut
gewählt, weil sich in Frankreich die Hugenotten und die Ka-

---

* Elisabeth hatte nie das geringste Interesse für Heinrich von Navarra bekundet, der zu jung und zu unbedeutend war, um einen vorteilhaften Ehemann
abzugeben. Doch sobald die französischen Hugenotten einen derartigen Plan
vorbrachten, geriet Katharina von Medici in Unruhe: Sie wollte den König
von Navarra unbedingt unter ihrer Aufsicht behalten. Vgl. Nancy Lyman
Roelker, *Queen of Navarre, Jeanne d'Albret 1528-72*, Cambridge, Mass., 1968,
S. 354.

tholiken soeben versöhnt hatten.* Man konnte also ein Bündnis mit England in Aussicht nehmen, obwohl es unwahrscheinlich blieb, daß eine protestantische, vom Papst exkommunizierte Königin, die Schutzherrin der Hugenotten in Europa, den sehr frommen Herzog von Anjou heiratete, dem der Papst einen Ehrendegen überreichen ließ, um ihm für seine tatkräftige Verteidigung der Katholiken des Königreichs zu danken.

Die Verhandlungen wurden daher im Februar 1571 ernsthaft eröffnet. Allerdings zeigte der Herzog von Anjou, um den sich eigentlich niemand in Frankreich und England kümmerte, offenkundig keine Begeisterung, und Königin Elisabeth hatte zuvor warnend auf das religiöse Problem hingewiesen. Heinrich murrte ständig, wenn er an die Ehe mit einer Frau dachte, die seine Mutter hätte sein können, und er wollte nichts hören, wenn ihm sein Bruder und seine Mutter klarmachten, daß die Politik und nicht die Liebe auf der Tagesordnung stehe. Auf englischer Seite stellte der Altersunterschied eine unumgängliche Gegebenheit des Problems dar: Es hatte sich ja deutlich gezeigt, daß alle heiratsfähigen Prinzen jünger als Elisabeth waren. Sogar Karl von Habsburg, dessen Kandidatur zehn lange Jahre bestanden hatte, war sieben Jahre jünger als sie. Die Engländer vertraten den Standpunkt, es komme allein auf die Tatsache an, daß Elisabeth noch gebären könne. Sie erklärte sich damals einverstanden, was bemerkenswert ist, daß ihre Ärzte ein gynäkologisches Gutachten veröffentlichten, in dem sie angaben, ihrer Ansicht nach spreche nichts dagegen, daß Elisabeth einem Kind das Leben schenke.

Katharina kümmerte sich sehr energisch um den Fortgang des Unternehmens. Sie weigerte sich, die Exkommunikationsbulle des Papstes in Frankreich veröffentlichen zu lassen, und setzte sich über Heinrichs ungestüme Einwände hinweg. Gewiß war Elisabeth nicht mehr ganz jung, aber blieben ihr nicht noch sechs oder sieben Jahre, um ein Kind zu empfangen, »vor

---

* Der am 8. August 1570 unterzeichnete Friedensvertrag von Saint-Germain besiegelte diese Aussöhnung.

allem, wenn sie mit einem so guten Hengst wie dem Herzog von Anjou [zusammen war]«?[13] Dieser sorgte sich um die Gerüchte, die über ihre »Ehrbarkeit« kursierten, womit die Beziehungen der Königin zu Robert Dudley gemeint waren. Auch das quittierte Katharina mit einem Achselzucken: »Um zur Größe zu gelangen, darf man so etwas nicht beachten. Nach der Heirat wird man darauf hinwirken, daß diese Unordnung aufhört.«[14] Der diplomatische Austausch dauerte sieben Monate, was beiden Seiten recht war.

Es ging ja vor allem darum, Spanien zu beunruhigen, indem man die Möglichkeit eines neuen europäischen Gleichgewichts andeutete. Elisabeth täuschte zwar nicht vor, von einem Bewerber, der seine Abneigung nicht verbarg, fasziniert zu sein, doch sie spielte mit und legte Wert darauf, einen günstigen Eindruck auf den französischen Botschafter zu machen, um den vielbesprochenen Altersunterschied vergessen zu lassen. Indes diskutierte sie heftig über die einzelnen Vorschläge und lehnte schließlich alle Forderungen ab, die Guido Cavalcanti, der außerordentliche Gesandte Katharinas von Medici, vorgelegt hatte: daß dem Herzog erlaubt werde, seine Religion zu praktizieren, daß er gleich am Tag nach der Hochzeit gekrönt werde und eine unwiderrufliche Rente von sechzigtausend Pfund jährlich erhalte. Elisabeth räumte ihm nur das Recht ein, nicht am anglikanischen Gottesdienst teilzunehmen, ohne daß er deshalb in seinen Privatgemächern die Messe hören durfte. Cecil war tief bekümmert: Die Königin ließ sich nicht das kleinste Zugeständnis entreißen. Walsingham, der englische Botschafter in Paris, kam in Katharinas Vorzimmer nicht von der Stelle. Die Verhandlungen gerieten ins Stocken. Der Graf von Feria, der Gesandte Philipps II., erklärte höchst erfreut, daß die Heirat ins Wasser gefallen wäre.

Tatsächlich kehrten im September 1571 alle nach Hause zurück, nachdem Heinrich wieder einmal gesagt hatte, unter diesen Umständen wünsche er keine Heirat. Elisabeth, die sich die Freundschaft der Franzosen unbedingt erhalten wollte, benahm sich äußerst liebenswürdig und schenkte dem jungen Prinzen prächtige chinesische Vasen mit Montierungen aus vergoldetem Silber. Außerdem hatte auch sie nicht die Absicht, Schwierigkeiten in religiösen Fragen und Komplikationen im Ausland wegen einer Heirat zu bekommen, die nicht ihre Herzenssache war.

Elisabeths Unnachgiebigkeit in religiösen Angelegenheiten hatte gute Gründe. Ihre bisherige maßvolle Haltung in dieser Frage hatte den Fanatismus verhindert, der die Herrschaftszeit ihrer Schwester geprägt und das Königreich Frankreich verwüstet hatte. Wenn man in England eine Verwaltungs- oder Universitätskarriere machen wollte, mußte man der Königin, die als Haupt der Kirche angesehen wurde, einen Treueid leisten. Die Untertanen der Königin waren verpflichtet, am protestantischen Gottesdienst teilzunehmen, und die katholische Messe durfte offiziell nicht zelebriert werden, doch die Königin beanspruchte nicht das Recht, die Gewissen zu prüfen und die tiefinneren und geheimen Glaubensüberzeugungen herauszufinden. Solange die Katholiken nicht ihre Überzeugungen zur Schau stellten, lebten sie ruhig und besuchten die Messe entweder im Schutz ihrer Privathäuser oder ungehindert in abgelegenen Gegenden, wo sich die Vertreter der Krone nicht oft zeigten. In London öffnete der französische oder der spanische Botschafter ihren Glaubensgenossen großzügig und straflos die Tür ihrer Privatkapellen. Diese Politik, nicht »durch die Fenster einzudringen, um die Seelen zu ergründen«,[15] kam allen entgegen. Da die päpstliche Bulle von 1570 beide Seiten zwang, Stellung zu beziehen, mußte sie die Lage verschärfen und im Grunde den Katholiken schaden. Unter diesen Bedingungen konnte man schwerlich zugestehen, daß der Gemahl der Königin ein praktizierender Katholik sein durfte. Außerdem hatte sich Elisabeth vom militärischen Aspekt des Bündnisses abschrecken lassen.

Karl IX. bemühte sich um die Unterstützung Elisabeths, weil er Spanien in dessen niederländischen Besitzungen angreifen wollte. Sie aber lehnte es kategorisch ab, sich auf einen Krieg mit Spanien einzulassen, und sie hielt es kaum für vorteilhaft, wenn in den Niederlanden die Franzosen an die Stelle der Spanier träten. Philipp II. sollte, wie sie sich vorstellte, durch ihre Annäherung an Frankreich veranlaßt werden, seine subversiven Umtriebe in England einzustellen, doch sie wollte keine darüber hinausgehenden Verpflichtungen eingehen. Katharina von Medici mußte anerkennen, daß sich ihr Sohn zu starrsinnig verhalten hatte, und sie verargte es Elisabeth so wenig, daß die unverbesserliche Ehestifterin vorschlug, Heinrich durch ihren jüngsten Sohn zu ersetzen. Niemand nahm diesen Vorschlag ernst, außer Cecil, der immer noch verzweifelt nach einem Ehemann für seine Königin suchte. Er bemühte sich, ihr Interesse zu wecken. »Er hat meine Größe«, brachte er kläglich vor, denn das Gespräch war nicht über die körperlichen Attribute des Kandidaten hinausgelangt. »Sagen Sie vielmehr, die Ihres Enkels«, erwiderte sie, bevor sie ihn darauf hinwies, daß sie sich überall lächerlich machen würde, wenn sie diesen wenig angesehenen Jungen heiratete – den die Pocken entstellt hatten und dessen Bart aus drei Haaren bestand –, nachdem sie so viele Prinzen abgewiesen hatte. Katharina bemühte sich nicht weiter, aber sie gab auch nicht auf. Sie wies Lord North, einen englischen Besucher, darauf hin, daß die Lästerzungen die Häßlichkeit ihres Sohnes Alençon übertrieben.[16] Elisabeth übermittelte Katharina ihren freundlichen Dank, daß sie ihr nacheinander ihre drei Söhne vorgeschlagen hatte. Vier Monate danach war das Klima nicht mehr für Scherze geeignet. In der Nacht vom 23. zum 24. August 1572 hatte in Paris das Massaker der Bartholomäusnacht stattgefunden.

Zwei Tage später erfuhr man die Neuigkeit in London – eine grauenhafte Neuigkeit. Die Hochzeit Heinrichs von Navarra und Margaretes von Valois wurde am 18. August vor Notre-Dame gefeiert. Die Zeremonie hatte zahlreiche Protestanten in die Hauptstadt gelockt. Diesen Zeitpunkt hatte Katharina von Medici gewählt, um sich des Admirals Coligny zu entledigen, des großen Führers der hugenottischen Partei, der die Schuld auf sich geladen hatte, Karl IX. ihrem Einfluß zu entziehen. Das Attentat mißlang. Heinrich von Guise kam einer Gegenwehr der Protestanten zuvor, er ließ Sturm läuten und alarmierte so

1 Der gefürchtete Heinrich VIII., König mit den sechs Frauen, wie ihn Hans Holbein gemalt hat. Heinrich VIII. hatte zwar Anna Boleyn hinrichten lassen, hat sich aber als Vater aufmerksam und mit Wohlwollen um seine Tochter Elisabeth gekümmert. Diese achtete, bewunderte und zitierte ihn häufig.

2 Katharina von Aragonien, erste Frau Heinrichs VIII. und
Mutter Maria Tudors. Ihre Weigerung, ihre Ehe mit dem
König annullieren zu lassen, führte zum Bruch Englands mit
Rom und zur Gründung der anglikanischen Kirche.

ANNA . BOLEYN ·REGINA ANGLIÆ . 1534

3 Anna Boleyn, die Mutter von Elisabeth, verführte
Heinrich VIII., ließ sich von ihm heiraten, konnte ihn
jedoch nicht an sich binden. Da ihn ihr launischer Charakter aufs äußerste reizte und sie ihm keinen Sohn gebären konnte, ließ er sie nach drei Jahren Ehe unter dem
Vorwand der Untreue hinrichten.

4 Anders als ihre Schwester Elisabeth war Maria Tudor, genannt »die Blutige«, äußerst unbeliebt. Sie fand keinerlei Zugang zum Volk. Ihr Tod, dem die Thronbesteigung Elisabeths folgte, wurde allgemein begrüßt.

5 Elisabeth wurde in der Westminster Abbey gekrönt. Als sie sich, nach Verlassen der Kirche, dem Volk zeigte, bekleidet mit dem hermelinbesetzten traditionellen Mantel, das Zepter in der rechten und den Reichsapfel in der linken Hand, brauste stürmischer Beifall auf.

6 Ein Porträt von Maria Stuart, gemalt von Clouet, aus der
Zeit ihrer Jugend und ihres Glücks. Ronsard schrieb dazu,
daß sie »die Blüte, die Farbe, das Licht« Frankreichs wäre.

7 Maria Stuart und Lord Darnley, ihr zweiter Gemahl. Die heftige Liebe, die sie für ihn empfand, erlosch nach einigen Monaten der Ehe. Maria wurde Komplizin seiner Ermordung.

8 Robert Dudley, die große Liebe der Königin Elisabeth. Schön, von heiterem Naturell, ein ausgezeichneter Reiter, der auch auf dem Schlachtfeld zu Hause war, zählte er sein Leben lang zu den glänzenden Persönlichkeiten am königlichen Hof.

9 William Cecil, der einflußreichste Minister von Königin Elisabeth. Sie war sechzehn Jahre alt, als sie ihn zu ihrem Ratgeber machte. Er blieb fünfzig Jahre an ihrer Seite. »Ich hoffe in den Himmel zu kommen und dort der Königin und der Kirche zu dienen«, sagte er auf dem Sterbebett zu seinen Kindern.

10 Francis Walsingham war einer der wichtigsten Diener
Elisabeths. Diesen integren Puritaner verfolgte zeitlebens
die Sorge um die Sicherheit seiner Herrscherin, und
daher hegte er die Absicht, ihre Rivalin Maria Stuart
unschädlich zu machen.

11 Der Graf von Bothwell, mutmaßlicher Mörder von Lord Darnley, heiratete Maria Stuart. Diese Heirat führte zur Absetzung Maria Stuarts in Schottland. Bothwell mußte fliehen und starb nach langer Gefangenschaft im Ausland.

12 Ein Porträt Maria Stuarts aus ihren letzten Lebensjahren, wie sie
gesehen werden wollte: nicht als Königin, sondern als Dienerin der
katholischen Kirche. Nur das Kruzifix hebt sich von ihrer sonst
schmucklosen Kleidung ab. Ihr Gesicht, genauso unbewegt wie das
ihrer königlichen Cousine Elisabeth, zeigt die Absicht des Malers,
weniger die Frau als die Legende darzustellen.

13 Philipp II., König von Spanien, verwitweter Ehemann Maria Tudors. Er war der hartnäckigste Feind Elisabeths. Diese verfügte zwar über weitaus weniger militärische Machtmittel, errang aber einen endgültigen Triumph über ihn, als sie die »Unbesiegbare Armada«, die zum Angriff auf England ausgelaufen war, besiegte.

14 Franz von Alençon, der vierte Sohn von Katharina von Medici. Trotz des Altersunterschieds von neunzehn Jahren war Elisabeth von dem jungen Mann fasziniert, den sie ihren »Frosch« nannte. Die mögliche Heirat der beiden beunruhigte Europa elf Jahre lang.

15 Der Graf von Essex war der letzte Günstling von Königin Elisabeth. Verführt von seiner Jugend, seinem Ungestüm und seiner Intelligenz, gewährte sie ihm die größten Gunstbezeugungen. Er zeigte sich dessen unwürdig und wurde wegen Hochverrats hingerichtet.

16 Eines der zahlreichen Gemälde, die Elisabeth mit einem Sieb
darstellen, dem Sinnbild der Weisheit und Keuschheit. Das erklärt,
warum die Königin hier weniger Schmuck trägt als auf anderen
Bildern. Sie trägt ihre persönlichen Farben Schwarz und Weiß. Das
Gemälde entstand am Ende ihrer Herrschaftszeit, doch das glatte und
unergründliche Gesicht scheint das eines Idols zu sein.

den katholischen Pöbel. Dieser, von Katharina von Medici, Heinrich von Anjou, Karl IX. und Heinrich von Guise ermutigt, schwärmte in den Straßen aus und massakrierte alle Männer, Frauen oder Kinder, die im Verdacht standen, Protestanten zu sein. Mehr als dreitausend Menschen verloren ihr Leben. Der Hof des Louvre war mit Leichen übersät. Die blutrote Seine trug verstümmelte Körper davon. Man hatte gesehen, daß Karl IX. mit der Arkebuse auf jene schoß, die entfliehen wollten. England reagierte mit Entsetzen. Jede Annäherung an Frankreich wurde unmöglich. Die Königin schloß sich auf ihrer Insel ab, wo die Umtriebe Maria Stuarts, der Nichte der Guisen, Besorgnis erregten.

Die diplomatischen Aktivitäten des Vorjahres hatten Maria Stuart durchaus nicht zum Nachdenken veranlaßt, in welcher Lage sie sich befand und wie wenig tatsächliche Unterstützung sie aus dem Ausland erhoffen durfte. Wenn Maria im Jahre 1571 nach dreijähriger Gefangenschaft weniger Ungeduld, mehr Realismus, mit einem Wort, mehr Verstand gezeigt hätte, so ist es höchst wahrscheinlich, daß sie ihren Thron zurückgewonnen und die, wenn auch etwas eingeschränkte, Macht zurückerlangt hätte. Trotz der strengen Warnung Elisabeths gab sie jedoch nicht die Hoffnung auf, sich Norfolks zu bedienen, und es gelang ihr, ihn in ein neues Abenteuer hineinzuziehen. Wieder einmal erlag sie der Versuchung, Klatschgeschichten zu verbreiten – wobei sie manchen das eine und anderen das Gegenteil erzählte –, zu intrigieren, geheime Nachrichten mit Elisabeths Gegnern auszutauschen und ihre Verführungskunst zu gebrauchen. Es war ihr unmöglich, Norfolk zu empfangen. Wie es scheint, haben sie einander nie gesehen. Dem ehrgeizigen Norfolk war es genug, daß die Königin in dem Ruf stand, charmant zu sein, und die ebenso ehrgeizige Königin gab sich mit den offenkundigen Vorzügen ihres Verehrers zufrieden. Doch sie konnte ihm schreiben, denn die Mitglieder ihres Haushalts kümmerten sich um ihre Geheimkorrespondenz, und ihre Briefe wurden immer dringlicher, persönlicher, ja sogar zärtlich: »Ich bin entschlossen, daß mich weder Glück noch Unglück jemals von Euch abbringen, wenn Ihr mich nicht abweist [...]. Ihr könnt eine Bessere finden, aber niemanden, der es redlicher meint, der die Verpflichtung ernster nimmt, Euch zu gehorchen und zu lieben, der Euch treuer bis in den Tod ist.«[17] Ein Jahr danach schlug sie immer noch denselben Ton an, der nun noch entschiedener und weiblicher klang: »Da wir frei und ehrenhaft miteinander verbunden sind, werden wir zum Wohl unserer beiden Länder wirken [...]. Ihr habt versprochen, mich nicht zu verlassen. Wenn Ihr jedoch die Gefahr für zu groß haltet, so handelt, wie es Euch am günstigsten scheint [...]. Teilt mir Eure Befehle mit, und ich werde sie befolgen, um Euch vor jeder Gefahr zu bewahren, die von mir kommt.«[18] Er war so schwach, sich wieder in ihre Netze ziehen zu lassen. Wie kann man auch einer jungen und schönen Königin widerstehen, die einem schreibt: »Wenn Ihr nicht zurückweicht, werde ich mit Euch leben und sterben?«[19] Ein neues Komplott nahm Gestalt an, das man »die Ridolfi-Verschwörung« genannt hat.

Dem Plan fehlte es nicht an weitgesteckten Zielen. Ridolfi, ein etwas anrüchiger Bankier aus Florenz, der in London lebte, diente dem Papst als Geheimagent. Bereitwillig nahm er an allen möglichen Intrigen teil, doch es fehlte ihm an Beharrlichkeit, und er kümmerte sich nicht um Details, sondern ließ sich leicht von großartigen Illusionen blenden. Ursprünglich hatte er beabsichtigt, Philipp II. und dessen Vertreter in den Niederlanden, den Herzog von Alba, zu überzeugen, ein sechs- bis zehntausend Mann starkes Heer nach England zu entsenden. Es sollte auf London vorrücken, während Norfolk und seine Freunde zu den Waffen griffen, Elisabeth in ihre Gewalt brächten und Maria befreiten. Der Herzog von Alba, ein strenger und ernster Mann, warnte seinen König vor der Gefahr, sich mit einem solch schwatzhaften und leichtfertigen Menschen wie Ridolfi zu verbünden. Der Plan war völlig haltlos. Der Herzog riet: Wenn Norfolk und seine Bundesgenossen einen Aufstand beginnen und länger als einen Monat das Feld behaupten könnten, sei es an der Zeit, ihnen Verstärkungen zu schicken.

Noch bevor sich die Verschwörer zusammenfanden, wurde der von Ridolfi eingesetzte Bote, ein Domestik des Bischofs von Ross, des Vertreters Maria Stuarts in London, in England verhaftet. Um den Fang zu vervollständigen, wurde ein Diener Norfolks, der den Auftrag hatte, Goldsäcke für Marias Anhänger nach Schottland zu bringen, ebenfalls festgenommen. Cecil verlor keine Zeit: Der spanische Botschafter, der sich auf eine für einen Diplomaten schreckliche Art kompromittiert hatte, wurde schimpflich nach Hause geschickt, und noch schwerwiegender war, daß Norfolk verhaftet wurde und am 16. Januar 1572 vor einem Gericht aus seinen Standesgenossen erscheinen mußte. Von den Geständnissen seiner Diener und besonders von den schriftlichen Dokumenten belastet, die man unter einer Fußleiste seines Hauses entdeckte, konnte er die Anklage des Hochverrats nicht entkräften. Die Beisitzer des Gerichts drehten ihm die Schneide ihres Beils zu, als man ihm das Todesurteil verlas.

Nun begann für Elisabeth eine Zeit entsetzlicher Bedrängnis. Sie wußte, daß sie Norfolk nicht begnadigen durfte. Seine Schuld war öffentlich zu gut bekannt und zu schwerwiegend. Doch sie konnte ihr Grauen nicht bezwingen, wenn sie an die Hinrichtung des Verurteilten dachte, ihres Verwandten, des ältesten Herzogs ihres Königreichs und eines langjährigen Freundes. All diese Argumente waren nicht stichhaltig gegenüber den Vorhaltungen ihrer Minister, die sich um Elisabeths Sicherheit sorgten. Man setzte ihr von allen Seiten zu, ein Ende zu machen und dieses unfaßbar dreiste Verbrechen zu bestrafen. Jedesmal, wenn sie den Befehl zur Urteilsvollstreckung gab, besann sie sich wieder und verlangte einen Aufschub. Wer ihre Bedrängnis sah, litt mit ihr. Sie schlief nicht mehr, denn was sie bedrückte, war kein Zweifel, sondern die Bürde ihrer Verantwortung. Die Höflinge, die Minister, ihre Angehörigen konnten ihr nicht helfen und beobachteten ihre Qualen. Zum drittenmal unterzeichnete sie am 10. April das Todesurteil, und wieder schreckte sie vor dem tödlichen Schlag zurück. Sie widerrief den Befehl in einem eigenhändig geschriebenen Brief, den sie um zwei

Uhr morgens an Cecil schickte. »Der hintere Teil meines Kopfes, der Sitz des Gemüts«, teilte sie ihm mit, »kann sich nicht mit dem vorderen Teil, dem Sitz des Verstandes, einigen«.[20] Die Öffentlichkeit geriet in Aufregung. Das Volk konnte so etwas nicht begreifen. Erhalten hat sich eine ungeheuer dicke Akte, in der die diesbezüglichen Erklärungen aller bedeutenden Persönlichkeiten des Königreichs – Bischöfe, Peers, Richter, Parlamentsmitglieder – enthalten sind. Es meldete sich keine Stimme, die eine Schonung des Verräters verlangt hätte. Die Königin empfing eine weitere Abordnung des Unter- und des Oberhauses, die bei ihr vorsprach und sie inständig bat, ein Ende zu machen. Sie wollte immer noch Zeit gewinnen.

Hingegen zögerte sie nicht, wie sie sich Maria Stuart gegenüber verhalten sollte. Alle Verhandlungen, die ihre Rückkehr als mehr oder weniger entmachtete Königin nach Schottland bezweckten, wurden eingestellt. Nachdem man das Komplott entdeckt hatte, erkannte sie König Jakob VI. und den neuen Regenten, den Grafen von Morton, vorbehaltlos an. Noch schwerwiegender für Marias endgültiges Schicksal wirkte sich die Radikalisierung der öffentlichen Meinung in England aus, wie sie sich in mehreren Reden bei den Sitzungen des Unterhauses äußerte. Das Parlament, das 1572 wieder zusammentrat und das ihre Intrigen sowie die ihrer Anhänger satt hatte, bekundete ganz unmißverständlich seine Entrüstung. »Man soll ihr den Kopf abschlagen und nicht mehr von ihr reden«,[21] erklärte der erste Redner. Der zweite überbot ihn noch, und der dritte war ebenso unerbittlich: »Man hat sie oft genug gewarnt; und deshalb muß jetzt das Beil sprechen.«[22] Jede Kammer des Parlaments ernannte einen Ausschuß, um die Frage zu untersuchen. Ihr Urteil fiel einmütig aus. »Jetzt ist es zu spät, Milde oder Mitleid zu zeigen. Man kann einen Staat und seinen Souverän nicht schützen, wenn man Verrat nicht bestraft. Denn wer hätte den Mut, ein Komplott zu melden, wenn man den Verrätern das Leben schenkte und ihnen damit gestattete, sich an ihren Anklägern zu rächen? Straffreiheit für Verräter ist etwas

Gefährliches.«[23] Die Königin empfing am 28. Mai die Aus-
schüsse beider Kammern. Sie dankte den Mitgliedern mit den
freundlichsten und gewähltesten Worten für deren Sorge um
ihre Person; allerdings lehnte sie es ab, Anklage gegen Maria zu
erheben, aber sie konnte die Hinrichtung Norfolks nicht länger
aufschieben. Am Abend des ersten Junisonntags begab sie sich
in den Tower, um sich zu vergewissern, daß die Vorbereitungen
würdig getroffen wurden. Ihr fehlte jedoch der Mut, sich von
Norfolk zu verabschieden. Am Morgen darauf schlug man ihm
den Kopf ab. Vor dem Tod hatte er seine Kinder der Obhut
Cecils anvertraut.

Nach der Aufdeckung der Ridolfi-Verschwörung hätte Elisabeth offenkundig Maria hinrichten können. Die Argumente ihres Parlaments und ihrer Staatsräte waren unwiderlegbar.
Selbst der französische König Karl IX. hatte es aufgegeben, sie
zu verteidigen. »Die arme Närrin wird nicht früher Ruhe
geben, bis man ihr den Kopf abschneidet. Das wird geschehen,
und ich erkenne deutlich, daß es wegen ihrer eigenen Schuld
und Narrheit ist. Ich sehe keinen Ausweg.« Unglücklicherweise
sah auch Elisabeth keinen Ausweg aus der absurden Situation,
wie sie durch die Gefangenschaft einer ausländischen Königin
entstanden war, die eines unheilvollen Ränkespiels überführt,
jedoch von der Vorstellung des Gottesgnadentums geschützt
und dazu noch – eine äußerst unangenehme Zwangslage –
unbestreitbar ihre Erbin war.

IX
Ein letztes Aufbegehren
1572-1584

Wäre Elisabeth im Jahre 1572 gestorben, so hätte Maria Stuart, wie es damals der Rechtslage entsprach, Königin von England werden müssen. Zwar konnte man sich vorstellen, daß ein Teil des Volkes einen Aufstand beginnen würde, weil er sich nicht mit dem Gedanken abfände, die Regierung einer Katholikin mit einer schwer belasteten Vergangenheit zu dulden, und es ließ sich voraussehen, daß Prätendenten mit weniger direkten Erbansprüchen ihre Rechte geltend machten, was die Gefahr eines Bürgerkriegs heraufbeschwor, doch es war unmöglich, so paradox auch die Situation wirkte, den Stammbaum der Tudors auszulichten, indem man den Namen Marias, der direkten Urenkelin Heinrichs VII., mit einem Federstrich entfernte. Die Cousinen aus der Suffolk-Linie lebten nicht mehr. Catherine Grey, die sich trotz ihrer Mißgeschicke immer noch Anhänger bewahrt hatte, war 1568 gestorben. Ihre schlecht beleumundete Schwester Mary kam nicht in Betracht. Sie, eine mißgestaltete Zwergin ohne den geringsten Funken Verstand, schloß eine absonderliche und unglückliche Ehe, denn sie heiratete, ohne es der Königin mitzuteilen oder sich vom unseligen Beispiel ihrer Schwester abschrecken zu lassen, einen gewissen Thomas Keys, der das wenig ruhmvolle Amt eines »Sergeant Porter«[*] im Palast versah. Als die Königin von dieser skandalösen Mesalliance erfuhr, trennte sie die Schuldigen unverzüglich. Keys wurde ins Gefängnis gesteckt und Mary unter die Aufsicht von

---

[*] Keys, dessen Namen im Englischen »Schlüssel« bedeutet, war gleichsam für sein Amt vorherbestimmt, das Schließen und Öffnen der Türen und Gittertore des Schlosses zu überwachen.

Verwandten gestellt. Keys starb 1571 in der Haft. Mary folgte ihm kurze Zeit später.

Es blieb Jakob übrig, Marias Sohn, der kleine König von Schottland. Aber er war damals erst fünf Jahre alt. Wenn man auf ihn setzte, verließ man sich darauf, daß die Königin ein langes Leben haben würde. Kein verantwortlicher Staatsmann durfte sich mit einer solchen Hoffnung zufriedengeben, doch wie sollte man gleichzeitig an eine Herrschaft Maria Stuarts nach dem entsetzlichen Massaker an den Protestanten denken, das zum großen Teil das Werk ihrer Onkel, der Guisen, in der Bartholomäusnacht war, und so die Bestrebungen der fanatischsten Katholiken belohnen? Die führenden Staatsdiener lehnten eine derartige Möglichkeit rundheraus ab. Aber was sollte man dann tun? Die fehlgeschlagenen Verhandlungen mit dem Herzog von Anjou veranschaulichten, wie schwierig es tatsächlich war, einen Kandidaten für die Hand Elisabeths zu finden. Es gab keinen idealen protestantischen Prinzen. Einen Katholiken zu entdecken, der zu einem Religionswechsel bereit wäre, erwies sich als utopisch, und das Alter der Königin – im Jahre 1573 würde sie die Vierzig erreichen – ließ das Problem ganz besonders dringlich erscheinen. Man konnte nicht endlos warten.

Man brachte sogar den Namen Robert Dudleys vor, der den Vorzug hatte, der Königin sehr nahezustehen. Dagegen sprach aber immer noch der mysteriöse Tod seiner Frau, und außerdem war die Flamme der großen Liebe erloschen. Das zärtliche und herzliche Gefühl, das die Königin für ihren besten Freund empfand – in ihrem Schlafzimmer konnte sie sein Miniaturporträt betrachten –, rechtfertigte in ihren Augen nicht das Risiko, grimmigen Neid bei den Angehörigen ihres Adels zu erregen. Überdies entdeckte Elisabeth, die immer sehr empfänglich für die Reaktionen des Volkes war, wie eindrucksvoll ihre Stellung einer jungfräulichen Königin wirkte. Im Jahre 1569 wird sie auf einem großen Porträt gegenüber den drei Göttinnen Juno, Minerva und Venus dargestellt.[1] Dem Betrachter zeigt sich ganz offensichtlich die symbolische Absicht: Juno, die Göttin der Ehe, bietet einen Idealzustand zwischen Minerva, der Weisheit,

und Venus, der Liebe. Das fünf Jahre später entstandene prachtvolle Bildnis der Königin, das »Porträt mit dem Pelikan«[2]
genannt wird, hat eine ganz gegensätzliche Bedeutung. Der
Pelikan, das Emblem der Nächstenliebe und des Opfergeistes,
steht für eine Herrscherin, die will, daß man sie als Mutter ihres
Volkes wahrnimmt, und zwar als jungfräuliche Mutter, wie dies
die an ihrem Ohr hängenden Kirschen bezeugen. (»Cherry«
bezeichnete in der englischen Volkssprache eine Jungfrau.) Ihre
wunderschöne Kleidung, die äußerst verschwenderische Fülle
der Schmuckstücke, die Hilliard mit der Genauigkeit eines
Miniaturmalers wiedergegeben hat, ihr gleichmütiges Gesicht,
das in einem blendendweißen Licht erstrahlt, deuten auf die
Absicht hin, weniger als ein wirklicher Mensch, sondern als die
Verkörperung von Majestät und Tugend zu erscheinen.

Die Bildnisse der Königin zirkulierten in großer Zahl als Sti-
che und billige Kopien. Ihr Hofmaler hatte ein Modell für die
Darstellung ihres Gesichts geschaffen, das sehr weitgehend verbreitet und von all jenen benutzt wurde, die sie abbilden wollten, ob sie ihrer nun ansichtig geworden waren oder nicht.
Doch ihr genügte diese Propaganda nicht: Sie zeigte sich dem
Volk ebensogern in London wie in der Provinz. In jedem Sommer begab sich die Königin in einem höchst prunkvollen Zug
zu einem ihrer Höflinge: Ein solcher Besuch kam den auserwählten Glücklichen sehr teuer zu stehen. Er mußte Feste und
Lustbarkeiten veranstalten, wenn nicht gar einen zusätzlichen
Seitenflügel an sein Schloß anbauen, um einen großen Teil des
Hofstaats standesgemäß unterzubringen. Das brachte der Köni-
gin viel ein, denn sie zeigte sich ihrem Volk in ihrem ganzen
Glanz und ihrer ganzen Güte. Almosen wie alle Großen zu
spenden genügte ihr nicht. Was vielleicht noch wichtiger war:
Sie konnte den kleinsten Blumenstrauß, ein paar Stengel Peter-
silie huldvoll annehmen und sich dafür mit einem freundlichen
Wort bedanken. Sie hatte keine Bedenken, in eine Strohhütte
einzutreten und ein von der Bäuerin angebotenes Glas Milch zu
trinken. Oft ließ sie den Zug halten, um die Beschwerden eines
Bauern anzuhören oder aus ihrer Sänfte zu steigen und den

Kindern eines Waisenhauses die Wange zu streicheln. Wäre ein Ehemann dabeigewesen, so hätte dies derartige Auftritte beeinträchtigt. Ein einsamer Stern zieht alle Blicke an. Sein Feuer erstrahlt in reinerem Glanz. Elisabeth gewann damit nicht nur eine für Monarchen seltene Popularität, sondern auch die Fähigkeit, die Stimmung ihres Publikums festzustellen. Sie konnte die Gefühlsschwankungen der Menge unmittelbar wahrnehmen, im Gegensatz zu Maria Stuart, die in ihrem Schloß eingesperrt war und von Jahr zu Jahr mehr den Sinn für Realitäten verlor, die keine Möglichkeit hatte, die Haltlosigkeit oder Glaubwürdigkeit der ihr von den Geheiminformanten zugeschickten Berichte einzuschätzen.

Noch schwerwiegender für die Gefangene war, daß sie sich nicht vorzustellen vermochte, welch große Zuneigung die Untertanen für Königin Elisabeth empfanden – und dabei benutze ich ganz bewußt einen Ausdruck, der in diesem Zusammenhang anachronistisch scheinen könnte. Das Volk fürchtete im 16. Jahrhundert den Herrscher, aber es liebte ihn nicht. Elisabeth, die ein seltenes Talent für »Öffentlichkeitsarbeit« besaß – auch dabei gebrauche ich ja einen modernen Begriff –, hatte sich in ihrem Königreich eine ganz und gar ungewöhnliche Zuneigung gewonnen. Ihre Schwester Maria Tudor hatte auf diesem Gebiet einen erschütternden Mißerfolg erlitten, denn ihr fehlten jene unbedingt erforderlichen Eigenschaften, die Elisabeth ganz selbstverständlich zeigte: ein ausgewogenes Verhältnis zwischen Autorität und Charme, Anspruch und Ermutigung, geistiger Selbstsicherheit und der Fähigkeit, eine gegensätzliche Meinung anzuhören. Damit hatte sie allgemeinen Respekt erworben. Kurzum, die Engländer hatten sich offenbar mit dem Gedanken ausgesöhnt, von einer Frau, einer undurchschaubaren Frau regiert zu werden. Genau so wollte sie gesehen werden.

Doch das politische Leben entwickelte sich weiter. Der Aufruhr in den Niederlanden stand im Mittelpunkt der internationalen Lage. Die Niederlande, eine Union von siebzehn Provinzen,

waren im Besitz des Königs von Spanien, wobei die Bevölkerung dieser Besitzung in Protestanten und Katholiken gespalten
war. Die Protestanten, die von den die Macht ausübenden Katholiken, insbesondere dem Herzog von Alba, grausam behandelt wurden und die sich über die Einführung der Inquisition
und die Mißachtung der Grundrechte erregten, revoltierten
ständig. Seeland und Holland fielen unter der Führung Wilhelms I. des Schweigers im Jahre 1572 ab, nachdem ein allgemeiner Aufstand ausgebrochen war. Elisabeth sah sich genötigt,
Stellung zu beziehen.

Ihre Sympathie für die protestantische Sache ging nicht so
weit, daß sie die Rebellen offen und bedingungslos unterstützt
hätte. Sie hatte sich zu einem sehr klaren Grundsatz bekannt –
wie ihn ihre Unterstützung Maria Stuarts veranschaulichte, als
diese Streit mit ihren Baronen bekam –, dem zufolge sich die
Untertanen nicht gegen ihren Souverän erheben durften.
Außerdem war sie der Meinung, daß sie nicht in einen Konflikt
eingreifen mußte, der sie nichts anging. Die Niederlande
gehörten Philipp II. Es war seine Sache, das Problem zu lösen.
Sie hielt es für gefährlich und unsinnig, sich in einen religiösen
Kreuzzug einzulassen. Der Schutz der englischen Interessen
hingegen betraf sie im höchsten Maße und verbot ihr daher eine
vollständige Tatenlosigkeit, dies um so mehr, als die Gefahr
einer spanischen Aggression bestehenblieb, wie auch immer der
politische Kampf ausging.

Wenn Philipp II. den Aufstand niederschlug, würde es ihm
die größere Sicherheit in den Niederlanden ermöglichen, die-
se als Ausgangsbasis für einen Angriff auf England zu nutzen.
Elisabeth fürchtete sich vor seinem religiösen Fanatismus. Phil-
ipp II. hatte sich niemals mit der Niederlage des Katholizismus
in England abgefunden, und ihr war wohlbewußt, daß er die
Wiederherstellung dieser Religion anstrebte, notfalls auch mit
Gewalt. Wenn Philipp II. jedoch die Niederlande verlor, würde
Frankreich nachrücken, um das Vakuum auszufüllen, und damit
England noch spürbarer bedrohen, weil es sein Bündnis mit
Schottland wiederbeleben könnte. Für Elisabeth bestand die

einzige Lösung darin, die Aufruhrstimmung in den Niederlanden zu schüren, die ausreichte, um Spanien in Atem zu halten und zu beunruhigen, die sich jedoch nicht so erfolgreich auswirken könnte, als daß sie einen Regimewechsel herbeigeführt hätte. Sie mußte also verdeckt handeln, was ihrem Wesen vollkommen entsprach. Deshalb begnügte sie sich damit, den kämpfenden Protestanten kärgliche Hilfsgelder zu übermitteln, ihre Untertanen – ohne daß sie angeblich etwas davon wußte – auszuschicken, um sich im Ärmelkanal und in der Nordsee als Piraten zu betätigen, und die Flüchtlinge aufzunehmen.

Philipp II., den dieser kostspielige Kleinkrieg erbitterte, ernannte nun im Jahre 1576 einen neuen Statthalter, seinen jungen Halbbruder Don Juan de Austria, der die Türken bei Lepanto besiegt hatte,* einen romantischen Kondottiere, der kurze Zeit daran gedacht hatte, Maria Stuart zu heiraten. Die Elisabeth bedrohende Gefahr nahm deutlichere Konturen an. Don Juan hatte das Talent und die notwendige Tatkraft, um die Rebellen endgültig zu vernichten. Ganz offenkundig würde dann die Versuchung unwiderstehlich sein, in England einzufallen, Maria Stuart zu befreien und so die Hand einer Königin und zugleich ein Königreich zu erringen. Alles gelang Don Juan, und die englischen Minister verharmlosten die Gefahr nicht. Man mußte schnell und energisch reagieren.

1578 wurde Elisabeth von der gesamten Regierung einmütig gedrängt, daß sie nicht nur den Rebellen beträchtlichere Summen, sondern auch Truppen schicken sollte. Sie ließ sich nicht überzeugen. Sie widersetzte sich, denn sie wollte das Schicksal nicht herausfordern, keine Männer und hohen Summen aufs Spiel setzen. Cecil konnte sie überreden, deutsche Söldner zu bezahlen, aber sie weigerte sich, mehr zu tun. Ihre Staatsräte ris-

---

* Vor der Küste von Lepanto, einer von den Venezianern befestigten griechischen Stadt, fand 1571 eine Schlacht zwischen der Flotte der Heiligen Liga (Spanien, Venedig und Rom) und jener der Türken statt. Sie erregte außerordentlich großes Aufsehen in der gesamten Christenheit. Don Juan, der natürliche Sohn Karls V. und einer Regensburger Bürgertochter, wurde von Philipp II. als Halbbruder anerkannt.

sen sich vor Verzweiflung die Perücke herunter und mußten Trost bei der Philosophie suchen. Ein Minister schrieb Cecil, den die Lage entmutigte: »Sie müssen sich dreinschicken, aus der Not eine Tugend machen und sich sagen, daß eben nicht Weisheit und Politik diese Welt regieren, sondern ein verborgener Ratschluß und das unvermeidliche Geschick.«[3] Selbst Robert Dudley, der einzige ihrer engen Vertrauten, der es wagte, ganz freimütig mit ihr zu reden, gab zu, daß er nichts auszurichten vermochte: »Jetzt kann nur noch Gott unsere einzige Königin schützen; er muß sie durch ein Wunder retten.«[4] Tatsächlich war es Gott – oder der blinde Schicksalsgott –, der Elisabeth vor den schrecklichen Folgen einer möglichen Invasion rettete. Don Juan de Austria starb im August 1578 an einem bösartigen Fieber. »Gott verfährt voller Liebe mit Ihrer Majestät, indem er ihre Feinde hinwegnimmt«,[5] schlußfolgerte Walsingham.

Aber die Königin sollte ihren unglücklichen Staatsräten keine Ruhe gönnen. Während sie in ihrem ganzen Leben als Erwachsene wenig Begeisterung für Heiratspläne gezeigt hatte, schien sie sich nun, da sie ein Alter erreichte, in dem die Möglichkeit einer Schwangerschaft mehr als ungewiß wurde, wirklich dafür zu erwärmen. Wem galt das? Franz von Alençon,* der eine neue Offensive begann, dem nun ein paar Haare mehr am Kinn sprossen, der immer noch ein geistiges Leichtgewicht war und ebenso häßlich wie immer aussah, nun aber eine Rolle als politische Schachfigur in den Niederlanden spielte, wo er Partei für die protestantischen Rebellen ergriffen hatte. Ein katholischer Prinz, der Bruder und Erbe des Königs von Frankreich, an der Spitze der Protestanten? Man glaubt zu träumen. Doch Alençon ließ sich auf eigenmächtige Unternehmen ein, ohne sich

---

* Wie alle Prinzen änderte der vierte Sohn Heinrichs II. und Katharinas von Medici im Verlauf seines Lebens mehrmals den Namen. Er wurde als Hercule de Valois geboren, wurde dann zu Franz, Herzog von Alençon, und später, bei der Thronbesteigung seines Bruders Heinrich III., zum Herzog von Anjou. Im Interesse größerer Klarheit bezeichne ich ihn weiter mit seinem Namen Alençon. Man gab ihm außerdem den Titel »Monsieur«, der stets dem ältesten Bruder des Königs verliehen wurde.

im geringsten um die Interessen der Krone zu kümmern. Nur
sein persönlicher Ehrgeiz leitete ihn. Anders als seine Brüder
und Schwestern verlachte er die Weisungen und Ratschläge seiner Mutter. Auf seinen Titel als Protektor der Niederlande
pochend, nahm er es direkt mit dem Statthalter Alessandro Farnese auf, dem Herzog von Parma, den Philipp II. zum Nachfolger Don Juans ernannt hatte. Daß sich Franz von Alençon an
Elisabeth annäherte, ließ sich politisch mit ihren gemeinsamen
Interessen in den Niederlanden begründen. Sir Thomas Smith,
den die Königin nach Paris entsandt hatte, um sich über die
Einstellung des Hofes zu informieren, lieferte einen maßvollen
Bericht.

Im Jahre 1578 herrschte der Herzog von Anjou, ihr ehemaliger
Heiratskandidat, seit drei Jahren unter dem Namen Heinrich III.
So wie sein Bruder Karl IX. früher davon geträumt hatte, ihn
loszuwerden, wünschte er nun von ganzem Herzen, seinen
jüngsten Bruder zu entfernen, der eine ebenso beharrliche
wie wirrköpfige politische Opposition betrieb. Ganz selbstverständlich mißfiel es ihm nicht, das Bündnis mit England zu
bestätigen.
    Katharina von Medici, die nichts von ihrer unerschütter-
lichen Selbstsicherheit und ihrem unverbesserlichen Optimis-
mus verloren hatte, konnte vor Freude kaum an sich halten,
wenn sie daran dachte, daß dieses Projekt, das 1572 ein totgeborenes Kind war, zu neuem Leben erwachte. Sie glaubte, die ver-
gangenen sechs Jahre hätten Wunder gewirkt, um das Aussehen
»ihres Sohnes Alençon« zu verbessern, »[der] nicht so häßlich
und mißgestalt war, wie man es [der Königin] berichtet hatte«,[6]
vor allem, seitdem sein Bart die unschönen Pockennarben verbarg. Da Alençon nichts von dem religiösen Fanatismus seines
Bruders hatte und sich unbekümmert mehr von seinem persönlichen Interesse als von seinem Glauben leiten ließ, sah Elisabeth
den unvermeidlichen Verhandlungen über dessen freie Religionsausübung ohne Sorgen entgegen. Schließlich erklärte die
Königinmutter noch ein wenig geheimnisvoll, daß sie ihn für

fähiger als ihren Bruder halte, Kinder zu zeugen.* Allerdings stellte sich weiter das beunruhigende Problem des persönlichen Verhältnisses der Beteiligten.

Walsingham, dem englischen Botschafter in Paris, einem Schützling Cecils, der einer der wichtigsten Berater der Königin werden sollte, war der Gedanke zuwider, daß eine Frau, die bald sechsundvierzig Jahre alt sein würde, sich einem solch übel beleumundeten Wicht fügen könnte. Das Tun und Treiben dieses jungen Mannes bestand im wesentlichen darin, gegen den König und die Königinmutter zu opponieren, die Unzufriedenen um sich zu scharen und sie zu verraten, wenn er spürte, daß sich der Wind drehte. Nie hatte er das geringste militärische Talent oder die geringste geistige Fähigkeit bewiesen. Als einziger englischer Minister sah Cecil, dessen innigster Wunsch es seit zwanzig Jahren war, daß seine Königin heiratete, in dieser Situation mehr Vorteile als Gefahren. Alençon war zwar jung, leichtsinnig, ungebildet und nicht sonderlich attraktiv, wenn man den Franzosen glaubte, obwohl Cecil hoffte, daß es den englischen Ärzten gelingen könnte, die unseligen Pokkenspuren ein wenig zu beseitigen, aber er war wenigstens kein Frömmler. In den Niederlanden hatte er sich auf die Seite der Protestanten gestellt, und wenn er als Erbe seines Bruders Heinrich III., der immer noch kein Kind hatte, nicht die katholische Religion aufgeben durfte, so würde er doch zumindest keinen englischen Protestanten durch öffentliche Religionsausübung kränken. Der alte Minister beschäftigte sich auch mit dem entscheidenden Problem der Fruchtbarkeit der Königin und befragte wieder einmal ihre Ärzte und Kammerfrauen, um sich Gewißheit zu verschaffen.

Diese Frage peinigte ihre Minister, ihr Volk, die ausländischen Souveräne ... und ihre zahlreichen Biographen. Einer bestimmten Theorie zufolge soll sie nie geheiratet haben, weil

---

* Tatsächlich konnte Heinrich III. nie ein Kind zeugen, obwohl er den verschiedenen auf diesem Gebiet spezialisierten heiligen Stätten zahllose Besuche abstattete.

sie wußte, daß sie kein Kind gebären konnte, doch diese Theorie ist nie bewiesen worden. Elisabeth war eine starke und tatkräftige Frau, die sich lange ihr jugendliches Aussehen bewahrte. Das beweist zwar nicht, daß sie in der Lage gewesen wäre, Kinder zu bekommen, doch die Bespitzelung, mit der die verschiedenen Botschafter sie verfolgten – sie bezahlten deren Wäscherinnen teures Geld, um sich über Elisabeths regelmäßige Monatsblutungen zu informieren –, mußte darauf hinweisen, daß ihre Körperfunktionen normal waren, warum hätten sich sonst Philipp II., Ferdinand I., der Kaiser des Heiligen Römischen Reiches Deutscher Nation, und Katharina von Medici derart hartnäckig bemüht, den einen oder anderen ihrer Kandidaten durchzusetzen? Warum hätte sich Cecil, ihr engster Mitarbeiter, so oft ihrem Zorn ausgesetzt, indem er sie zur Heirat drängte, wenn er sich ihrer Fähigkeiten nicht einigermaßen sicher gewesen wäre? Er versäumte es nicht, die Personen ihres Hofstaats regelmäßig zu befragen. Er formulierte die Schlußfolgerung, die er aus diesen Ermittlungen zog, in einer Denkschrift vom 27. März 1579, also zu einer Zeit, da die Königin bereits weit über die Vierzig hinaus war: »[...] Keine Krankheit oder Funktionsstörung der natürlichen Zeugungsfähigkeit, wie sich aus dem Urteil der Ärzte, die deren Zustand gründlich kennen, und der Meinung ihrer Frauen ergibt, die sehr engen Umgang mit ihr haben, beeinträchtigt offenbar ihre Eignung, selbst in ihrem Alter Kinder zu bekommen [...]. Tatsächlich rühren die verschiedenen Übel und Gebrechen, über die sie sich beklagt, wahrscheinlich daher, daß sie nicht verheiratet ist.«[7]

Das Ungestüm und die Unverschämtheit des Herzogs von Alençon führten zu einer unerwarteten Situation. Er beschloß, auf Gefühle zu setzen, und erklärte, er sei wahnsinnig verliebt in die Königin. Elisabeth wunderte sich überhaupt nicht, daß er sich derart urplötzlich verliebt hatte, sondern nahm seine Erklärungen mit Freuden auf, und die beiden traten in einen Briefwechsel, dessen Inhalt keinem verraten wurde.

Dieser Bewerber, der mehr von Liebe als von Politik sprach,

war im richtigen Moment aufgetaucht, denn die Königin hatte gerade erst erfahren, daß Dudley, ihr alter Verehrer, geheiratet hatte. Dudley hatte eine sehr diskrete Beziehung zu Lettice Knollys unterhalten*, einer Cousine der Königin, der Witwe des Grafen Essex. Als sie Dudley ankündigte, sie erwarte ein Kind, heiratete er sie insgeheim. Elisabeth soll es, wie es heißt, vom französischen Botschafter erfahren haben, der hoffte, damit die französischen Pläne voranzubringen. Nach einigen unerfreulichen Szenen gestattete sie Dudley, seinen Platz am Hof wieder einzunehmen, doch nie gab sie ihre Feindseligkeit gegenüber der neuen Gräfin auf. Sie ohrfeigte sie sogar in aller Öffentlichkeit, weil es sie erboste, daß sich Lettice mit königlicher Pracht herausgeputzt hatte, als sie bei Hof erschien. »So wie es nur eine Sonne am Himmel gibt, will ich, daß es in England nur eine Königin gibt«, warf sie ihr an den Kopf. Immerhin ließ das inbrünstige Liebeswerben Alençons ihre Wunden etwas weniger schmerzen und bestärkte sie in der Überzeugung, daß ihre weiblichen Reize noch faszinieren konnten. Nun begann eine unschöne Komödie. Wer hielt wen zum Narren?

Im November 1578 schickte Alençon einen seiner Lieblingskameraden, Jean de Simier, den Oberaufseher über seine Kleiderkammer, nach England, um der Königin in seiner Vertretung den Hof zu machen. Der grausame und skrupellose Simier, der bei den Damen höchst beliebt war – man behauptete, er sei ein ausgezeichneter Meister in Liebesdingen –, gehörte zur Schar der »Mignons«, jener Günstlinge, die den Hof Heinrichs III. bevölkerten und dazu beitrugen, dort eine zugleich perverse und gefährliche Atmosphäre zu schaffen. Man beschuldigte Simier, seinen Bruder ermordet zu haben, nachdem er ihn mit seiner eigenen Frau ertappt hatte, und diese hätte sich vergiftet, um einem noch widerwärtigeren Schicksal zu entgehen. Simier nahm seine Mission mit größtem Eifer in Angriff. Sobald er mit

---

* Lettice war die Tochter von Sir Francis Knollys, dem ersten Bewacher Maria Stuarts, und die Mutter des jungen Essex, der Elisabeths letzte Leidenschaft sein wird.

einem Gefolge von sechzig Edelleuten eingetroffen war, verteilte er haufenweise Juwelen an die Höflinge, um ihrer möglicherweise feindseligen Einstellung entgegenzuwirken – eine unfehlbare Methode. Vor allem aber nutzte er meisterhaft seinen Charme und seine Zungenfertigkeit, um Elisabeth in seinen Bann zu ziehen. »Seine Reden verjüngen sie«,[8] berichtete La Mothe-Fénelon an Katharina von Medici.

Überschwengliche Komplimente, Schmeicheleien, Schwüre, Beteuerungen, an Zoten grenzende Scherze. Alles kam aufs Tapet, und alles ließ man durchgehen. Die von Dudleys Ehe aus dem Gleichgewicht gebrachte Königin lauschte ihm entzückt. Zu Ehren des Besuchers wurde ein Ball gegeben. Am Abend hielt sie ihn noch sehr spät bei sich zurück, denn sie hatte nie die Gewohnheit aufgegeben, lange aufzubleiben. Sie hatte ihm den Spitznamen »mein Affe« gegeben, ein nicht allzu einfallsreiches Wortspiel mit seinem Familiennamen.* Das nahm er mit schallendem Gelächter auf, und fortan unterzeichnete er seine Episteln mit: »auf immer Ihr Affe, das treueste Ihrer Tiere«.

Unermüdlich ließ sie das Buch mit Miniaturen bewundern, dessen Einband mit Edelsteinen geschmückt war und das ihr Simier als Geschenk des Herzogs überreicht hatte. Ständig hielt sie den Brief in der Hand, in dem der Herzog versicherte, daß allein der Anblick »der vollkommensten Himmelsgöttin ein schmachtendes Leben«[9] erquicken werde. Ihr Hofstaat, der wußte, daß sie es sehr gut verstand, einen Besucher zu täuschen, sah zu und freute sich über ihre gute Laune, doch als ihre Staatsräte erfuhren, daß Simier mit ihrer Erlaubnis in ihr Schlafzimmer eingedrungen war und sich ihr Taschentuch und ihre Nachthaube angeeignet hatte, damit er seinem Herrn »Trophäen« übergeben konnte, begannen sie zu murren und mißbilligten »diese französischen, überaus unmännlichen und Fürsten unangemessenen Hofsitten«.[10]

---

* *Simia* heißt im Lateinischen »Affe« (Anm. d. Ü.).

In Paris schätzte man sich glücklich. Katharina von Medici verzichtete auf ihr gewöhnliches Feingefühl und schrieb Elisabeth freimütig, sie würde sich nur zufrieden fühlen, »wenn sie sähe, daß [die beiden] zusammen schliefen«.[11] Monsieur de Mauvissière, der neue Botschafter, teilte Katharina sogar schriftlich mit, daß die Königin Elisabeth »nie hübscher und schöner gewesen war. Ihre Jahre sind das einzig Alte an ihr [...]. Am zwanzigsten dieses Monats werde ich ihr an Jahren gleich sein. Wir sind zwar im gleichen Alter, teilen aber nicht das gleiche Schicksal. Wer in diesem Zeichen geboren wird,* ist niemals unfruchtbar und stirbt selten ohne Erben.«[12] In London spottete man über diese lächerlichen Prozeduren. Man redete offen über die Probleme, die das Alter der Königin mit sich brachte, und die Wetten standen drei zu eins, daß es keine Ehe geben würde. Doch dieses amüsante Treiben fand durchaus kein Ende, sondern ging immer weiter. Die Bevölkerung ließ sich nicht begeistern, und die Aussicht, einen französischen und dazu noch papistischen König zu bekommen, erfreute niemanden. Ein anglikanischer Pastor fand den Mut, von der Kanzel herab und vor der Königin zu verkündigen, »daß die Ehe mit einem Ausländer das Land zugrunde richten würde«. Die Königin stand mitten in der Predigt auf und verließ die Kirche mit großem Getöse.

Indessen ging man im März 1579 zu ernsthaften Dingen über, als Simier den Entwurf eines Ehevertrags vorlegte, der dem Staatsrat unterbreitet wurde. Simier fiel unsanft aus allen Wolken, als er erfuhr, daß man seine wesentlichsten Anträge ablehnte, nämlich, daß der Herzog sofort nach der Hochzeit zum König von England gekrönt würde, daß er gemeinsam mit der Königin die Machtbefugnis haben sollte, geistliche Ämter zu besetzen, und daß er bis zur Großjährigkeit seiner Kinder eine Jahresrente von sechzigtausend Pfund erhalten würde. Simier eilte zur Königin und beklagte sich über die harte Haltung ihrer

---

* Das Zeichen der Jungfrau, das paradoxerweise für die Fruchtbarkeit günstig war. Diesen Brief sollte ja Katharina von Medici lesen, die sich leidenschaftlich für Astrologie begeisterte.

Minister. Sie empfing ihn mit ihrer üblichen Liebenswürdigkeit und machte einen melancholischen Eindruck, als sie ihm zur Geduld riet. Sie hatte nicht allen Stolz verloren und erklärte: »Wenn es [die Franzosen] mit einer Fürstin zu tun hätten, die an irgendeinem körperlichen oder natürlichen Gebrechen litte oder auch keine geistigen Fähigkeiten besäße, könnte man sich vorstellen, ihre Bedingungen anzunehmen. Doch es hat Gott gefallen, selbst wenn man unsere hohe Stellung nicht berücksichtigt, uns recht großmütig Gaben zu gewähren, und ich betone, daß ich sie dem Herrgott und nicht mir selbst verdanke (denn ich bin keine Frau, die Lobreden auf sich selbst hinausposaunt), damit wir in aller Bescheidenheit eines so großen Prinzen wie Monsieur würdig sind, ohne daß wir uns solch harten Bedingungen unterwerfen müßten.«[13]

Alençon bewies nun eine Anpassungsfähigkeit, die von den Befürwortern der Ehe gelobt wurde, denn er beauftragte Simier, nicht auf den Forderungen zu beharren und seine Ankunft in England abzuwarten, bevor er neue Diskussionen begann. Anders als Erzherzog Karl, der sich stets geweigert hatte, sich einer persönlichen Inaugenscheinnahme zu unterziehen, kümmerte sich Alençon nicht um die Ratschläge seines Bruders und begab sich im August 1579 verkleidet und inkognito nach England. Eigentlich waren nur die Königin und Simier eingeweiht. Selbstverständlich wurde der Besuch zu einem öffentlichen Geheimnis. Wie der spanische Botschafter Mendoza berichtet, den es stets entzückte, bösartigen Klatsch weiterzutragen: »Die Königin brannte vor Ungeduld [...] und freute sich, weil ihre Talente und ihre Schönheit so hochgeschätzt waren, daß Alençon sie ohne die geringste Gewißheit besuchte, als Ehemann angenommen zu werden.«[14]

Der Herzog traf am frühen Morgen in dem bei London liegenden Palast von Greenwich ein, und man führte ihn sogleich zu einem Pavillon hinten im Park, wo er zusammen mit Simier logieren sollte. Er weckte ihn und wollte unverzüglich die Königin aufsuchen. Simier beschwichtigte dessen Ungestüm. Die

Königin stand nicht gern frühzeitig auf. Es war besser, sie zu benachrichtigen, als sie zu überraschen. Nun brauchte die Königin langwierige Vorbereitungen, ehe sie in Erscheinung treten konnte. Man benötigte unendlich viel Zeit, bis man ihr eine der großen roten Perücken aufgesetzt hatte, die sie benutzte, um ihre recht spärlich gewordenen Haare zu verbergen. Dann mußte sie ein Kleid unter den dreitausend möglichen aussuchen, mit denen die Schränke in ihren Palästen überfüllt waren, den riesigen Kragen umbinden, den Rock mit Nadeln am Mieder feststecken und die separaten Ärmel anknöpfen, die von ihr bevorzugten, über und über bestickten Handschuhe parfümieren und schließlich die Haare, das tiefe Dekolleté, die Hände und den Gürtel mit Schmuck behängen. Simier hatte ihr schriftlich mitgeteilt, daß ihr Verehrer bald kommen werde, und dazu noch angegeben, daß er ihn ins Bett gesteckt hätte, um ihn zu zwingen, etwas auszuruhen. »Gäbe doch Gott, er läge an Ihrer Seite!« Er hatte den richtigen Ton gefunden.

Alençon profitierte davon, daß ihm der üble Ruf vorausgeeilt war, sehr häßlich zu sein: »Sie sind ja gar nicht so unschön, wie man behauptet«, sagte sie ihm gleich bei ihrem ersten Zusammentreffen, das noch an demselben Tag stattfand – und wenn man dem Porträt Clouets glauben darf, wirkte er tatsächlich nicht abstoßend, sondern sah eher stattlich aus. Elisabeth verließ insgeheim ihr Schloß, um am Abend zusammen mit Simier und Alençon zu speisen.

Es folgten dreizehn Tage voller mysteriöser Begegnungen, kindischer Geheimniskrämerei, Tändeleien, Albernheiten, Seufzer und gegenseitiger Geschenke. Die Komödie mit dem Inkognito Alençons ging weiter und verlieh dem Abenteuer eine zusätzliche Würze. Man traf sich zufällig an einer Wegbiegung in einem Wäldchen. Dieses ganze Theater entzückte die Königin, die sich zum erstenmal in ihrem Leben wie eine leichtfertige alte Jungfer aufführte.

Die Höflinge taten so, als merkten sie nichts, doch überall raunte man sich Klatschgeschichten zu. Elisabeth spielte keine diskrete Rolle. Bei einem Hofball ließ sie ihren Anbeter hinter einem Wandteppich verstecken, schwungvoll tanzte sie überraschend viele Gaillarden und wandte sich oft mit einem Lächeln in seine Richtung. Das Undenkbare schien sich zu ereignen. Der kleine Prinz, »der Frosch«, wie ihn Elisabeth nannte, hatte gefallen. Die Botschafter erschöpften ihre Kuriere. Wie de Mauvissière berichtete, war die Königin fasziniert. Mendoza schrieb Philipp II., die Königin und ihr Besucher seien offenbar voneinander begeistert, und die Königin hätte erklärt, daß sie ihn gern heiraten würde.

Als der Prinz nach nicht einmal zwei Wochen am 29. August wieder abreiste, stellte sie ihm eines ihrer Schiffe zur Verfügung. Alençon überließ es Simier, seine Interessen wahrzunehmen, was dieser mit seinem üblichen Ungestüm ausführte. Der Herzog habe in der Nacht seiner Abreise kein Auge zugetan, flüsterte der Vertraute der Königin ins Ohr, und er habe die Nacht mit Seufzen und Weinen verbracht, wenn er ihm nicht gerade ihre göttlichen Schönheiten aufzählte. »Ich könnte nicht länger als eine Viertelstunde leben«, stöhnte er, »wenn ich nicht hoffen dürfte, sie gar bald wiederzusehen. Sie ist der Kerkermeister meines Herzens und die Herrin meiner Freiheit.«[15] Alençon trug seinen Teil dazu bei, er schrieb ihr vier Briefe aus Dover und drei aus Boulogne, die mit Tränen getränkt waren, wobei er aber sorgfältig darauf achtete, daß die Liebeserklärungen und Trauerbekundungen lesbar blieben. Er schickte ihr auch eine kleine goldene Blume, auf der ein Frosch saß, eine ihn darstellende Miniatur und eine Perle.

Elisabeth hingegen drückte ihre Gefühle in einem klagevollen Sonett aus. Das muntere und leichtfertige Mädchen verschwand, und an seine Stelle trat eine reife Frau, die zwischen Leidenschaft, Sittsamkeit und dem Bedauern über die schnell verrinnende Zeit hin- und hergerissen wurde:

»Ich weine und darf keinen Kummer zeigen,
Ich liebe und muß doch mit Hochmut prahlen,
Ich will und wag nicht, was ich will, zu sagen,

Ich scheine stumm, doch spreche ich im Innern,
Ich bin und bin nicht; bin aus Eis, und dennoch brenne ich,
Seitdem in mir ein neues Ich erwacht.«[16]

Offenbar war sie in einen eigentlich recht erbärmlichen, ihrer unwürdigen Mann wirklich verliebt, den niemand in Frankreich und den Niederlanden respektierte. In London griff eine feindselige Stimmung um sich, die rasch zu einem Sturm anwuchs. Die Engländer hatten es sich angewöhnt, die fintenreichen Heiratsverhandlungen ihrer Königin mit einer gewissen Belustigung zu verfolgen, solange sie das Spiel bestimmte und zum Vorteil Englands wirkte, doch die Umstände im Jahre 1579 sorgten für Unruhe.

Wenn die Königin tatsächlich an eine Heirat mit Alençon dachte, brachte sie sich in eine lächerliche Lage; und welchen Vorteil erhoffte sie sich, wenn sie Alençon zum besten hielt? Die einfachen Leute wurden nicht klug daraus, die Minister ebensowenig. Elisabeth wurde möglicherweise von den komplizierten Gefühlen einer Frau gepeinigt, die allmählich die göttliche Selbstsicherheit der Jugend verlor, die plötzlich erkannte, daß das unerbittliche Zerstörungswerk der Zeit ihre Zukunftsaussichten einengte, und die das endgültige Voranschreiten der Jahre anerkennen mußte. Vielleicht büßte nun sogar sie etwas von ihrer Kaltblütigkeit ein, als der Franzose sie mit seinen übertriebenen und dennoch schmeichelhaften Angriffen bestürmte, und sie konnte mit ihren widersprüchlichen Wünschen nicht zurechtkommen.

Man mag sich wundern, daß sie bisher die Bürde ihrer sechsundvierzig Jahre anscheinend so wenig empfunden hatte. Aber den Großen dieser Welt widmet man viele unsinnige Schmeicheleien. Wenn man ständig hört, man sei jung und schön, glaubt man zuletzt daran. Fügen wir dem noch hinzu, daß ihre ausgezeichnete Gesundheit, ihre Ausdauer als Reiterin, ihre Energie, ihre Arbeits- und Konzentrationsfähigkeit erklärten, warum sie das Älterwerden nicht spürte. Viele Damen, die jünger als die Königin waren, ermüdeten, wenn sie ihr folgen wollten. Schließlich hatte ihr die Kinderlosigkeit mühevolle körperliche Belastungen erspart, und obendrein fehlte ihr damit ein untrüglicher Spiegel. Hätte Elisabeth ein Kind bekommen, wäre ihr das Alter wohl oder übel deutlich bewußt geworden. Da sie keines hatte, hielt sie sich immer noch für jung und zukunftsreich. Sie kleidete sich nie als Matrone, sondern als junges Mädchen, zeigte atemberaubende Dekolletés, die glücklicherweise von ihren zahllosen Halsketten überdeckt wurden.

Es kam ein unsanftes Erwachen. Die englischen Puritaner waren es gewohnt, mit ihrer Meinung nicht hinter dem Berg zu halten. Sie sprachen und schrieben offenherzig. Ein gewisser John Stubbs, ein rechtskundiger Landedelmann, dessen Schwager die wichtigste Persönlichkeit der puritanischen Gemeinschaft war, verbreitete eine äußerst grimmige Flugschrift. Darin warnte er vor den Gefahren, die dem Land drohten, wenn es von einem französischen Prinzen regiert würde. Die katholische Messe würde sich wie ein Feuerbrand ausbreiten, den alle Meere nicht löschen könnten. Er ging sehr weit mit seinen Beleidigungen: Das Geschlecht der Valois sei durch die Lustseuche verdorben, donnerte er. Alençon sei von den Zeichen des göttlichen Zorns gebrandmarkt. Es sei eine abscheuliche, von den Franzosen ersonnene List, diesen Mann auf die englische Königin zu hetzen. Sie solle ihren Ärzten befehlen, ihr auf Ehre und Gewissen zu antworten, und auf sie hören, dann würden sie ihr sagen, daß sie sich schrecklicher Todesgefahr aussetzte. Elisabeth, die wütend über das war, was sie als Anstiftung zum Aufruhr ansah, ließ John Stubbs und den Drucker des Pamphlets verhaften. Ungeachtet der Proteste eines Richters und eines Anwalts wurden sie zum Verlust der rechten Hand verurteilt. Zum erstenmal kam die Grausamkeit Heinrichs VIII. bei seiner Tochter zum Vorschein.

Die Szene hat sich dem kollektiven Gedächtnis eingeprägt. Stubbs streckte dem Henker seinen Arm entgegen. Als die Strafe vollzogen und die Wunde mit einem glühenden Eisen ausgebrannt war, nahm er mit der linken Hand den Hut ab und rief: »Es lebe die Königin«, bevor er in Ohnmacht fiel. Der Drucker hatte die Kraft, laut zu sagen: »Auf dem Richtblock lasse ich die Hand eines guten Engländers zurück«, bevor er sich aufrecht und ohne die Hilfe der Wächter von der Stätte entfernte. Die feindselige, von diesem Schauspiel gelähmte Menge murrte.

Elisabeth begriff mit ihrem unfehlbaren politischen Gespür unverzüglich, daß sie einen falschen Weg gewählt hatte. Die Zuneigung und die Achtung ihres Volkes, die ihr bisher nie gefehlt hatten, waren für sie unentbehrlich. Die unkomplizierten Beziehungen, die sie stets mit ihren Untertanen verbunden hatten, spornten sie an, waren die Grundlage der Autorität, die sie über ihren Staatsrat ausübte, und rechtfertigten ihr einsames Leben.

Sie rief den Staatsrat zusammen, um seine Ansicht über eine mögliche Ehe mit Alençon zu erfahren. Die Minister berieten lange. Die Sitzung dauerte von acht Uhr morgens bis sieben Uhr abends. Sie waren immer noch unterschiedlicher Meinung über diese Frage. Cecil befürwortete zwar weiter die Ehe, doch er erkannte nunmehr an, daß es gute Gründe für eine Ablehnung gebe. Das von Walsingham vorgebrachte Argument, der für den unwahrscheinlichen Fall, daß Elisabeth ein Kind bekäme, große Befürchtungen hatte, daß sie bei der Entbindung sterben würde, ließ sich nicht leichtfertig zurückweisen. Walsingham betonte auch, daß der Herzog von Alençon, solange Heinrich III. keine Leibeserben hätte, dessen direkter Nachfolger blieb. Man konnte also nicht die Möglichkeit ausschließen, daß Alençon als Gatte der englischen Königin zum König von Frankreich würde. Und was würde geschehen, wenn Elisabeth stürbe? Die Minister trafen den sehr vernünftigen Beschluß, sie zu fragen, wozu sie selbst neige, bevor sie ihre Ansicht äußerten. Elisabeth meinte, ein solches Verhalten beweise mangelnden Enthusiasmus. Wenn ihre Staatsräte, die sie seit ihrer Thronbesteigung zur Heirat gedrängt hatten, es ablehnten, sie zu ermutigen, so deshalb, weil sie das Projekt für unsicher hielten, oder noch schlimmer, weil sie glaubten, Elisabeths Zeit sei abgelaufen.

Sie weinte, tobte und schrie ihr Verlangen hinaus, ein Kind zu bekommen. Sie lehnte es ebenso wie ihre Räte ab, sich festzulegen, und gab ihnen keine Antwort. Sie brauchten überhaupt keine. Jeder begriff, daß die Ehe nicht zustande kommen würde, und die Zeugen dieser Szene waren alle sicher, daß sie als Frau aufrichtig verzweifelt war. Sie sah, wie die letzte Möglichkeit persönlichen Glücks zerrann und das Alter auf die Jugend folgte, ohne daß sie Trost in einer warmherzigen Privatsphäre fand. Ob ihr das Leben mit einem derart zügellosen, unbesonnenen, unwissenden und selbstgefälligen Jungen die geringste Freude gebracht hätte, ist mehr als fraglich, doch Elisabeth hatte ihren Realitätssinn vorübergehend eingebüßt. Es gereicht ihr zur Ehre, daß sie sich bald wieder in der Gewalt hatte. Deshalb litt sie nicht weniger. Dieser Kummer sollte sie indes nicht daran hindern, sich der voraussichtlichen Ehe als eines zugkräftigen politischen Arguments zu bedienen. Im Innern beschloß sie, auf die Ehe zu verzichten, doch sie spielte nicht mit offenen Karten. Alençon konnte ihr noch nützlich sein. Nun bewies sie, daß sie Nutzen aus ihren Nerven einer Frau ziehen konnte, damit man vergaß, daß sie den Kopf eines Mannes hatte.

England befand sich in einer äußerst gefährlichen Lage, weil die katholische Bedrohung an allen Fronten wiedererstanden war. Wir haben schon früher gesehen, wie ernsthaft das spanische Vorgehen in den Niederlanden die englischen Interessen beeinträchtigte, doch das war nicht alles. Als Elisabeth den Thron bestieg, waren die eifrigsten und aktivsten englischen Katholiken aus England geflohen und hatten Unterschlupf in den unter Leitung des Jesuitenordens stehenden Seminaren von Douai, Reims und Rom gesucht. Dort bildete man sie zu Priestern aus und bereitete sie vor, England zurückzugewinnen und dafür das Martyrium auf sich zu nehmen. Sie drangen ins Königreich ein, wo sie gefährliche Unruhe stifteten und die Standhaftigkeit ihrer wankelmütigeren Glaubensgenossen außerordentlich stärkten. In Schottland errang Esmé Stuart, Graf von Aubigny, ein ehemaliger Jesuitenschüler und Cousin des jungen Königs, den der Papst und die Guisen nach Edinburgh geschickt hatten, so großen Einfluß auf Jakob VI., der sich als Zwölfjähriger schon sehr aufmerksam für seine Regierung interessierte, daß die englische Partei kurzzeitig geschwächt wurde. Der Papst und Philipp II. verständigten sich, um in Irland gemeinsam vorzugehen. Das Ergebnis war, daß eine Gruppe von emigrierten englischen Katholiken und ungefähr dreißig Spanier an den Küsten der Insel landeten und die Iren zu den Waffen riefen. Sie wurden ins Meer zurückgeworfen, doch man hatte einen gewaltigen Schrecken bekommen. Zu diesen tatsächlichen Gefahren kam hinzu, daß eine nervöse Stimmung herrschte. Sie wurde von den ständigen Komplotten geschürt, deren Ziel die Invasion in England und die Krönung Maria Stuarts war. All diese Gefahren verstärkten sich gegenseitig. Elisabeth, deren Positionen im Süden, Norden, Osten und Westen verwundbar waren, benötigte unbedingt ein Bündnis mit Frankreich.

Katharina von Medici hingegen mißtraute den Guisen und den fanatischen Katholiken, und sie fürchtete sich gleichfalls vor den Auswirkungen der Erbfolge in Portugal, das Philipp II. zugefallen war, was ihm den Zugang zu allen Schätzen der portugiesischen Besitzungen in Südamerika ermöglichte. Darum konnte sie nicht auf die Unterstützung Englands verzichten. Die beiden Herrscherinnen hatten also unterschiedliche Interessen, machten jedoch gemeinsame Sache. So war es durchaus nicht abwegig, daß die Verhandlungen über die Ehe weitergingen, selbst wenn sich damit nur erreichen ließe, Philipp II. in ständiger Alarmbereitschaft zu halten. Man muß allerdings klarstellen, daß Katharina im Gegensatz zu Elisabeth immer noch an ein Zustandekommen der Ehe glaubte.

Elisabeth zeigte daher keine Eile, mit ihrem Verehrer zu brechen. Sie schrieb ihm jedoch einen zärtlichen und zugleich entschiedenen Brief, um ihm darzulegen, warum es ihr unmöglich war, sich offener zu engagieren:[*] »Es ist Euch bekannt, mein

---

[*] Das Original dieses Briefes ist in Französisch geschrieben, allerdings in einem etwas archaischen Französisch. Darum habe ich den Text modernisiert, um ihn leichter verständlich zu machen.

Liebster, daß die Fristen[, die ich Euch auferlege,] daher kommen, daß unser Handeln die Freude und den Beifall unseres Volkes finden muß [...] und die öffentliche Ausübung der katholischen Religion ist seinem Herzen so zuwider, daß ich nie meine Zustimmung dazu geben würde, daß Ihr Euch in eine Gesellschaft so Unzufriedener begebt [...]. Ich bitte Euch, dieses gründlich zu überlegen, denn es handelt sich dabei um eine Sache, die für Engländer so schwer tragbar ist, daß Ihr es Euch nicht vorstellen könntet, wenn ich es Euch nicht sagte [...]. Ich für mein Teil gestehe Euch, daß es in der ganzen Welt keinen Fürsten gibt, dem ich so gern angehörte wie Euch [...] und mit dem ich die Jahre meines Lebens lieber verbrächte; und das alles wegen Eurer seltenen Tugenden und Eures lieben Wesens [...] doch ich habe Zweifel an unserem Einvernehmen und [...] hoffe schließlich, daß wir treue Freunde bleiben, es sei denn, Ihr ändertet Euren Entschluß bezüglich der offenen Ausübung Eures Glaubens und hieltet es für angebracht, mir hierüber zu schreiben [...]«[17]

Cecil, der endlich die Tatsache anerkennen mußte, daß das Geschlecht Heinrichs VIII. erlöschen würde, riet Elisabeth, sich klar und deutlich zu äußern, weil sie sonst die Franzosen verärgern könnte, anstatt sie als Bundesgenossen zu gewinnen; Walsingham unternahm gleichartige Schritte. Die Listen und Winkelzüge der Königin machten sie im Ausland verhaßt, schrieb er aus Paris.[18] Elisabeth hörte manchmal verstimmt und dann wieder geduldig zu, doch sie vertraute sich nicht einmal ihren Ministern vollständig an. Sie konnten durchaus verstehen, daß es notwendig war, die Verhandlungen mit Frankreich fortzusetzen, doch sie waren nicht mit der zusätzlichen sentimentalen Note einverstanden. Die unerschütterliche Elisabeth kümmerte sich nicht um deren Vorhaltungen und machte sich weiter ihre Stellung als Frau zunutze, ließ ihre politischen Initiativen möglichst naiv wirken und hielt sich Hintertüren für den Fall offen, daß ihr ein Rückzug zweckmäßig schien. Daß sie eine Frau war, nützte die Königin bewundernswert gut. Darum wollte sie nicht auf einen Briefwechsel verzichten, der ihr

schmeichelte und gleichzeitig Philipp II. stark beunruhigte –
und er beunruhigte ihn um so mehr, als selbst ihre Minister
nicht immer wußten, ob sie es mit der verliebten Frau oder der
Herrscherin zu tun hatten. Ihr Juwelier hatte einen kleinen
smaragdenen Frosch in einen Ohrring eingearbeitet, den sie
von Alençon erhalten hatte und der auf dem Siegel eines seiner
Briefe steckte. Sie legte ihn ebensowenig wie ein Paar Handschuhe ab, das er ihr geschenkt hatte und das sie zehnmal am Tag
an die Lippen drückte. Dieses Benehmen erboste ihre Minister,
doch es führte Simier nicht hinters Licht. Er unterschätzte nicht
»den bewundernswerten Geist« der Königin[19] und warnte
Katharina von Medici weiter vor ihr, denn sie war zu Unrecht
überzeugt, daß sie die alte Jungfer in ihren Netzen gefangen
hätte und daß es genügte, »sich nicht hinhalten zu lassen«, um
gewonnenes Spiel zu haben.[20]

Ungelöst blieb immer noch das Problem der Niederlande, das
so entscheidend für den Handel und das Wirtschaftsleben Englands war. Cecil drängte die Königin, die protestantischen Rebellen tatkräftiger zu unterstützen, denen der brutale, von Alessandro Farnese geführte Feldzug hart zusetzte. Alençon hatte
seine Ambitionen nicht aufgegeben und wollte Herrscher der
Niederlande werden. Die Ehe und das englische Gold waren für
ihn also immer notwendiger[21], und er bestürmte Elisabeth ohne
Unterlaß. Sie gab weiterhin keine feste Zusage.

Walsingham und Katharina von Medici führten die grund-
legenden diplomatischen Besprechungen. Walsingham lehnte
es ab, eine Entscheidung zu treffen, ohne zuvor nach London
zu berichten, denn er befürchtete ganz zu Recht, daß ihn die
Königin im Stich ließ. Katharina, die de facto allmächtig war,
der aber jede rechtmäßige Autorität fehlte, spielte virtuos mit
den unklar definierten Befugnissen ihrer Rolle. Ihr Sohn Heinrich III., den oft depressive Krisen lähmten, überließ ihr höchst
bereitwillig die Führung, damit aber hatte die Königinmutter
freie Hand, wenn sie es für nützlich hielt, Zeit zu gewinnen,
indem sie behauptete, sie müsse sich unbedingt mit ihm bera-

ten. Eine solche Situation war genau die richtige für Frauen, die alle Klugheit und List aufwandten, um miteinander zu wetteifern.

Beide hielten es übereinstimmend für vorteilhaft, ein Bündnis gegen Philipp II. abzuschließen; ebenso hoffte jede von ihnen, daß die andere im Kriegsfall die notwendigen Truppen in die Schlacht schicken würde. Es erübrigt sich zu sagen, daß die Verhandlungen nicht vorankamen ... und daß sich beim Heiratsproblem kein Ende absehen ließ. Die Franzosen lehnten den Vorschlag ab, ohne die Heirat einen gegen Spanien gerichteten französisch-englischen Bund zu schließen. Die Engländer, als deren Sprecher Walsingham auftrat, verwarfen die Vorbedingung der Heirat, »obwohl sich ihr die Gefühle der Königin nicht widersetzten, ganz im Gegenteil«,[22] denn sie könnte es nicht wagen, die Feindschaft ihrer Untertanen auf sich zu ziehen, um ihren persönlichen Neigungen nachzugeben. Schließlich kam es zwischen Walsingham und Alençon zu einem Gespräch, in dessen Verlauf sich Alençon offenherzig äußerte.[23]

Alençon begründete den Heiratsantrag als Vorbedingung mit der Befürchtung, daß sich Elisabeth darauf beschränken würde, dem unvermeidlichen Krieg zwischen Frankreich und Spanien zuzusehen, ohne aktiv daran teilzunehmen. Walsingham hingegen gab seine diplomatische Zurückhaltung nicht auf: Er wußte ja ganz genau, daß dies tatsächlich die Absicht der Königin war. Allerdings erklärte er, daß sie niemals eine Haltung einnehmen werde, die in solchem Widerspruch zu ihrer Ehre und ihren Interessen stehe. Alençon, der bei weitem nicht überzeugt war, schlug vor, daß sich Elisabeth verpflichten sollte, wenn die Ehe nicht zustande komme, ihn in den Niederlanden finanziell zu unterstützen. Es war Walsingham unmöglich, diesen Vorschlag zu akzeptieren, ohne sich mit ihr zu beraten, denn er wußte, wie sehr die Königin mit ihren Mitteln geizte.

Er begab sich nach London, um eindeutige Anweisungen zu erhalten. Was wäre ihr lieber: ein Bündnis zusammen mit der Ehe und ohne finanzielle Belastungen – oder ein Bündnis ohne Ehe, das aber Ausgaben nach sich zöge? Die Königin war nicht bereit, sich zu entscheiden und ihm eine klare Antwort zu geben. Inzwischen schickte Iwan der Schreckliche einen Botschafter, um zu erkunden, ob eine Heirat mit der Königin möglich war. Doch Elisabeth kannte den Ruf des Moskowiters zu gut, als daß sie diesmal auch nur zugestimmt hätte, Verhandlungen einzuleiten; es bereitete ihr jedoch Vergnügen, die Neuigkeit in Europa zu verbreiten. Walsingham war dem Wahnsinn nahe. »Wenn sich Ihre Majestät nicht an eine Entscheidung hält, würde ich es als eine große Gunst ansehen, in den Tower geschickt zu werden«, bekannte Walsingham gegenüber Cecil, »ich fürchte, daß Ihre Majestät keine Freundschaft, sondern Feindschaft erntet [...]. Die vom König für meine Ausgaben und für die der Botschafter, die er zu Verhandlungen nach England entsandt hat, übernommenen Kosten belaufen sich auf mehr als sechzigtausend Kronen. Wenn er damit keine Ehe oder ehrbare Freundschaft erreicht, kann er zu dem Schluß kommen, daß man seine Ausgaben schlecht genutzt hat.«[24]

Elisabeth kümmerte sich nicht um seine Ratschläge und blieb bei ihrem undurchschaubaren Verhalten. Es wäre unklug gewesen, Spanien mit dem Beistand einer so unzuverlässigen Verbündeten wie Katharina von Medici anzugreifen, während bei den Katholiken im Königreich gefährliche Unruhen ausbrachen und es auch in Irland wie in Schottland gärte. Es war besser, Alençon in Atem zu halten und zu ermuntern, die Spanier durch seine Umtriebe in den Niederlanden abzulenken.

Doch als Elisabeth erfuhr, daß Katharina von Medici, deren Doppelzüngigkeit ihrer eigenen nicht nachstand, Alençon vorgeschlagen hatte, seine Politik zu ändern, die Ambitionen in den Niederlanden aufzugeben und eine spanische Infantin zu heiraten, reagierte sie erstaunlich schnell. Unverzüglich schickte sie Alençon fünfzehntausend Pfund, versprach ihm noch einmal die gleiche Summe für den folgenden Monat und stellte damit sicher, daß er seine bisherige Politik fortsetzte. Während Katharina versuchte, sich mit Philipp II. zu verständigen, damit sie die Hand seiner Tochter für ihren Sohn erhielt, sandte Alençon, der hocherfreut war, weil er eine gewisse Unabhän-

gigkeit wiedererlangt hatte, seiner Elisabeth innige Dankesgrü-
ße und schwor, daß ihm die Zauberkraft eines ihrer Strumpf-
bänder den Sieg verleihen werde.

Diese Situation erwies sich als außerordentlich günstig für
Elisabeth: Alençon stellte sich in den Dienst ihrer Pläne, und die
Aussicht auf eine Ehe blieb gerade so weit erhalten, um Druck
auf Philipp II. auszuüben. Aber Alençon genügten keine drei-
ßigtausend Pfund. Er hing nun vollständig von Elisabeth ab.
Deshalb beschloß er, nach England zu fahren, und das weniger,
um wieder einmal auf der Ehe zu bestehen, als vielmehr, um
weitere Hilfsgelder zu erhalten.

Eine riesige französische Abordnung, die aus mehr als fünfhundert Edelleuten bestand, wurde mit allem Pomp empfangen. Die Königin, Cecil und Dudley veranstalteten abwechselnd großartige Bankette. Es gab Feste, Bälle und ein von Rittern ausgetragenes Scheingefecht, bei dem die Angreifer unter
dem Banner des »Verlangens« vergebens das »Schloß der Vollkommenen Schönheit« bestürmten. Dann, im November 1581,
erschien Alençon selbst. Er wurde mit allen erdenklichen Zeichen der Zuneigung aufgenommen. Wieder setzte sich eine
verliebte Stimmung durch, was man so deutlich spürte, daß es
die Würde der Königin gefährdete. Ließ sich Elisabeth mitreißen, oder hatte sie sich entschlossen, ganz bewußt Unsicherheit
und Fassungslosigkeit in ihrer Umgebung zu verbreiten?

Jedenfalls fand am 22. November 1581 ein Schauspiel statt,
das nicht nur unerwartet, sondern auch verwirrend vulgär war.
Die Königin promenierte an Alençons Seite in der großen
Galerie des Schlosses von Whitehall, als der französische Botschafter zu ihr trat und sie im Auftrag seines Herrn fragte, ob sie
eine Entscheidung über die Ehe getroffen habe. Sie antwortete:
»Sie können dem König ausrichten, daß der Herzog von Alençon mein Gatte sein wird.« Hierauf wandte sie sich dem jungen
Mann zu, küßte ihn und schenkte ihm einen Ring, den sie am
Finger getragen hatte.[25] Diese Szene wirkte so überraschend,
daß Mendoza, der spanische Botschafter, sie sehr ausführlich
schilderte, ohne sich jedoch vollständig täuschen zu lassen.

Die englischen Minister hingegen reagierten nicht allzu tief beeindruckt: Die Königin vergnügt sich, sagten sie sich, und tatsächlich schaffte sie sich ein paar Wochen danach den Bewerber ohne allzu große Umstände vom Hals. Alençon, der sich vom Benehmen der Königin angespornt fühlte, hatte ein wenig vergessen, daß ihm in ihren Augen nur sein Auftreten in den Niederlanden eine gewisse Bedeutung gab. Er fand das Leben am englischen Hof über alle Maßen reizvoll und zeigte nicht die geringste Eile, wieder den Kampf aufzunehmen. Die ernüchterte Elisabeth empfand seine Anwesenheit allmählich als lästig. Seine Abreise wurde schließlich teuer erkauft. Sie brauchte sechzigtausend Pfund, um ihn zum Aufbruch zu überreden. Zwar begleitete sie ihn bis Canterbury, versicherte ihm, wie sehr sie seine Abwesenheit bekümmern werde, und schwor, daß sie gern eine Million Pfund dafür gäbe, wenn »ihr Frosch wieder in der Themse schwämme«, doch als sie in ihr Schloß zurückkehrte, war sie wie ihr ganzer Hofstaat über die Abreise des Verehrers erleichtert und deutete ein paar Tanzschritte an.[26]

Sehr bald bewies Alençon wieder einmal seine politische und militärische Unfähigkeit. Von den Truppen Alessandro Farneses besiegt, von einem Zwist mit den Anhängern Wilhelms von Oranien gelähmt, die ihm eigentlich beistehen sollten, mußte er auf jeden Machtanspruch verzichten und starb im Juni 1584. Elisabeth schrieb Katharina von Medici einen Kondolenzbrief in dem von ihr zuweilen bevorzugten überschwenglichen Stil: »[...] Ihr, Madame, habt noch andere Kinder. Mir aber bleibt nur die tröstliche Hoffnung, daß ich im Tode bald wieder bei ihm bin. Madame, könntet Ihr in mein Herz schauen, Ihr sähet einen Körper ohne Seele.«[27]

Seltsamerweise befanden sich der französische König Heinrich III. und die englische Königin in der gleichen Lage. Keiner von beiden hatte direkte Erben, und die Religionszugehörigkeit ihrer Nachfolger – des Protestanten Heinrich von Navarra, des zukünftigen Heinrich IV., wie der Katholikin Maria Stuart – stellte sie vor ein gleichsam unlösbares Problem. Zu diesem

Zeitpunkt richtete Elisabeth die Augen auf Jakob, den König von Schottland, der inzwischen fünfzehn Jahre alt war, und schrieb ihm fortan regelmäßig.

Damals verzichtete sie endgültig und nicht ohne ein gewisses Bedauern auf das diplomatische Instrument der Eheprojekte. Es hatte ihr gute Dienste geleistet und ermöglicht, den offenen Krieg mit Spanien um einige Jahre hinauszuzögern, doch ihr Alter verbot ihr künftig, dieses Mittel einzusetzen.

Aber ihr blieb die magische Wirkung der Jungfräulichkeit. Christopher Hatton, einer ihrer Hofleute, hatte in der Zeit, als das Eheprojekt mit Alençon scheiterte, bei dem Maler George Gower ein Bild der Königin bestellt, das »Porträt mit dem Sieb« genannt wird, das erste einer langen Reihe. Sie – prächtig geschmückt, mit glattem und unergründlichem Gesicht, alters-los – hält ein Sieb in der Hand, das Symbol der Keuschheit, seit-dem die römische Vestalin Tuccia über das Forum gelaufen war und dabei ein mit Wasser gefülltes Sieb gehalten hatte, ohne einen Tropfen zu verschütten, womit sie ihre Jungfräulichkeit bewies. Das Sieb, das ja auch benutzt wird, um die Spreu vom Weizen zu trennen, versinnbildlichte außerdem ihr sicheres Urteilsvermögen. Damals fand sie ein ungetrübtes Verhältnis zu ihrem Volk wieder, doch ihr blieb eine bittersüße Erinnerung an jene letzten Bemühungen. »Trauer beherrscht uns so«, schrieb Walsingham, »daß öffentliche wie private Dinge für eine Zeit ruhen.«[28] Die Ruhe war nur vorübergehend, und die Dringlichkeit der öffentlichen Angelegenheiten sollte die pri-vaten Sorgen besänftigen.

X
Die Hinrichtung
1587

Die endlose Romanze mit Alençon – Katharina hatte 1571 den ersten Vorschlag unterbreitet, und Elisabeth verabschiedete den Herzog endgültig im Jahre 1582 – hatte die Königin in den Augen ihres Volkes zeitweise lächerlich gemacht, doch der ungewisse Ausgang dieser Affäre hatte die außerordentlich günstige Wirkung, Philipp II. in einem Zustand peinigender Unschlüssigkeit zu halten. Ihn beherrschte der ehrgeizige Wunsch, England für den Katholizismus zurückzugewinnen, und er dachte an eine Wiedereroberung der Insel, die zur Absetzung Elisabeths und zur Krönung Maria Stuarts geführt hätte. Eine großartige Operation, die »la Empresa« (»das Unternehmen«) genannt wurde und die sich ohne die Zustimmung, wenn nicht die aktive Unterstützung Frankreichs, des Papstes und Schottlands unmöglich bewältigen ließ. Solange ihn die Aussicht auf ein Ehebündnis zwischen Frankreich und England bedrohte, hatte der spanische König jedoch keinen Handlungsspielraum. So kann man sich vorstellen, welch hektisches Treiben in den Amtsstuben des Escorials einsetzte, als bekannt wurde, daß sich Elisabeth endlich zu einer Trennung entschlossen hatte. Die Spionage- und Spionageabwehrdienste entfalteten eine fieberhafte Tätigkeit, und wieder einmal stand Maria Stuart im Mittelpunkt sämtlicher Intrigen.

In all diesen Jahren war sie unter der Aufsicht des Grafen von Shrewsbury geblieben, mußte von einem Schloß ins andere umziehen und das beschränkte und eintönige Leben einer großen Dame aus der Provinz führen. Sie durfte sich nicht frei bewegen, doch ihr Hofstaat und der Graf behandelten sie unwandelbar voller Rücksicht und Respekt. Die Leere dieser einförmigen, stets einander gleichen Tage, die stets aufs neue für eine Frau begannen, die nur extreme Situationen kennengelernt, den heftigen Reiz des Unvorhergesehenen, den Überschwang der Liebe, den Ausbruch der Raserei erfahren hatte, stellte für sie eine unerträglich sanfte Qual dar. Die vorgespielte Rücksichtnahme ihrer Wächter, ihre zwangsläufig heuchlerische Höflichkeit erbitterten sie – doch wie sollte sie sich darüber beklagen? Auch der Graf von Shrewsbury litt unter den Konflikten, die sich aus dieser widersprüchlichen Situation ergaben: Er wollte seiner Königin nicht mißfallen, doch es widerstrebte ihm, jene Frau, die seine Herrscherin werden konnte, streng zu behandeln. Außerdem wußte er es zu würdigen, daß seit der Ankunft Maria Stuarts bei ihm daheim eine angenehmere Atmosphäre herrschte. Es bereitete ihm Vergnügen, mit ihr zu plaudern, und es freute ihn, so dem Gezeter seiner Frau zu entgehen. Elisabeths Staatsrat vertrat daher die Ansicht, daß Shrewsbury zu oft wie ein Vertreter der schottischen Königin erschien, und dieser mußte sich mit ständigen Kritiken auseinandersetzen.

Die Minister entrüsteten sich über die der Gefangenen gewährten Vergünstigungen, daß man ihr Wasserkuren ermöglichte, die ihre Schmerzen lindern sollten, daß sie ungehindert reiten durfte, obwohl die rings um das Schloß und die Nachbardörfer postierten Soldaten eine Entführung unwahrscheinlich machten, daß sie sich so vielen Leuten zeigte. Die Kosten, die das starke Anwachsen des königlichen Gefolges verursachte, riefen wütende Proteste hervor. Nach der Aufdeckung des Ridolfi-Komplotts hatte sich Maria mit einem Gefolge von dreißig Personen begnügen müssen. Zu ihnen gehörten Mary Seton, ihre Freundin aus Kindheitstagen, Agnes Fleming, eine Verwandte, und deren Gatte Lord Livingston, ihre bevorzugte Kammerfrau Jane Kennedy, John Beaton, ihr Haushofmeister, zwei Sekretäre, ein Arzt, ein Apotheker, ein Koch, ein Suppenmeister sowie mehrere Wäscherinnen, Stallknechte und Kut scher. Nach und nach nahm die Zahl ihrer Diener wieder zu. Shrewsbury, der sich ihren Forderungen nicht widersetzen konnte, schloß die Augen ... Oft setzte er sich dafür ein, ihr Los erträglicher zu machen, und er kontrollierte ihren Briefwechsel nur sehr oberflächlich. Ihre Vertrauten wurden nicht allzu gewissenhaft überwacht. Wichtige Briefe entgingen seiner Zensur, weil die Kammerfrauen der Königin sie an seine eigenen, mit großzügigen Trinkgeldern bestochenen Diener weitergaben und sie auf diesem Weg nach draußen gelangten.

Da Maria über ihre Einkünfte als Witwe eines französischen Königs frei verfügte und nichts für den Unterhalt ihrer Leute ausgab, hatte sie genug Geld, womit sie die Dienste solcher Zwischenträger bezahlte und, was noch wichtiger war, die nach Frankreich emigrierten englischen Katholiken und die im Untergrund tätigen Missionare insgeheim finanzierte. Diese kehrten nach England zurück, um zu predigen und eine gefährliche Aufruhrstimmung unter der Bevölkerung zu schüren. Damit sie Briefe an alle Herrscher Europas übersenden konnte, baute die Gefangene unbeirrbar weiter illegale Nachrichtennetze auf, die von den Abwehrdiensten der Königin regelmäßig entdeckt wurden. Damals, und das bewies, daß ihre Hoffnungen wiedererwachten, ersuchte sie Papst Gregor XIII., ihre Ehe mit Bothwell zu annullieren, was er schleunigst tat. Nun erwog Maria, Don Juan de Austria, den illegitimen Bruder Philipps, zu ehelichen, ebenjenen Heerführer, der gegen Alençon in den Niederlanden kämpfte. Doch Don Juan starb ja schon im Jahre 1578.

Trotz dieser verborgenen Betriebsamkeit floß die Zeit langsam dahin. Maria ging auf die Vierzig zu, und sie war schneller als Elisabeth gealtert, selbst wenn es nur daran liegen mochte, daß sie sich langweilte. Häufig ließ sie sich von depressiven Stimmungen überwältigen. Allzuoft machten es ihr schmerzhafte rheumatische Anfälle oder ein Seitenstechen unmöglich, aufs Pferd zu steigen, und sie litt darunter, ständig im Schloß eingesperrt zu sein. Aus der schlanken Reiterin war eine etwas korpulente Dame geworden, die Mühe beim Laufen hatte und

ihre Abende damit verbrachte, höchst kunstfertige Handarbeiten zu sticken, in die sie Verse, ihre Devise *En ma fin est mon com-
mencement** und Anagramme einfügte, die sich von ihrem Namen inspirieren ließen. *Tu es martyre,*** *Tu te marieras**** oder
auch *Sa vertu m'attire***** finden sich auf all ihren Arbeiten wieder. Gern stellte sie auch Pflanzen und Tiere dar. Ein kleiner
Affe, den sie auf einer Abbildung in einem naturgeschichtlichen
Buch entdeckt hatte und den sie mit Kreuzstichen aus Seiden-
garn auf ein kostbares Samttuch stickte, bezeugte ihr ungewöhnliches Geschick.[1] Sie arbeitete mit einer etwas zwanghaf-
ten Leidenschaft, verzierte Taschen- und Umschlagtücher, ihre
Bettvorhänge wie auch den Stoff ihrer Sitzmöbel, doch dabei
bewahrte sie einen so klaren Kopf, daß sie den widerwärtigen
Klatschgeschichten über Königin Elisabeth aufmerksam lau-
schen konnte, die ihr die schreckliche, über ihr unfreiwilliges
Exil ergrimmte Bess eifrig erzählte. Damit verläßt man das Feld
der Politik und gerät in die Niederungen des Geschwätzes.

1584, zwei Jahre danach, schrieb Maria – vielleicht, um sich
an Bess zu rächen, weil diese sie beschuldigte, ihren Gatten verführt zu haben – einen Brief an Elisabeth, in dem sie alle Verleumdungen ausführlich wiedergab, die man ihr über sie erzählt
hatte. Die Gräfin von Shrewsbury hatte ihr versichert, daß die
Königin »unendlich viele Male mit dem Grafen von Leicester
geschlafen und dabei alle Ungezwungenheit und Vertraulich-
keit genossen hätte, die zwischen Eheleuten üblich sein können«, daß sie niemals den Herzog von Alençon heiraten werde,
um nicht »die Freiheit« zu verlieren, »sich lieben zu lassen und
ihre Lust stets bei irgendeinem neuen Liebhaber zu finden [...],
daß sie mit dem Herzog zusammengetroffen sei und dabei nur
ein Hemd und ein Nachtgewand getragen hätte [...] und«, so
schloß Maria, »die Gräfin hat mir geraten, wobei sie über alle
Maßen laut lachte, meinen Sohn als Bewerber um Ihre Liebe zu

---

* »In meinem Ende ist mein Anbeginn« (Anm. d. Ü.).
** »Du bist Märtyrerin« (Anm. d. Ü.).
*** »Du wirst heiraten« (Anm. d. Ü.).
**** »Seine Tugend zieht mich an« (Anm. d. Ü.).

verwenden, denn das sei etwas, das mir großen Nutzen bringen würde«.[2] Dieser Brief ist so ungewöhnlich, daß man sich versucht fühlen könnte, ihn für eine Fälschung zu halten, wenn es nicht das Original gäbe, wobei dieses Original nie das Archiv der Familie Cecil verlassen hat. Es ist allerdings sicher, daß Elisabeth den Brief niemals gelesen hat, entweder weil ihn Cecil abgefangen hatte oder weil Maria ihn nicht abschickte und man ihn unter ihren Papieren fand, die 1586 während des Babington-Komplotts, auf das wir noch näher eingehen, in Chartley beschlagnahmt wurden.

Solange sich die Heirat Elisabeths und des Herzogs von Alençon nicht ganz ausschließen ließ, war Maria Stuart von geringerer Bedeutung für Frankreich. Als man das Projekt im Jahre 1582 endgültig aufgab, bekam Philipp II. wieder freie Hand, energischer gegen England vorzugehen, und er knüpfte engere Beziehungen zu den fanatischsten Katholiken Frankreichs, die von den Guisen geführt wurden. Die Engländer, die klar erkannten, daß sich die Gefahr verschärft hatte und die Königin tatsächlich bedroht war, verstärkten ihre Spionagenetze und ihr Überwachungssystem. Es fiel noch beträchtlich schwerer, die Königin zu schützen, weil sie sich weigerte, Vorsichtsmaßnahmen zu befolgen, die sie isoliert und den Blicken ihrer Untertanen entzogen hätten. Nie hätte sie zugestimmt, nach Art Philipps II., der sich in seinem Escorial einschloß, ein Einsiedlerdasein zu führen. Ihre Schwester, ihr Bruder oder selbst ihr Vater hatten nie die Kutsche oder Sänfte halten lassen, um einen Angehörigen des Volkes anzusprechen oder, noch besser, dessen Worte anzuhören. Sie unterbrach ständig ihre Fahrten, um genau das zu tun. Da sie die Kunst, dem Volk zu gefallen, vollendet beherrschte, mußte sie ihr Wohlwollen äußern und so beweisen, daß die zuverlässigen Grundlagen ihrer Autorität in »der Treue und der Zustimmung [ihrer] Untertanen«[3] bestanden. Wenn sie sich spontan den Zuschauern zeigte, die ungeduldig warteten, daß sie vorüberkam, konnte sie aus dieser Quelle neue Kraft schöpfen, weil sie solche Bekundungen der Zuneigung entge-

gennahm. Nie hätte sie sich einverstanden erklärt, darauf zu
verzichten. Doch in einer Zeit, da Papst Gregor XIII. und der
Herzog von Guise offen zur Ermordung der Königin aufriefen,
darf man die berechtigte Sorge und Nervosität des Staatsrates
nicht als übertrieben ansehen.

Anfang 1583 erfuhr Walsingham von einem verdächtigen
Vorfall. Man hatte einen Boten des spanischen Gesandten an der
schottischen Grenze festgenommen. Er konnte seine Wächter
bestechen und entfliehen. Aber er ließ einen Spiegel zurück:
Aus dessen Rückseite zog man Briefe hervor, die hinter dem
Rahmen versteckt waren. So kam Walsingham hinter den Plan
des großen »Unternehmens«. Er konzentrierte sich zunächst auf
den Briefwechsel zwischen Maria und dem französischen Botschafter, um weitere Einzelheiten herauszufinden. Er stellte
nichts sonderlich Aufsehenerregendes fest, außer daß Maria
einige Geheimschriftrezepte angab: Vierundzwanzig Stunden
vor dem Schreiben müsse man das Papier oder ein sehr dünnes
Tuch in eine Mischung aus Wasser, Ammoniak und Alaun tauchen, dann unsichtbare Buchstaben aufzeichnen, und diese
Schrift erscheine wieder, wenn man das Material anfeuchte.
Oder man konne auch, regte sie an, zwischen die Zeilen eines
Buches schreiben, dies aber nur auf jeder vierten Seite, und den
so manipulierten Band zu erkennen geben, indem man einen
Faden oder ein grünes Band hineinstecke. Ein weiterer Kunstgriff bestand darin, ausgehöhlte Stiefelabsätze mit den Schrift-
stücken zu füllen oder doppelte Deckel wie auch Kistenwände
zu benutzen. All dem kam keine Bedeutung zu. Als die Engländer jedoch die Botschaft überwachten, durchschauten sie die
verdächtigen Umtriebe eines gewissen Francis Throckmorton,* eines englischen Katholiken, den Maria Stuart als Spion
benutzte. Walsingham ließ ihn sechs Monate beobachten, und
als er genug Indizien zusammengetragen hatte, ordnete er im
November 1583 dessen Verhaftung an und beschlagnahmte des-

---

* Der Onkel dieses Mannes, Sir Nicholas Throckmorton, hatte Elisabeth in
ihren ersten Herrschaftsjahren gedient.

sen Papiere. Man fand bei ihm lediglich Listen mit den Namen von Katholiken und Ausländern, die einer spanischen Landung wohlwollend gegenüberstanden. Doch unter der Folter gestand er schließlich alles und klärte Walsingham über die internationalen Verzweigungen der Verschwörung auf: Der Papst, der Herzog von Guise, Philipp II. und die englischen Jesuitenmissionen, sie alle waren darin verwickelt. Er nannte Komplizen, denen keine Zeit zur Flucht blieb und die ins Gefängnis geworfen wurden. Man ersuchte den spanischen Botschafter Mendoza, innerhalb von zwei Wochen aus dem Land zu verschwinden, und Throckmorton wurde hingerichtet. Aber Elisabeth weigerte sich immer noch, Anklage gegen Maria zu erheben. Sie erklärte sich lediglich einverstanden, Shrewsbury, dessen Unfähigkeit sich nicht länger übersehen ließ, von seinen Aufgaben zu entbinden und das Treiben der schottischen Königin stärker zu kontrollieren.

Paradoxerweise wurde unter diesen schwierigen Umständen ein endgültiges Abkommen mit Schottland geschlossen, und Elisabeth fühlte sich nun sicher, weil an ihrer Nordgrenze wieder Ruhe eingekehrt war. Der Grund für diese ungewöhnliche Stabilität bestand im Auftreten eines neuen Mitspielers, der kein anderer als Jakob VI., der Sohn Maria Stuarts, war. Esmé Stuart, der Führer der französischen Partei, hatte den jungen Mann kurze Zeit für sich eingenommen, wie wir bereits gesehen haben, doch der Einfluß dieser Partei hielt sich nicht lange. Die protestantischen Lords reagierten mit dem üblichen Ungestüm, sie verjagten die frankreichfreundlichen Hofleute und erneuerten das Bündnis mit England. Jakob, ein außerordentlich ernsthafter und frühreifer, altklug wirkender junger Mann, wurde sich nun bewußt, daß seine Zukunft von der Freundschaft mit England abhing. Er sagte sich in dem Augenblick, als er mit sechzehn Jahren tatsächlich die Macht übernahm, von der katholischen Sache los. Er war so vorsichtig, daß er nicht die geringste Absicht zu erkennen gab, sich für seine Mutter zu verwenden. Niemals versuchte er, ihre Freilassung zu erreichen, ja nicht einmal, ihre Lebensbedingungen zu verbessern. Man muß in diesem Zusammenhang klarstellen, daß es in all den Jahren keinerlei Verbindung zwischen Mutter und Sohn gab. Maria Stuart schrieb ihm hin und wieder und hatte ihm einige Geschenke übersandt – vor allem einen kleinen Affen –; da sie ihren Sohn aber weiter mit dem Titel »Prinz von Schottland« und nicht mit dem des Königs titulierte, schickten ihr die schottischen Lords all ihre Briefe zurück. Diese grundsätzliche Haltung machte also die geringste Beziehung, selbst die formalste, unter ihnen unmöglich.

Jakob bemühte sich, wie Maria Stuart vor ihm, von der englischen Königin seine Anerkennung als Nachfolger zu erreichen; als sie jedoch auswich, bestand er nicht darauf. Ihm lag vor allem daran, gute Beziehungen mit ihr zu unterhalten. Im Juli 1586 bestätigte er ohne Hintergedanken den Vertrag von Berwick, der das Bündnis mit England sanktionierte und den Beginn einer friedlichen, jedoch nicht unkomplizierten Verbindung mit Elisabeth bezeichnete. Sie unterhielten nun eine regelmäßige Korrespondenz, wobei sie einander stets handgeschriebene Briefe schickten. Sie nannte ihn »mein lieber Bruder«, er redete sie mit »Madame« und »Mutter« an und unterschrieb oft mit »Euer Bruder und Sohn«.[4] Wie eine gute Verwandte schickte sie ihm, dessen Jagdleidenschaft sie kannte, die schönsten Pferde und die besten Hunde. Fügen wir dem noch die prosaischere Tatsache hinzu, daß er außerdem eine hohe Jahrespension erhielt und daß wohlüberlegte Spenden die größten Englandfreunde unter seinen Staatsräten belohnten.

Trotz der sie trennenden dreiunddreißig Jahre hatten die beiden Verwandten viel gemeinsam. Die Erinnerung an ihre früheren Bewährungsproben vermittelte ihr eine intuitive Erkenntnis der psychologischen Verfassung Jakobs, die weder seine Mutter noch die Minister der beiden Herrscher haben konnten. Ihr hatte ebenso wie Jakob der zuverlässige Schutz eines Verwandten gefehlt. Jakobs Kindheit und Jugend waren die eines Waisenkindes, Elisabeth hatte sich einem grausamen und launischen Vater und danach einer feindseligen Schwester unterwerfen müssen. Jakob entwickelte schon in seiner Jugend

eine geduldige Ausdauer, die sich nur mit der ihrigen vergleichen ließ. Die Aussicht auf die Herrschaft in einem Königreich
schien allen beiden nahe und doch nie sicher: Denn Elisabeth
befand sich in der Gewalt ihrer Schwester und konnte sich ihres
Schicksals erst gewiß sein, als diese starb; Jakob empfand das
gleiche, weil ihn seine theoretisch unangreifbare Position, der
erste Anwärter auf das Erbe Elisabeths zu sein, nicht für die
unvorhergesehenen Hindernisse blind machte, die ihm den
Weg versperren konnten. Den Briefwechsel erleichterten ihnen
auf einer eher persönlichen Ebene gemeinschaftliche intellektuelle Neigungen und eine leidenschaftliche Begeisterung für
die Formulierungskunst. Wir haben schon darauf hingewiesen,
daß Elisabeth gern las und aus dem Griechischen oder Lateinischen übersetzte. Sie bildete sich ständig weiter, und 1582 nahm
sie den Griechischlehrer Savile in ihre Dienste, den Jakob einige
Jahre später mit seinem bewundernswerten Vorhaben beauftragte, die Bibel ins Englische zu übersetzen.* So gewannen die
beiden Verwandten wirkliches Verständnis füreinander, und
dieses Verständnis führte schließlich zu einer äußerst rücksichts-
vollen Beziehung.

Jakob befand sich in einer etwas zwiespältigen Situation. In
den Augen der Schotten war er König, ein gekrönter König,
der Gesalbte des Herrn, aber seine Mutter hatte nie auf die
Krone verzichtet. Ganz im Gegenteil, sie hörte nie auf, den
Thron zurückzufordern, und ihre mitleiderregenden protokol-
larischen Ansprüche während ihrer Gefangenschaft sollten lediglich hervorheben, daß sie sich immer noch als Königin, und
zwar als eine Königin von Gottes Gnaden, ansah. Das bloße
Dasein der Mutter untergrub also die Macht ihres Sohnes. Erst
am Tag ihres Todes könnte er wirklich König werden. Elisabeth
hingegen hatte es nicht auf seine Krone abgesehen, doch in
ihrer Hand lagen die Schlüssel zu seiner Zukunft. Es hing von

---

* »The King James Bible«, die unter der Schirmherrschaft des Königs erarbei-
tete Bibelübersetzung, ist einer der schönsten Texte der englischen Sprache.
Der König nahm sehr regen Anteil an diesem Werk, das seine Überzeugung
widerspiegelt, daß nichts der Macht des Wortes gleichkomme.

ihr ab, ob ihm der gewaltige Triumph zuteil werden konnte, die
beiden Königreiche zu vereinigen. Natürlich würde ihm erst
der Tod Elisabeths den Weg zu diesem großen Aufstieg frei
machen, doch ihr Altersunterschied erlaubte ihm, geduldig zu
warten. Deshalb waren seine Interessen enger mit denen Elisabeths verbunden: Alle beide hatten, aufrichtig gesagt, viel zu
gewinnen, wenn Maria Stuart starb. Die Scheu vor dem Urteil
der Welt und noch mehr die Scheu, das Königtum von Gottes
Gnaden anzutasten, hinderten sie jedoch daran, mit offenen
Karten zu spielen.

Marias Haftbedingungen verschärften sich. Der nachsichtige
Graf von Shrewsbury, dem es dermaßen widerstrebte, sich als
ihren Wächter anzusehen, wurde durch Sir Amyas Paulet ersetzt, einen kleinlichen, rigorosen und dem Liebreiz der Gefangenen gegenüber unempfindlichen Puritaner. Im Januar 1585
brachte man sie nach Tutbury, einem Schloß in Staffordshire.
Sie kannte das Gebäude, weil sie sich schon einmal dort aufgehalten hatte, und sie verabscheute diese gewaltige, baufällige
Festung, die vom unbarmherzigen Zerstörungswerk der Zeit
zerfiessen und entsetzlich feucht war, deren »erbärmliches altes
Gebälk in einem Abstand von je einem halben Fuß rissig ist«, so
daß der Wind durch alle Räume pfiff. Da ihr Arzt »festgestellt
hatte, wie unglaublich kalt es [im Schlafzimmer der Königin]
des Nachts war«, und das in jeder Jahreszeit, lehnte er die Verantwortung für ihre »Genesung« ab, wenn man sie nicht besser
unterbrächte.[5] Überdies hätte sie kein Vorzimmer oder Kabi-
nett, um sich zurückzuziehen, »außer zwei kleinen Löchern,
die nur eine Öffnung zur dunklen Mauerfläche haben«.[6] Die
Engländer gaben nicht nach, sondern freuten sich, daß der auf
einer Anhöhe isoliert liegende Ort leicht zu verteidigen und
beinahe unmöglich zu erstürmen war. Außerdem fühlten sich
die Mitglieder des Staatsrates von dem Haftregime beruhigt, das
Amyas Paulet eingeführt hatte.

   Die ungezwungene, jedoch höchst ehrerbietige Vertraulich-
keit, die seine Vorgänger im Umgang mit der Königin gezeigt

hatten, war durchaus kein Vorbild für diesen Ehrenmann, der allerdings nicht die Erziehung eines Grandseigneurs genossen hatte. Als unbestechlichem Puritaner lag ihm allein daran, seinen Auftrag so gut wie möglich auszuführen. Und sein Auftrag bestand darin, Maria als Gefangene und nicht mehr als gegen ihren Willen zurückgehaltenen königlichen Gast zu behandeln. Paulet führte ein drakonisches System ein. Er untersagte der Königin, das Gebäude zu verlassen, selbst wenn sie nur frische Luft schöpfen wollte; jede Geheimkorrespondenz wurde durch die verstärkte Überwachung der Diener der Königin unmöglich gemacht. Zwischen ihnen und dem Schloßgesinde war nur eine Verbindung erlaubt, wenn Paulet anwesend war. Ein Posten mußte die Bedienten der Königin begleiten, wenn sie das Schloß verließen, und man verdoppelte die Wachsamkeit, wenn die Wäscherinnen und Kutscher kamen und gingen. Da es zu den ständigen Aufgaben der Kutscher gehörte, Pakete zu befördern, hatten sie weitgehend freie Hand, um Botschaften zu übermitteln. Paulet erfüllte seine Aufgabe so gründlich, daß der Königin nur noch der Weg über die französische Botschaft offenstand. Allerdings behielt sich Walsingham das Recht vor, die Briefe zu lesen, die in beide Richtungen geschickt wurden. Bisher hatte Walsingham die offizielle Korrespondenz Maria Stuarts gelesen, das heißt diejenige, die nicht über geheime Kanäle ausgetauscht wurde, wobei er die Form wahrte, also die Umschläge öffnen ließ, ohne das Siegel zu erbrechen, was ein auf diesem Gebiet spezialisierter Angestellter geschickt besorgte. Im Mai 1585 zog er die Handschuhe aus und wies Paulet an, seiner Gefangenen die Briefe geöffnet auszuhändigen.

Die Gesundheit Marias gab Anlaß zu wirklicher Besorgnis, nachdem man sie ein Jahr lang auf diese Weise behandelt hatte. Der französische Hof verlangte, daß man sie an einen gesünderen Ort brachte. Selbst Paulet gab zu, daß der Gestank der Misthaufen an den Festungsmauern unerträglich wurde. Schließlich übersiedelte die ganze kleine Gesellschaft nach Chartley Hall, einem elisabethanischen Herrenhaus, das dem jungen Grafen von Essex, dem Sohn von Lettice Knollys und somit

Dudleys Stiefsohn, gehörte. Dieses Haus war moderner und bequemer, und seine breiten Gräben machten alle Hoffnungen auf Entführungen oder Überfälle zunichte. Als Maria ankam, legte sie sich ins Bett und mußte mehrere Wochen liegenbleiben. Walsingham verwandte diese Zeit nutzbringend, um eine ebenso heimtückische wie bewundernswert scharfsinnige Falle aufzustellen.

Walsingham war der Hauptverantwortliche für die Sicherheit des Königreichs. Wie sein Gönner Cecil stammte Francis Walsingham aus bescheidenen Verhältnissen und konnte sich allein durch seine geistigen Fähigkeiten emporarbeiten. Er, der Sohn eines Anwalts und selber Anwalt, wurde 1563 als Dreißigjähriger ins Parlament gewählt. Cecil zeichnete ihn sehr bald aus und setzte ihn als Leiter der Spionagenetze der Regierung ein. Seine vollkommene Kenntnis des Französischen, Spanischen und Italienischen, sein Sinn für Details und sein Talent, die verschlagensten und kühnsten Agenten aufzuspüren, wirkten Wunder. Seine Männer arbeiteten in den Kneipen des Londoner Hafens ebensogut wie in den Salons der französischen und spanischen Botschaft. 1570 wurde er mit dem Posten des Botschafters in Frankreich belohnt – also gerade zu jener Zeit, da man über eine Ehe des Herzogs von Anjou und der Königin verhandelte –, und als er 1573 zurückkehrte, wurde er einer der mächtigsten Minister.

Er unterhielt nie herzliche Beziehungen zu Elisabeth. Er war zu pessimistisch, zu steif, mit einem Wort, zu puritanisch, um sie für sich zu gewinnen. Er sah es als unter seiner Würde an, ihr zu schmeicheln, ihre Schönheit und ihren Geist zu rühmen und sich dabei der am Hofe üblichen überschwenglichen Redensarten zu bedienen. Ganz im Gegenteil, er sprach zu ihr offen und ohne Umschweife und zögerte nicht, sie auf die Grenzen ihrer Macht hinzuweisen. Sie respektierte durchaus jenen Mann, den sie »den Mohren« nannte, und sie schätzte seine Intelligenz und seinen unermüdlichen Eifer ausreichend, um ihm einen außerordentlich großen Einfluß zu gewähren. Sie wußte genau, daß ihr Leben mehr vom Schutz dieses strengen, schwarzgekleideten, bescheidenen und diskreten Mannes als von dem all der schönen Offiziere abhing, die eine Zierde ihres Hofes waren. Walsingham glaubte fest daran, daß all seine Mühen zu nichts führen würden, wenn Maria am Leben bliebe. Deshalb war er grimmig entschlossen, die Königin von Schottland so augenfällig zu belasten, daß ihre Hinrichtung unvermeidbar würde.

Ein gewisser Gilbert Gifford, der Sohn einer Familie aus Staffordshire, der also die Umgebung Chartleys genau kannte, hatte wie viele emigrierte englische Katholiken seine Ausbildung in einem französischen Seminar abgeschlossen. Dort sprach ihn ein Agent Marias an. Er überzeugte ihn, nach England zurückzukehren und zu versuchen, mit ihr in Verbindung zu treten. Gleich bei seiner Ankunft wurde er verhaftet und von Walsinghams Männern verhört, die erkannten, daß er die abscheulichen Fähigkeiten eines Doppelagenten besaß. Gifford erklärte sich tatsächlich einverstanden, sich an einem Übermittlungssystem zu beteiligen, bei dem die Amtsstuben der Regierung als Zwischenstation dienen sollten. Man brauchte nur noch ein solches System einzurichten.

Walsingham bestellte nun Thomas Phelippes zu sich, einen kleinen Mann, der mit seinem pockennarbigen Gesicht kein einnehmendes Äußeres hatte, sich aber in jeder Lage zu helfen wußte, ein hervorragender Meister im Dechiffrieren und einer der wertvollsten Mitarbeiter der Dienste des Ministers. Er stellte ihm Gifford vor und schickte ihn an Ort und Stelle, nach Chartley, um die Möglichkeiten zu erkunden. Als Phelippes zurückkehrte, schlug er Walsingham die folgende perfide Intrige vor. Der Brauer, der Chartley mit Bier versorgte, sollte einen wasserdichten Behälter, der die Briefe an Maria enthielt, ins Bierfaß stecken. Der Kellermeister würde den Behälter herausnehmen und Nau, dem Sekretär der Königin, übergeben. Die Antworten sollten dann auf dem gleichen Weg zurückgelangen.

Allerdings mußte man noch die Freunde der Königin überzeugen, daß dieses System sicher war. Gifford setzte sich in Verbindung mit Châteauneuf, dem neuen französischen Botschafter, und teilte ihm mit, daß er eine Nachrichtenverbindung zur schottischen Königin ausgeklügelt hätte. Der Botschafter beschloß, ihm einige harmlose Briefe anzuvertrauen, um einen Versuch zu wagen. Am 16. Januar 1586 erhielt Maria das erste Paket.[7] Seit einem Jahr hatte sie keine Nachrichten mehr erhalten. Die Möglichkeit, ihren Freunden ungehindert schreiben und unzensierte Briefe erhalten zu können, gab ihr eine Art Daseinsberechtigung zurück. Ungestüm ging sie ans Werk. Zwei Wochen danach erhielt Châteauneuf ein Bündel Papiere. Man darf sich nicht über den Zeitverzug wundern: Die Briefe waren weiter chiffriert, eine elementare Vorsichtsmaßnahme, auf die man nie verzichtete, obwohl sie sehr zeitaufwendig war.

Schließlich ging man auf die folgende Weise vor: Die Briefe aus dem Ausland wurden mit der französischen Diplomatenpost nach England befördert. Der Botschafter gab sie an Gifford weiter, der sie direkt zu Walsingham brachte. Gifford fuhr nun nach Chartley, ohne abzuwarten, daß Phelippes die schwierige Arbeit beendet hatte, diese Briefe zu dechiffrieren. Maria verwendete über hundert Chiffren. Entweder wurden die Buchstaben des Alphabets nicht in ihrer üblichen Reihenfolge benutzt, oder der Sekretär ersetzte sie durch Nummern, Symbole und sogar durch Tierkreiszeichen. Manche Kodes ließen sich nur mit einer Schablone entschlüsseln, einem Blatt mit Löchern, die so angeordnet waren, daß nur die gültigen Buchstaben zu sehen waren. Bestimmte Symbole standen für die am häufigsten genannten Personen oder Orte: ein Kreuz und ein Kreis für die Königin Elisabeth, ein X mit einer Schleife am oberen linken Ende für den französischen König, der Papst hatte das gleiche X mit einer Schleife rechts, ein griechisches Pi bezeichnete Spanien und ein Herz den Juli.[8]

Nachdem die Dokumente gelesen und kopiert waren, wurden sie an Paulet geschickt. Dieser gab sie Gifford, der sie nun dem Bierbrauer brachte. Um sicherzugehen, zeigte der Bierbrauer sie noch einmal Paulet, ohne daß Gifford es wußte. Paulet wollte unbedingt überprüfen, daß man dem Paket nichts heimlich hinzugefügt hatte und daß sich Gifford nicht etwa als

Dreifachagent betätigte. Schließlich wurden die Papiere, nachdem sie kurz in der Tonne gelegen hatten, unter strengster Geheimhaltung zu Maria gebracht. Bei seiner Rückkehr erhielt Gifford die Briefe der Königin von dem Bierbrauer, der sie Paulet übergab. Paulet schickte sie Walsingham. Sobald Phelippes die Dechiffrierung beendet hatte, richtete es Walsingham so ein, daß die Briefe der französischen Botschaft zugestellt wurden, ohne Verdacht zu erregen. Gifford bekam sie nicht mehr in die Hand, so sehr mißtrauten ihm die Engländer. Für den Bierbrauer war das ein ausgezeichnetes Geschäft; obwohl er von Maria königlich und von Paulet höchst großzügig entlohnt wurde, erhöhte er ständig den Preis seines unentbehrlich gewordenen Bieres.

Maria fand ihre Lebenskraft wieder. Ihre Schmerzen verschwanden. Sie wollte sogar wieder reiten. Die Briefe, die Nachrichten, die stets aufs neue angezettelten Komplotte bewiesen ihr, daß sie für die Welt nicht tot war. Sie bat den Botschafter, ihr die gesamte Korrespondenz – einundzwanzig Pakete – zu schicken, die sich seit der Aufdeckung der Throckmorton-Verschwörung angesammelt hatte. Das Spiel wirkte dermaßen erregend, daß sich Elisabeth dem französischen Botschafter gegenüber eine Herausforderung erlaubte, die gerade deshalb folgenlos blieb, weil sie so dreist war. »Herr Botschafter«, sagte sie sanft, »Sie haben viele geheime Verbindungen mit der Königin von Schottland, aber glauben Sie mir, ich weiß alles, was in meinem Königreich vorgeht. Ich selbst war in den Tagen der Königin Maria, meiner Schwester, gefangen und kenne die Schliche, deren Gefangene sich bedienen, um Diener für sich zu gewinnen und geheime Verbindungen herzustellen.«[9] Für Maria hätte man gehofft, daß der Diplomat dies zur Kenntnis genommen hätte.

Man hätte ebenfalls hoffen können, daß Maria nicht alle Vorsicht und Diskretion aufgeben würde. Es kam ganz anders. Maria verstrickte sich immer weiter, als sie am 20. Mai 1586 Charles Paget, einem ihrer englischen Anhänger, und Men-

doza, dem spanischen Botschafter, den man aus England ausge-
wiesen hatte und der nun sein Amt in Frankreich bekleidete,
nach Paris schrieb, daß sie den Invasionsplan befürworte und
daß sie sich bemühen werde, ihren Sohn dafür zu gewinnen –
ein Beweis für ihre Verblendung im politischen und familiären
Bereich. Walsingham gab sich nicht mit derart belastenden
Dokumenten zufrieden, sondern ließ sie weitermachen. So
erfuhr er, daß Pater Ballard, ein Mendoza sehr nahestehender
englischer Jesuit, nach London gekommen war. Dieser setzte
sich in Verbindung mit Anthony Babington, einem jungen
Engländer, der einige Jahre zuvor als Page im Hause des Grafen
von Shrewsbury dem Charme Marias verfallen war. Der französische Botschafter beurteilte ihn als »sehr jung, bartlos und recht
einfältig«.[10] Jedenfalls weihte ihn Pater Ballard in eine neue Verschwörung ein, die sich immer noch von denselben Hoffnungs-
träumen inspirieren ließ: Eine spanische Invasion sollte von
einer Rebellion der katholischen Untertanen Königin Elisabeths unterstützt werden. Diesmal aber verfolgte Walsingham
alle Geschehnisse aus nächster Nähe, denn er las ja Maria Stuarts
Briefe und die Berichte der Kundschafter, die er Ballard und
Babington nachgeschickt hatte. Mit Adleraugen belauerte er
ihre Bewegungen und wußte ganz genau, daß die Ermordung
seiner Königin zum Plan der Verschwörer gehörte. Erinnern
wir noch einmal daran, daß der Herzog von Guise schon 1583
demjenigen, dem dieses Unternehmen gelingen sollte, eine
große Belohnung versprochen hatte und daß der Papst dem
Täter, der die Welt von der häretischen Herrscherin befreite,
seinen apostolischen Segen gab. Tatsächlich erklärte Babington
bei seinen Unterredungen mit Ballard, er glaube kaum an einen
Erfolg, »solange Ihre Majestät am Leben bliebe«, und Ballard
antwortete, daß man »diese Schwierigkeit vorausgesehen und
gelöst hatte«.[11]

Der reiche, junge, unbesonnene und wie viele Katholiken
höchst sensible Babington ließ es an der elementarsten Diskretion fehlen, weil ihm das Bild einer unschuldigen Prinzessin
vorschwebte, die auf Geheiß einer bösen Königin eingesperrt

wäre. Er versetzte dem ganzen Unternehmen den Todesstoß, als er in einem Brief an die schottische Königin alle Einzelheiten des geplanten Attentats auf Elisabeth, außerdem der Entführung Marias und der ausländischen Invasion schilderte und die Königin von Schottland bat, eine »ehrenvolle« Belohnung für jene Helden vorzusehen, denen die Aufgabe zufallen sollte, »die tragische Hinrichtung« zu vollziehen.

Walsingham stand kurz vor dem Ziel. Da er keinen Augenblick verlieren wollte, schickte er Phelippes direkt nach Chartley, damit er Marias Antwort auf der Stelle dechiffrieren konnte. Diese ließ nicht auf sich warten und übertraf all seine Hoffnungen: Maria erklärte nicht nur ihr Einverständnis mit dem ganzen Komplott, einschließlich der Ermordung Elisabeths, sondern setzte auch noch ganz persönliche Ratschläge hinzu. Zum Schluß verlangte sie von Babington, diesen Brief zu verbrennen, nachdem er ihn gelesen hätte.[12] Phelippes schickte seine dechiffrierte Abschrift unverzüglich an den Minister, und um zu verdeutlichen, daß dieses Beweisstück »der Königin den nötigen Heldenmut eingeben« müßte, »damit sie diese Gefährdung ihrer eigenen Sicherheit und der des Staates rächte«,[13] zeichnete er einen Galgen auf den Briefumschlag. Als sich Walsingham auf diese Beweise stützen konnte, hielt er seine Position für stark genug, um zuschlagen zu können. In London begannen die Verhaftungen schon am 4. August 1586. Pater Ballard wurde als erster festgenommen. Als Babington davon erfuhr, versteckte er sich eilig in St. John's Wood, einem Wald vor den Toren Londons. Am 14. August wurde er dort aufgespürt und in den Tower gebracht. Dabei läutete man die Glocken, um »die Gefangennahme der Verräter« zu feiern, »die den schändlichen Plan geschmiedet hatten, die Königin zu ermorden«.[14] Auch in Chartley kamen die Ereignisse gut voran.

Paulet schlug Maria am 11. August vor, an einer Jagd teilzunehmen. Sie nahm mit Freuden an – wurde ihr eine solche Lustbarkeit doch selten geboten –, kümmerte sich sorgfältig um ihre Kleidung, und in der Gesellschaft ihrer zwei Sekretäre und ihres Arztes, von Paulet gefolgt, verließ sie das Schloß und ritt querfeldein. Plötzlich bemerkte sie eine Reitertruppe, die ihr entgegengaloppierte. Einen kurzen Augenblick bildete sie sich ein, man komme, sie zu befreien, doch sehr schnell mußte sie ihre Hoffnungen begraben. »Madame«, sagte ihr Sir Thomas Gorges, der Anführer der kleinen Truppe, »die Königin, meine Herrin, findet es höchst befremdlich, daß Ihr trotz des zwischen Euch besiegelten Paktes gegen sie und gegen ihren Staat konspiriert.« Die völlig überraschte Maria leugnete, an irgendeinem gegen die Interessen ihrer guten Schwester Elisabeth gerichteten Komplott beteiligt zu sein. Sie bemühte sich vergebens. Erschrocken mußte sie zusehen, daß man ihre Sekretäre mit Gewalt abführte. Paulet teilte ihr mit, daß sie nicht nach Chartley zurückkehren könne und daß man sie in das nahe Schloß Tixall bringen werde. Ihr Arzt dürfe sie begleiten.

Sie wollte sich widersetzen, sie stieg vom Pferd, setzte sich ins Gras und weigerte sich, einen Schritt zu machen. Paulet ließ sich nicht beeindrucken: Er werde dafür sorgen, daß man sie in einen Wagen zerre, wenn sie hartnäckig darauf bestehe, sich nicht wieder in den Sattel zu setzen. Sie fügte sich und wurde in ein schönes Herrenhaus geführt, wo sie in den zwei Wochen, die sie dort verbrachte, nicht das Zimmer verließ. Zwei von ihren Frauen und ihr Stallmeister kamen zu ihr, sie brachten Kleider zum Wechseln und ihr unentbehrliches Stickzeug. Inzwischen wurden ihre Gemächer in Chartley durchsucht und methodisch leer geräumt; man schickte ihre Briefe und ihre verschiedenen Geheimkodes nach London.[15]

Babington und seine Komplizen wurden bald hingerichtet. Die Zeiten waren nicht günstig für ein mildes Urteil. Das Glokkenläuten, die Freudenfeuer, die schnell verfaßten Balladen, die nicht minder schnell von den Passanten weitergetragen wurden, die Flugschriften, die von Hand zu Hand gingen, bekundeten die Freude und die Erleichterung einer Bevölkerung, die ihre Königin liebgewonnen hatte. Diese dankte Paulet aufs herzlichste: »Vielen Dank, Amyas, mein treuester und sorgsamster Diener. Gott belohne Dich doppelt und dreifach. Fordert Eure böse Mörderin in Unserem Namen auf, Gott um Verzeihung zu bitten.«[16]

Eine sonderbare Panik bemächtigte sich des Königreichs: Hatte man nicht etwa gesehen, daß Franzosen gelandet wären? Erzählte man nicht, daß eine spanische Flotte vor der französischen Küste geankert hätte? Überall hob man Truppen aus, um die Sicherheit zu erhöhen, während sich Elisabeth und ihre Minister auf den Prozeß Marias vorbereiteten. Genauer gesagt, die Minister und der Staatsrat nahmen eine immer unnachgiebigere Haltung ein, weil sie die Schwierigkeiten voraussahen, die ihnen die Königin wahrscheinlich machen würde, denn das grundsätzliche Dilemma blieb ja weiter bestehen: Einerseits gab es keinen Zweifel, daß sich Maria an dem Mordplan beteiligt hatte, und das verlangte unbedingt die Todesstrafe, wie es dem vom Parlament verabschiedeten Gesetz zum Schutz der Königin entsprach; andererseits ließ sich auch das Argument nicht zurückweisen, daß ein Herrscher von Gottes Gnaden nur Gott verantwortlich war und nicht der menschlichen Rechtsprechung unterstand. Die Minister traten für die Rechtsvorschriften des Königreichs und den Vorrang der politischen Erfordernisse ein; Elisabeth hingegen widerstrebte es von ganzer Seele, einer Königin das Gesetz der Menschen aufzuzwingen, und sie weigerte sich, das Werkzeug einer solchen Rechtsprechung zu sein.

Diese Meinungsverschiedenheiten wurden offenkundig, sobald sich die Frage stellte, wo man Maria gefangenhalten sollte. Der Staatsrat wollte sie in den Tower bringen. Elisabeth entschied sich für das ungefähr zweihundert Kilometer nördlich von London gelegene Schloß Fotheringay in Northamptonshire, einen weniger entwürdigenden und nach ihrer Vorstellung für Maria weniger grauenerregenden Aufenthaltsort. Mit unendlicher Langsamkeit begannen die Vorbereitungen des Prozesses. Sorgfältig achtete man auf jedes Wort, denn Elisabeth verhielt sich äußerst pedantisch. »Gäbe Gott«, seufzte Walsingham, »Ihre Majestät überließe diese Dinge ruhig denen, die sie am besten beurteilen können, wie es andere Fürsten auch tun.«[17] Schließlich wurde der Prozeß eröffnet, und nach zweitägigen Debatten erklärte sich Maria einverstanden, vor ihren Richtern – sechsunddreißig von Königin Elisabeth ernannten Kommissaren – zu erscheinen, weigerte sich jedoch, deren Legitimität anzuerkennen.

Sie verteidigte sich mutig und eloquent. Lebhaft betonte sie, daß Walsingham den berüchtigten Brief an Babington angefertigt hätte. Walsingham erhob sich und wies die Anschuldigung zurück: »Gott ist mein Zeuge, daß ich alles getan habe, um die Sicherheit der Königin und des Königreichs zu gewährleisten, aber nichts, was einem Ehrenmann unangemessen oder des öffentlichen Amtes, das ich ausübe, unwürdig wäre.«[18] Angesichts der offenkundigen Tatsachen gab Maria ihren Versuch auf. Die Geständnisse ihrer beiden Sekretäre Claude Nau und Gilbert Curle, die gezwungen waren, die Echtheit der vorgelegten Briefe anzuerkennen, ließen jedes Leugnen lächerlich erscheinen. Die zwei Männer, die von den Beweisen schwer belastet waren, bemühten sich nicht um eine zwecklose Verteidigung, und als Belohnung für ihre Mitarbeit wurden sie freigelassen. Das Gericht hätte sein Urteil unverzüglich fällen können, doch die Königin rief die Kommissionsmitglieder nach London zurück. Dort wurden alle Akten gründlich überprüft; Nau und Curle wurden vorgeladen und noch einmal befragt, bevor sie die Erlaubnis erhielten, nach Frankreich heimzukehren. Dann erst, am 25. Oktober, wurden die Mitglieder des Gerichts aufgefordert, das Urteil zu verkünden. Der einstimmig angenommene Spruch erklärte, die schottische Königin sei schuldig, verantwortlich und »nicht nur Komplizin und zustimmende Mitwisserin, sondern auch Beteiligte an verschiedenen Akten, die das Ziel verfolgten, Ihre Majestät zu vernichten«.[19] Auf Verlangen Königin Elisabeths präzisierten die Richter, daß das Urteil den Anspruch Jakobs auf ihre Nachfolge nicht beeinträchtige.

Über das Strafmaß – die Todesstrafe – gab es keinen Zweifel, denn das Gesetz von 1585 sah diese Möglichkeit vor, doch hierfür war es auch noch erforderlich, daß die Königin der Veröffentlichung des Urteils zustimmte und den Hinrichtungsbefehl unterzeichnete. Das Parlament wurde einberufen, »damit man ihre Bürde erleichterte und die ausländischen Nationen beruhigte«, daß dieses Verfahren zuverlässig begründet sei. Die ausländischen Nationen fühlten sich vielleicht zufriedengestellt, doch die Königin war es noch immer nicht. Allerdings sah sie sich genötigt, die sie bedrohende Gefahr anzuerkennen. »Mir mangelt es nicht so sehr an Urteilsvermögen, daß ich die Gefahr übersähe, in der ich mich befinde, ich bin auch nicht so unwissend, als daß ich nicht begriffe, welche Torheit es wäre, eine Klinge zu beschützen, die mich durchbohren will, und ebensowenig bin ich derart unachtsam, daß ich nicht ermessen könnte, wie sehr mein Leben täglich bedroht ist«,[20] erklärte sie im November vor dem Parlament, und trotzdem zögerte sie immer noch die Unterzeichnung des Befehls hinaus.

Hierfür brachte sie außenpolitische Argumente vor; die Hinrichtung Marias würde Philipp II. ermuntern, die Feindseligkeiten gegen England unverzüglich zu eröffnen, weil er dann von der gesamten katholischen Welt unterstützt würde. Außerdem erklärte sie ihr Zögern damit, daß sie auf ihren guten Ruf achten müsse. »Was wird man sagen, wenn man erfährt, daß eine jungfräuliche Königin das Blut einer Verwandten vergoß, um ihr eigenes Leben zu schützen?« Davon ließ sich niemand überzeugen, aber sie gewann Zeit. Im Dezember wurde das Urteil endlich öffentlich bekanntgemacht, obwohl sich der französische Botschafter bemüht hatte, das zu verhindern. Auf den Londoner Straßen rief der Pöbel zu Freudenfesten auf, doch diese Freude war verfrüht, denn die Königin schob die Unterzeichnung des verhängnisvollen Dokuments immer weiter hinaus. Im Januar verstärkten sich die Gerüchte, der französische Botschafter habe ein Komplott organisiert. In den Provinzen hieß es, London stehe in Brand, Tausende Spanier wären in Wales gelandet und die schottische Königin sei entflohen. Die Männer griffen zu den Waffen: Man sperrte die Straßen. Die Lage wurde unhaltbar.

Die Schotten verschlimmerten die äußerst qualvolle Situation noch weiter, als sie angesichts der bevorstehenden Entscheidung so sehr ihren Unmut bekundeten, daß Jakob sich verpflichtet glaubte, sich gewissermaßen im letzten Augenblick für seine Mutter einzusetzen, wobei er sich darauf berief, daß Menschen nicht über einen Herrscher richten dürften, der seine Krone von Gott habe. »Wenn ein Souverän das Beispiel gibt, eine geheiligte Krone zu entweihen, so wäre das etwas Ungeheuerliches«,[21] schrieb er der Königin. Elisabeth mußte nicht daran erinnert werden. Sie war dermaßen zwischen widersprüchlichen Interessen hin- und hergerissen, daß sie der schändlichen Versuchung nachgab, Paulet vorzuschlagen, Maria ermorden zu lassen. Er lehnte es entsetzt ab, sein Gewissen so schlimm zu belasten und seinen »bescheidenen Namen mit einem solch dunklen Fleck zu besudeln, daß er Blut ohne die Autorität des Gesetzes vergösse«.[22] Elisabeth machte einige sarkastische Bemerkungen über diese Herren, die laut nach Marias Tod verlangten, sich indes nicht die Hände schmutzig machen wollten und ihrer Königin diese grauenhafte Verantwortung überließen.[23] Nun mußte sie den Kelch der bitteren und absoluten Einsamkeit des Herrschers bis zur Neige auskosten und mit ihrer Gewissenslast, ihren Gefühlen und der unvermeidlichen Grausamkeit ihres Vorgehens fertig werden. Der Schauder, den ihr die Entscheidung einflößte, Maria hinrichten zu lassen, kam ihr aus tiefster Seele. Es schien ihr eigentlich unvorstellbar, einen Gesalbten des Herrn zu töten. Elisabeth war zu sehr Königin, zu sehr des Mysteriums eines Königtums von Gottes Gnaden bewußt, als daß sie sich nicht mit aller Kraft dagegen gewehrt hätte, eine solch erdrückende moralische Bürde auf sich zu nehmen, selbst wenn man sie für unvernünftig, hysterisch oder durchtrieben hielt.

Am 1. Februar entschloß sie sich endlich zu unterzeichnen, denn der Druck des Parlaments und der Straße wurde unerträglich. Den kranken Walsingham hatte der zweite Staatssekretär William Davison ersetzt. Dieser durchschaute nicht die Neigung der Königin zu Schwankungen und Meinungsumschwüngen, oder vielleicht hatte er auch die Ratschläge Cecils und Walsinghams befolgt. Sobald er das Dokument in der Hand hatte, schickte er es jedenfalls nach Fotheringay, ohne eine ausdrückliche Anweisung abzuwarten. Elisabeth schlief die ganze Nacht nicht. Am frühen Morgen wurde sie von plötzlicher Angst gepackt. Sie ließ Davison rufen und forderte ihn auf, das Dokument zurückzubringen. »Zu spät«, erklärte er sogleich, »es ist schon unterwegs.« Paulet hatte es am Abend des 5. Februar in Fotheringay erhalten.

Während ihrer ganzen Gefangenschaft hatte Maria Stuart einen verhängnisvollen Mangel an Wirklichkeitssinn bewiesen. Ihre Weigerung, zugunsten ihres Sohnes abzudanken oder wenigstens auf alle zwecklosen Komplotte zu verzichten – denn diese hatten ja nur dazu geführt, daß sie dem Herzog von Norfolk und sehr vielen jungen Anhängern den Tod brachten –, sollte sie schließlich in den Untergang reißen. Aber in den letzten Augenblicken ihres Lebens trat sie so mutig und würdig auf, daß sie ihre Ehre rettete und ruhmreich in die Legende einging. Wenn sie sich mit ihrer Abdankung abgefunden und ihre Tage in ruhiger Zurückgezogenheit beendet hätte, wäre sie heute vergessen. Ihr Tod sollte eine Rechtfertigung ihrer Glaubenstreue und ihres Beharrens auf dem Grundsatz des Königtums von Gottes Gnaden sein, beschloß sie. Sie wollte als Märtyrerin der katholischen Religion sterben. Das war die klügste Tat einer Königin, der aller politischer Verstand fehlte. Sie hatte die diamantene Härte ihres Herzens nicht eingebüßt und würde der Welt nicht das Schauspiel einer unterlegenen oder, schlimmer noch, verängstigten Frau bieten. Nach dem Urteilsspruch des Parlaments ließ Paulet den Thronbaldachin entfernen, unter dem ihr Sessel immer gestanden hatte. Sie protestierte nicht und ließ ein Kreuz und ein die Passion Christi darstellendes Bild an die Wand hängen. Die Inszenierung nahm deutlichere Konturen an: Sie wollte so heldenhaft in den Tod gehen, daß ihr Anbeginn in ihrem Ende wäre, wie ja einer ihrer Wahlsprüche lautete. Paradoxerweise fürchtete sich Maria weniger vor dem Tod, als sich Elisabeth fürchtete, die Tötung der anderen zu befehlen.

Am 7. Februar 1587, um acht Uhr abends, beugt Graf Shrewsbury, der wohlwollende Wächter der längsten Zeit ihrer Gefangenschaft, zusammen mit Lord Kent vor ihr das Knie und
kündigt an, daß Elisabeth die Urteilsvollstreckung für den
nächsten Morgen angeordnet habe. Maria, die von ihren Frau-
en und ihrem Hofstaat umgeben ist, bleibt gefaßt. Diese so
leicht erregbare, so leicht in Tränen ausbrechende Frau bekreu-
zigt sich und erklärt ruhig: »Gelobt sei Gott für die Nachricht,
die Sie mir überbringen. Ich könnte keine bessere empfangen,
da sie mir das Ende meiner Leiden ankündigt und die Gnade,
die Gott mir erweist, für die Ehre seines Namens und seiner
Kirche, der römisch-katholischen, zu sterben.«[*] In den vorher-
gehenden Monaten hatte sie befürchtet, vergiftet oder heimlich
umgebracht zu werden. Sie verlangte nach einem Tod in der
Öffentlichkeit, der es ihr erlauben sollte, ihre ganze Größe wie-
derzugewinnen. Bei ihrem Streben, ihr Ende erfolgreich zu
gestalten, halfen ihr die kleinlichen Bemühungen ihrer Wächter, die ihr an der Schwelle des Todes den Beistand ihrer Religion vorenthalten wollten.

Die letzten Bitten, die Maria an sie richtete, wurden insgesamt abgelehnt. Als erste die, ihren Kaplan zu sehen. Man
schlug ihr statt dessen den protestantischen Dechanten der benachbarten Stadt Peterborough vor. Selbstverständlich erklärte
sie, daß sie ihren Glauben gerade in ihrer Todesstunde nicht verraten werde. Hierauf bat sie, daß ihr Leib in Frankreich, in
Reims oder Saint-Denis, bestattet werde. Auch das wies man
schroff ab. Als man ihr schließlich mitteilte, die Hinrichtung
werde am nächsten Morgen um acht Uhr stattfinden, machte
sie darauf aufmerksam, daß man ihr wenig Zeit lasse, um sich
vorzubereiten. Dann aber protestierten schluchzend ihre Diener. Unerschrocken versuchte sie, ihre Leute zu beruhigen.
Man ließ sie allein mit ihren Frauen und ihrem Arzt. Sie aß eine
Kleinigkeit und bat all ihre Diener, ihr zu Ehren das Glas zu
erheben. Dann teilte sie ihr Vermögen auf.

---

[*] Dt. in: Zweig, a.a.O., S. 446 (Anm.d.Ü.).

Sie ordnete das Geld, das sie bei sich hatte, zu kleinen Päck-
chen, auf die sie die Namen ihrer Diener schrieb; sie bestimmte
einige Gegenstände für ihre französischen Verwandten, den
König Heinrich III., Katharina von Medici und den Herzog
von Guise; Bourgoing, ihr Arzt, erhielt ihr Musikbuch und
einige Ringe, Elizabeth Curle, eine ihrer Kammerfrauen, zwei
Miniaturen, die eine stellte Franz II. und die andere ihren Sohn
Jakob dar. Sie überarbeitete ihr Testament sehr gründlich, wobei sie sogar genau angab, ihre Diener dürften nach ihrem Tod
ihre Kutsche und ihre Pferde benutzen, um nach London
zurückzufahren; der Verkaufserlös der Pferde solle ihnen ausge-
händigt werden, um ihnen alle Ausgaben zurückzuerstatten.
Nachdem sie ihre irdischen Angelegenheiten geordnet hatte,
hielt sie Einkehr in sich selbst und schrieb einen langen Brief,
der die Form einer Beichte hatte, an ihren Kaplan. Ihr letzter
Brief, den sie um zwei Uhr morgens schrieb und der daher auf
ihren Todestag datiert ist, war an den französischen König
Heinrich III. gerichtet. Sie kündigte ihm an, sie werde »um acht
Uhr morgens wie eine Verbrecherin hingerichtet«, bat ihn,
dafür zu sorgen, daß ihre Diener entlohnt würden, und empfahl
ihm ihren Sohn, »soweit er es verdient, denn ich kann mich
nicht für ihn verbürgen«.[24] Dann legte sie sich ein paar Stunden
auf das Bett. Man vernahm die Schritte der Soldaten, die als
Posten vor ihrem Schlafzimmer auf und ab liefen, und das
unheilverheißende Hämmern der Handwerker, die das Schafott
errichteten.

Um sechs Uhr morgens erhob sie sich und kleidete sich mit
größter Sorgfalt an: Ein schwarzes, mit schwarzem Samt
besticktes Atlaskleid mit großen Ärmeln, deren Schlitze das
violette Futter durchscheinen ließen, bedeckte einen weiten
Unterrock aus karmesinrotem Samt und eine ausgeschnittene
Korsage. Ihre schwarzen Strümpfe waren mit Silberfäden verziert, und das Leder ihrer Schuhe war feines Maroquin. Ein
weißer, ganz mit bogenförmigen Spitzen besetzter, an ihrem
Kragen festgesteckter Schleier fiel beinahe bis zum Boden

hinab, und ihre dunkelroten Haare zeichneten sich unter einer durchbrochenen Haube ab. Sie hängte zwei Rosenkränze an den Gürtel und legte sich eine Halskette um, die eine Bernsteinkugel enthielt. Sie bat Jane Kennedy, eine ihrer Frauen, ein großes, goldbesticktes, weißes Taschentuch in der Hand zu halten. Ihr Arzt reichte ihr nun ein Stück Brot und ein Glas Wein, damit sie sich stärken konnte. Sie umarmte ihre Frauen und zog sich in ihre kleine Hauskapelle zurück, um ihre Andacht zu verrichten. Kurz nach acht Uhr holte man sie. Die Sonne ging an einem besonders schönen Februartag auf.*

Bevor sie die große Schloßhalle betrat, mußte sie eine unerwartete Bewährungsprobe bestehen. Der Sheriff von Northampton, der den Auftrag hatte, sie zu begleiten, hielt ihr Gefolge zurück, das mit ihr kommen wollte, und erklärte, Königin Elisabeth habe angeordnet, daß sie allein sterben solle. Daraufhin wandte sich Maria an Paulet und die anderen Lords und bat, daß wenigstens ihre vertrautesten Diener bei ihr bleiben dürften, damit sie bezeugen könnten, unter welchen Umständen sie gestorben sei. »Unmöglich«, antwortete er, deren Schreie und Tränen müßten ja die Königin und die übrigen Anwesenden stören. Außerdem würden sie Taschentücher in ihr Blut tauchen, um Reliquien daraus zu machen. »Ich verbürge mich für ihr Betragen«, entgegnete Maria, und sie fügte hinzu, sie könne nicht glauben, daß die Königin, ihre Verwandte, einen so unmenschlichen und so sehr dem allgemeinen Brauch widersprechenden Befehl erteilt hätte. »Ich bin«, daran erinnerte sie, »die Cousine Ihrer Herrin, ich stamme von Heinrich VII. ab, ich bin Königinwitwe von Frankreich und Königin von Schottland.« Die Lords berieten sich rasch, und danach gestatteten sie ihr, sechs Personen auszuwählen, die ihr im Augenblick ihres Todes beistehen dürften. Vier Männer – ihr ehemaliger Botschafter Melville, ihr Arzt Bourgoing, ihr Chirurg Gervais und ihr alter Diener Didier – sowie zwei Frauen – Elizabeth Curle und Jane

---

* Bei der Beschreibung der Hinrichtung Marias folgen wir dem Tagebuch Bourgoings, dem Bericht des Botschafters Châteauneuf an Heinrich III. und einem Brief Robert Wingfields, der im Auftrag Cecils anwesend war.

Kennedy, die ihr ein Leben lang gedient hatten – blieben bis zum Ende bei ihr.

Ein Feuer flackerte im riesengroßen Kamin des Saals, wo dreihundert Personen stehend warteten. Sie bildeten einen Hufeisenbogen rund um eine Estrade. Dort hatte man drei Schemel aufgestellt. Zwei waren für Shrewsbury und Kent bestimmt, und ein kleinerer mit einem Kissen vor dem Richtblock erwartete die Königin. Im Hintergrund der Estrade standen zwei maskierte, in schwarzen Samt gekleidete Männer, die große weiße Schürzen als Schutz trugen. Ein gewaltiges Beil lag auf dem Boden, das, so drückte es Bourgoing aus, jenen glich, wie man sie zum Baumfällen benutzte.* Von ihren rheumatischen Beschwerden ein wenig gebeugt, schritt Maria mühsam, aber höchst würdevoll. Alle Zeugen waren von ihrem außerordentlich ruhigen und würdevoll gefaßten Gesichtsausdruck überrascht. Sie hielt ein Kruzifix und ihr Meßbuch in der Hand.

Nachdem sie die drei Stufen zur Estrade hinaufgestiegen war, hörte sie gleichgültig zu, wie das Todesurteil verlesen wurde, doch sie reagierte energisch, als Fletcher, der Dechant von Peterborough, ihr einen Sermon vortragen wollte, wie er dem protestantischen Ritus entsprach. »Tun Sie das nicht«, sagte sie, »ich bin eine gläubige Katholikin, und ich werde mein Blut für die Verteidigung meiner Religion vergießen. Wenn Sie für mich beten wollen, danke ich Ihnen, doch ich werde mich Ihnen nicht anschließen, denn wir gehören zwei unterschiedlichen Religionen an.« Es folgte eine absurde Szene: Der Dechant kniete nieder und betete laut auf englisch, während die Königin, ebenfalls mit lauter Stimme, Gott auf lateinisch anrief. Als der Dechant endlich innehielt, betete sie auf englisch für die englische katholische Kirche, für ihren Sohn und für Elisabeth, küßte ihr Kruzifix und machte das Kreuzeszeichen. Nun traten der Henker und sein Gehilfe vor und baten sie, wie es Brauch war, um Vergebung. »Ich vergebe Euch von ganzem Herzen«,

---

* Ein Schreiber des Staatsrates hat eine Zeichnung hinterlassen, die die Hinrichtung sehr genau darstellt. Sie wird in der British Library aufbewahrt.

antwortete sie, »denn Ihr werdet all meinen Leiden ein Ende
bereiten.« Dann halfen ihr die beiden Frauen, das Kleid auszu-
ziehen und lange rote Handschuhe überzustreifen. Die Männer
streckten die Hände aus, um Marias Schmuck an sich zu nehmen, wie es ihr Recht war. Als sie den goldenen Rosenkranz
ergreifen wollten, widersetzte sich Jane Kennedy. Die Königin
griff ein und versicherte den Henkern, wenn sie darauf verzich-
teten, werde man sie mit anderen Wertgegenständen entschä-
digen. Da sie die eingegangene Verpflichtung erfüllen wollte,
hörte man noch, daß sie die beiden schluchzenden Frauen mit
den Worten beruhigte: »Weint nicht um mich. Ich habe es für
euch versprochen.« Jane bedeckte nun Marias Augen mit dem
großen weißen Taschentuch und schlang es ihr um den Kopf,
während sie den Hals vollständig entblößte. Maria kniete nieder, sprach einen lateinischen Psalm und legte den Kopf auf den
Richtblock, wobei sie das Kinn mit den Händen festhielt. Der
Scharfrichter zog ihre Hände zurück, weil er sie nicht abschneiden wollte, und ließ das Beil herniedersausen. Er traf den Hals
nicht und hackte nur in den Hinterkopf. Der zweite Hieb enthauptete sie. Dann packte der Henker den Kopf an den Haaren,
wie es üblich war, doch auf einmal hielt er nur die Haarflechten
in der Hand. Der Kopf einer alten Frau mit grauen, beinahe
ganz kurzgeschorenen Haaren rollte auf die Erde. Die Lippen
bebten noch. Die Königin hatte eine Perücke getragen.

Als man den regungslosen Körper, dessen Blut man nicht von
der roten Kleidung unterscheiden konnte, hochheben und in
einen Nebenraum bringen wollte, rührte sich etwas unter dem
Stoff. Ihr kleiner Hund, ein Skyeterrier, war ihr nachgeschli-
chen, ohne daß man es bemerkte, hatte sich unter ihren Röcken
versteckt und an ihren Körper gedrückt. Nun wollte er sich
nicht von der Leiche trennen lassen, und man mußte ihn kräftig
packen und forttragen. Der Leib der Königin wurde einbal-
samiert und in einen Bleisarg gelegt, der vorläufig im Schloß
Fotheringay blieb.

Spät an diesem Tag brach ein Bote nach London auf. Die
Nachricht vom Tod Maria Stuarts wurde in der Hauptstadt mit

Freudenfeuern aufgenommen. Alle Kirchenglocken läuteten. Die Passanten tanzten auf den Straßen. Die Königin war nicht in der gleichen Stimmung. Als Elisabeth die Neuigkeit am Morgen des 9. Februar erfuhr, bekam sie eine Nervenkrise und brach zusammen. Stets wäre es doch ihre Absicht gewesen, die todbringende Entscheidung zu widerrufen, schwor sie schluchzend. Sie weinte ohne Unterlaß, aß nicht mehr, blieb die ganze Nacht wach und wollte ihre Minister mehrere Tage nicht mehr sehen. So bekundete sie, daß sie sich entschieden weigerte, die Verantwortung für die Enthauptung ihrer »lieben Schwester« zu übernehmen. Davison, der Minister, der sich des Übereifers schuldig gemacht hatte, wurde festgenommen, vor Gericht gestellt, zu einer schweren Geldstrafe verurteilt und sogleich im Tower eingesperrt. Sie überwarf sich mit Cecil, »fiel über ihn mit staunenswert grausamen Beschimpfungen her, bezichtigte ihn der Treulosigkeit, Lüge und Heuchelei, wobei sie ihn sogar als einen Schurken bezeichnete und ihm befahl, nicht mehr vor ihren Augen zu erscheinen«.[25]

Der alte Minister ertrug das Gewitter mit philosophischer Gelassenheit, da er überzeugt war – und das wahrscheinlich zu Recht –, daß es den Interessen der Königin entsprach, ihre Rolle bei der Vollstreckung des Urteils zu leugnen, obwohl alle Tatsachen das Gegenteil bezeugten, daß ihre Wut nicht allzu aufrichtig war und daß dieses ganze Schauspiel recht weitgehend einer Komödie ähnelte. Für die Königin war es offensichtlich bequem, einen Sündenbock zu haben, den man Jakob VI. und Heinrich III. als Opfer anbot, bevor man die Reaktionen des Auslands einschätzen konnte.

Außerdem hatte Jakob VI. jedoch nie versucht, das Bündnis mit England in Frage zu stellen, wie dies ein merkwürdig offenherziger Brief beweist, den er Robert Dudley schrieb: »Wie töricht und unbeständig ich sein würde, wollte ich meine Mutter dem Rechtstitel vorziehen [...]. Mein Glaube drängte mich von jeher, ihren Kurs zu hassen, wenn mich meine Ehre auch zwingt, für ihr Leben einzutreten.«[26] Aber Elisabeth beeilte sich, ihm eigenhändig einen pathetischen Brief zu schreiben, um ihn von ihrer Unschuld zu überzeugen: »Ich wollte nur, Ihr wüßtet (daß Ihr ihn empfindet, will ich nicht), welch tiefer Schmerz meine Seele zernagt um des furchtbaren Unglücks willen, das ganz gegen meine Absicht über Uns gekommen ist. Ich bitte Euch inständig, glaubet mir, wie unschuldig ich in diesem Falle bin. [...] Ich bin nicht so niedrigen Geistes, daß ich aus Furcht vor einem Menschen oder Fürsten nicht täte, was ich für gerecht halte. [...]. Offenes Eintreten für seine Taten ziemt sich für einen König [...]«.[27]

Der schottische König befand sich in einer mißlichen Lage: Es war ihm kaum möglich, nicht auf die Hinrichtung seiner Mutter zu reagieren, selbst wenn er sich nicht erinnerte, sie jemals gesehen zu haben, er hätte unklug gehandelt, wenn er sich nicht den heftigen Protesten seiner Untertanen anschlösse. Aber dieser Tod würde ihm das Leben erleichtern. Ganz zu Recht verließ er sich darauf, daß bald wieder Ruhe im Lande einkehren würde. Das Ärgernis, das die Beziehungen zwischen England und Schottland vergiftete, war endlich beseitigt. Er, Jakob, war nun durch seine Abstammung und nach dem Tod aller anderen ernstzunehmenden Bewerber unbestreitbar der Nachfolger Elisabeths. Daß er ein Mann und dazu noch Protestant war, stärkte seine Position außerordentlich, und er schätzte sich glücklich, daß ihn Elisabeths Entschuldigungen und angebliche Bestürzung von jeder Pflicht entbanden, seine Familienehre zu verteidigen. Höchst bereitwillig nahm er es hin, daß sie nicht von einer Hinrichtung, sondern einem Unglücksfall sprach, und er schickte den Brief der Königin von England an alle übrigen europäischen Höfe weiter.

In Paris hielt man am 3. März in Notre-Dame einen feierlichen Trauergottesdienst für Maria Stuart ab. Der gesamte Hof und das Parlament nahmen teil. Doch die politische Lage war in dem wieder einmal vom Bürgerkrieg bedrohten Frankreich dermaßen gespannt und die Stellung des Königs, der gleichzeitig den Angriffen der Hugenotten und der um den Herzog von Guise gescharten fanatischen Katholiken standhalten mußte, so schwach, daß sich der Tod Maria Stuarts nicht als entscheidender politischer Faktor auswirkte. Paradoxerweise diente dieser Schlag, der die Guisen unmittelbar traf, den Absichten Heinrichs III., denn er bemühte sich ja verzweifelt, deren Ambitionen zu vereiteln. Lange schon hatte das Schicksal der Königin von Schottland jede Bedeutung für Frankreich verloren, und die Reaktionen der Pariser auf die Nachricht von Marias Tod hielten nur kurze Zeit an, wie es Walsingham vorausgesehen hatte.

Erst langfristig und nicht unmittelbar hatte der Tod Maria Stuarts schwerwiegende Folgen. Wie es Elisabeth verstanden hatte, bewies diese Hinrichtung, daß ein Souverän vor den Menschen und nicht nur vor Gott zur Verantwortung gezogen werden mußte. Dies bedeutete einen Angriff auf die Idee des Königtums von Gottes Gnaden, aus der sich notwendig ergab, daß man von einem König oder einer Königin keine Rechenschaft für deren Taten verlangen durfte. Nun würde das Volk sein Sklavendasein aufgeben und selbst zum Souverän werden. Der mit der Hinrichtung Maria Stuarts geschaffene Präzedenzfall würde die Verurteilung ihres Enkels Karl I. rechtfertigen, mit der man wiederum die Todesurteile für Ludwig XVI. und Marie-Antoinette rechtfertigen sollte. Elisabeth konnte selbstverständlich nicht die Zukunft vorhersehen, doch war sie zu besonnen und zu klug, als daß sie nicht erkannt hätte, wie sehr ihre Entscheidung die Spielregeln verändert hatte. Dennoch beruhigte sich Elisabeth, da die halbherzigen Reaktionen des Auslands sie in ihrer Haltung bestärkten.

Man konnte ihre Entscheidung in moralischer Hinsicht anzweifeln, man konnte argumentieren, daß die Haft und damit die Hinrichtung Maria Stuarts auf höchst anfechtbaren Rechtsgrundlagen beruhten, doch man konnte unmöglich bestreiten, daß sie in politischer Hinsicht recht hatte, als sie Maria aus dem Weg räumte. Nach den Wirren, die von den ständigen Komplotten und fortwährenden Bedrohungen geschürt wurden, kehrte Ruhe ein. Im Juni versöhnte sie sich mit Cecil, als sie ihm einen langen Besuch in seinem schönen Landhaus Theobalds abstattete; am 29. Juli wurden die sterblichen Reste Maria Stuarts endlich in der Kathedrale von Peterborough beigesetzt, wo bereits Katharina von Aragonien ihre Ruhestätte gefunden hatte. Die Gefahr eines Bürgerkriegs war gebannt. Die englischen Katholiken hätten es ohne die geringsten Bedenken begrüßt, daß Maria Stuart die Nachfolge Elisabeths antrat: Die einen, die aktive Minderheit, befürworteten einen Gewaltstreich, um sie auf den Thron zu setzen, die anderen waren bereit, die natürliche Entwicklung der Ereignisse abzuwarten. Nach dem Tod Maria Stuarts gab es keinen katholischen Kronprätendenten mehr. Philipp II. drängte sich in den Vordergrund, wobei er als Vorwand benutzte, Maria Tudor hätte ihm ihr Königreich hinterlassen, aber kein Engländer konnte diese Möglichkeit ernsthaft ins Auge fassen, und als die »unbesiegbare« Armada ein Jahr danach den Ärmelkanal hinauffährt, schließen sich Katholiken und Protestanten vorbehaltlos unter dem Banner ihrer Königin gegen den Angreifer zusammen.

XI
Elisabeths Sieg
1587-1589

Elisabeth herrschte 1587 seit achtundzwanzig Jahren. In dieser Zeit sah sie sich mit zwei quälenden und beinahe unlösbaren Problemen konfrontiert: mit dem endgültigen Schicksal Maria Stuarts und der Entscheidung über ihre Ehe. Das erste Problem hatte zuletzt einen blutigen Abschluß gefunden. Das zweite wurde auf weniger dramatische Weise überwunden, indem ganz einfach die Zeit darüber hinwegging. Elisabeth stand nun im dreiundfünfzigsten Lebensjahr. Die Frage war hinfällig geworden. Da sie somit von diesem doppelten Grund zur Sorge befreit war, konnte sie fortan ihre Fähigkeiten uneingeschränkt beweisen. Wie wir schon gesehen haben, ließ sie sich nach dem Tod Maria Stuarts nicht von Gewissensbissen oder Melancholie überwältigen. Statt dessen erfreute sie sich allgemeiner Beliebtheit, die mit den Jahren immer mehr zunahm, und diese Popularität hatte nichts dem Zufall zu verdanken.

Im Gegensatz zu ihrem Vater und Großvater hatte sie nie ihre Insel verlassen. Ein Prinz hätte das europäische Festland besuchen können, auch wenn er nur als Offizier hinüberfuhr – für ein junges Mädchen, selbst eine Prinzessin, gab es eine solche Gelegenheit nicht. Überdies hatten sich ihre schwierigen Jugendjahre kaum für Reisen angeboten. Das brauchte sie nicht zu bedauern, denn sehr schnell erkannte sie, wie vorteilhaft es war, sich als reine Engländerin darzustellen, die sich ausschließlich von ihrer leidenschaftlichen Liebe zum eigenen Königreich leiten ließ – und dieses Königreich bereiste sie nun unermüdlich. Man hat 241 Ortschaften dokumentarisch belegt, in denen sie zumindest eine Nacht verbrachte.[1] Sie begab sich nicht nur

auf Reisen, weil es damals zunächst ein Gebot der Hygiene war,
daß man ein Schloß nicht länger als zwei Monate ununterbro-
chen bewohnte, sondern auch deshalb, um all die kleinen Leute
zufriedenzustellen, die nach ihrer Anwesenheit und der ihres
Gefolges verlangten, denn der Aufenthalt des Hofstaats an
einem Ort brachte den einheimischen Kaufleuten einen außerordentlich hohen Gewinn ein. Schließlich und vor allem wollte
sich die Königin möglichst oft zeigen, und das nicht nur den
Bürgern von London. Deshalb legte sie eine Reiseroute fest,
nach der sie sich in jedem Jahr richtete. Sie konnte sich zwischen vierzehn Schlössern entscheiden, die ausschließlich für
sie bestimmt waren, und außerdem zögerte sie nie, sich bei dem
einen oder anderen Untertan einzuladen.

Während der beiden letzten Monate des Jahres hielt sie sich
immer in ihrem Londoner Palast von Whitehall auf, um die Sit-
zungsperiode der Gerichte und gegebenenfalls des Parlaments
zu verfolgen und den Vorsitz bei den Festen im November
innezuhaben, die ihre Thronbesteigung feierlich begingen.
Diese Feste gewannen im Lauf der Jahre eine solche Bedeutung,
daß sie sich mit Weihnachten vergleichen ließen. Zu ihrem
Geburtstag und ihrem Thronjubiläum wurden prächtige Turniere veranstaltet, die Tausende Zuschauer in den riesigen
Palasthof lockten. Die Königin hatte nichts gegen brutale Wett-
spiele und war gern Gast bei Stierkämpfen oder dem Schauspiel
des »bear-baiting« (der »Bärenhatz«, eines grausamen Spekta-
kels, bei dem man einen Bären an einen Pfosten band und
Kampfhunde auf ihn hetzte), die bei derartigen Anlässen durch-
geführt wurden. Danach – gleichsam, als wollte sie betonen,
wie vielfältig ihre Interessen waren – zog sie sich in ihre Bibliothek zurück, wo Hunderte von Bänden aufgereiht standen, die
in Samt gebunden und mit Edelsteinen verziert waren, und dort
führte sie philosophische Gespräche mit ihren belesensten Höflingen. Die Weihnachtsfestlichkeiten, denen eine Reihe von
sehr beliebten Theatervorstellungen folgte, fanden entweder in
Whitehall oder in einem anderen ihr gehörenden nahen Palast
statt, in Hampton Court, Windsor oder Greenwich. Diese

Schlösser waren in Booten bequem zu erreichen, weil sie an der Themse lagen. Elisabeth setzte sich leidenschaftlich dafür ein, die Schauspielkunst vor den Angriffen der Puritaner zu schützen, die, wenn es nach ihnen gegangen wäre, alle Londoner Theater geschlossen hätten. Es wurde eine königliche Theatertruppe gebildet, die den Namen »Queen Elizabeth's Men« erhielt und nicht nur am Hof, sondern auch in der Provinz spielte. Lord Howard sowie Lord Hunsdon folgten ihrem Beispiel, und damit gab der eine Marlowe und der andere Shakespeare die Möglichkeit, ihren Ruf zu begründen.

Am Ende des Winters richtete sich der Hof in den Schlössern von Surrey ein, in Nonsuch oder Oatlands südwestlich von London. Die Königin mußte zu Ostern wieder in der Hauptstadt sein. Das Frühjahr verging mit Besuchen in den Schlössern der Umgebung, und der Sommer war für größere Rundreisen bestimmt, die »progress« genannt wurden. Diese Fahrten machten eine außerordentlich gründliche Vorbereitung erforderlich, denn die Königin reiste mit einem Gefolge von fünfhundert Personen, die man verpflegen, unterbringen und zerstreuen mußte. Die Höflinge, besonders die älteren, verabscheuten diese ganze Betriebsamkeit, vor allem, weil sie die schöne Jahreszeit nicht auf ihren Besitzungen verbringen konnten, sondern gezwungen waren, sich einem Zug anzuschließen, der sich auf schlechten Straßen vorwärtsschleppte, und manchmal mußten sie gar in Zelten kampieren. Aber die Königin legte Wert darauf, von den hervorragendsten Höflingen begleitet zu werden, denn diese Reisen dienten einem doppelten Zweck. Einerseits wollte sie den Glanz des Hofes auch auf die Provinzen ausstrahlen lassen, und andererseits gab ihr das eine Gelegenheit, ihr Wohlwollen für das Volk zu bekunden, das herbeigeeilt war, um sie zu sehen, wenn sie vorbeikam. Sie wohnte stets bei einem Edelmann, manchmal in einem Herrenhaus, möglichst oft in einem großen Schloß, wo der Gastgeber die erlesensten Lustbarkeiten veranstaltete, was ihn an den Rand des Ruins brachte. Man benachrichtigte die Auserwählten ein Jahr im voraus: Die Knauser unter ihnen ersannen Entschuldigungen, um sich einer derart kostspieligen Ehre zu entziehen. Die Geltungssüchtigen und Günstlinge schätzten sich hingegen glücklich und überboten sich in Einfällen, um die Königin zu beeindrucken. Die einen hoben künstliche Seen aus, andere legten Grotten an, in denen man Musiker verbarg. Manche vergrößerten ihr Schloß durch einen neuen Seitenflügel, um die Königin ehrenvoll empfangen zu können. Ein gewisser Sir Francis Carew verhüllte all seine Kirschbäume, damit er Elisabeth nach der Erntezeit noch Kirschen anbieten konnte. Natürlich war man es sich schuldig, große Jagden und Feuerwerke zu planen und die Poeten mit Gelegenheitsgedichten zu beauftragen. Die Feste, die sich Dudley ausgedacht hatte, als ihm die Königin einen zweiwöchigen Besuch in seinem Schloß Kenilworth abstattete, errangen legendären Ruhm.

Wenn sich die Rastorte für Lustbarkeiten anboten, so widmete man die Zeit unterwegs dem mühseligen Werk der »Öffentlichkeitsarbeit«. Elisabeth saß gern im Sattel, doch wenn sie Einzug in einer Stadt hielt, ließ sie sich in einer Karosse oder einer vergoldeten Sänfte befördern. Sie trug ein weißes Kleid, damit ihre Erscheinung wie ein Zauber wirkte. Die Königin bewies unglaubliche Geduld. Wenn die Dörfler eine Gesangs- oder Tanzdarbietung veranstalteten, die Elisabeth bei ihrer Durchfahrt sehen sollte, ließ sie den ganzen Zug halten und setzte die Reise nicht eher fort, bis sie dem Bürgermeister und seinen Mitbürgern herzlich, zuweilen mit Tränen in den Augen, gedankt hatte. Unermüdlich hörte sie jeden an, der ihr nahte: »Es ist die Pflicht eines Fürsten, den Höchsten und den Niedrigsten gleich zu behandeln [...]. Ich bin die Königin meiner einfachsten wie meiner vornehmsten Untertanen.«[2] Als das Ende ihrer Regierungszeit nahte, beschrieb sie sich selbst in einer Parlamentsrede mit Worten, die mir den Anklang von Mütterlichkeit zu haben scheinen. Diese Worte betonen stärker die Fürsorge eines Souveräns für sein Volk als seine Macht: »Nie wird eine Königin, die meinen Platz einnimmt, größeren Eifer für mein Land oder größere Sorge um meine Untertanen zeigen und mit größerer Begeisterung als ich ihr Leben für Euer

Wohl und Eure Sicherheit einsetzen [...]. Und wenn Ihr auch manchen mächtigeren und klügeren Fürsten auf diesem Thron habt sitzen sehen und vielleicht noch sehen werdet, so habt Ihr doch nie einen König gehabt, noch werdet Ihr je einen haben, der besonnener wäre und Euch herzlicher liebte als ich.«[3] Sie würden auch nie einen Herrscher haben, der eifriger darauf versessen wäre, sie für sich zu gewinnen, und außerdem keinen, der es geschickter verstanden hätte, sich aller möglichen Kunstgriffe zu bedienen, um sie zu beeindrucken.

So etwa besuchte sie nie eine Theateraufführung oder ein Konzert, ohne sich zu vergewissern, daß das Publikum sie ganz bequem sehen und beobachten konnte. Eine diskrete Loge war durchaus ungeeignet. In Oxford ließ man eine Mauer durchbrechen, die das Theater von ihrem Wohngebäude trennte, damit man eine Tür einsetzen und der Königin so ermöglichen konnte, bei ihrem dramatischen Auftritt direkt im Saal zu erscheinen. Man meinte ganz zu Recht, wenn man sie zusammen mit den übrigen Zuschauern eintreten ließe, würde dies den Eindruck, den ihre Ankunft machte, beeinträchtigen. Elisabeth hatte immer etwas von einer Schauspielerin, und zwar einer Schauspielerin, die nie ihre Wirkung außer acht ließ. Man wusch ihre Haare mit einer Mischung aus Asche und Sodawasser. Sie ließ sie färben, sobald die ersten grauen Strähnen auftauchten, und benutzte bald und sehr häufig Perücken und Haarteile. Größte Sorgfalt verwendete sie auf das Schminken. Eine Pomade aus Eiweiß, Eierschalen, zerstoßenen Mohnkörnern, Alaun und Natriumborat gab ihr eine außerordentlich blasse Gesichtsfarbe. Da sie den weißen Glanz ihrer Zähne erhalten wollte, rieb sie diese mit einer Mischung aus Weißwein und in Honig aufgekochtem Essig ab. Ständig bemühte sie sich, die Wirkungskraft der Feierlichkeiten zu erhöhen und ihr Publikum mit deren Pracht zu blenden. Sie hätte das spätere Zeremoniell von Versailles für kläglich anspruchslos gehalten.

Während ihrer letzten Herrschaftsjahre begab sie sich inmitten ihres ganzen Hofstaats und unter den Augen des Volkes, dem man bei dieser Gelegenheit die Schloßtore öffnete, jeden

Sonntag und nicht nur an den Feiertagen zum Gottesdienst. Eine große Prozession versammelte sich in ihrem Vorzimmer. An die Spitze traten die Ritter vom Hosenbandorden, der Kanzler, der das Großsiegel des Königreichs in der Hand hielt, sowie der Zepter- und der Schwertträger Ihrer Majestät. Dann kam die Königin, die ein weißes Galakleid trug, um ihre Jung-fräulichkeit zu betonen. Fünfzig mit vergoldeten Streitäxten bewaffnete Edelleute eskortierten sie und liefen vor der Menge der Hoffräulein und Ehrendamen. Der Zug setzte sich in Bewe-gung, um sich zur Kapelle zu begeben. Wenn die Königin vor-überkam, knieten alle nieder. Zuweilen blieb sie stehen, um ein paar Worte mit einem Botschafter zu wechseln, wobei sie ihn entweder in seiner eigenen Sprache oder auf lateinisch anredete. Gelegentlich richtete sie das Wort an einen Untertan von nied-rigerem Stande, der ihren Blick auf sich gezogen hatte. Wenn sie den Eingang der Kapelle erreicht hatte, fand sie sich manchmal bereit, eine Petition entgegenzunehmen, und ihr Wohlwollen beschwor immer laute Hochrufe herauf. »I thank you, my good people«, sagte sie dann, bevor sie weiterging. Den Gottesdienst begleitete eine prächtige Musik, vorgetragen von einem Chor von fünfzig Sängern und einem Orchester von vierzig Musi-kern. Der Gottesdienst durfte auf keinen Fall länger als eine halbe Stunde dauern. Elisabeth verabscheute lange Predigten, und sie tat sich keinen Zwang an, das kundzutun. Wenn es die Königin nämlich verstand, höchst leutselig zu wirken, so konnte sie auch wie ein Sturmgewitter wüten, sobald sie von Zorn oder Ungeduld gepackt wurde. »Wenn sie lächelt, ist sie eine strahlende Sonne, und jeder sucht sich an ihr zu wärmen, aber plötzlich ziehen Wolken auf, das Gewitter bricht los, und der Blitz zuckt auf ausnahmslos alle hernieder«, berichtete John Harington, ihr Patensohn.[4]

In Europa dachte man nicht mehr an ihre Eskapaden mit Alençon und respektierte ihre Macht. Sogar Papst Sixtus V., der Nachfolger ihres alten Feindes Gregor XIII., erkannte ihre Ver-dienste an und hatte bewundernd erklärt: »Seht doch nur, wie gut sie regiert! Und wäre sie nur katholisch, so würde sie uns herzlich lieb und wert sein. Sie ist nur eine Frau, nur die Herrin über die Hälfte einer Insel, und doch fürchten alle sie, Spanien, Frankreich und das Reich.«[5] Paradoxerweise fürchtete man sie nicht etwa wegen ihres Heldenmutes. Ganz im Gegenteil. Man hatte Angst vor ihr, weil ihre Verstellungskunst, ihre Meinungsumschwünge, ihre entschiedene Ablehnung jeder Form des Fanatismus aus ihr eine unberechenbare Persönlichkeit machten. Elisabeth gab den militärischen Fragen nie den Vorrang vor der Politik, was in jenem Jahrhundert selten vorkam. Wir haben gesehen, wie sie auf die von Don Juan de Austria in den Niederlanden ausgehende Gefahr reagierte und wie sie sich weigerte, sich an der Seite Frankreichs zu engagieren und einen Krieg gegen Spanien zu beginnen. Daß sie eine Frau war, bewahrte sie vor der Notwendigkeit, ihre Truppen in den Kampf zu führen, und erleichterte es ihr, sich über den äußeren Eindruck hinwegzusetzen. Wenn sie Zeit gewinnen mußte, kümmerte sie sich überhaupt nicht darum, ob sie wankelmütig wirkte. Niemals hätte sich ein Mann so zögerlich wie sie verhalten dürfen, ohne daß man geglaubt hätte, er sei seiner Aufgabe nicht gewachsen. Man erklärte ihre Unschlüssigkeit mit ihrer weiblichen Wesensart. Um so besser! Das beeinträchtigte ihr Selbstvertrauen nicht im geringsten. Sie hielt sich nicht für verpflichtet, Kenntnisse vorzutäuschen, die sie nicht besaß, und übertrug deshalb ihre Machtbefugnisse sehr weitgehend. Dadurch konnte sie eine höchst wirkungsvolle Regierungsarbeit leisten. Nie versuchte sie, sich als General oder Admiral aufzuspielen, denn sie wußte genau, daß es ihr in diesem Bereich an Sachkenntnis fehlte. Hingegen widmete sie sich der Aufgabe, die Finanzprobleme des Königreichs zu bewältigen.

In ihrer Jugend verfügte sie nur über geringe Mittel, und sie hätte ihre Schwester oder ihren Bruder nie um Hilfe gebeten. Cecil hatte ihr ans Herz gelegt, daß sie ihre Ausgaben mit ihren Einkünften in Einklang bringen mußte. Als sie Königin wurde, richtete sie sich weiter nach diesem Grundsatz, selbst wenn sie geizig erscheinen mochte. In einem Jahr erhöhten sich unerklärlicherweise die Ausgaben allein für den Bedarf des Hofes an

Brot, Bier und Holz um 12000 Pfund. Sie verlangte von dem
zuständigen Beamten eine Abrechnung, wobei sie ausdrücklich
erklärte, daß sie eindeutige Angaben haben wollte, damit sie ihr
verständlich wären. Die offenkundigen Betrügereien der für
den Tafeldienst verantwortlichen Beamten verärgerten sie noch
mehr, weil sie wußte, daß die Hoflieferanten ihre Produkte bil-
lig einkauften. Sie interessierte sich gewissenhaft für die Führung ihrer wirtschaftlichen Angelegenheiten, war ihr doch nur
zu gut bekannt, daß sie mit den Angelegenheiten ganz Englands
übereinstimmten. Es war die private Aufgabe des Herrschers,
seinen Hof und seinen Regierungsapparat zu finanzieren. In
dringenden Fällen konnte er die Hilfe des Parlaments erbitten,
um außerordentliche Steuern zu erheben, doch diese Hilfs-
quelle mußte eine Ausnahme bleiben, und Königin Elisabeth,
die sich der Bedeutung ihrer persönlichen Popularität bewußt
war, wollte sich nicht allzu oft einer derartigen Notlösung bedienen. Stets verlangte die Armee schwer zu kontrollierende
Ausgaben, denn das System, das auf die Söldnerheere des Mit-
telalters zurückging, bot sich geradezu für Korruption an.

In der Vergangenheit war ein Fähnleinführer mit seinen Soldaten in den Dienst des Meistbietenden getreten. Ihm fiel die
Aufgabe zu, seine Leute zu besolden und zu verpflegen. Elisabeth warb keine Söldner an, sondern gab einem Kompanie-
hauptmann eine festgesetzte Summe, wofür er seine Männer
bewaffnen, verpflegen und bekleiden mußte. Natürlich bemühte er sich, den größten Gewinn herauszuschlagen, indem
er auf Kosten der ihm dienenden armen Schlucker sparte oder
falsche Angaben über ihre Zahl machte oder sie auch entließ,
ohne ihnen den Sold auszuzahlen und ohne sich darum zu
kümmern, daß er die ausgehungerten Banden ungehindert zu
Plünderungen im Land ausschwärmen ließ. Empört über den
jämmerlichen Zustand der Soldaten und tief gekränkt wegen
der Vergeudung ihrer Finanzmittel verlangte sie, daß die Offiziere mit ihr abrechneten, und lehnte es ab, denen Geld zu
geben, die sich nicht fügten. Ihre ständige Sorge war es, wie sie
ihre Soldaten und Matrosen verpflegen und entlohnen konnte.

Eine Frau, die nicht durch den Heeresdienst abgestumpft war,
reagierte auf die Schrecken des Krieges weitaus empfindlicher
als ein Mann. Das Volk war ihr dafür dankbar. Elisabeth zeigte
immer wieder diese Haltung, und dankbare Bäuche sind eine
außerordentlich zuverlässige Garantie für Popularität.

Diese Königin, die ihre Truppen schonte, auf ihren Staatsschatz bedacht war, langfristigen Verpflichtungen mißtraute
und sich um das Wohlergehen ihres Volkes sorgte, sah sich nun
aber einer unabwendbaren Tatsache gegenüber: dem Krieg mit
Spanien, und zwar keinem Stellvertreterkrieg mehr wie in den
Niederlanden, sondern einem regelrechten Seekrieg, der die
sehr reale Gefahr einer Invasion mit sich brachte. Seit 1585 hat-
ten sich die Beziehungen zwischen den beiden Staaten beträchtlich verschlechtert. Elisabeth weigerte sich zwar, offene
Kampfhandlungen einzuleiten, doch sie hatte ihrem ehemaligen Schwager schon zwei schmerzhafte Nadelstiche versetzt.
Zum einen hatte sie Dudley an der Spitze eines Heeres in die
Vereinigten Provinzen* entsandt, und zum anderen hatte sie die
Dienste des Seemanns Sir Francis Drake, eines wegen seines
Mutes und seiner Kühnheit bemerkenswerten Piraten und
Edelmanns, genutzt. Drake war ein Mann der Erkundungsfahr-
ten, der Handstreiche und der wahnwitzigen Angriffe, auf die
notfalls ein rascher Rückzug folgte. Er hatte die Meere des Südens, die Sundainseln und die amerikanischen Küsten, wie etwa
die Chiles und Perus, aufgesucht. Bei jeder Gelegenheit griff er
die spanischen Schiffe an und riß ihre aus Edelmetallen bestehende Ladung an sich. Elisabeth bewunderte seine Kühnheit
und freute sich über die Beute, die er ihr heimbrachte, vor allem
aber wußte sie es zu würdigen, daß sie ihn je nach den Umständen mit Ehren überhäufen oder öffentlich mißbilligen konnte.
Drake verstand das Leben und die Erfordernisse der Politik.

Im April 1587 verbarg Philipp II., den stets das zwanghafte

---

* Der protestantische Staat der Vereinigten Provinzen umfaßte Holland, Seeland und mehrere unabhängige Städte. Er war mit Wilhelm von Oranien 1572
von Spanien abgefallen und befand sich in ständigem Konflikt mit den katholischen Provinzen, die die »spanischen Niederlande« bildeten.

Verlangen trieb, die Ketzerei in England auszurotten, nicht mehr seine Absicht, Elisabeth auf dem Meer anzugreifen, und er konzentrierte alle Bemühungen auf die Verstärkung seiner Armada. Die Königin traf keine Gegenmaßnahmen, wenigstens keine offensichtlichen. Sie zog es vor, in unauffälliger Weise die Dienste Drakes in Anspruch zu nehmen. Ihr gemeinsamer, außergewöhnlich kühner Plan bestand darin, die spanische Flotte in deren Heimathäfen zu zerstören, bevor sie sich in Lissabon sammeln konnte, von wo die gesamte Armada auslaufen sollte. Ohne Aufsehen zu erregen, fuhr Drake als Befehlshaber einer kleinen Flottille ab und nahm Kurs auf Portugal. Unentdeckt segelte er an den Küsten entlang und wandte sich nach Osten. Als er vor Cádiz angekommen war, drang er tollkühn in den Hafen ein. Er enterte, versenkte oder verbrannte ungefähr hundert auf der Reede liegende Schiffe, danach fuhr er durch die Bucht von Cádiz und steuerte das Cabo de São Vicente in Portugal an, wobei er alle erreichbaren spanischen Schiffe zerstörte. Nun nahm er wieder Kurs nach Norden. Als er die Tejomündung hinauffuhr, versuchte er, den spanischen Admiral, den Marquis von Santa Cruz, in eine Schlacht zu verwickeln, doch dieser wich ihm aus. Dann segelte Drake wieder aufs offene Meer in Richtung der Azoren hinaus. Er wollte Schiffe abfangen, die mit den Schätzen der Neuen Welt schwer beladen waren. Nachdem er eine Karacke* gekapert hatte, deren Silberladung soviel wie die Hälfte des Jahreshaushalts der Königin wert war, beschloß er, die Heimfahrt anzutreten.

Durch sein Unternehmen hatte England einen nicht zu verachtenden Kriegsschatz gewonnen, die feindliche Offensive um ein Jahr hinausgeschoben und Spanien gedemütigt. Die unterlegenen Spanier bezichtigten Drake, er habe sich der Magie bedient. Ein mysteriöser Spiegel, so behauptete man auf den Straßen von Cádiz, hätte es ihm erlaubt, die spanische Flotte und alles, was auf ihren Schiffen geschähe, zu sehen. Der unglückliche, gealterte, von der Gicht gepeinigte Philipp II.,

---

* Schweres spanisches bzw. portugiesisches Handelsschiff (Anm. d. Ü.)

der nur noch äußerst mühsam laufen konnte und den Zwängen einer drückenden Routine gehorchen mußte, der alles übergenau nahm und unfähig war, anderen Befugnisse zu übertragen, arbeitete den ganzen Tag und weigerte sich, sich von diesem wendigen, teuflischen, unvorhersehbaren Feind entmutigen zu lassen, der sich nicht um die Tradition kümmerte und seine Bewegungsfreiheit lähmte. Deshalb gab er den Befehl, die Flotte wieder instand zu setzen. Das ganze Jahr über verließ er sein Amtszimmer nicht, arbeitete verbissen und unermüdlich an seinen Akten und legte nur eine Pause ein, um mit schwankendem Schritt seine Kapelle aufzusuchen und auf seinen Betstuhl zu sinken. 1588, im nächsten Sommer, machte er sich zum großen Kräftemessen bereit, denn er war entschlossen, den Triumph seiner ketzerischen Schwägerin zu vereiteln.

Spanien setzte seine letzte Hoffnung auf Gott. Der König verbrachte nun ganze Stunden im Gebet, das Volk widmete sich Prozessionen, Kasteiungen und Andachtsübungen. Der Papst hatte einen symbolischen Degen geschickt, um seine Unterstützung für diesen neuen Kreuzzug zu bekunden. Unglücklicherweise hatten weder Gott noch seine Heiligen den König und seine Minister angespornt, sich mit den Unterschieden zwischen dem Mittelmeer, dem Atlantischen Ozean und der Nordsee zu beschäftigen. Die spanische Flotte bestand vor allem aus Galeeren, die von Ruderern vorwärts bewegt wurden und in den stürmischen Meeresfluten rund um England vollständig untauglich waren. Philipp II. verfügte allerdings über die portugiesische Flotte*, zu der besser für Ozeanfahrten geeignete Schiffe gehörten, und zahlreiche zerstörte Galeeren wurden durch portugiesische Kauffahrer ersetzt, aber die spanische Taktik entwickelte sich nicht weiter. Die Spanier waren es von jeher gewohnt, an einem feindlichen Schiff anzulegen und es zu entern, ihre Soldaten gegen die überrumpelte Mannschaft vorzuschicken und eigentlich einen Landkampf, einen Kampf Mann

---

* Es sei daran erinnert, daß Portugal im Jahre 1580, beim Tod des Kardinal-Königs Heinrich, des Nachfolgers seines Großneffen Sebastian, unter die Herrschaft Philipps II. geriet.

gegen Mann, auf See zu führen. Sie konnten sich keine andere
Methode vorstellen. Davon unterschied sich die englische
Kampftechnik grundsätzlich. Heinrich VIII. hatte die revolutionäre Idee unterstützt, seine Schiffe mit Kanonen auszu-
rüsten, die an den Schiffsseiten und nicht mehr wie früher auf
schwerfälligen Hinterkastellen aufgestellt waren, denn diese
brachten das Schiff bei hohem Seegang aus dem Gleichgewicht.
Die neuen Schiffe waren daher seetüchtiger, schneller und
furchtbarer. Die Strategie bestand darin, den Gegner während
des Gefechts zu versenken, und nicht mehr darin, dessen
Mannschaft zu überwältigen. Die Wirksamkeit dieser Taktik
ersparte es den englischen Kapitänen, zahlreiche Soldaten an
Bord zu nehmen, war deren Anwesenheit doch hinderlich und
kostspielig.

Die umsichtige Elisabeth verließ sich weder auf Gott noch
auf ihre Schiffe. Sie unterschätzte nicht die tatsächliche Gefahr
einer Invasion. Man darf nicht vergessen, daß die unter dem
Befehl Alessandro Farneses, des Herzogs von Parma, stehenden
spanischen Streitkräfte in den Niederlanden höchst furchterre-
gend wirkten und überdies der englischen Küste sehr nahe
waren. Als Drake im Frühjahr 1588 erfuhr, daß die spanische
Flotte aus Lissabon ausgelaufen war, jedoch Zuflucht in La
Coruña an der Nordspitze Galiciens suchen mußte, um die
Schäden zu reparieren, die sie während eines schlimmen Sturms
erlitten hatte, versuchte er einen neuen Vorstoß nach Süden,
weil er hoffte, seinen Erfolg des Vorjahres zu wiederholen. Da
ihn indes widrige Winde zurücktrieben, setzte er die Fahrt nicht
fort. Die Königin zog es vor, alle ihre Seestreitkräfte zusammen-
zuführen. Wenn sie ihre Schiffe entfernt hätte, so hätte dies ihre
Küsten für einen Überraschungsangriff verwundbar gemacht.

Ihre Regierung traf außerdem Vorkehrungen für die Verteidigung des Landesinneren. Vorsorglich stellte man jene katholischen Adligen, deren Besitzungen in Küstennähe lagen, unter
Hausarrest. Die Bevölkerung wurde gewarnt und darauf vorbereitet, Widerstand gegen einen Landungsversuch zu leisten. Am
Ufer errichtete man schnell eine Reihe von Leuchttürmen, die

regelmäßig Signale abgaben, um den Feind zu erspähen. Zwei besondere Armeen wurden aufgestellt, die eine wurde rund um den Saint James's Palace postiert, um das Leben der Königin zu schützen, und die andere in Tilbury, einem Hafen an der Themsemündung, im Osten der Hauptstadt, um jede Invasion zu verhindern.

Am 21. Juli 1588 segelte die Armada unter dem Befehl des Herzogs von Medina Sidonia aufs Meer hinaus. Wieder einmal wurde der religiöse Charakter des Unternehmens hervorgehoben. Allen Matrosen und Soldaten hatte man die Beichte abgenommen, man hatte sie gesegnet und ihnen eine Medaille übergeben, die das Bild Christi auf der einen Seite und das der Heiligen Jungfrau auf der anderen trug. Die Spanier planten, die Flotte entlang der französischen Küste fahren zu lassen und in den Ärmelkanal vorzustoßen, die Straße von Calais zu durchqueren und die Niederlande zu erreichen, wo die Vereinigung mit den Streitkräften des Herzogs von Parma unmittelbar nördlich von Dünkirchen stattfinden sollte. Unter dem Schutz der spanischen Schiffe würde der Herzog ein Heer nach England übersetzen lassen. Die äußerst präzisen Befehle Medina Sidonias, die Philipp II. überprüft und gebilligt hatte, gaben ihm nicht den geringsten Handlungsspielraum.

Die Armada segelte am 30. Juli in den Ärmelkanal hinein, und der Anblick dieser einhundertdreißig Schiffe, die sich über einen drei Kilometer großen Raum verteilten, machte auf die Engländer einen sehr tiefen Eindruck. »Niemals hätten wir geglaubt«, schrieb ein englischer Augenzeuge, »daß [die Spanier] so viele unterschiedliche und so gut bewaffnete Schiffe zu einer derart starken Streitmacht zusammenfassen und vereinen könnten«.[6] Es entging den Engländern nicht, daß es schwierig war, eine so beträchtliche Zahl von Schiffen mit derart unterschiedlichen Größen und Takelagen in einer geordneten Formation zu halten. Die größten Schiffe hatten mehr als zwölfhundert Bruttoregistertonnen und die kleinsten lediglich sechzig; einige waren mit achtundvierzig Geschützen und andere

nur mit vier Kanonen bestückt. Man schloß daraus, derart geschickte und disziplinierte Mannschaften würden furchtbare
Gegner sein.

Zwei unglückliche Zwischenfälle brachten jedoch die Formation der Flotte durcheinander. Eine Explosion zerstörte zwei
Decks und das Kastell eines der am besten bestückten Schiffe,
der »San Salvador«, und riß zweihundert Männer, das heißt ihre
halbe Besatzung, in den Tod. Danach kam es zu einer Kollision:
Beim Zusammenprall brach das Mastwerk einer großen Galeo-
ne, der »Rosario«. Drake machte sich augenblicklich diese
Schwäche zunutze und griff die »Rosario« an. Der spanische
Kapitän, dessen Schiff nicht mehr manövrierfähig war, mußte
sich ergeben und seine Schätze ausliefern. So schnell wie möglich ordnete Medina Sidonia erneut seine Streitmacht, die immer noch eine furchtbare Bedrohung darstellte, und gab den
Befehl, Kurs auf Calais, also zur französischen Küste, zu nehmen. Er schickte eine Pinasse mit einem Kurier zum Herzog
von Parma, um sich mit ihm über die konkreten Einzelheiten
ihrer Vereinigung zu verständigen.

Der Herzog von Parma hatte stets erklärt, er müsse sechs
Tage im voraus unterrichtet werden, bevor er die Invasion einleiten könne. Warum brauchte er eine so lange Vorbereitungs-
zeit? Weil er es sich nicht erlauben durfte, seine Truppen und
Schiffe vor aller Augen in Dünkirchen zusammenzuziehen:
Dieser Ort war den Angriffen der protestantischen Rebellen,
die sich in Holland und Seeland festgesetzt hatten, ungeschützt
preisgegeben. Deshalb hatte er seine Streitkräfte auf vier verschiedene Häfen verteilt und die flachgehenden Schiffe, die für
ein Landungsunternehmen unentbehrlich waren, in mehreren
Kanälen versteckt. Außerdem muß man bedenken, daß nicht
nur Soldaten zu transportieren waren, sondern auch Pferde,
Proviant und Munition. All das verlangte lange Vorbereitungen.
Er selbst bewegte sich ständig zwischen Antwerpen, Gent und
Brügge hin und her, um den Feind zu täuschen. Eigentlich erübrigt sich der Hinweis, daß ein Kurier möglicherweise mehrere Tage brauchte, bevor er ihn erreichte. Ihn überraschte die

Nachricht, daß die Armada in Calais eingetroffen war. Trotzdem teilte er Medina Sidonia mit, er werde am 12. August bereit
sein. Allerdings war es dafür erforderlich, daß die spanische
Flotte so lange warten konnte.

Die vorherigen Scharmützel mit den Spaniern hatten die Engländer überzeugt, daß ihre Geschütze nicht die notwendige
Feuerkraft hatten, um die großen spanischen Schiffe während
einer regelrechten Seeschlacht zu versenken, besonders weil sie
nicht allzu dicht herankommen durften, ohne sich der Gefahr
auszusetzen, geentert zu werden. Bei einem Kriegsrat, den sie
am frühen Morgen des 7. August auf dem Flaggschiff hielten,
entschieden sie sich für eine schrecklich einfache Kriegslist. Der
Wind und die Meeresströmungen waren ihnen günstig. Aus
acht Schiffen machte man sogenannte Brander. Diese wurden
also mit Sprengstoff gefüllt, mit im voraus geladenen Kanonen
bestückt und während der Nacht ins Schlepptau genommen.
Die Kanonen hatten Doppelzünder und sollten von selbst feu-
ern, sobald die Temperatur hoch genug angestiegen wäre. Die
Engländer warteten, bis die Flut kam, dann zündeten sie die
Lunten an, ließen die Brander losfahren und sahen zu, wie sie
auf die spanische Flotte zutrieben.

Der Feind geriet in größte Panik. Die starken Strömungen
hatten die spanischen Kapitäne gezwungen, zwei oder drei
Anker auszuwerfen, um die Schiffe in den stürmischen Gewässern des Kanals an ihrem Platz zu halten. Man konnte sich unmöglich die Zeit nehmen, die Anker einzuholen. Wenn man
rasch fliehen wollte, mußte man die Ankerketten kappen, was
die meisten Kapitäne taten. Diese Entscheidung hatte sehr weit-
reichende Folgen. Lassen wir den finanziellen Verlust einmal
beiseite – ein Anker hatte einen Wert von mehreren hundert
Dukaten –, obwohl er von allen Chronisten besonders hervorgehoben wurde. Am schlimmsten wirkte sich aus, daß es den
Schiffen nun unmöglich war, so lange vor Anker zu gehen, bis
der Herzog von Parma alle Vorbereitungen abgeschlossen hätte,
oder sich ungefährdet einer Küste zu nähern.

Daraufhin warfen die Engländer sämtliche Kräfte gegen den Feind. Die Schlacht begann. Der unübersichtliche Kampf dauerte neun Stunden. Es war Medina Sidonia gelungen, ausreichend viele Schiffe zu sammeln, um sich dem englischen Feuer entgegenzustellen, aber trotz der Zahl und Größe seiner Schiffe konnte er bei einem Gefecht, das von der Artillerie bestimmt wurde, nicht wieder die Oberhand gewinnen. Die Engländer luden sehr schnell nach, weil ihre Geschütze auf leicht zu handhabenden Protzkästen aufgestellt waren und ihre Mannschaften jeden Handgriff beherrschten. Die Spanier waren es hingegen gewohnt, einmal zu schießen und dann rasch zum Enterkampf überzugehen. Sie konnten ihre Geschütze nicht schnell nachladen, weil sie mit den schweren Protzkästen schlecht zurechtkamen. Nachteilig für sie wirkte sich auch die ungenaue Markierung der Kugeln aus, die dem jeweiligen Herstellungsort des Geschosses entsprechend unterschiedlich war. Um sich zu vergewissern, daß eine Kugel die richtige für die jeweilige Kanone war, mußte man geduldige Berechnungen anstellen. Das Gedränge auf den Decks, wo sich Matrosen und Soldaten gemeinsam aufhielten, führte zu zusätzlichen Schwierigkeiten. Das wahrhaftige Sperrfeuer der Engländer war zwar nicht stark genug, um die Spanier zu vernichten, doch es lähmte sie. Schließlich richtete sich die Wut der Elemente gegen sie. Man kann nicht zugleich gegen Wind, Wellen, Flut ... und die Engländer kämpfen. Der hart bedrängten, aber nicht zerstörten Flotte blieb kein anderer Ausweg, als nach Norden zu fliehen und jeden Gedanken an den Schutz einer Überfahrt des Herzogs von Parma aufzugeben.

So willkommen die Atempause auch war, sie befreite die Königin doch nicht vollständig von ihren Sorgen. Ganz im Gegenteil. Ihre Schiffe waren nur sehr geringfügig beschädigt, der Kampf hatte jedoch die Munitionsreserven erschöpft, und diese konnte man nicht sofort wieder auffüllen. England hätte also in einer neuen Schlacht nicht standhalten können. Nun gab es aber immer noch die Gefahr, daß der Herzog von Parma trotz alledem eine Landung versuchen würde, und es war auch mög-

lich, daß die Armada in Skandinavien einen Unterschlupf finden konnte. Man befürchtete, daß sie, nachdem sie sich von
ihren Blessuren erholt hatte, zurückkommen würde, um dann
ihr Werk zu vollenden.

Elisabeth, die während dieser ganzen Feuerprobe eine überraschende Entschlossenheit gezeigt und so den Mut all ihrer
Kampfgefährten gestärkt hatte, wollte nicht, daß ein falsches
Sicherheitsgefühl die Moral ihrer Truppen untergrub. Sie entschied, ihre Soldaten in Tilbury zu besichtigen, um sie anzu-
spornen. Aus diesem Anlaß hielt sie eine ihrer denkwürdigsten
Reden: »[…] Deshalb bin ich auch jetzt zu Euch gekommen,
nicht etwa zu meiner Zerstreuung und zu meinem Vergnügen,
sondern weil ich entschlossen bin, inmitten der Hitze der
Schlacht mit Euch allen zu leben oder zu sterben und für meinen Gott, für mein Reich, für mein Volk meine Ehre und mein
Blut darzubringen […]. Ich weiß, ich habe nur den Körper
einer schwachen, kraftlosen Frau, aber ich habe das Herz und
den Mut eines Königs, und zwar eines Königs von England! Ich
spotte der Vorstellung, daß Parma oder Spanien oder sonst ein
Fürst von Europa es wagen sollte, die Grenzen meines Reiches
zu überschreiten. Ehe denn durch meine Mitschuld solche Un-
ehre über mein Land kommt, will ich lieber selbst die Waffen
ergreifen und Euer General und Richter sein und einen jeden
belohnen nach den Tugenden, die er im Felde zeigt. Ich weiß,
daß Ihr schon für Eure Bereitwilligkeit Lohn und Ehre verdient
habt, und wir versprechen Euch auf Königswort, beides soll
Euch gegeben werden!«[7]

Die Truppe schrie vor Begeisterung, und die Königin begab
sich mit ihrem alten Freund Dudley zum Essen. Da erfuhr man,
daß sich Medina Sidonia entschlossen hatte, um Schottland her-
umzufahren und so wieder nach Spanien zu gelangen, wobei er
einen riesigen Umweg in Kauf nehmen mußte, der ihn an der
Westküste Irlands entlangführte. Doch die Gebete Philipps II.
hatten wahrhaftig keinerlei Wirkung gezeitigt: Ein entsetzlicher Sturm beendete das ganze Unternehmen, ohne daß die
Engländer überhaupt eingreifen mußten. Spanien hatte mehr

als die Hälfte seiner Flotte verloren; Elisabeth konnte weiter über eine unbeschädigte Streitmacht verfügen. Um sich nicht durch zusätzliche Soldzahlungen zu ruinieren und um ihre Staatsfinanzen zu sanieren, entschied sie, die Entlassung der Truppen zu beschleunigen. In London empfing man sie mit lautem Jubel; Freudenfeuer erleuchteten die Straßen der Hauptstadt. Man veranstaltete feierliche Prozessionen, während sich Philipp II. jenseits der Meere weiter im Escorial vergrub. Nur sein Beichtvater durfte das Wort an ihn richten. In Frankreich führte die Niederlage Spaniens dazu, daß der Konflikt zwischen Heinrich III. und den Guisen beigelegt wurde, denn diese hingen ja vom Gold und Schutz Philipps II. ab. Noch vor dem Jahresende, im Dezember 1588, lockte der französische König, der neues Selbstvertrauen gewonnen hatte, Heinrich von Guise in einen Hinterhalt und ließ ihn durch seine Handlanger erdolchen. Katharina von Medici starb im Januar. Heinrich III. konnte sich nicht lange über den gewaltsamen Tod seines Feindes freuen. Im Mai 1589 wurde auch er getötet – ein Mönch streckte ihn mit einem Messerstich nieder. Der Protestant Heinrich IV., den England immer unterstützt hatte, wurde König von Frankreich. Elisabeths Sieg war vollständig.

Doch als Elisabeth von allen öffentlichen Freudenfesten zurückgekehrt war, weinte sie. Ihre Jugendliebe, Robert Dudley, der von jeher ihr Mitstreiter gewesen war, starb im September. Am 29. August hatte er ihr ein Briefchen geschrieben, worin er sich nach ihrer Gesundheit erkundigte, da sie »das Allerwichtigste in dieser Welt« sei. Sie faltete das Schreiben sorgfältig zusammen und notierte auf der Rückseite: »SEIN LETZTER BRIEF«. Dann schloß sie es in einer Kassette ein, die auf ihrem Nachttisch stand. Dies war der erste einer langen Reihe von Todesfällen. Elisabeth blieb lebhaft und energisch, doch ihre Generation und mehr noch die ihrer ersten Staatsräte trat allmählich ab. Ihren Ministern gegenüber, von denen ihr einige seit ihrer Thronbesteigung dienten, verhielt sich die Königin außerordentlich loyal. Ihre häufigen Meinungsverschiedenheiten führ-

ten zu angeregten Diskussionen, doch es gab keine Abberufun-
gen oder Entlassungen, was den sehr tiefen geistigen Respekt
beweist, der sie vereinte. Cecil und Knollys wurden alt. Im Jahre 1590 verlor sie Walsingham und mit ihm sein vorzügliches
Spionagenetz. »Eine frohe Nachricht«, kritzelte Philipp II. an
den Rand der Depesche, die diese Neuigkeit meldete. Der
Kreis der Höflinge aus ihren Jugendjahren, jener Jahre der Bälle
und Ausritte, schmolz zusammen. Ihre Vertrauten, die sich zärtliche Spitznamen verdient hatten, verschwanden; die einen wurden vom Tod hinweggerafft, und die anderen fielen in Ungnade.

Im Jahre 1591 verlor sie Christopher Hatton, der zwanzig
Jahre ihr Freund gewesen war und den sie »Meine Augenlider«
oder manchmal auch »Hammel« genannt hatte. Den Lästerzungen zufolge hatte er, »dieses in einer Nacht emporgewachsene
Hofgemüse«, lediglich die Aufmerksamkeit der Königin erregt,
weil er ein talentierter Tänzer war. Zu seinen Gunsten wirkten
seine Schönheit, sein Charme, sein Geist und seine der Königin
uneingeschränkt ergebene Haltung. Als er größere Ernsthaftig-
keit gewann und tatsächliche politische Fähigkeiten bewies,
machte er Karriere am Hof und wurde 1587 zum Lord Chancel-
lor ernannt. Als einziger von allen Männern ihres Kreises lehnte
er eine Heirat ab. In seinen Augen hätte das bedeutet, seine
Liebe zur Königin zu verraten. Diese Liebe äußerte er unermüdlich in leidenschaftlichen Briefen und mit Worten, die für
einen Leser unserer Tage zuweilen erstaunlich klingen: Als
gerade eine Pockenepidemie am schlimmsten wütete, schickte
er ihr einen hohlen Ring, der eine vorbeugende Medizin enthielt, und riet ihr, ihn am Hals zu tragen, »zwischen Euren lieb-
lichen Rosenhügeln, dem keuschen Nest reinster Beständig-
keit«.[8] Dieses Getändel mißfiel der Königin nicht. Sie überschüttete ihn mit reichen Geschenken und bekundete ihm
unablässig große Zärtlichkeit. Als er tödlich erkrankte, begab sie
sich tränenüberströmt zu seinem Bett, um von ihm Abschied zu
nehmen.

Zeitlebens empfand Hatton große Eifersucht auf Walter
Raleigh, und das läßt sich leicht verstehen. Raleigh war zehn

Jahre jünger als er und siebzehn Jahre jünger als die Königin. Er war groß, stark und schön mit seinem schwarzen Bart und seinen lebhaften Augen, ein ausgezeichneter Soldat, ein wagemutiger Seemann, außerdem ein Dichter und sehr an geistigen Problemen interessiert, und deshalb faszinierte er die Königin, die großes Vergnügen daran fand, den einen oder anderen jungen Mann ihres Hofstaats auszuzeichnen, selbst wenn sie die anderen damit peinigte. Die Gunst der Königin war stets mit großen finanziellen Vorteilen und Ehrungen verbunden. Walter Raleigh – Elisabeth nannte ihn »Water« (»Wasser«), womit sie auf seinen Vornamen und seine seemännischen Fähigkeiten anspielte – wurde geadelt und erhielt riesige Güter in England und Irland. Die Königin nötigte den Bischof von Durham, ihm sein großes Londoner Stadthaus abzutreten. Raleigh verlangte immer mehr für sich und seine Freunde, zu denen der Dichter Edmund Spenser zählte. »Wann hören Sie endlich auf, den Bettler zu spielen?« fragte sie ihn eines Tages und tätschelte ihm die Wange. »Wenn Ihre Majestät aufhört, meine Wohltäterin zu sein.« Er führte indes kein müßiges Leben und hielt nicht nur die Hand auf. Er organisierte zahlreiche Piratenexpeditionen gegen Spanien und setzte sich für Fahrten in die Neue Welt ein. Die allzeit knauserige Königin achtete außerdem darauf, daß Raleighs verschiedene Unternehmen dem Staatsschatz etwas einbrachten. Als er ein großes Territorium an der amerikanischen Küste an sich reißen konnte, das zu Ehren der Königin den Namen »Virginia« erhielt, strich sie einen beträchtlichen Teil der Gewinne ein und freute sich, daß sich in ihren Gemüsegärten aus den Kartoffelsamen, die er ihr mitgebracht hatte, prächtige Pflanzen entwickelten. Doch anders als Hatton opferte Raleigh nicht seine Männlichkeit auf dem Altar der Jungfräulichen Königin.

Er wagte es, Elizabeth Throckmorton, eine Ehrendame der Königin und Tochter ihres ehemaligen Botschafters in Paris, mit seinen Anträgen zu bestürmen. Bald kündigte sich ein kleiner Raleigh an, und es kam zu einer überstürzten Heirat, ohne daß die Königin unterrichtet wurde. Als sie es doch erfuhr, geriet sie in Zorn. Da sie sich über ein Verhalten empörte, das sie als Verrat ansah, sperrte sie das Liebespaar in den Tower. Raleigh schrieb ihr höchst flehentliche und ganz bezaubernde Briefe, in denen er die nymphenhafte Reinheit ihrer Wangen und den sanften, ihre schöne Haarflut umspielenden Wind heraufbeschwor. Verlorene Liebesmühe. Schließlich gewann er zwar nicht die Gunst der Königin, aber wenigstens die Freiheit und den Zugang zum Hof zurück. Allerdings gelang es ihm nie, dort gemeinsam mit seiner Frau erscheinen zu dürfen. Diese Episode veranschaulicht die vielfältigen Ansprüche, die Königin Elisabeth an die Männer stellte, wohlverstanden, an die jungen und attraktiven Männer.

Da sie sich die Regeln der höfischen Liebe ganz zu eigen gemacht hatte, kümmerte sie sich nicht im geringsten um Altersunterschiede. Sie hielt es für vollkommen normal, daß sie Liebesgefühle erweckte. Daß sie sich von den jungen Verehrern nicht erweichen ließ, entsprach diesen Traditionen, daß sie aber eine uneingeschränkte und ganz konkrete Treue erwartete, war weniger üblich, und noch weniger, daß sie einen Seitensprung oder eine unabhängige Regung übertrieben streng bestrafte. Im Mittelalter wollte man, daß die Liebe des Ritters für seine Dame ein abstraktes Wesen hatte. Es stand ihm frei, zu heiraten und eine Familie zu gründen. Elisabeth konnte so etwas nicht begreifen. Obwohl sie sich verweigerte, schätzte sie zu sehr jene unklaren und köstlichen Grenzbereiche, die das Reine und Unreine trennten, um sich mit einer vergeistigten Liebe zu begnügen und um nicht vollständige Ergebenheit und ständige Anwesenheit zu verlangen. Das Alter hatte ihr empfindsames Temperament nicht beruhigt. Sie brauchte eine erregende Leidenschaft, eine das Herz rührende Gegenwart, das Ungestüm einer bewundernden Geste, ein überraschendes Geschenk, die geteilten Freuden des Tanzes oder der Jagd, die Gewißheit, daß sie zu einer wahren Liebe inspiriert hatte. Sie hingegen behielt sich ihre Freiheit vor. Man durfte sie wohl amüsieren, unterhalten und umschmeicheln, doch nie erobern. Nie ließ sie es zu, daß ihr Urteil von ihren Gefühlen beeinflußt wurde. Ihr Verstand blieb von stählerner Härte. Die Gefühlswallungen der schwärmerischen alten Dame hinderten sie nicht daran, ihre Pflicht zu tun, was die Leichtgläubigen überraschte. Da sie nie den Kopf verlor, geriet sie auch nie in Versuchung, der Ruhmsucht oder Eitelkeit ihrer Verehrer das Staatsinteresse zu opfern. Persönlicher Charme öffnete nicht die Tür zum Staatsrat.

An dem Tisch, wo sich Englands Schicksal entschied, saßen nur ernsthafte Leute. Doch in jenen letzten Jahren des Jahrhunderts vermehrten sich die Lücken: Walsingham, Dudley, Shrewsbury und Hatton fehlten ihr. William Cecil hielt noch stand, aber sehr oft verbannte ihn die Gicht aus den Sitzungen. Sein Sohn Robert ersetzte ihn sachverständig; die Königin konnte sich indes nicht damit abfinden, ohne ihren alten Minister auszukommen. Sie fragte ihn ständig um Rat, ließ ihm die Akten zusenden, wartete auf seine Antworten. Für ihn, und für ihn allein, zeigte sie sich fürsorglich wie eine Tochter. Während einer langen Zeremonie in Oxford unterbrach sie ihre auf lateinisch gehaltene Rede, um – auf englisch – einen Stuhl für ihn zu erbitten und ihm so das mühsame Stehen zu ersparen. Danach setzte sie ihre Ansprache unverzüglich fort. So lange hatte sie sich auf seine Ratschläge verlassen, daß sie glaubte, sie könne unmöglich auf sie verzichten. Eines Tages gestand sie ihm, sie hoffe, ihn nicht zu überleben. Dem alten Mann stiegen die Tränen in die Augen. Auch sie beweinte ihre entschwundene Jugend, ihre Einsamkeit. Dennoch sollte es ihr ein Mann ermöglichen, noch einmal die Freuden einer leidenschaftlichen Freundschaft auszukosten. Es waren kurze Freuden, denn abermals fühlte sich die Herrscherin von den Gefahren des Herzens bedroht.

XII
Essex oder Der unwiderstehliche Zauber der Jugend
1590-1598

Als ihre alten Mitarbeiter aus dem Amt schieden, sah sich Elisabeth allerdings nicht veranlaßt, ihren Regierungsstil zu ändern. In ihren Diensten standen immer zwei Gruppen: einerseits die ernsten, zuverlässigen, gewissenhaften Männer des Geistes, als deren bester Vertreter William Cecil erschien, den man »den Geist der Königin« nannte, und zum anderen die jungen Schwertträger, die brillanter, von vornehmerer Geburt und amüsanter waren und die sich als Männer der Renaissance sowohl von militärischen Heldentaten als auch von der Dichtkunst angezogen fühlten. Von ihnen hatte Robert Dudley ihrem Herzen am nächsten gestanden. 1590 hatten die Männer des Geistes in Cecils Sohn einen neuen Führer gefunden. Er war nicht sein ältester Sohn, dem die für diesen Dienst erforderliche Klugheit fehlte, sondern Robert, der jüngere. Selbst wenn Robert es gewollt hätte, er hätte nie etwas anderes als ein Beamter werden können. Der junge Mann war bucklig: Seine Amme hatte ihn auf den Boden fallen lassen, und deshalb blieb sein Rückgrat verkrümmt. Da er unfähig war, Waffentaten und körperliche Glanzleistungen zu vollbringen, erhielt er eine ganz auf Buchgelehrsamkeit und Politik ausgerichtete Erziehung. Der Vater hatte die geistigen Fähigkeiten seines Sohnes schnell erkannt, und deshalb bereitete er ihn darauf vor, sein Nachfolger zu werden.

Robert Cecil liebte die Künste und verkehrte gern in der Gesellschaft – er hatte nichts dagegen, um hohe Summen zu spielen –, er war geistreich und heiterer als der alte William, aber ebenso geduldig. »Der Pygmäe«, wie ihn die Königin – voller

Zuneigung, so bleibt zu hoffen – nannte, nahm die Arbeit an der Seite seines Vaters auf und ersetzte ihn unmerklich. Sein Äußeres ersparte ihm jenes Spiel der Verführungskünste, das Elisabeth so dringend nötig hatte und das den geeigneten Bewerbern so viele ausdauernde Bemühungen abverlangte. Er vergeudete seine Zeit nicht, indem er Elisabeth wie ein Schmetterling umflatterte, sondern leistete eine gewaltige Arbeit, und die Königin war so klug, das gerecht zu würdigen. Sein Vater hatte ihm einen maßgeblichen Grundsatz eingeschärft: Ein Minister durfte niemals in der Absicht, der Königin zu gefallen, sich eine Meinung bilden oder sie notfalls ändern, denn damit würde er sich an Gott versündigen. Hingegen müßte er seiner Herrscherin uneingeschränkten Gehorsam bezeigen. Elisabeth verlangte von ihren Ministern eine unabhängige Ansicht. Wenn es zu einer Meinungsverschiedenheit kam, schreckte sie nicht vor einer Auseinandersetzung zurück, doch sobald die Königin auf ihrer Entscheidung beharrte, wollte sie, daß man sie ohne Hintergedanken respektierte.

Nach dem Tod Walsinghams übernahm Robert Cecil dessen Verantwortungsbereich, allerdings nicht dessen Amt und Einkünfte. Er mußte sechs Jahre warten, bevor er den Titel eines Staatssekretärs erhielt. Doch schon 1591 wurde er in den Staatsrat berufen und gewann bald eine maßgebliche Stellung. Aus dem Jahre 1594 ist eine Schilderung überliefert, wie er sich zum Arbeitszimmer der Königin begab, »einem Blinden gleich, die Arme voller Papiere und den Kopf voller Sorgen«.[1] Am Ende der Regierungszeit Elisabeths war er »der mächtigste Staatsrat Englands [...], ohne dessen Gunst man nichts ausrichten konnte [...], denn er genoß das höchste Ansehen, und die Königin verbrachte den besten Teil des Tages mit ihm in vertraulichen und geheimen Besprechungen«.[2]

Um einen Ausgleich für Cecil, den Mann der Amtsstuben, zu haben, brauchte Elisabeth einen großartigen »Schwertträger«, einen Mann, der sowohl auf einem Fest als auch an der Spitze seiner Truppen glänzen konnte. Sie bemühte sich um eine Neuauflage des aus William Cecil und Robert Dudley

bestehenden Tandems. Hierfür richtete sie den Blick auf den
Grafen von Essex, den Stiefsohn Dudleys und Sohn der Lettice
Knollys aus erster Ehe. Elisabeth konnte diese Frau nicht ausste-
hen, seitdem sie ihren lieben Robert geheiratet hatte, doch sie
übertrug diese Abneigung nicht auf deren Sohn. Der Junge war
der Enkel von Sir Francis Knollys, der ihrer allerersten Regierung angehört hatte, und ihrer leiblichen Cousine Catherine
Carey; also war er, wie Dudley scherzhaft sagte, ein Mitglied des
Stammes Daniel, der Verwandten der Königin. Die Vorfahren
seines Vaters, die zahlreiche verwandtschaftliche Verbindungen
mit den Plantagenets hatten, zeichneten sich durch ihren alten
Adel aus. Sein Vater hatte sich im Dienst Elisabeths in Irland ruiniert. Sie vergaß nicht, daß sie in seiner Schuld stand. Als er 1576
in Dublin starb, übergab er seinen neunjährigen Sohn der Obhut der Königin und Cecils. Der junge Essex wurde deshalb im
Hause Cecils aufgezogen, zusammen mit dessen Sohn Robert,
der vier Jahre älter als er war. Es kam nie zu einem vertrauten
Umgang zwischen den beiden jungen Leuten, die in ihren Neigungen und Fähigkeiten so gegensätzlich waren, doch Cecils
Wohlwollen für Essex und dessen Achtung für den alten Mann
blieben sich stets gleich.

Sein Stiefvater Robert Dudley ließ ihn 1584 an den Hof
kommen. Dann nahm er ihn in die Vereinigten Provinzen mit,
um ihn im Waffenhandwerk und in der diplomatischen Praxis
zu unterrichten. Als der junge Mann nach England zurückkehrte, debütierte er höchst verheißungsvoll am Hof. Von Nutzen für ihn war, daß man sich an seinen Vater erinnerte. Dudley
führte ihn in den engsten Kreis der Königin ein. Sein persönlicher Charme, sein höfliches und gewandtes Auftreten und
seine geistvollen Äußerungen taten das übrige. Er gewann die
Anerkennung der Höflinge, die Sympathie und hierauf die
Freundschaft Elisabeths.

Nach wenigen Wochen ließ sie sich von seiner Fröhlichkeit,
seinen Späßen und seinem Temperament bezaubern und ent-
flammte sich für ihn. Bald wurden die beiden unzertrennlich.
Sie verlangte, daß er von morgens bis abends in den Gemä-

chern, Gärten und Wäldern anwesend war. Er begleitete sie
auf die Jagd. Sie galoppierten im gleichen Tempo, denn die
Königin war immer eine derart ausdauernde Reiterin, daß so
etwas bei einer Frau von über fünfzig Jahren überraschte. Sie
tanzte nur noch mit ihm. Sie hatte sich ihre Vorliebe für jene
schwungvollen Gaillarden bewahrt, die Melville, den Botschafter Marias, bei seinem ersten Aufenthalt in London beeindruckt
hatten. Schließlich entdeckte sie zu ihrer großen Freude, daß
er es nicht verschmähte, nächtelang mit ihr zu spielen und zu
plaudern. Elisabeth verabscheute es, vor dem Morgengrauen
ins Bett zu gehen, und damit strapazierte sie ihr Gefolge. Essex
leistete ihr unermüdlich Gesellschaft. Nach einem Theater-
abend kehrten sie in den Palast zurück und spielten endlos Karten. Wie ein Domestik berichtet, kam er nicht eher in seine vier
Wände heim, »als bis die Vögel am Morgen sangen«. Essex'
Jugend, der Reiz eines neuen Gesichts halfen ihr, sich von der
belastenden Tragödie Maria Stuarts zu befreien. Bald konnte sie
nicht mehr ohne ihn auskommen. Sechs Monate nach der
Ankunft des jungen Mannes in London gab sie ihm im Palast
von Whitehall eine Dienstwohnung* und ernannte ihn zum
Oberstallmeister wie Robert Dudley dreißig Jahre zuvor. Damit
endeten allerdings die Gemeinsamkeiten zwischen den beiden
Männern.

Robert Dudley hatte stets die Rolle eines dienenden Kava-
liers gespielt. Er verstand sich ausgezeichnet auf die hierfür
angemessene Ausdrucksweise und Haltung. Es war für ihn natürlich, seiner Dame gehorsam zu folgen, weil er ihre geistige
Überlegenheit anerkannte und weil er ihren politischen Vorrang nie in Frage stellte: Er wußte, daß sein gesellschaftlicher
Aufstieg – wie auch der seines Vaters und Großvaters – ganz den
Tudors zu verdanken war. Man darf ebenfalls annehmen, daß
ihm die Erinnerungen an die Hinrichtung seines Vaters und
Großvaters einen außerordentlich großen Respekt vor der kö-

---

* Eine ehrenvolle Vergünstigung, die es Essex nicht ersparte, ein großes pri-
vates Herrenhaus in London zu haben.

niglichen Autorität eingeprägt hatten. Schließlich und vor allem verband ihn seit ihrer Jugend eine wirklich liebevolle
Freundschaft mit der Königin. Er zweifelte nicht, daß sie ihn
höchstwahrscheinlich geheiratet hätte, wenn die Umstände
günstiger gewesen wären, und diese Gewißheit erleichterte ihm
die Aufgabe, sich ihr ohne den geringsten Hintergedanken
erkenntlich zu zeigen und sie zu ehren. Während ihrer langen
Beziehung verdächtigte ihn die Königin nie, eine Politik im
persönlichen Interesse zu verfolgen. »Er ist mein Geschöpf«,
hatte sie einst erklärt, und sie hatte recht.

Bei Essex lagen die Dinge ganz anders. Er war das Kind einer
anderen Generation, jener Generation, die Spanien besiegt
hatte, einer selbstsicheren und triumphierenden Generation,
und er wollte nichts von den Winkelzügen und zaghaften Ma-
növern aus den Anfängen der Dynastie wissen. Er besaß das
unbesonnene Selbstvertrauen der Jugend, war überzeugt, daß er
stets, was er auch immer tun mochte, die Verzeihung der Königin erreichen würde. Sehr bald erkannte er, daß er nur damit zu
drohen brauchte, den Hof zu verlassen, damit sie seinen Launen
und Forderungen nachgab.

Der junge Höfling durchschaute nicht den komplizierten
Charakter der Königin und sah in ihr nur eine in die Jahre
gekommene und ein wenig bedauernswerte Kokette. Er verstand es äußerst geschickt, ihr in den ihr gewidmeten Sonetten
und seinen Briefen zu schmeicheln. »Wenn mein Pferd nur so
schnell wie meine Gedanken galoppierte, die Euch entgegen-
fliegen, so könnte ich meine Augen sehr oft reich beschenken,
indem ich den Schatz meiner Liebe betrachte, ebenso wie mein
Verlangen triumphiert, sobald ich mir vorstelle, daß Euer Widerstand der Macht meiner Gefühle erliegt«[3] – dies ist nur ein
Beispiel für seine Prosa. Er übersah auch nicht, wie jene Bilder
auf sie wirkten, die er in Auftrag gab, um sie ihr zu schenken. So
etwa ließ er auf einem Bild einen jungen Mann darstellen, der
Weiß und Schwarz – die Farben der Königin – trug, verzweifelt
wie ein abgewiesener Verehrer blickte und sich an einen ganz
von weißen Heckenrosen umschlungenen Baumstamm lehnte.

Für jemanden, der diese Symbole deuten konnte, und niemand verstand so etwas besser als die Königin, versinnbildlicht der Baum die Standhaftigkeit, und die Heckenrosen, die Lieblingsblumen der Königin, sind die Blumen der Venus. Doch mochte Essex dieses Spiel auch ausgezeichnet beherrschen, er verachtete die Königin ein wenig, weil sie Gefallen daran fand, und er begriff nicht, daß die Freude, mit der die alte Dame diese Tändeleien und diese absurden Komplimente aufnahm, ihren bemerkenswerten Verstand, ihre Erfahrung, ihre besonnene Beharrlichkeit und ihre unerschütterliche Autorität nicht im geringsten beeinträchtigte.

Am Ende ihrer Herrschaftszeit regierte Elisabeth ein Land, dessen innerer Frieden für Ordnung und Rechtssicherheit sorgte und weltumspannende Projekte ermöglichte. Ein impulsiver und ruhmsüchtiger junger Mann wie Essex bedachte nicht, was er alles dem Zustand seines Landes und damit der Politik seiner Herrscherin verdankte. Ebensowenig erkannte er, welch außerordentlich hohes Ansehen sie in Europa genoß. Sie war stets eine unermüdliche Arbeiterin, und Noël de Caron, der Botschafter der Vereinigten Provinzen (dem sie den Spitznamen »Charon« gegeben hatte, weil er ständig verlangte, weitere englische Soldaten für den Krieg zu opfern), berichtete, daß ihre Gespräche – ob sie in diesen nun die wirtschaftlichen Verhältnisse der Niederlande, die Probleme in Irland oder den voraussichtlichen Religionswechsel Heinrichs IV. behandelte – stets ebenso mannigfaltig wie interessant waren.[4] Bei einer Audienz, die sie dem polnischen Gesandten gewährte, einer beeindruckenden Persönlichkeit in einem langen Staatskleid aus schwarzem Samt mit diamantbesetzten Goldknöpfen, errang sie einen persönlichen Triumph. Der Gesandte sprach sie auf lateinisch an und bedrängte sie mit einer recht wenig diplomatischen Rede, in der er ihr ungestüm vorwarf, ihr Verhalten schade den Handelsinteressen seines Landes. Verblüfft hörte die Königin zu, und als er seine Schmährede endlich abgeschlossen hatte, richtete sie sich zur vollen Größe auf: »Exspectavi orationem

mihi vero querelam adduxisti«,* begann sie und setzte ihre improvisierte Erwiderung, in der sich Sarkasmen mit Vorwürfen
vermischten, in einem sehr eloquenten und kraftvollen Latein
fort. Der Diplomat zog sich verwirrt zurück. Nun wandte sich
die Königin mit einem breiten Lächeln an die Höflinge und
erklärte, sie sei noch imstande, ihr Latein aufzufrischen, obwohl
es mit den Jahren etwas eingerostet wäre.

Hurault de Maisse, der Botschafter Heinrichs IV., bekannte,
sie habe ihn in Erstaunen versetzt durch den Umfang ihrer
Kenntnisse und vor allem durch den klugen Gebrauch, den sie
von ihnen machte.[5] Derselbe Diplomat äußerte sich jedoch
auch betroffen über das Aussehen der alternden Königin: »Ihr
silberbesticktes weißes Kleid hatte große offene Ärmel, die mit
rotem Taft gefüttert waren. Daran waren andere, kleinere und
engere, Ärmel festgebunden, die bis zur Erde herabhingen.
Beim Sprechen legte die Königin sie unaufhörlich ab und wieder an und drehte sie pausenlos zusammen. Das Kleid war sehr
tief ausgeschnitten und der Busen enthüllt. Sie hatte das Kleid
vorn nicht zugeknöpft, und man erblickte ihre ganze Brust. Sie
hielt sich den Ausschnitt mit beiden Händen offen, als wäre es
ihr zu warm, und daher sah man ihren ganzen Leib bis zum
Nabel.« Bei einer anderen Gelegenheit empfing sie ihn in
einem Kleid, das wie ein Mantel offenstand. Es ließ eine schlaffe
Brust und kümmerliche Überbleibsel einer entschwundenen
Schönheit erkennen, die Elisabeth ohne Widerstreben den
neugierigen und überraschten Blicken ihres Besuchers darbot.** »Auf dem Kopf trug sie ein Gehänge von Perlen und
Rubinen und darunter eine große rotblonde Perücke, die mit
goldenen und silbernen Haarwickeln bedeckt war. Zwei lange
Locken ringelten sich hinter den Ohren und fielen ihr beinahe

---

* »Ich habe eine Rede erwartet, aber Ihr habt mir eine Klage vorgetragen!«
** Am Tudorhof verlangte es der Brauch, daß junge Mädchen schwindelerregende Dekolletés zur Schau stellten. Elisabeth vertrat den Standpunkt, da sie
nicht verheiratet sei, gehöre sie noch zur Kategorie der Jungfrauen. Paul
Hentzner, ein deutscher Reisender, notierte ohne Befremden, daß »ihr Busen
entblößt war, wie es bei allen englischen Damen üblich ist, bis sie heiraten«.

bis auf die Schultern herab, und der Kragen ihres Kleids war innen mit Edelsteinen verziert. Ihre Brust ist ein wenig runzlig [...] ihr Gesicht wirkt sehr gealtert. Es ist sehr lang und hager; ihre gelben Zähne stehen höchst unregelmäßig, und sie hat links weniger als rechts, was ihre Aussprache schwerverständlich macht«.[6]

Essex und seine jungen Gefährten beachteten ausschließlich diese äußerliche Erscheinung ihrer Herrscherin, und damit hatten sie ganz unrecht. Wenn sie das Aussehen der Königin belächelten, war das eine leicht begreifliche Schwäche; wenn sie deren scharfen Verstand und praktischen politischen Sinn unterschätzten, war das ein verhängnisvoller Irrtum. So etwa verhielt sich Elisabeth viel zu besonnen, als daß sie einen bis zum Äußersten gehenden Krieg ins Auge gefaßt hätte. England hätte den erforderlichen Kraftaufwand nicht durchhalten können. Trotz des Widerstandes ihrer Schwertträger – Raleigh, Drake, Essex und anderer – setzte sie eine eher defensiv als offensiv ausgerichtete Politik durch. Ihr Ziel bestand darin, die Seemacht Spaniens zu schwächen, um jede Neuauflage der Armada zu verhindern, die protestantische Präsenz in den Niederlanden aufrechtzuerhalten, ohne deshalb unbedingt die Spanier zu vertreiben, und einen Anteil am Westindienhandel zu erhalten. Das waren beschränkte Zielsetzungen, die sich mit den ebenfalls beschränkten menschlichen und finanziellen Ressourcen erklären ließen. Wenn sie sich jedoch gegen einen offenen Angriff sträubte, so erlaubte sie höchst bereitwillig die rasch und heimlich durchgeführten, handstreichartigen Piratenakte, von denen sie sich unschwer distanzieren konnte.

Ihre Untertanen beherrschten diese Kampfform nunmehr hervorragend. Die regelmäßigen Ozeanüberfahrten der spanischen Kolonialflotte, die entweder mit Gold und Silber aus Amerika oder mit Edelsteinen und Gewürzen aus Ostindien beladen war, boten den schnellen englischen Schiffen ein leichtes Ziel. Diese waren in Konsortien organisiert und von mehreren Partnern finanziert. Oft beteiligte sich Elisabeth persönlich an solchen Geschäftsunternehmen. Dabei griff die Regierung niemals ein, und die Königin hütete sich außerdem, diese zu unterrichten, um den offiziösen Charakter derartiger Überfälle weiter aufrechtzuerhalten. Die Kapitäne brauchten nur ihrer Beute in den Gewässern des Azoren-Archipels aufzulauern, jener Region, in der die Flotte unbedingt durchkommen mußte. Das Jahr 1589 brachte einundneunzig Prisen und füllte die Schatztruhen der Königin beträchtlich. Der Ärger Philipps II. war so groß, daß er im Jahre 1590 die Ausfahrt der Flotte verbot und damit in Spanien eine ganze Welle von katastrophalen Bankrotten bewirkte. 1591 ordnete er an, daß Kriegsschiffe seine Flotte eskortieren sollten. Die englischen Seeleute – die »sea dogs« (»Seebären«) der Königin – gaben nicht klein bei und fanden sich zur richtigen Zeit in den Fanggründen ein, um Nachzügler zu kapern. Essex nahm an diesen Expeditionen begeistert teil. Nur widerwillig ließ ihn die Königin ziehen, doch er setzte sich ihr gegenüber durch. In einem Jahr trieb er seine Dreistigkeit so weit, daß er sich Drake anschloß, ohne sie zu benachrichtigen. Aber es war sein Traum, ein Heer zu befehligen.

Trotz ihrer Abneigung, eigene Truppen auf dem europäischen Festland einzusetzen, konnte die Königin nun Heinrich IV.* nicht ihre Waffenhilfe versagen, denn er bemühte sich verzweifelt, den Thron zu besteigen, der ihm zugefallen war. Essex, den die Aussicht berauschte, an einem Feldzug teilzunehmen, bat sie inständig, ihm zu vertrauen. Sie ließ sich nicht überzeugen. Dreimal trug er kniend sein Anliegen vor und versuchte, sie umzustimmen. Sie hielt ihn für »zu ungestüm, als daß man ihm die Zügel anvertrauen dürfte«, und sie blieb bei ihrer Ablehnung, bis Cecil sie überzeugte, daß Essex einen tüchtigen

---

* Heinrich III. wurde im Jahre 1589 ermordet. Da er keine direkten Erben hinterließ, folgte ihm sein Cousin Heinrich von Navarra als Heinrich IV. nach. Dieser war Protestant und deshalb für sehr viele Franzosen unannehmbar. Nach einem vierjährigen Bürgerkrieg und Heinrichs Übertritt zur katholischen Religion (1593) öffneten sich ihm im Jahre 1594 endlich die Tore von Paris.

Befehlshaber abgeben werde, wenn man ihm die richtigen Begleiter hinzugeselle. Er fuhr also an der Spitze von viertausend Mann ab. Als sie Heinrich IV. ihre Entscheidung mitteilte, gab sie ihm klar zu verstehen, der junge Mann brauche eher »Zügel als Sporen«. Der Feldzug verlief nicht erfolgreich, was weniger Essex' Schuld als vielmehr die Heinrichs IV. war, der, um die Verzeihung Elisabeths zu erlangen, ihr ... einen Elefanten schickte. Er wurde sehr übel aufgenommen. »Was soll ich mit diesem Elefantchen anfangen, das wachsen und mich teures Geld kosten wird?« murrte sie anstatt eines Danks. Doch wenn Essex nicht die Fähigkeiten eines überragenden Strategen gezeigt hatte, konnte er trotzdem die Sympathie seiner Soldaten und Offiziere gewinnen. Nach altem Brauch hatte ein Befehlshaber das Recht, eine militärische Heldentat zu belohnen, indem er den betreffenden Offizier auf der Stelle adelte. Von diesem Vorrecht machte man sehr selten Gebrauch, denn Elisabeth legte Wert darauf, daß eine solche Ehrung nicht herabgewürdigt wurde. Essex schlug vierundzwanzig Waffengefährten zu Rittern, und das nicht auf Grund eines glänzenden Sieges, sondern weil sie ihren guten Willen bewiesen hätten. Dieser Vorwand war derart lächerlich, daß man den Eindruck bekam, Essex hätte so gehandelt, um sich eine persönliche Gefolgschaft zu sichern. Die Königin, die über die Verschwendungssucht und das verantwortungslose Verhalten ihres Schützlings ergrimmt war, erteilte ihm den unwiderruflichen Befehl, sofort heimzukehren.

Sie versuchte nicht, ihn zu demütigen. Da sie ihn auch nicht provozieren oder zu einer unüberlegten Tat verleiten wollte, bewies sie ihm gegenüber ungewöhnliche Geduld. Wie läßt sich diese Nachsicht der Königin erklären? Ich halte es für absurd, wenn man hierin Liebesgefühle entdecken möchte. Die Königin war keine Nymphomanin, sondern, worauf ich schon hingewiesen habe, eine leidenschaftliche Anhängerin der höfischen Liebe, das heißt einer erlesenen Mischung aus Ergebenheit, Achtung und Bewunderung. Ich kann mir nicht vorstellen, daß der junge Essex sie so beunruhigt hat, wie Seymour sie

als Halbwüchsige und Robert Dudley sie als junge Frau beunruhigt hatten. Ihre Reaktion auf die Ehe, die er ohne ihre Zustimmung mit der Tochter Walsinghams schloß, ist hierfür ein
Anhaltspunkt. Sie hatte wütend auf Dudleys Heirat reagiert, die
sie als einen Verrat ansah. Essex' Initiative führte lediglich zu
einer Strafpredigt, die nichts weiter zu bedeuten hatte. Die Haltung der Königin gegenüber dem widerspenstigen jungen
Mann ist eher die einer Mutter, die sich des möglichen Wertes
ihres Kindes bewußt ist, sich Sorgen wegen seines Jähzorns und
seiner Wutausbrüche macht, seinen Erfolg wie wahnsinnig her-
beisehnt und ihm gegenüber abwechselnd Strenge und Schwäche zeigt. Essex ließ sie vor Rührung dahinschmelzen, ohne
daß sie deshalb seinen Fehlern gegenüber blind gewesen wäre
oder jede Hoffnung aufgegeben hätte, ihn auf den rechten Weg
zu bringen. Den jungen Mädchen ihres Hofstaats gegenüber
verhielt sich Elisabeth weder mütterlich noch liebevoll, aber der
junge Mann, der plötzlich in ihr Dasein trat, als sie an der
Schwelle des Alters stand, rührte sie im tiefsten Herzen und
erfüllte die innerlich Vereinsamte mit neuem Leben. Darum
entschied sich Elisabeth, Essex zu vertrauen, trotz seines gefährlichen Hangs zum Ungehorsam, den sie nur allzugut kannte,
und ihn 1593 in den Staatsrat zu berufen. Er war siebenund-
zwanzig Jahre alt. Warum erwies sie ihm diese Ehre?

Seine Weigerung, Anordnungen zu befolgen, ein gewisser
Mangel an Ausdauer, der mit einem gedankenlosen Ungestüm
einherging, verrieten eine Unreife, die sich für ihn nachteilig
auswirken konnte. Für ihn sprachen hingegen sein Mut und seine Fähigkeit, Menschen mühelos mitzureißen, ebenso seine
unleugbaren glänzenden Geistesgaben und seine familiären
Bindungen. Außerdem vertrat er die Partei der Zukunft, die
Partei der Kampflustigen und Abenteurer, die sich gegen die
Partei der Älteren, der zu Cecil haltenden bedächtigeren Männer stellte. Die Königin hatte ja nichts gegen eine Diskussion
einzuwenden, wenn am Tisch unterschiedliche Meinungen
geäußert wurden. Sie hörte den einen und den anderen zu, und
danach gab sie ihren Entschluß bekannt. Im übrigen trat Essex

gleich nach seiner Ernennung ernsthafter auf und rechtfertigte damit die Entscheidung der Königin. Nicht nur sie hatte nämlich auf ihn gesetzt. Er hatte einen höchst wertvollen Ratgeber gefunden: Francis Bacon, den leiblichen Vetter Robert Cecils, denn ihre Mütter waren Schwestern, und den Sohn Sir Nicholas Bacons, ihres früheren Großsiegelbewahrers.

Francis hatte 1576 als Fünfzehnjähriger Sir Amyas Paulet begleitet, als dieser Gesandter am französischen Hof war, und er blieb zweieinhalb Jahre lang bei ihm. Dieser Aufenthalt brachte ihm großen Nutzen, denn er bot ihm die Gelegenheit, das Leben an einem ausländischen Hof zu beobachten, den Verhandlungen zu folgen und seine Bildung zu vervollkommnen. Zu diesem Zeitpunkt knüpfte er Beziehungen zu Thomas Phelippes an, dem großen Meister der Kryptographie (der während der letzten Lebensjahre Maria Stuarts in den Dienst Walsinghams trat), und machte sich mit den Feinheiten der auf höchster Ebene betriebenen Spionage vertraut. Damals begann er, seinem Onkel, dem alten Cecil, hochgeschätzte Berichte zu übermitteln. Als er wegen des Todes seines Vaters nach England zurückkehren mußte, beschloß er, Rechtswissenschaft zu studieren, und wurde danach ins Parlament gewählt. Er sammelte sich einen großen Wissensschatz, doch seine Karriere kam nicht voran, obwohl er über glänzende Geistesgaben verfügte, die aus ihm einen der großen Philosophen der Renaissance machen sollten. Die Königin nahm es ihm übel, daß er sich in einer Rede gegen die Erhebung einer Steuer ausgesprochen hatte, die sie für notwendig hielt. Sein Onkel Cecil kümmerte sich mehr darum, die Karriere seines eigenen Sohnes zu fördern, als die seines Neffen zu begünstigen. Francis mußte sich also allein zurechtfinden.

Francis Bacon hatte Essex aufmerksam beobachtet und gelangte zu dem Urteil, daß er zu Großem befähigt sei und daß er, wenn es ihm gelinge, sein natürliches Ungestüm zu bezähmen, einen hervorragenden Platz einnehmen könne. Die Karriere eines Günstlings war keine Sinekure. Er mußte sich ständig öffentlich zeigen sowie den Intrigen und Eifersüchteleien entgegenwirken. Außerdem benötigte er Zeit, Kenntnisse und Vorstellungskraft, um sich auf die Sitzungen des Staatsrates vorzubereiten, neue Lösungen vorzuschlagen und eine Alternativpolitik zu befürworten, die aggressiver, energischer und abenteuerlicher als die von Vater und Sohn Cecil war. Anders gesagt, Essex brauchte Freunde, Ratgeber und Gefolgsleute, kurz, einen ganzen Anhang, denn damals bezeichnete man so etwas noch nicht als Partei. In jeder Hinsicht gut informiert zu sein war ganz unerläßlich, zunächst im eigenen Interesse und dann auch, um sich Gehör bei der Königin zu verschaffen.

Bacon urteilte höchst zutreffend, daß Essex, wenn er über ein Netz von persönlichen Informanten verfügte, seine Stellung außerordentlich stärken könnte. Walsingham hatte sich so lange Jahre gehalten, weil ihm nichts von dem entging, was in England oder ganz Europa geschah. Um es mit ihm aufnehmen zu können, hatte Francis einen besonderen Trumpf: seinen Bruder Anthony. Dieser hatte viele Jahre auf dem europäischen Festland gelebt. In jener Zeit konnte er zahlreiche Verbindungen mit dem Ausland herstellen und gute Freunde gewinnen, sowohl unter den Protestanten – er stand in fortwährender Verbindung mit Heinrich von Navarra und dem großen Theologen Théodore de Bèze – als auch unter den Katholiken. Montaigne schätzte ihn so sehr, daß er einen regelmäßigen Briefwechsel mit ihm und seiner Mutter, Lady Bacon, unterhielt. Diese unerschöpfliche Informationsquelle hatte bisher Cecil und Walsingham versorgt. Als Francis dem Grafen seinen Bruder vorstellte, empfanden sie sofort gegenseitige Zuneigung. Essex reichte den beiden Bacon-Brüdern die Hand, denn es fiel ihm überhaupt nicht schwer, deren außerordentlichen Verstand zu erkennen und zu würdigen. Nunmehr erreichte die Informationsflut, die einem eifrigen Briefwechsel entnommen wurde, nicht mehr die Cecils, sondern gelangte zu Essex. Die Königin schätzte den Wert der Nachrichten, die sie erhielt. Informationen waren geradezu das Herzstück ihrer Politik. Sie freute sich, daß sie durch Essex von Dingen erfuhr, die selbst Cecil unbekannt waren. Eine heimliche Grundlage ihrer Macht war es, daß sie sich rühmen konnte, die am besten unterrichtete Person ihres Königreichs zu sein. Darum durfte sie nicht von einer einzigen Quelle abhängen, und sie hatte nichts dagegen, den Wettbewerb in diesem Bereich zu fördern.

Francis erklärte, damals wären Essex' Angelegenheiten zu seiner »Berufung« geworden. »Ich verbrachte meine Zeit damit, Selbstgespräche zu führen und nachzusinnen [...] über alles, was seine Ehre, sein Vermögen, seine Dienste betreffen konnte.«[7] Er verfaßte dessen Korrespondenz, dichtete die Gelegenheitsverse für die Vorstellungen, die zur Unterhaltung Ihrer Majestät inszeniert wurden, erteilte die besonnensten Ratschläge, nutzte seine Erfahrung in den Parlamentsgepflogenheiten, seine Vertrautheit mit den Problemen der Außenpolitik und vor allem seine Kenntnis der Mentalität Elisabeths. In der Sphäre der großen Diener der Königin, das heißt im Lebenskreis Francis Bacons, war es unerläßlich, die Verhaltensweise der Herrscherin zu verstehen.

»Sie haben ein ungestümes Wesen«, erklärte er ihm immer wieder, »und Sie genießen eine gewisse Popularität, die Sie Ihren Heeresdiensten verdanken. Es gibt keine gefährlichere Kombination für einen Monarchen, ganz besonders für eine Königin und eine Königin mit einer Gemütsart wie der unsrigen. Strengen Sie sich an, deren Ansichten aufrichtig zu bewundern. Erbitten Sie Gunstbeweise, um mit Freuden auf sie zu verzichten, wenn die Königin sich dem widersetzt. Geben Sie jedes äußere Zeichen militärischer Macht auf und streben Sie nicht nach Ämtern, die mit der Armee verbunden sind, sondern nach zivilen Ämtern, die überdies mehr einbringen. Schränken Sie schließlich Ihre Ausgaben ein. Solange Sie nicht zeigen, daß Sie sparsamer mit Ihrem Vermögen umgehen, wird die Königin erwarten, daß Sie von ihr noch weitere Hilfsgelder erbitten, und sie wird befürchten, daß Sie andere ehrgeizige Pläne verfolgen.«

Doch es fehlte Essex an Disziplin. Er häufte einen Schuldenberg an. Zu seiner Entlastung sollte man allerdings klarstellen, daß er viel Geld brauchte, um den Rang eines Günstlings der Königin zu behaupten. In bezug auf ausgesucht elegante Kleidung verstand sie keinen Spaß, und die Herren des Hofes mußten ihre sehr kostspielige Garderobe in jedem Jahr erneuern. Außerdem spielte man am Hof um hohe Summen, und schließlich hatte Essex sein großes Londoner Stadthaus zu unterhalten, in dem sich alle Posten- und Rentenjäger ein Stelldichein gaben. Es war Ehrensache für einen Günstling, seinen Einfluß zu beweisen, indem er Privilegien für seine Freunde, seine Familie und seine Untergebenen erreichte. Die Königin hatte sich dem jungen Mann gegenüber freigebig gezeigt, doch man würde sie schlecht kennen, wenn man geglaubt hätte, daß sie nicht auf eine peinlich genaue Buchführung achtete. Ihre Zuneigung zu Essex ließ sie nicht ihre sparsamen Prinzipien vergessen. Es kam der Moment, da sie von ihm die Rückzahlung eines Darlehens verlangte, das sie ihm gewährt hatte. Er fand sich damit ab, ihr zum Ausgleich ein Landgut zu überlassen. Gerührt von dieser Geste, übertrug sie ihm die Pacht der Steuern auf die Einfuhr von Süßweinen – der Muskat- und Muskatellerweine, der Frontignans und Lacrimae Christi, dieser Likörweine aus den Mittelmeerländern, die damals überaus hochgeschätzt waren. Die Gewinne waren beträchtlich, und das nicht nur wegen der unmittelbar eingenommenen Summen, sondern auch, weil sie eine Garantie darstellten, die weitere Anleihen erleichterte. Essex fühlte sich wieder sicher und triumphierte, doch er vergaß, daß dieses Amt nur für zehn Jahre übertragen wurde. Er half weiter seinem Glück nach.

Er versuchte nicht nur, all seine Freunde unterzubringen, sondern bedrängte die Königin auch unermüdlich, wenn sie sich weigerte, seinen Bitten nachzugeben. Für Francis Bacon wollte er das Amt des Kronanwalts erlangen, das sie für einen anderen vorgesehen hatte, der erfahrener und für diese Stellung geeigneter war. Hundertmal setzte er ihr zu, was so weit ging, daß sie ihn eines Abends mit den Worten entließ, er solle sich schlafen legen, wenn er mit ihr über nichts anderes reden könne. »Ich bin wütend fortgegangen«, teilte er Bacon in einem

Brief mit, »morgen besuche ich sie wieder [...]. Ich werde ihr schreiben.«[8] Er benahm sich wie ein verwöhntes Kind, und je mehr er in Wut geriet, desto mehr wuchs das Ansehen Robert Cecils. Essex irrte sich grundsätzlich, wenn er kein Verständnis für die geistige Unabhängigkeit der Königin aufbrachte und nicht einsah, daß niemand entscheidenden Einfluß auf sie ausübte. Wenn sie es ablehnte, ihm eine Gunst zu gewähren – zum Beispiel die Ernennung eines seiner Schützlinge –, bildete er sich ein, die Intrige irgendeines Feindes habe ihm diesen Mißerfolg eingebracht. Meistens machte er Robert Cecil dafür verantwortlich. Tatsächlich verhielt es sich ganz anders. Der alte William Cecil erklärte ihm zwar immer wieder, seine Macht und die seines Sohnes beruhten lediglich darauf, daß sie leichten Zutritt bei der Königin hätten und ihre Argumente vortragen könnten, Essex glaubte nichts davon und machte sich unnötigerweise Feinde. Ja noch schlimmer, er faßte jede Ablehnung der Königin als eine persönliche Beleidigung auf, verließ den Hof und schwor, man werde ihn dort nicht wiedersehen. Die Königin rief ihn zurück; sie versöhnten sich, und das Spiel begann aufs neue. Eines Tages rief sie: »Beim Tod Gottes! Es wäre gut, daß jemand ihm den Mund stopfte und ihm bessere Manieren beibrächte, denn sonst ist mit ihm nicht auszukommen!«[9]

Essex' Launen und Zornesausbrüche führten dazu, daß sich die Positionen bei Hofe polarisierten: Die einen waren für und die anderen gegen ihn, und die so entstandenen Spaltungen hatten politische Auswirkungen. Bisher hatten politische Meinungsverschiedenheiten keine persönliche Feindseligkeit hervorgerufen. Robert Dudley hatte geschrieben: »Es ist gut, daß die Argumente bei den Mitgliedern des Staatsrates zu unterschiedlichen Standpunkten führen [...]. Das geschieht oft, ohne daß es deshalb einen Grund für Antipathien gibt.«[10] Die Spannungen im Staatsrat beeinträchtigten die Wirksamkeit der Regierungsarbeit. Persönliche Streitigkeiten verhinderten jede vernünftige Debatte. Als man bei einer Sitzung überaus schwierige dreiseitige Verhandlungen zwischen Frankreich, Spanien und England erörterte, ließ Essex jedes Maß und jede Vernunft vermissen, denn er wollte den Krieg bis zum Äußersten durchsetzen, während die meisten Staatsräte für eine gütliche Einigung eintraten; der schwerhörige und vom Rheumatismus gelähmte alte Cecil, der nichts von seinem Scharfsinn verloren hatte und außerstande war, die Erregung seines einstigen Zöglings zu dämpfen, hielt ihm schließlich sein Gebetbuch unter die Nase, zeigte mit dem Finger auf den 24. Vers des 55. Psalms und forderte ihn auf, die Worte zu lesen: »Die Blutgierigen und Falschen werden ihr Leben nicht bis zur Hälfte bringen.« Elisabeth griff nicht ein, aber sie beobachtete ihn schweigend. Trotz alledem ging sie nicht streng gegen ihn vor, weil sie überzeugt war, daß er schließlich Vernunft annehmen und das Vertrauen rechtfertigen würde, das sie in ihn setzte.

In den folgenden Jahren konnte er auch noch die Führung mehrerer Flottenexpeditionen erhalten. 1596 war er einer der beiden Befehlshaber einer englischen Flottille, die den Auftrag hatte, Drakes Erfolg von 1587 zu wiederholen und die Spanier direkt in Cádiz anzugreifen. Er erfüllte den ersten Teil seines Auftrags. Die Engländer stürmten die Stadt in einem Überraschungsangriff, sie lähmten die Verteidigung, indem sie die vor Anker liegenden großen Galeonen in Brand steckten, und plünderten die Stadt. Englands Allmacht bestätigte sich Hunderte Meilen von seiner Küste entfernt. Spaniens Stolz wurde ramponiert, aber Essex führte sein Werk nicht zu Ende. Es gelang ihm nicht, ein Lösegeld für die spanische Kauffahrteiflotte auszuhandeln, die weiter hinten im Hafen blockiert war, und diese Flotte versenkte sich schließlich selbst. Sodann konnte er nicht die Schiffe abfangen, die aus Westindien heimkehrten, und außerdem wurden die Summen, die man beim Überfall auf Cádiz gewonnen hatte, an die Soldaten verteilt, anstatt sie der Königin zu übergeben. Die Beliebtheit, die er bei seinen Männern genoß, wuchs beträchtlich. Elisabeth, die keinen Ruhm um seiner selbst willen erstrebte und in deren Augen ein kostspieliger Feldzug ein verlorener Feldzug war, ließ sich nicht beeindrucken.

Dennoch gestattete sie ihm, im Jahre 1597 wieder auszufahren. Diesmal ging es nach El Ferrol, einem galicischen Hafen in der Nähe von La Coruña. Essex hatte den eindeutigen Auftrag, den Hafen einzunehmen und die dort liegende Flotte zu zerstören. In Irland war ein Aufstand ausgebrochen, und man befürchtete, der spanische König werde Truppen dorthin schikken, um die Rebellen zu unterstützen. Die Expedition, die unter dem doppelten Oberbefehl von Essex und Raleigh stand, verlief katastrophal, was zum großen Teil darauf zurückzuführen war, daß während des ganzen Sommers entsetzliche Stürme wüteten. Vor der französischen Küste wurde die Flotte so hart mitgenommen, daß Raleigh meinte, seine Männer seien zu sehr geschwächt, als daß sie die Spanier auf ihrem eigenen Terrain angreifen könnten. Daher beschloß er, zu den Azoren zu segeln, um die Kolonialflotte abzufangen. Das mangelhafte Zusammenwirken des englischen Oberkommandos ermöglichte es dieser, unbehelligt zwischen den englischen Schiffen durchzuschlüpfen. Bei seiner Rückkehr erfuhr Essex, daß die spanische Flotte zur englischen Küste gelangt wäre, wenn dieselben Stürme, die die Navigation im Golf von Biskaya unmöglich machten, sie nicht auseinandergetrieben hätten. Die Königin bekundete ihm ihre Unzufriedenheit. Essex reagierte, indem er sich aufs Land zurückzog, er blieb der Sitzung des Parlaments fern, weigerte sich, am Staatsrat teilzunehmen, und unterließ es sogar, am 17. November der Feier des Thronjubiläums beizuwohnen. Die Königin litt unter seiner Abwesenheit, doch sie wollte nicht nachgeben. Essex schützte eine Krankheit vor. Endlich, im Dezember 1597, nach einem vier lange Monate dauernden Zerwürfnis, brachte der alte Cecil eine Versöhnung zustande.

Die Ruhe hielt nur bis zum Sommer an. Das Gewitter entlud sich, als Mitte Juli ein Oberbefehlshaber für Irland ernannt werden sollte. Die Königin beabsichtigte, diese Stellung einem Onkel Essex', Sir William Knollys, zu geben. Essex, der nicht auf die Unterstützung seines Verwandten am Hof verzichten wollte, setzte sich für einen anderen Kandidaten ein und griff die Königin heftig an. Da sie nicht nachgab, wandte ihr Essex, den der Zorn übermannte, mit einer geringschätzigen Geste den Rücken zu. Verblüfft über diese Unverschämtheit hielt sie ihn fest und ohrfeigte ihn. Nun geschah das Unbegreifliche.

Wahnsinnig vor Wut, griff er nach dem Schwert. Laut schrie er, er sei kein Mann, der eine derartige Beleidigung und Niederträchtigkeit von einer Frau auf sich sitzen lasse. Man trennte die beiden; man drängte den immer noch tobenden Essex nach draußen. An demselben Abend brach er zu seinen Gütern auf. Der Unverbesserliche schrieb Elisabeth einen Brief, in dem er sie beschuldigte, sie hätte alle Regeln der Freundschaft verletzt und sich gegen die Ehre ihres Geschlechts vergangen. Seine Freunde machten sich Sorgen wegen einer möglichen Reaktion Elisabeths, obwohl sie, die erschöpft und erleichtert war, weil sie sich den jähzornigen und überspannten Mann vom Halse geschafft hatte, einstweilen nicht versuchte, ihn zur Vernunft zu bringen oder zu bestrafen. Sie alle rieten ihm dringend zur Mäßigung und erklärten, man müsse es unbedingt verstehen, den Willen des Souveräns anzuerkennen und sich ihm zu fügen. Die Würde der Herrscherin verlange Gehorsam, schrieb ihm sein Onkel Knollys, »ohne ihre Zuneigung bist Du außerdem dem Gerede Deiner Feinde ausgesetzt«.[11] Der Großsiegelbewahrer griff ein und bemühte sich, den jungen Mann zu beruhigen: »Sie haben einen gefährlichen und hoffnungslosen Weg beschritten. Das einzige Gegenmittel besteht darin, Zank und Streit zu begraben und sich demütig zu unterwerfen.« Davon wollte Essex nichts hören, und in seiner Kühnheit ging er gar so weit, das Gottesgnadentum des Herrschers in Frage zu stellen: »Wenn mir die schnödeste Unwürdigkeit zugefügt wird, kann es da noch fromme Pflicht sein, zu Kreuze zu kriechen? Verlangt Gott solches? [...] Wie, können nicht auch Fürsten irren? Ist irdische Macht und Hoheit ohne Grenzen?«[12] Es war gefährlich, solchen Fragen nachzugehen.

Elisabeth reagierte immer noch nicht, denn sie durchlitt eine harte Schicksalsprüfung, vielleicht die schmerzlichste ihrer

Herrschaftszeit. Cecil lag im Sterben. Am Sommeranfang konnte er noch zweimal sein Zimmer verlassen, um an den Sitzungen des Staatsrates teilzunehmen, doch Ende Juli mußte er das Bett hüten. Elisabeth schrieb ihm unablässig kleine freundschaftliche Briefe. Sie bat ihn, nicht mehr selbst zur Feder zu greifen, um ihr zu antworten, weil ihm seine Hände so weh taten, sie erkundigte sich mehrmals am Tag nach seinem Befinden und besuchte ihn an seinem Krankenbett, wo sie ihm »mit ihrer sanften und aufmerksamen fürstlichen Hand«[13] ein wenig Fleischbrühe mit einem Löffel einflößte. Das war einer jener weiblichen Wesenszüge, die ihre Untergebenen im tiefsten Innern rührten. Am 4. August 1598 schloß Cecil die Augen für immer, wenige Wochen vor seinem alten Feind Philipp II. Seine letzten Gedanken galten der Königin, jener Königin, die ihn fünfzig Jahre zuvor an ihre Seite gerufen hatte, die er nie verlassen hatte und die für ihn die lebhafte junge Frau mit den langen goldenen Haaren blieb. »Ich hoffe«, sagte er seinen Kindern, »in den Himmel zu kommen und dort der Königin und der Kirche zu dienen«.[14]

Elisabeth weinte lange, als sie von seinem Tod erfuhr, und schloß sich in ihrem Zimmer ein. Doch sie konnte sich ihrem Kummer nicht weiter hingeben: Ihre Truppen hatten in Irland eine vernichtende und demütigende Niederlage erlitten. Das stille Gedenken mußte den Staatsangelegenheiten weichen.

XIII
Die untergehende Sonne
1598-1603

1560, als Elisabeth erst seit zwei Jahren regierte, warnte Graf Sussex sie vor der von Irland für ihr Königreich ausgehenden Gefahr. Ein unabhängiges und feindliches Irland konnte ihren Feinden, in diesem Fall den Spaniern, als Operationsbasis dienen und eine Invasion in England erleichtern. Vierzig Jahre später, am Jahrhundertende, hatte diese Warnung nichts von ihrer Gültigkeit eingebüßt. Irland war ein schlimmeres und bedrohlicheres Problem als je zuvor. Das Irland der Zeit Elisabeths war in vier Provinzen geteilt. Sie standen unter der Herrschaft feudaler Anführer, die voneinander unabhängig waren. Dazu kam noch das englische Gebiet in der Umgebung von Dublin, »the Pale« (»die eingepfählte Gegend«). Der Vertreter der Königin, der Vizekönig, hatte keine reale Macht. Ein ständiger Kleinkrieg, der nicht so sehr von religiösem oder nationalem Widerstand als vielmehr von gewissermaßen naturgegebenen Unterschieden angestachelt wurde, führte seit Generationen zu blutigen Metzeleien. Für die Zivilverwaltung, die die Engländer durchsetzen wollten, brachten die Iren kein Verständnis auf, und die Lebensweise der Iren blieb den Engländern ebenso unbegreiflich.*

* Vom 6. bis zum 8. Jahrhundert genoß das von Sankt Patrick zum Christentum bekehrte Irland einzigartigen geistigen Ruhm in Europa: die Blütezeit der Klöster, das hervorragende Bildungswesen, die Schönheit der Miniaturmalereien, das leidenschaftliche Pathos der Heldenepen, all das trug zu einer glanzvollen Kultur bei. Danach kamen die dänische und norwegische Eroberung, die Gründung der ersten Wikingerstädte und der erbitterte Kampf zwischen den skandinavischen Eindringlingen und den gälischen Landesbewohnern. Alle kulturellen Grundlagen verschwanden in einem Zeitalter, das von blutigen Rivalitäten geprägt wurde. Im Jahre 1166 rief ein Clanhäuptling den englischen König Heinrich II. ins Land: Damals setzten sich die Engländer in

Die Engländer sahen die Iren tatsächlich als eine Art von Wilden an, deren einziger Beitrag zum Gemeinwohl in ihrem außergewöhnlich starken Whiskey bestand. Die Angriffe der einen und die Unterdrückungsmaßnahmen der anderen zeichneten sich durch unvorstellbare Grausamkeit aus. Die von den Engländern angewandte Taktik der verbrannten Erde, die Massaker, bei denen man Frauen, Kinder und Greise nicht schonte, wurden damit gerechtfertigt, daß es unmöglich sei, einen konventionellen Krieg zu führen. Die Engländer hatten es mit einem Feind zu tun, der sich niemals auf einen offenen Kampf in einem Gelände einließ, wo sich Männer und Pferde ungehindert bewegen konnten. Die Iren nutzten ihre Wälder und Sümpfe, um Hinterhalte zu legen, den entsetzensstarren Soldaten die Kehle durchzuschneiden und spurlos zu verschwinden.

Wenn die Überlebenden heimkehrten, berichteten sie von solch schrecklichen Erlebnissen, daß sie mögliche Ersatzleute entmutigten. Es fiel den Engländern dermaßen schwer, Soldaten für den Dienst in Irland zu rekrutieren und Desertionen zu verhindern, zu denen es bei dem unvermeidlichen Durcheinander während der Ein- und Ausschiffung der Truppen leicht kam, daß sie sich entschließen mußten, Iren einzusetzen, die bei der ersten sich bietenden Gelegenheit mit ihren Waffen und den während der Ausbildung gewonnenen Kenntnissen nach Hause zurückkehren konnten. Wie bei allen Kolonialkriegen war eine »Befriedung« illusorisch. Auf jede Periode relativen Friedens folgte der Ausbruch neuer Kämpfe.

Zum Unglück für Elisabeth trat am Ende ihrer Regierungszeit ein großer irischer Anführer auf, der es vermochte, die Clans gegen England zu einen. Hugh O'Neill, der Graf von Tyrone, war in England aufgewachsen und hatte der Königin einige Jahre lang die Treue gehalten, bevor er sich gegen sie erhob. Er beherrschte also gleichermaßen die klassische Kriegskunst wie die Schnelligkeit, das Talent, sich jedem Zugriff zu

---

Irland fest, und es bildeten sich jene Probleme heraus, die seit acht Jahrhunderten fortdauern.

entziehen, und die Kühnheit des Freischärlers. Sir Henry Bagenal, ein englischer General, den man 1598 mit dreitausendfünfhundert Mann, also einer für damalige Verhältnisse beträchtlichen Streitmacht, entsandt hatte, um der Garnison der Dublin schützenden Festung Blackwater Entsatz zu bringen, wurde
von Tyrones Truppen überrumpelt und vernichtend geschlagen. Bagenal und zweitausend Soldaten kamen am 14. August
1598 um. In Dublin, das von Rebellenbanden belagert wurde,
herrschte Panik. Tyrone behauptete sich als unbestrittener Herr
des Schlachtfeldes. Wenn die Spanier landeten und den Iren die
ihnen fehlende Artillerie lieferten, würde man die Engländer
ins Meer zurückwerfen. Man mußte handeln, und zwar schnell.
Da nahm Essex seine Chance wahr.

Seit der großen Szene im Juli war Essex nicht wieder am Hof
erschienen. Er war dem Sarg William Cecils gefolgt, als dieser in
Westminster Abbey feierlich beigesetzt wurde. Essex sah »trauriger als alle anderen«[1] aus, was die Anwesenden beeindruckt
hatte. Als er von der Blackwater-Katastrophe erfuhr, schrieb er
der Königin, um ihr seine Dienste anzubieten, und stellte sich
in Whitehall vor. Sie empfing ihn nicht und ließ ihm mitteilen,
er hätte lange genug sein Spiel mit ihr getrieben – nun konnte
sie ein wenig ihren Spaß haben und ihn auf die Folter spannen.
Er hatte es immer noch nicht für angebracht gehalten, sich aufrichtig bei ihr zu entschuldigen. Im September erkrankte er,
und die von Mitleid gerührte Elisabeth schickte ihm ihren Arzt.
Essex dankte ihr in einem höchst liebenswürdigen Brief, wie er
ihn ausgezeichnet zu schreiben verstand. Sie vergab ihm und
gestattete, daß er an den Hof zurückkehren durfte. Aber sie vergaß nicht. Nunmehr folgte eine Entfremdung auf das freundliche Entgegenkommen. Wieder einmal hatte sich die Königin
über ihre Gefühle hinweggesetzt. Essex hatte es zuvor mit einer
Frau zu tun, die nicht in ihn verliebt war, sondern ihn mit mütterlichen Augen ansah, schnell zu einem Lächeln und zur Verzeihung bereit war. Fortan müßte er mit der Herrscherin auskommen. Das konnte Essex nicht begreifen. Er glaubte, er hätte

einen neuen Sieg errungen. Er bildete sich ein, seine Beliebtheit beim Volk hätte die Königin überzeugt, daß es gefährlich
wäre, ihn fernzuhalten. Und es war ja tatsächlich so, daß immer,
wenn er auf den Straßen auftauchte, laute Hochrufe erklangen und begeisterte Mengen zusammenströmten. Durch seine
prächtige Erscheinung, seine Großzügigkeit und Höflichkeit
hatte er die Phantasie des großen Haufens angeregt. Seine literarischen Neigungen hatten die Universität für ihn eingenommen, und Cambridge bot ihm das Kanzleramt an. Von seinen
Erfolgen berauscht und selbstsicher, hörte er nicht mehr auf den
klugen Bacon, der ihm erneut riet, die Königin nicht mit seinen Forderungen zu bestürmen und sich nicht so unbesonnen in den Vordergrund zu drängen. Seine Leichtfertigkeit und
Halsstarrigkeit entmutigten Bacon bald, und Essex beraubte
sich selbst seines scharfsinnigsten Ratgebers.

Essex nahm wieder seinen Platz im Staatsrat ein und kehrte zu
seinen alten Gewohnheiten zurück, vor allem jener, die einträg-
lichsten Ämter zu verlangen. Durch Cecils Tod war das Amt des
»Master of the Wards« (des Präsidenten des Vormundschafts-
gerichts)* vakant geworden. Elisabeth verweigerte es ihm, um
ihm nicht die Möglichkeit zu geben, sich noch mehr private
Anhänger zu verschaffen. Er reagierte verärgert und ließ in
einem Brief an sie, der beinahe schon unverschämt war, seinem
Zorn freien Lauf. Nun begriff sie, welche potentielle Gefahr
von einem Günstling ausging, der es wagte, sich gegen sie zu
stellen, doch man würde sie schlecht kennen, wenn man sich
einbildete, daß er ihr angst machte. Später äußerte sie sich eindeutig gegenüber dem französischen Botschafter, dem Grafen
von Beaumont: »Ich habe befürchtet, daß ihn sein ungestümer

---

* Der Amtsinhaber übte die höchst einträgliche Vormundschaft über die in
die Obhut der Königin gegebenen Waisenkinder aus. Er mußte sie – meistens
in seinem eigenen Haus – aufziehen und unterrichten, doch diese Stellung
brachte große Gewinne, denn er verwaltete nicht nur deren Vermögen und
nahm deren Einkünfte an sich, sondern verkaufte auch diesen Besitz bei ihrer
Großjährigkeit an sie zurück.

Charakter und sein Ehrgeiz zu bedauerlichen Vorhaben verleiteten, die seinen eigenen Untergang herbeiführen könnten. Ich habe ihn gewarnt und ihm dringend geraten, nicht länger mein Mißfallen zu erregen, meine Person nicht mehr derart anmaßend geringzuschätzen und sich sorgfältig zu hüten, nach meinem Zepter zu greifen, weil ich dann gezwungen sein würde, ihn nach den Gesetzen des Königreichs zu bestrafen, da meine Zurechtweisungen zu sanft waren, um ihn einzuschüchtern, und meine Ratschläge, so liebevoll und heilsam sie auch sein mochten, ihn nicht daran gehindert hatten, ins Verderben zu rennen.«[2]

Trotz dieser fortgesetzten Konflikte und nach langem Zögern übertrug sie ihm den Oberbefehl über die englischen Streitkräfte in Irland. Damit stellt sich die Frage, ob ihre Entscheidung angemessen begründet war. Warum sollte sie einem Mann, dessen Urteilsvermögen so oft Anlaß zu Zweifeln gegeben hatte, einen derart schwierigen Auftrag anvertrauen? War es für sie eine Möglichkeit, einen nahen Vertrauten zu entfernen, dessen Anziehungskraft nachgelassen hatte und dessen Launen ihr lästig wurden? Darf man, wie manche es getan haben, sie einer noch machiavellistischeren Berechnung bezichtigen? Eine Niederlage in Irland würde dann das vollständige Ende der Ambitionen Essex' bedeuten. Ich glaube so etwas nicht. Elisabeth hatte eine viel zu erhabene Auffassung von ihrer Rolle und Verantwortung. Nie hätte sie ihr Königreich wissentlich in Gefahr gebracht, um einen Höfling zugrunde zu richten, und außerdem stellte sie ihm, wie wir noch sehen werden, sehr beträchtliche Mittel zur Verfügung.

Diese Ernennung läßt sich mit anderen Argumenten erklären. Er hatte bewiesen, daß er Mut besaß und von den Soldaten geachtet wurde, selbst wenn die Bilanz der militärischen Unternehmen nicht immer so günstig ausfiel, wie man es hätte erhoffen können. Aber Essex' Volkstümlichkeit gab ihm einen weiteren unschätzbaren Vorteil vor den anderen Bewerbern, die überdies nicht zahlreich waren. Die Männer begrüßten seine Ernennung mit Begeisterung. Es gab keine Schwierigkeiten mehr, Soldaten anzuwerben, eine für den Erfolg unbedingt notwendige Voraussetzung, denn eine große Armee war ganz unerläßlich. Jeder wollte unter Essex dienen. Die Königin hatte es ihm sehr übelgenommen, daß er bei seinen vorherigen Expeditionen übermäßig viele Offiziere geadelt hatte, doch diese Großzügigkeit hatte ihm viele Anhänger gewonnen. Jeder sah, daß ihm Essex eine glänzende Zukunft verhieß. Und er selbst strebte schließlich diesen Posten mit allen Kräften an – eine Haltung, die um so beachtlicher war, als keiner ein Hehl daraus machte, welche Schwierigkeiten das Unternehmen mit sich brachte. Sobald die Königin ihre Entscheidung getroffen hatte, hielt sie unbeirrt daran fest. Essex fühlte sich zunächst hochzufrieden. Danach wurde er jedoch kurze Zeit unsicher, wie dies ein erstaunlicher Brief zeigt, den er dem Grafen von Southampton schrieb: »Nun denn, fahren wir also nach Irland. Die Königin hat es unwiderruflich verfügt; der Staatsrat verlangt es dringend, und meine Ehre verbietet mir jede Ausflucht. Es wäre für mich unehrenhaft, mich dieser Aufgabe zu entziehen, denn selbst wenn so etwas nur in dem Fall geschähe, daß wir Irland verlieren [...], wird man mich für den Verantwortlichen halten, habe ich doch auf die Feuersbrunst hingewiesen, und ich wurde ernannt, um sie zu löschen, und dann werde ich gleichwohl keine Hilfe gebracht haben [...]. Ich weiß nur zu gut, welche Nachteile die Abwesenheit [vom Hofe] mit sich bringt und welche Schwierigkeiten ein Krieg bereitet, in dem ein siegreicher Rebell mein unbedeutendster Feind ist, denn die Krankheit dieses Landes richtet unsere Armeen zugrunde, zermürbt ihr Herz und ihre Kraft.«[3] Nachts überließ sich Essex düsteren Grübeleien. Tagsüber hielt er sich noch gut: Ein siegreicher Feldzug würde ihm Ruhm einbringen, und an seinem Ruhm lag ihm mehr als an allem anderen. Er wollte nicht klein beigeben.

Er erhielt den Oberbefehl über ein mächtiges und erfahrenes Heer: 1400 Reiter und 16 000 Fußsoldaten. Man hatte zweitausend Mann vorgesehen, um die unvermeidlichen Verluste zu

ersetzen. Ein mit beträchtlichen Summen ausgestatteter Zahl-
meister sollte ihn begleiten und sich überzeugen, daß die Männer unverzüglich ihren Sold erhielten. Mit Munition und Waffen knauserte man ebensowenig. Die Regierung mußte bei der
Stadt London eine mit zehn Prozent verzinste Anleihe aufnehmen, um sich das erforderliche Geld zu beschaffen. Nie zuvor
hatte die Königin einem so hohen Zinssatz zugestimmt. Der
Abmarsch aus London wurde zu einem Triumphzug.

Der neue Befehlshaber verließ Essex House hoch zu Roß
und ritt inmitten einer prächtigen Kavalkade nach Nordwesten.
Sein Ziel war der südlich von Liverpool gelegene Hafen Che-
ster, wo er sich einschiffen wollte. »Alles Volk lief auf die Felder
hinaus, um ihn zu sehen, und viele widmeten ihm Tränen und
Gebete. Das kränkte die Königin und einige Höflinge, denn sie
verglichen seine Beliebtheit mit jener, deren sich der verstor-
bene Herzog von Guise bei den Parisern erfreute.«[4] Doch
sobald Essex in Irland eingetroffen war, verschwand seine
mannhafte Selbstsicherheit. In London hatte er nachdrücklich
erklärt, daß es unbedingt notwendig sei, Tyrone in Ulster, seinem Herrschaftsbereich im Norden der Insel, direkt anzugreifen, ohne der Versuchung nachzugeben, sich auf Ablenkungs-
manöver einzulassen. Als er an Ort und Stelle ankam, scharten
sich um ihn die Überlebenden der Angriffe Tyrones und schil-
derten ihm mit furchterregenden Worten die Geschicklichkeit
des irischen Führers und die Grausamkeit seiner Truppen. Essex
ließ sich einschüchtern. Ohne sich darum zu kümmern, den
Staatsrat zu unterrichten, entschied er sich für eine Hinhaltetaktik.

Er griff den Feind nicht frontal an, sondern begann eine
Befriedungskampagne südlich von Dublin. Er hielt es für ein
leicht zu praktizierendes Mittel, um Tyrone zu beunruhigen
und seiner Unterstützung zu berauben, wenn er ein paar lokale
Anführer beseitigte. Doch er kannte ja Irland nicht. Die engli-
schen Kolonisten empfingen ihn freudig, sie öffneten ihm die
Tore ihrer Schlösser und begrüßten ihn mit lateinischen
Ansprachen, während die unsichtbaren und fürchterlich wir-

kungsvollen irischen Rebellen die Nachzügler überfielen, sie in
Hinterhalte lockten und die schöne Armee in das tiefste Innere
des feuchten, unberechenbaren und gefährlichen Landes trieben. Diese halbnackten Wilden mit ihren Umhängen aus Tier-
fellen, deren Gesicht von ihrer Mähne verborgen wurde, hatten
es nicht nötig, eine Schlacht zu liefern. Die feindlichen Soldaten, denen Fieberschauer und giftige Ausdünstungen zusetzten,
erkrankten an Sumpffieber und starben zu Hunderten, andere
verirrten sich in den dunstigen Wäldern oder gerieten in eine
Falle, und wieder andere desertierten. Beinahe unbemerkt, ohne
eine aufsehenerregende Niederlage verlor Essex drei Viertel
seiner Streitkräfte. Er entdeckte das auf der Insel herrschende
unglaubliche Durcheinander und zugleich deren unerbittlichen
Widerstand. Als die Königin davon erfuhr, reagierte sie be-
drückt. »Wir, auf deren Tun die Augen ausländischer Fürsten
ruhen und die Wir die Herzen des Volkes zu trösten und zu
ermutigen haben, die unter der Last der durch diese letzten
Aktionen verursachten beständigen Aushebungen und Auf-
lagen stöhnen, können an dem bisher Erreichten nur wenig
Freude haben [...]. Eure Zweimonatsreise hat nicht einen einzigen führenden Rebellen eingebracht«, schrieb sie ihm, »Ihr
habt Uns und Unseren Staatsrat in dieser Hinsicht so im dunkeln gelassen, daß Wir bis heute nicht wissen (außer durch
Berichte von anderer Seite), wer die sind, die für Unser Geld auf
hohe Posten in Unserer Armee gestellt worden sind.«[5] Noch
beunruhigender wirkte, daß er sich stolz über diese Aktionen
äußerte und daß er, im Widerspruch zur ausdrücklichen Anweisung der Königin, weiter reichlich viele in den Adelsstand
erhob. Der Zorn Elisabeths war vollauf berechtigt. Wenn sich
Essex über ihre Befehle hinwegsetzte, konnte er eine vernichtende Niederlage in Irland und eine Finanzkrise in England
heraufbeschwören.

Essex fühlte sich von den Vorwürfen der Königin angespornt
und fürchtete, daß sein Ruf in Gefahr geriet und daß er die Lage
nicht mehr beherrschte. Nun ließ er sich auf eine ganze Reihe

von unbegreiflichen Unternehmen ein. Er konnte den von
Tyrone aufgebotenen zehn- oder elftausend Kriegern nur noch
viertausend Soldaten entgegenstellen. Trotzdem marschierte er
jetzt gegen die Iren. Dieser schickte ihm daraufhin einen Parlamentär, der ihm ein Treffen vorschlug: ein Treffen unter vier
Augen. Essex erklärte sich einverstanden, Tyrone ohne Zeugen
zu sprechen, dies aber vor den Augen seiner Offiziere. Tyrone
ritt bis zur Mitte des schmalen Flusses, der die beiden Truppen
trennte, während Essex, der ebenfalls im Sattel saß, am Ufer ste-
henblieb. Zwei Tage später trat ein Waffenstillstand in Kraft.
Durch einen ganz unklar formulierten Brief Essex' erfuhr Elisabeth diese Neuigkeit am 16. September. Sie war sehr über eine
Initiative besorgt, die nach Verrat roch. Sie befahl Essex, nichts
zu unternehmen, bevor sie ausführlich über alle Vereinbarungen unterrichtet wäre, und bekundete ihm ihr Mißfallen mit
den lebhaftesten Worten. Essex, der sich vollständig überfordert
fühlte, geriet außer sich und beschloß, nach England zu fahren,
um sich direkt mit der Königin auszusprechen. Es stellte einen
höchst bedenklichen Akt dar, daß er seinen Posten ohne Erlaubnis verließ, aber Essex hatte nichts mehr zu verlieren. In seiner Panik und Verzweiflung büßte er jeden Sinn für Realitäten
ein. Eine Frage blieb unbeantwortet: Begab er sich an den Hof,
weil er die Königin um Vergebung bitten oder weil er sie einschüchtern wollte?

In Begleitung zahlreicher Offiziere verließ er Irland am
24. September, und am 28. traf er in London ein. Er erfuhr, daß
sich die Königin in ihrem etwa fünfzehn Kilometer entfernten Schloß Nonsuch befand. Dorthin eilte er. Schmutzig, mit
schlammverkrustetem Gesicht kam er gegen zehn Uhr morgens
an. Er nahm sich nicht die Zeit, sich zu waschen und umzuziehen, sondern lief zu den Gemächern der Königin und stieß die
Tür des Vorzimmers auf, ohne sich melden zu lassen. Elisabeth
war gerade aufgestanden. Nur notdürftig bekleidet, mit unge-
schminktem und erschöpftem, von grauen Haarsträhnen ein-
gerahmtem Gesicht, ohne Perücke und Schmuck, stand die
fassungslose alte Frau nun Essex Auge in Auge gegenüber. Ihr

erster Gedanke war, daß er einen Staatsstreich plante und daß eine größere Truppe das Schloß umzingelt hätte. Wie ließ sich dieser unsinnige Überfall anders erklären? Sie reagierte mit erstaunlicher Ruhe. In gefährlichen Situationen führte ihr Instinkt sie nie in die Irre.

Ohne eine Miene zu verziehen oder in Zorn zu geraten, sprach sie ihn wohlwollend an, erkundigte sich besorgt nach seinem Befinden und schlug vor, daß er sich saubere Sachen anziehen sollte, während sie selbst ihre Toilette beendete. Sie ließ ihn eine Stunde später zu sich kommen, verhielt sich weiter ebenso liebenswürdig und verabschiedete ihn, als sie sich zu Tisch begeben wollte. Essex hatte sich inzwischen beruhigt und freute sich, wie erfolgreich sein überraschendes Auftauchen verlaufen war. Er stärkte sich mit einem guten Essen und unterhielt die Anwesenden mit seinen Geschichten über Irland und die dort hausenden schrecklichen Wilden. Unterdessen kamen die Boten zurück, die die Königin nach London geschickt hatte, und verbürgten sich dafür, daß Ruhe auf den Straßen der Hauptstadt herrschte. Man hätte nicht das geringste Anzeichen für die Vorbereitung eines Handstreichs bemerkt. Sie fühlte sich wieder sicher, ließ Essex rufen und schlug einen anderen Ton an. Nun kam sie auf den Kern des Problems zu sprechen: Warum hatte er seinen Posten verlassen? Da sie mit seinen Erklärungen unzufrieden war, lud sie ihn für eine gründliche Befragung vor den Staatsrat. Um zehn Uhr abends wurde Hausarrest angeordnet.

Am folgenden Tag ging die Untersuchung weiter. Er hatte eine ganze Reihe von Vergehen zu verantworten. Zunächst einmal hatte er seinen Kommandoposten ohne Erlaubnis verlassen, dann war er ins Zimmer der Königin eingedrungen. Doch was noch schlimmer war: Er hatte den Feldzug in Irland äußerst schlecht geführt. Schließlich hatte er Dutzende und aber Dutzende von Untergebenen ohne jeden vernünftigen Grund geadelt. Hatte er damit nicht versucht, sich eine persönliche Miliz aus ihm uneingeschränkt ergebenen Männern zu schaffen? Das war eine schwerwiegende Anklage. Die Königin unterstellte ihn nun der Aufsicht Lord Egertons, des Großsiegelbewahrers. Essex wurde nach York House, der großen Londoner Residenz des Ministers, gebracht. Es war ihm verboten, das Haus zu verlassen und seine Freunde zu empfangen. Selbst seine Frau durfte nicht zu ihm kommen. Wie immer, wenn es zu ernsthaften Spannungen kam, wurde er krank. Nun wurden die mit Tyrone getroffenen Vereinbarungen vorgelegt. Sie erregten Bestürzung und Zorn. Essex hatte unter anderem zugestimmt, daß alle der Krone seit zweihundert Jahren zugefallenen Güter ihren ursprünglichen Besitzern zurückgegeben würden. Der üble Verdacht eines Verrats ließ sich nicht länger übersehen.

Elisabeth, die nie die Schwächen ihrer Machtposition unterschätzt hatte, handelte nicht übereilt. Sie wußte, daß sich Essex seine Beliebtheit beim Volk erhalten hatte, und als sie sich mit Francis Bacon beriet, wurde ihr bestätigt, daß ihre Vorsicht wohlbegründet war. Bacon hatte alle Hoffnungen auf Essex' politische Zukunft aufgegeben. Es ließe sich nicht mit ihrer früheren Verbindung rechtfertigen, daß er ihm größere Treue als der Königin bewahrte. Darum sprach er freimütig mit ihr. Seine Zuneigung zum Grafen mache ihn nicht blind, sagte er ihr beim ersten Gespräch, und er müsse zugeben, daß Essex ungeeignet sei, bestimmte Posten zu bekleiden. So etwa wäre es ein Fehler, ihn nach Irland zurückzuschicken. »Essex!« unterbrach die Königin. »Ihn wieder nach Irland schicken? Eher will ich Euch heiraten!« Nein, sie plante ganz im Gegenteil, ihn vor Gericht zu stellen, doch sie war unschlüssig, in welcher Form das geschehen sollte. Ob man die Sternkammer* dafür vorsehen könnte? Genau das wollte sie wissen. Bacon warnte sie vor einem öffentlichen Verfahren. Es würde schwerfallen, unanfecht-

---

* Die Sternkammer – »the Star Chamber« – war ein Sondergerichtshof, der sich aus Mitgliedern des Staatsrates der Königin zusammensetzte. Es stand ihnen frei, andere Richter zur Teilnahme aufzufordern. Ihre Sitzungen waren öffentlich. Die Sternkammer trat regelmäßig zusammen und verhandelte alle Angelegenheiten, die eine mögliche Bedrohung des inneren Friedens darstellten. Die Sternkammer und der Staatsrat der Königin waren also zwei voneinander getrennte Institutionen mit unterschiedlichen Funktionen, aber sie bestanden aus denselben Personen.

bare Beweise vorzulegen, denn es war ja allgemein bekannt, wie auch ausgezeichnete Generale in Irland erbärmlich gescheitert waren. Wenn man ihn ohne unwiderlegbare Begründung verurteilte, konnte das die schlimmsten Folgen nach sich ziehen. Seine Unfähigkeit und seine überraschenden Initiativen hatten seine Popularität nicht beeinträchtigt. Man wußte, daß er unter Arrest stand und krank war. Bald munkelte man, daß er mit dem Tode ringe. Flugschriften, die für ihn eintraten, wurden heimlich verbreitet. Auf den Straßen und in den Schenken diskutierte man heftig. Es war zu vernehmen, daß ein »Mann verurteilt worden sei, ohne ihn anzuhören, daß man ihm hinterrücks einen Schlag versetzt hätte und daß man Justitia zwar das Schwert gelassen, aber die Waage genommen habe«.[6] Diese allgemeine Unruhe machte Vorsichtsmaßregeln erforderlich. Elisabeth beschloß, sich selbst nach York House zu begeben, um sich ein Urteil zu bilden. Essex fühlte sich tatsächlich so schlecht, daß sie nicht mit ihm reden konnte. Sie unternahm daraufhin keine weiteren Schritte, sondern ließ lediglich eine Erklärung der Sternkammer verlesen, in der Essex' Vergehen aufgezählt wurden, und gab den Befehl, seine Haftbedingungen nicht zu verändern. Sechs Monate später hatte er seine Gesundheit, aber nicht seinen gesunden Menschenverstand wiedererlangt. Er glaubte, die Königin werde ihm schon bald verzeihen. Eine Entscheidung ließ sich nicht umgehen.

Weniger aus Großmut als aus Vorsicht demütigte man ihn nicht mit einem öffentlichen Verfahren. Im Juni 1600 wurde er vor eine Kommission geladen, die aus Richtern und Staatsräten bestand. Kniend und barhäuptig mußte er die Anklagepunkte anhören: Er sei ein Deserteur, unfähig und gegenüber den Befehlen seiner Herrscherin unbotmäßig, und er hätte eine private Unterredung mit dem Feind gehabt. Nach einer Stunde gestattete ihm der Erzbischof von Canterbury, sich zu erheben, danach durfte er sich auf den Tisch stützen und sich schließlich auf einen Schemel setzen. Während der endlosen Sitzung – einer elfstündigen ununterbrochenen Debatte – analysierten abwechselnd alle sein Verhalten. Man bewies ihm, daß diese

Vergehen mit lebenslänglicher Haft bestraft werden konnten.
Doch seine Geständnisse, seine offenkundige Reue und seine
Bitten brachten ihm ein mildes Urteil seiner Richter ein. Der
Tower blieb ihm erspart. Aber er wurde all seiner Ämter entho-
ben, aus dem Staatsrat entlassen und unter Hausarrest in Essex
House gestellt.

Essex wußte nur zu gut, daß er sein Wohl dem Erbarmen der
Königin verdankte. Aufs neue hoffte er, ihre Gunst wiederzuer-
langen. Er schrieb ihr eine Reihe von flehentlichen Briefen,
wie immer in ritterlichem Stil. Aus ihrer Gegenwart verbannt
zu sein, »das heißt zu immerwährender Nacht verdammt sein
[...] und in eine Gruft hinabgestürzt werden«. Er verdoppelte
seine Anstrengungen. »Eile, Blatt, in die glückselige Nähe, aus
der ich allein unglückselig verbannt bin; küsse die schöne hei-
lende Hand, die meinen leichteren Schmerzen frischen Bal-
sam auflegt, aber meine größte Wunde nicht pflegt.«[7] Elisabeth
wußte den Stil zu würdigen, ließ sich jedoch nicht hinters Licht
führen. Sie las Bacon diesen Brief vor und sagte enttäuscht:
»Was man für Fülle des Herzens nehmen könnte, entpuppt sich
als bloße Sorge um die Erneuerung der Süßweinpacht.«[8]

Essex hatte nicht begriffen, daß sich die Königin im Grunde
nie von ihren Gefühlen leiten ließ, selbst wenn sie noch so
zugänglich für Schmeicheleien und noch so empfänglich für
Lobreden sein mochte. Sie hatte Dudley widerstanden, sie hatte
nicht dem törichten Wunsch nachgegeben, Alençon zu heiraten. Wenn sie Essex mit übermäßiger Geduld und Nachsicht
behandelt hatte, so vielleicht gerade deshalb, weil die Gefühle,
die er in ihr hervorrief, reiner waren. Doch der Bann war endgültig gebrochen – und die Königin erneuerte nicht die Süßweinpacht, die sie ihm zehn Jahre zuvor übertragen hatte. Das
brachte Essex in Wut. Nun gab er alle Bemühungen um Galan-
terie auf. »Die Bedingungen [, welche die Königin dazu noch
stellt,] sind so verschroben wie ihr altes Gerippe«,[9] sagte er seinen Freunden. Jetzt war er entehrt, ruiniert, wütend und vielleicht gefährlich. Trotz ihres berechtigten Zorns und entweder
aus einem Rest Zärtlichkeit oder aus Furcht vor der Reaktion

des Volkes hatte sie zugestimmt, ihm eine exemplarische Bestrafung zu ersparen und ihn in Freiheit zu lassen, doch ihr Argwohn war geweckt, und die weiteren Ereignisse sollten ihn rechtfertigen.

Nun verfiel Essex, der nie einen zuverlässigen Wirklichkeitssinn besessen hatte, auf die wahnwitzigsten Umtriebe. Er kam auf die Idee, daß Cecil die Infantin, die Tochter Philipps II., als Nachfolgerin der Königin ausersehen hätte, und er setzte sich mit Jakob, dem König von Schottland, in Verbindung, um ihn zu warnen. Er ließ ihm ausrichten, daß er Mountjoy – den man nach Essex' Abreise zum Führer der Armee in Irland ernannt hatte – veranlassen könnte, das Heer heimzuführen, seine Situation im Staatsrat zu stärken und ihm zu ermöglichen, die Thronbesteigung Stuarts zu sichern. Mountjoy war klug genug, sich nicht auf ein derartiges Unternehmen einzulassen, mit dem er lediglich »Essex' persönlichen Ehrgeiz befriedigen würde«,[10] zumal er kurz davorstand, die Lage in Irland wieder zu normalisieren. Danach scharte Essex ein paar Adlige um sich, indem er ihnen die Möglichkeit vorspiegelte, Cecil zu beseitigen und ihre Clique an die Macht zu bringen. Essex erbot sich, die Königin allein durch die starke Wirkung seines persönlichen Auftretens zum Schweigen zu bringen. Aber seine Fabeleien nahmen solche aufsehenerregenden und absurden Ausmaße an, daß er bald nur noch von »wagemutigen Handlangern« umgeben war, »die nicht in glücklichen Vermögensverhältnissen lebten, mit ihrem Schicksal haderten und sich laut gegen alle Welt äußerten«. Diese ganze Unruhe brachte ihm eine Vorladung vor den Staatsrat ein. Essex entschuldigte sich mit einer Erkrankung, um nicht kommen zu müssen. Die Königin schickte nun vier Staatsräte, die ihn nötigen sollten, doch zu erscheinen.

Sie traten in den Hof seines Stadthauses und entdeckten, daß er mit einer Menge höchst erregter Männer gefüllt war. Als sie vor der Haustür den Grafen um eine Erklärung baten, antwortete er, man hätte ihn mit dem Tod bedroht und seine »Freunde« hätten sich versammelt, um ihn zu beschützen. Essex lud die Staatsräte in seine Bibliothek ein, und seine Diener verschlossen

die Türen, nachdem er ein Zeichen gegeben hatte. Die in die
Falle gelockten Vertreter der Königin hörten die vom Hof her-
aufdringenden Schreie, die ihren Tod verlangten. Dann wurde
es still: Essex war auf die Straße hinausgegangen, und ihm folgte
die lautstarke Eskorte von ungefähr zweihundert Männern.

Er wagte nicht, mit der Unterstützung einer derart kümmer-
lichen Truppe zum Palast von Whitehall zu marschieren, in
dem sich Elisabeth aufhielt. Da er überzeugt war, daß er Anhänger finden würde, wenn er durch die City liefe, wandte er sich
zum Stadtzentrum. Die Passanten starrten ihn lediglich überrascht an, als er sie aufrief, sich ihm anzuschließen, um ein von
Cecil und seinen Freunden gegen die Königin, die Kirche und
ihn selbst angezetteltes Komplott zu bekämpfen. Die Behauptung, die Regierung hätte sich an Spanien verkauft, brachte sie
ebensowenig aus der Ruhe. Essex, der von wahnsinniger Erregung gepackt wurde, wollte nun den Rückzug antreten, doch
er mußte feststellen, daß die Miliz den Weg versperrt hatte. Er
konnte zum Themseufer durchschlüpfen und gelangte auf dem
Wasserweg in sein Haus zurück.

Die Staatsräte waren von einem Angehörigen seines Hauses
befreit worden, der Angst bekommen oder die Vernunft wiedererlangt hatte. Essex verfügte also nicht mehr über irgendei-
nen Trumpf bei einer Verhandlung mit der Regierung, deren
Streitkräfte schon am frühen Nachmittag unter dem Befehl des
Grafen von Nottingham das Haus umstellten. Als Essex aufgefordert wurde, sich zu ergeben, antwortete er, daß er lieber zum
Paradies auffahren würde. Nun drohte Nottingham, das Haus in
die Luft zu sprengen. Um zehn Uhr abends gab Essex auf. Von
einigen Getreuen gefolgt, trat er hinaus und überreichte dem
Peer seinen Degen. Unverzüglich benachrichtigte man die
Königin, die erklärt hatte, sie werde nicht eher schlafen gehen,
bis sie wisse, daß man Essex gefangengenommen habe.

Den ganzen Tag über hatte sie sich überraschend ruhig verhalten und freudig den Anblick genossen, den ihr Hunderte von
Männern boten: Sie strömten mit den Waffen in der Hand
zusammen, um sie zu beschützen, und lagerten tagsüber um

den Palast. Während ihr Hofstaat kurzzeitig von irreführenden Gerüchten über eine Erhebung in der City beunruhigt wurde, »zeigte sie sich nicht stärker erschüttert, als hätte man ihr eine Schlägerei in der Fleet Street gemeldet«, berichtete Cecil nicht ohne Stolz und Bewunderung für seine alte Königin.[11] Boissise, der französische Botschafter, suchte den Palast auf, um die Königin im Namen Heinrichs IV. zu beglückwünschen. Er stellte fest, daß sie sich kaum wegen der Ereignisse ängstigte, die »dieser törichte Undankbare« heraufbeschworen hatte. Als sie darüber berichtete, »brach sie in Gelächter aus und spottete über den Spaziergang, den der Graf durch die Stadt unternommen hätte [...]. Wenn er gegen sie marschiert wäre, wie man es behauptete, so sei es ihr Entschluß gewesen, ihm draußen gegenüberzutreten, um zu sehen, wer von ihnen beiden regieren sollte [...]. ›In solchen Fällen‹, fügte sie hinzu, ›muß man auf jede mildherzige Regung verzichten und die schärfsten Maßnahmen ergreifen.‹«[12] Danach plauderte sie über verschiedene Themen mit einer Unbefangenheit, die ihren Gesprächspartner in Bewunderung versetzte.

Wieder einmal hatte Elisabeth bewiesen, daß Autorität keine Geschlechtsunterschiede kennt. Nur zu oft hatte sie den Hofstaat mit ihrer Schwäche für Essex, ihrem Zögern und Zurückweichen aufgebracht. Alle ihre Schrullen und Manien hatten Essex überzeugt, daß er eine Frau vor sich hatte, eine nachgiebige Frau, die sich dem Willen des Stärkeren unterwerfen würde. Doch er hatte nie durchschaut, daß es niemandem gelungen war, sie auf geistigem oder emotionalem Gebiet zu beherrschen. Sie besaß genug Selbstvertrauen, um Gefallen an geistreichen Auseinandersetzungen zu finden und sich nicht vor einer Widerrede zu fürchten; und sie war sich der Bedeutung ihres Amtes viel zu bewußt, als daß sie den Verlockungen des Herzens erlag, wie es die unglückliche Maria Stuart getan hatte. Essex begriff nicht, daß es Elisabeth nicht nötig hatte, eine männliche Rolle zu spielen. Gern stellte sie sich als Frau dar, wobei sich dieses Bild je nach den Umständen änderte: Ihre Rollen reichten von der Verliebten bis zur Jungfrau, von der ausgelassenen Tänzerin bis zum gravitätischen Idol, das sich der Anbetung der Menge darbot. Doch wenn ihre Macht bedroht war – ob dies nun bei den Kämpfen gegen die Armada, bei der Rebellion der Barone des Nordens oder bei Essex' Putschversuch geschah –, verschwand jegliche Andeutung weiblicher Schwäche; dann verzichtete sie auf diese verworrene und lächerliche Zurschaustellung, die aus Kunstgriffen, Komödienspiel und Koketterie bestand. Es blieb eine mutige und entschlossene Frau übrig, die mühelos jene Autorität wiederfand, wie sie der von ihr stets bewunderte Vater ausgeübt hatte. Man könnte sogar argumentieren, daß sie größere natürliche Autorität als ihr Vater besaß, denn ihre Autorität brauchte keine unnötige Grausamkeit und beruhte nicht auf einer von ihr eingeflößten Furcht.

Sie, die so lange gezögert hatte, den Herzog von Norfolk hinrichten zu lassen, die so oft das Todesurteil Maria Stuarts aufgeschoben hatte, griff nicht ein, nachdem Essex und sein Komplize Southampton von ihren Standesgenossen verurteilt waren. Der Graf verteidigte sich mit der Behauptung, er hätte lediglich die Königin vor ihren Ratgebern warnen wollen, doch die Staatsanwälte konnten diese Verteidigung unschwer widerlegen. Er wurde einstimmig wegen Hochverrats verurteilt. Am nächsten Tag unterzeichnete die Königin den Hinrichtungsbefehl. Essex reagierte mit unangemessener Sorglosigkeit. Er erklärte sogar, er werde sich nicht erniedrigen und um die Gnade der Königin betteln, denn er verschmähe diese Gnade. Ein paar Stunden später brach er jedoch zusammen, nachdem ihn sein Kaplan mit dem Höllenfeuer bedroht hatte, wenn er unbußfertig sterbe. Daraufhin ließ er Cecil und drei andere Minister kommen, um vor ihnen ein ausführliches Geständnis abzulegen. Er bat nicht um einen Straferlaß. Ganz im Gegenteil gab er zu, daß sich die Königin nicht in Sicherheit befinde, solange er lebe. Die einzige Gnade, die er erflehte, war, daß man ihn nicht in der Öffentlichkeit hinrichten sollte, denn er fürchtete, wie er sagte, die Beifallsbekundungen des Pöbels. Am 25. Februar 1601 stieg er aufs Schafott ... Er war immer noch sehr schön. Seine langen blonden Haare flatterten über seinen Schultern. Er trug ein Wams mit langen scharlachroten Ärmeln. Er zeigte außerordentlich große Reue und bekannte mehr Sünden, als er »Haare auf seinem Haupte« hatte. »Ich habe meine Jugend an Hochmut, Wollust, Unkeuschheit und Eitelkeit verschwendet, und ich flehe den Herrgott an, mir meine letzte Sünde zu vergeben, diese maßlose, diese blutbefleckte, diese himmelschreiende und ansteckende Sünde, durch die sich so viele von meinen Freunden verunreinigt haben und die sie verführt hat, sich gegen die Königin zu vergehen.«[13] Der Priester riet ihm, den 51. Psalm zu rezitieren. Beim zweiten Vers hielt er inne. »Schlag zu, Henker!« rief er, und während er Gott seine Seele empfahl, ließ der Henker das Beil herabsausen. Er packte den blutbeschmierten Kopf, zeigte ihn den Zuschauern und schrie: »God save the Queen.« Ein Bote, den man nach Whitehall geschickt hatte, um die Hinrichtung zu bestätigen, erschien vor der Königin, als sie an ihrem Spinett saß. Schweigend nahm sie die Nachricht entgegen. Niemand sagte ein Wort. Ein paar Augenblicke später setzte die Musik wieder ein.

Die Königin behandelte die übrigen Verschwörer gnädig. Sie erklärte Jakob VI., sie habe zu große Erfahrungen im Königsamt, als daß sie es nicht verstünde, die Augen zuzudrücken. Sie sah auch über den Briefwechsel zwischen Cecil und dem schottischen König hinweg. Das Erbfolgeproblem, das die Geister während ihrer ganzen Herrschaftszeit so sehr in Aufregung versetzt hatte, stellte sich nicht mehr. Jeder wußte, daß Jakob ihre Nachfolge antreten würde; jeder wußte, daß dies der Wille der Königin war, und jeder wußte auch, daß sie es nicht bekanntgeben würde, solange sie lebte. Die alte Wahrheit galt noch immer, daß die Ernennung eines Nachfolgers das beste Mittel war, um die Unzufriedenen zusammenzuschließen. Oft erwähnte sie Essex, und am Finger trug sie stets einen Ring, den er ihr geschenkt hatte. Doch wenn sie die Umstände bedauerte, unter denen er den Tod gefunden hatte, bezweifelte sie andererseits nie, daß seine Hinrichtung berechtigt war. »Wer nach dem Zepter des Königs greift, verdient kein Mitleid«,[14] sagte sie dem französischen Botschafter zu einem Zeitpunkt, als Heinrich IV. der Verschwörung seines früheren treuen Waffengefährten Biron entgegentreten mußte. »Das ist eine harte Prüfung«, erklärte sie, »ich weiß es aus Erfahrung, doch ein Herrscher muß alle persönliche Zuneigung opfern, sobald die Sicherheit seines Reiches und seiner Nachfolger auf dem Spiel steht.«

Wenn eine Regierungszeit ihrem Ende entgegengeht, stimmt das melancholisch. Elisabeth, die nun wie eine Überlebende wirkte, verkannte trotz ihrer eisernen Gesundheit nicht, daß ihre Kräfte nachließen. Sie tanzte immer noch die Gaillarde, fand weiter Freude an der Jagd, zeigte sich stets prächtig herausgeputzt in der Öffentlichkeit, doch so rege und rüstig sie auch sein mochte, der sie belebende Schwung erlahmte. Im Vertrautenkreis bröckelte die Fassade ab und gab den Blick auf die alte Dame frei, die sie geworden war. Als sie Lord Egerton zum Großsiegelbewahrer ernannte, wies sie darauf hin, daß er der letzte ihrer Regierungszeit sein werde. »Das verhüte Gott, Ihr werdet noch fünf oder sechs weitere haben«, rief ein Anwesender. Statt einer Antwort brach sie in Tränen aus und entfloh in ihr Schlafzimmer. Da sie ständig bemüht war, ihre öffentlichen Auftritte zu dramatisieren, machte sie aus der Parlamentssitzung von 1601 eine zwar vorweggenommene, jedoch beeindruckende Abschiedszeremonie, denn sie wußte genau, daß dies die letzte ihrer Regierung sein würde.

Am Ende der Sitzung, in deren Verlauf sie politische Zugeständnisse machen und für die Krone einträgliche Monopole abschaffen mußte, lud sie eine Abordnung von Parlamentsmitgliedern in den Palast ein. Aus dem Hintergrund des Saals, wo sich die jüngsten Abgeordneten befanden, erhob sich ein Ruf: »Keine Abordnung, wir alle, alle, alle!« – »Kommt denn alle«, sagte sie, »und hoffen wir, daß der Saal des Staatsrates groß genug sein wird«, deutete sie diese Begeisterung doch als Zeichen der Dankbarkeit für den Kompromiß, den sie angenommen hatte. Sie empfing also alle in ihrem Palast und hielt eine Ansprache, die als »Golden Speech« – die »Goldene Rede« –

bekannt wurde. Darin äußerte sie ihre Freude über die ihr so
bekundete Zuneigung: »Ich freue mich weniger darüber, daß
Gott mich zur Königin gemacht hat, sondern viel mehr darüber, daß ich über ein so dankbares Volk herrsche.«[15] Die Abgeordneten hörten ihr auf Knien zu. Sie bat sie aufzustehen, und
als sie ihre Ansprache fortsetzte, betonte sie, wie wohltuend sich
ihre übereinstimmenden Ansichten und ihr einheitliches Auftreten ausgewirkt hätten. Ihre Rede war bei weitem nicht die
eines absoluten und übermächtigen Alleinherrschers, sondern
die einer Souveränin, die für die Hilfe und Unterstützung ihrer
Untertanen dankbar ist. Die Anwesenden ließen sich ganz
offensichtlich vom Bild dieser Frau rühren, deren Lebensende
unverkennbar nahte, die auf vierzig Herrschaftsjahre zurückblickte und sich für den inneren Frieden und die Macht ihres
Staates durchaus nicht selbst rühmte, sondern der Vorsehung
und der Vernunft ihrer Landeskinder dankte. Am Schluß der
Rede bat sie als wahre Künstlerin ihre Staatsräte, alle Parlamentsmitglieder zu ihr zu führen, damit sie ihr die Hand küß-
ten.

Eine eigentümliche Ruhe senkte sich über das Königreich
herab. Weder Spanien noch Irland stellten eine unmittelbare
Bedrohung dar. Trotz ihrer Anwandlungen von Schwermut beschäftigte sich die Königin weiter mit den Staatsangelegenheiten und hielt hof. Doch es ließ sich nicht leugnen, daß die
Sonne unterging, und wie sie es so oft gesagt hatte, zog die aufgehende Sonne alle Blicke an. Man erwartete die Thronbesteigung eines Mannes, und darüber freute man sich, obwohl sie
eine unbestreitbar große Herrscherin war.

Am 21. Januar 1603 begab sich die Königin nach Richmond,
zu jenem Schloß, das sie schon in ihren Kindertagen zum ersten
Mal aufgesucht hatte. Am 6. Februar empfing sie den Botschafter Venedigs, den ersten Botschafter, den die Republik entsandt
hatte. Sie trug ein prachtvolles weißes, silbern besticktes Taftkleid und war überreich mit Juwelen geschmückt. Sie warf dem
Gast mit recht lebhaften und höchst persönlichen Worten vor,
daß Venedig es bisher unterlassen hatte, eine ständige Gesandt-

schaft zu unterhalten: »Auch glaube ich nicht, daß ich meinem
Geschlecht dieses tadelnswerte Verhalten verdanke, denn mein
Geschlecht kann mein Prestige nicht mindern, noch die belei-
digen, die mich so behandeln, wie andere Fürsten auch behandelt werden.«[16] Der Gesandte beglückwünschte sie stotternd,
daß sie sich offenkundig ausgezeichneter Gesundheit erfreue.
Sie antwortete nicht. Anfang März fühlte sie sich zutiefst niedergeschlagen, weil eine letzte alte Freundin, die Gräfin Nottingham, gestorben war. Sie zog sich in ihre Privatgemächer
zurück und verließ sie nicht mehr. Als ihr Cousin Sir Robert
Carey sie besuchte, saß sie mit düsterer Miene auf ein paar Kissen. »Nein, Robin«, redete sie ihn liebevoll mit seinem Kosenamen an, »mir geht es nicht gut.« Sie lehnte alle Arzneien ab –
mit ihrer Weigerung, sich den Verordnungen ihrer Doktoren zu
fügen, ließ sich erklären, daß sie sich lange guter Gesundheit
erfreute. Sie versank in Grübeleien und hockte schweigsam da.
Robert Cecil, der sich ernste Sorgen machte, sagte ihr, sie
»müsse« sich zu Bett begeben. Die Antwort ließ nicht auf sich
warten: »Man sagt Fürsten nicht, was sie tun müssen.«[17] Der
Graf von Beaumont, der französische Botschafter, besuchte sie
mehrmals. Sie empfing ihn ohne den geringsten Prunk. Sie saß
weiter auf ihren Kissen und gestand, sie fühle sich vom Kummer
niedergedrückt und des Lebens überdrüssig. Alle ihre vertrauten Freunde waren dahingegangen; nur Essex hätte ihr den
Trost der Sohnesliebe bieten können, aber Essex hatte sie verraten, und niemand aus der neuen Generation war an seine Stelle
getreten. Ihre Einsamkeit kam ihrer Größe gleich. Zehn Tage
lang verharrte sie in diesem Zustand. Sie wollte nicht ins Bett,
sie wollte nichts essen, doch sie trank ein wenig, damit ihr
Mund und Kehle nicht austrockneten. Sie lutschte am Zeige-
finger. Am 21. März willigte sie endlich ein, sich ins Bett zu
legen. Ihr »schwarzer Gemahl«, wie sie den Erzbischof Whitgift
nannte, wich nicht mehr von ihrer Lagerstatt. Sie drückte ihm
die Hand. Seine Stimme und seine Gebete wirkten offenbar
beruhigend auf sie, doch obwohl sie bei Bewußtsein blieb, sagte
sie kein Wort. Robert Cecil wollte ihre offizielle Zustimmung

erhalten, daß sie Jakob als Thronfolger anerkannte. Sie widersetzte sich mit keiner Geste und keinem Wort, aber sie schwieg
hartnäckig und blieb so ihrer Politik bis zum Ende treu. Am
Donnerstag, dem 24. März 1603, um drei Uhr morgens, ent-
schlief sie friedlich, »wie ein reifer Apfel vom Baum fällt«, sagte
ihr Arzt.

Nun stürmte ein Reiter in die Nacht hinaus, nach Schott-
land. Er sollte Jakob benachrichtigen, und drei Tage später ge-
langte er zu ihm. Am frühen Morgen rief Robert Cecil den
Staatsrat zusammen, um eine Proklamation auszuarbeiten, die
den Tod der Königin und zugleich die Thronbesteigung des
Königs von Schottland bekanntgab. Er verlas sie öffentlich vor
Whitehall, vor St. Paul's Cathedral und ein drittes Mal am
Cheapside Cross. Danach begaben sich die Minister, wie es
Brauch war, in den Tower und baten um Einlaß im Namen des
Königs Jakob I. Man öffnete ihnen die Tore. Es gab keinen
Tumult und keine Ausschreitungen. Jakob I. schrieb unverzüg-
lich einen Brief an Robert Cecil, in dem er den Mitgliedern des
Staatsrates gestattete, im Amt zu bleiben und die laufenden
Angelegenheiten zu erledigen. Die Machtübertragung vollzog
sich in aller Ruhe und bestätigte schließlich, wie gerechtfertigt
die überaus besonnene und abwartende Politik gewesen war,
die Elisabeth in dieser Hinsicht vertreten hatte. Über den Tod
hinaus triumphierte sie noch einmal.

Nachwort

Als der schottische König zu Jakob I. von England geworden war, bestand seine erste Amtshandlung darin, den Staatsrat um Geld zu bitten, damit er einen seines Rangs würdigen Einzug in sein neues Königreich halten konnte. Ihm wurden sogleich fünftausend Pfund in Gold und tausend Pfund in Silber zugeschickt, dazu Schmuck und mehrere mit Perlen und Granaten bestickte Galakleider aus der Garderobe der verstorbenen Königin, die für seine Gattin Anna von Dänemark bestimmt waren. Außerdem schickte man sechs Wallache und eine Staatskutsche mit vier Ersatzpferden, damit er in der Öffentlichkeit eleganter auftreten konnte. Er reiste schon am 5. April allein aus Edinburgh ab und ließ seine fünf Kinder und seine schwangere Frau in Schottland zurück, damit sie ihre Vorbereitungen abschließen konnten. Er brauchte einen Monat, bis er London erreicht hatte. Inzwischen hatte man Königin Elisabeth nach einer eindrucksvollen Trauerfeier in der Westminster Abbey unter dem Altar der Kapelle beigesetzt, die Heinrich VII., der Begründer der Tudor-Dynastie, errichtet hatte.

Jakob I. war zu berechnend, als daß er nicht die Vergangenheit in einem seinen Interessen entsprechenden Sinn umgedeutet hätte. Er ehrte Elisabeth, seine politische Mutter, und betonte damit die Legitimität seiner eigenen Thronbesteigung, indem er den Auftrag zu einem prachtvollen Grabmal erteilte, um ihrer feierlich zu gedenken, aber er nutzte zugleich die Gelegenheit, um die Anordnung der Grabmäler in der Abtei neu zu gestalten. Elisabeths Sarg wurde von dem Ehrenplatz, den er eingenommen hatte, entfernt und in die Gruft Maria Tudors gestellt. Die beiden Schwestern teilen ein und dieselbe Grabstätte, doch das Bildnis aus weißem Marmor stellt allein Elisabeth dar. Hier trägt sie die Kleidung, die sie ausschließlich bei der Parlamentseröffnung benutzte. Sie hält ein Zepter in der rechten Hand und eine Weltkugel in der linken. Noch bedeutsamer war allerdings, daß Jakob I. aus der Kathedrale von Peterborough die sterblichen Reste seiner natürlichen Mutter Maria Stuart überführen und ihr ein Grabmal errichten ließ, das großartiger als jenes Elisabeths war. Jakob I. hatte seiner Mutter gegenüber kein ganz reines Gewissen. Er wußte nur zu gut, daß sein stillschweigendes Einverständnis mit ihrer Hinrichtung nicht zu seinen Ruhmestiteln gehörte. Wenn er Maria Stuarts Schuld verschleierte und sie als Opfer hinstellte, rechtfertigte ihn das zwar nicht, aber wenigstens ließ es seine Herkunft in einem günstigeren Licht erscheinen und milderte ein wenig die scharfen Konflikte der Vergangenheit. So etwa behinderte er die Veröffentlichung der Annalen aus der Regierungszeit Elisabeths, die der Geschichtsschreiber William Camden verfaßt hatte und die den Prozeß und den Tod seiner Mutter betrafen.* Die Umgestaltung der Geschichte begann.

Die postume Ehrenrettung wirkte erfolgreich auf die allgemeinen Vorstellungen ein. Unmerklich vergaß man Marias frevelhafte Leidenschaften und politische Eskapaden, so daß man sich nur noch an die Mißgeschicke und den Tod der Gefangenen erinnerte. Die grauenerregende Hinrichtung mit dem Henkerbeil beeindruckte die Phantasie übermächtig, und dieser Eindruck prägte sich noch tiefer ein, weil das Opfer eine Frau war. Elisabeth hatte diesen Umstand nicht übersehen. Sie hatte ihren Ministern, die sie zu einer kompromißlosen Haltung drängten, immer wieder erklärt, daß eine Frau, die die Hinrichtung einer anderen Frau anordnete, der Nachwelt als ein Ungeheuer erscheinen werde. Sie hatte recht, wenn sie in ihrer Cousine eine Feindin sah, deren Bestrafung gerade wegen ihrer Geschlechtszugehörigkeit sehr gefährlich war. Als Michelet an

---

* Der hochgebildete Historiker William Camden (1551-1623) verfaßte eine vollständige Geschichte der Regierungszeit Königin Elisabeths. Der endgültige Text erschien 1629, und die Maria Stuart behandelnden Kapitel wurden gemildert, um den König zufriedenzustellen.

Maria Stuart und zugleich an Marie-Antoinette erinnerte, hob
er diese von der Erfahrung bestätigte Wahrheit hervor: »[Frau-
en] sind oft schuldig; sie sind moralisch verantwortlich; gleichwohl *verdienen sie keine Strafe*, was etwas Sonderbares ist. Wehe
der Regierung, die sie aufs Schafott steigen läßt; man wird sie
nie von dieser Schuld freisprechen. Wer sie trifft, trifft sich
selbst; wer sie bestraft, bestraft sich selbst.«[1]

Tatsächlich führte die Hinrichtung dazu, daß Maria Stuart in
den Jahren nach ihrem Tod rehabilitiert wurde. Allmählich trat
sie – in unmittelbarem Widerspruch zur Persönlichkeit Elisabeths – als eine wesenhaft weibliche Gestalt hervor, als Opfer
ihrer eigenen Empfindsamkeit, der Brutalität der Außenwelt
und ihres Unvermögens, die von einem Souverän verlangte rohe
und unerbittliche Autorität auszuüben. Paradoxerweise wurde
ihr postumer guter Ruf zuerst in den protestantischen Ländern
England und Schottland wiederhergestellt. In England geschah
das, wie wir gesehen haben, durch den Einfluß Jakobs I., der,
um seine Legitimität zu verteidigen und um vor allem jeden
Hinweis auf Riccio zu unterbinden, alle Werke verurteilen ließ,
die sich kritisch über das Privatleben seiner Mutter äußerten.
Im Norden fand Maria ihre Ehre wieder, als sie zum Sinnbild
eines verwundbaren, fortan England unterworfenen Schottlands wurde. Nun ließ man ihre Torheiten und Gewalttaten der
Vergessenheit anheimfallen, man setzte sich darüber hinweg,
daß es den einmütigen Willen gegeben hatte, sich einer unfähi-
gen Herrscherin zu entledigen, und man erinnerte sich nur
noch an die junge und schöne Königin, die von ihrer Rivalin
grausam beseitigt wurde. Nachdem sich in Frankreich die religiösen Streitigkeiten beruhigt hatten und die politischen Ambitionen der Guisen vereitelt waren, nährte sich die Legende der
Maria Stuart von den lyrischen Erinnerungen Ronsards und
Du Bellays und von einer ganzen dramatischen Industrie. Es
entstand ein Überangebot an Tragödien, die die gefangene
Maria darstellten. Auf den französischen Bühnen überging man
im 17. und 18. Jahrhundert gern die mit Darnley und Bothwell

zusammenhängenden Episoden und konzentrierte sich auf Norfolks verhängnisvolle Leidenschaft. Um das Grauen noch wirkungsvoller in Szene zu setzen, ließ man die Liebenden zuweilen auf demselben Schafott sterben.

Im Lauf der Jahrhunderte gewann diese vollkommen fiktive Heldin weiter die Herzen, was einer bunten Fülle von pseudo-historischen sentimentalen Romanen zu verdanken war. Im Jahre 1801 stellte ein Erziehungshandbuch für junge Mädchen – das selbstverständlich jede über den Familienkreis hinausweisende Zielsetzung ablehnte – Maria als Vorbild für die wohlgefälligsten Vorzüge einer Frau dar, und es wären diese hervorragenden Qualitäten der Anmut und Eleganz, des Liebreizes und der Milde, die sie geradezu von Natur aus unfähig gemacht hätten, sich im öffentlichen Leben durchzusetzen.[2] Gemeinplätze und hochherzige Gefühle ließen die Ehebrecherin, die Mitschuldige an der Ermordung ihres Gatten, die unbeirrbare und listige Rivalin verschwinden.

In einer erhabeneren literarischen Sphäre, zu der Walter Scott, Robert Burns und Friedrich Schiller gehören, ging Marias Wandlung noch weiter. Durch ihre große und edelmütige Leidenschaft, ihre uneingeschränkte Hingabe an die Liebe, ihre Mißachtung der Normen und Konventionen wurde sie zum Inbegriff der Romantik. Der grausame Preis, den sie für ihre Verfehlungen bezahlen mußte, ließ diese verzeihlich erscheinen. Es geht nicht mehr um eine moralische Betrachtungsweise: Was diese protestantischen Autoren interessiert (und im nächsten Jahrhundert wird sich Stefan Zweig, der große österreichische Schriftsteller, nicht anders verhalten), besteht nicht in der Aufopferung für die katholische Sache, sondern in Mut und Leidenschaft. Friedrich Schiller stellte sie in ihrer Auseinandersetzung mit Elisabeth dar. Er verzieh ihr den Mord an Darnley, weil sie eine verletzliche, dem ungestümen Bothwell gefügige Frau gewesen sei. In ihrer unwandelbaren Schönheit, ihrer Liebesglut, ihrer Geringschätzung aller Rücksichtnahme triumphierte sie über ihre Rivalin, die als eine geduldige, arglistige und boshafte Spinne geschildert wird. Damit geht man von der Legende zum Mythos über. Schillers Schauspiel hatte außerordentlichen Erfolg sowohl in Deutschland als auch in England, Frankreich und Italien (außerdem wird es noch heute sehr oft in der ganzen Welt aufgeführt), und es prägte ihre Persönlichkeit nicht nur für das ganze romantische 19. Jahrhundert, sondern auch noch für ein großes Publikum in unseren Tagen. Dieses Charakterbild einer Frau, die sich ganz von ihren Trieben und Gefühlen leiten ließ, wurde von der Sichtweise Stefan Zweigs bestätigt.

Zweig, dieser höchst talentierte und erfahrene Biograph, konnte sich nicht entschließen, Maria Stuart mit politischen Argumenten zu kritisieren. Nach seiner Ansicht ließ sich ihre Persönlichkeit nur durch ihre Geschlechtszugehörigkeit erklären. Ebensowenig wie Schiller will er sie reinwaschen. Ganz im Gegenteil, er bezweifelt nicht die Echtheit der Liebesbriefe, die Maria an Bothwell geschickt hatte – während alle Historiker übereinstimmend erklären, es sei zumindest berechtigt, sie in Frage zu stellen. »Maria Stuart ist als Frau ganz Frau, in erster und letzter Linie Frau, und gerade die wichtigsten Entschließungen ihres Lebens kamen aus dieser untersten Quelle ihres Geschlechts. [...] Vor die Wahl gestellt zwischen ihrer Ehre und ihrer Leidenschaft, bekennt sich Maria Stuart als wirkliche Frau nicht zu ihrem Königtum, sondern zu ihrem Frauentum. Jäh fällt der Kronmantel ab, sie fühlt nur nackt und heiß als eine der Unzähligen, die Liebe nehmen und Liebe geben wollen.«[3] Der von ihr faszinierte Schriftsteller entschuldigt alle Fehler seiner Heldin und ... wirft einen gnadenlosen Blick auf ihre Rivalin, deren Schuld es wäre, »nicht wie alle andern Frauen« zu sein.[4] Den Beweis entdecke man in ihren Porträts: »Auf keinem blickt sie klar, frei und stolz wie eine wahrhafte Gebieterin. [...] Und man fühlt: kaum mit sich allein, kaum ist das Staatskleid von ihren knochigen Schultern abgeglitten, kaum weicht die Schminke von den schmalen Wangen, so fällt auch die Hoheit von ihr ab, und es bleibt eine arme, verstörte, frühgealterte Frau, ein einsamer Mensch zurück, der kaum seine eigene Not und um wieviel weniger eine Welt zu beherrschen weiß.«[5] Der Romancier, der Dramatiker und der Dichter werden stets der Vorsicht das Ungestüm, dem Ehrgeiz das Herz vorziehen, selbst wenn sie die historische Wahrheit entstellen. Von Maria Stuart ging, wie man beachten muß, die ganz eigentümliche Wirkung aus, daß sie zu unterschiedlichen Zeiten außerordentlich bedeutende Schriftsteller inspirierte, deren Publikumsgunst im Lauf der Zeit nicht nachgelassen hat. Immer noch liest man Ronsard und Du Bellay, Schiller, Zweig und sogar Walter Scott. Marias Mythos erhielt also ständig neue Nahrung und Unterstützung.

Elisabeth hatte kein solches Glück, und Zweig machte sich nach vielen anderen zum Wortführer einer traditionellen Auffassung, die Elisabeths guten Ruf angriff und im Lauf der Jahrhunderte unerbittliche Korrekturen an ihrem Bild vornahm. Daß diese Korrekturen so unbarmherzig ausfielen, läßt sich mit der schwer begreiflichen Ehelosigkeit Elisabeths erklären. Wenn die Jungfräuliche Königin schließlich die einmütige Zustimmung ihrer Untertanen gefunden hatte, so sahen doch ihre Erben im besten Fall in ihr eine alte Jungfer und im schlimmsten Fall eine Halbjungfer. Hatten nämlich Elisabeths Zeitgenossen ihre wiederholten Erklärungen, wie wenig es sie nach einer Ehe verlangte, fassungslos aufgenommen, widersprach diese Haltung doch ganz den herkömmlichen Sitten, so fiel es den späteren Generationen schwer, die öffentliche Persönlichkeit und die Frau miteinander in Einklang zu bringen. Allgemein anerkannt war, daß eine Ehe ihre persönliche Macht beeinträchtigt hätte. Aber wie hätte eine Frau, eine wahre Frau, der Ausübung der politischen Macht die Liebe, die intimen Freuden, die Wonnen der Mutterschaft opfern können? Ihr weibliches Wesen mußte ein verborgenes Laster verschleiern. Seit dem 18. Jahrhundert wurde ihre Keuschheit, die so untrennbar mit ihrem Charisma verbunden war, nicht mehr als eine Tugend, sondern als die Folge einer körperlichen Mißbildung angesehen, die es ihr möglich machte, ein geheimes und skandalöses

Leben zu führen. Es wurde sogar unterstellt, daß man die kleine Prinzessin Elisabeth, die im Säuglingsalter gestorben wäre, durch einen Jungen ersetzt hätte und daß die Königin also ein Mann gewesen sei.

Die Thronbesteigung Königin Viktorias im Jahre 1837 verschärfte noch das Urteil über Elisabeth. Die junge Viktoria, eine liebevolle Gattin und bald die Mutter von neun Kindern, die keinerlei wirkliche politische Macht besaß, schüchterte weder die Männer noch die Frauen ein. Elisabeth, eine absolute Herrscherin, ein geschlechtsloses Wesen, bot Angriffspunkte für eine doppelte Kritik. Es genügte nicht, daß man sie im Namen des Ewigweiblichen verurteilte, man hielt auch noch ihre absolute Macht – die rechtmäßig war und die sie außerdem stets maßvoll ausübte – für eine Usurpation. Eine Erklärung für diese rigide Haltung besteht darin, daß die erste Hälfte des 19. Jahrhunderts das Zeitalter der frühesten Forderungen der modernen Frauenbewegung ist. Man braucht nicht weiter zu betonen, daß sich die große Mehrheit der Engländer, einschließlich Königin Viktorias, gegen jeden Fortschritt auf diesem Gebiet wehrte. In Übereinstimmung mit seiner damaligen Herrscherin, die ihre eigene Stellung als eine Anomalie ansah und betonte, wie sehr sie sich bemühen müßte, »nicht gegen Vernunft und Anstand zu verstoßen«,[6] lehnte es also das englische Volk mit noch größerem Nachdruck ab, die ruhmreiche Herrschaft einer allmächtigen Frau gerecht zu beurteilen.

In der folgenden Generation begeisterte sich nur die kleine Intellektuellengruppe des Bloomsbury-Kreises, der die Atmosphäre des viktorianischen Zeitalters mit einem Gegenmittel bekämpfen wollte, für die barocke Persönlichkeit Elisabeths. Ihr sexuell zweideutig wirkendes Verhalten, daß sie sich als Beute darbot und schließlich doch verweigerte, ihre Fähigkeit, die Frau zu spielen, aber als Mann zu herrschen, ihre verwirrenden Beziehungen zu Dudley, dem Herzog von Alençon und Essex, schließlich ihr Hof, an dem Männer mit höchst verheißungsvollem Hosenlatz lange Haarmähnen und glitzernde Ohrringe zur Schau stellten und in über und über bestickten Seidenkleidern paradierten, brachten ganz besonders Virginia Woolf ins Schwärmen. Allerdings schloß sich ihnen die öffentliche Meinung immer noch nicht an. Man mußte ein weiteres halbes Jahrhundert warten, bis die Persönlichkeit Elisabeths eine Würde wiederfand, die der geschichtlichen Wirklichkeit eher entspricht.

Am Beginn ihrer Herrschaftszeit paßte sich die junge britische Königin Elisabeth II., die gemeinsam mit ihrem Gatten und ihren Kindern auftrat, zwar noch dem viktorianischen Modell an. Sie legte nicht den geringsten Wert darauf, mit ihrer glorreichen Vorgängerin verglichen zu werden. »Man hat die Hoffnung geäußert, daß meine Herrschaft ein neues elisabethanisches Zeitalter einleiten werde. Offen gesagt, ich fühle nicht die geringste Wesensverwandtschaft mit meiner großen Ahnherrin aus dem Hause Tudor, die nicht mit einem Gatten und mit Kindern gesegnet war, die als Despotin geherrscht hat und nie die Küste ihres Heimatlandes verlassen konnte«,[7] erklärte sie 1953 bei ihrer Weihnachtsansprache. Übergehen wir die Ungerechtigkeit, Elisabeth – die stets die parlamentarischen Spielregeln der damaligen Zeit respektiert hatte – als Despotin hinzustellen, und den borniertenFehlgriff, ihr insulare Beschränktheit vorzuwerfen, und weisen wir statt dessen darauf hin, daß die Worte Elisabeths II. nicht die Meinung des Landes wiedergaben. Die Haltung des angelsächsischen Publikums – soweit man sie anhand der Filme, der historischen Romane und der Biographien über dieses Thema beurteilen kann – entwickelte sich allmählich weiter. Schon lange hatten die Frauen alle Rechte erhalten, und dazu gehörte auch, daß sie ein selbstbestimmtes Leben führen konnten. Ihnen wurden nun die vielfältigsten Berufe zugänglich. Ehe und Mutterschaft waren nicht mehr das für alle Frauen erstrebenswerte Ideal. Die alte Königin Elisabeth, die mit meisterhaftem Geschick ihr Königreich ohne die Unterstützung eines Gatten regiert hatte, erschien als eine Vorläuferin, als wegweisendes Vorbild. Das Blatt hatte sich gewendet, und dazu trug eher der Film als die Literatur bei.

So etwa endet Bette Davis' 1955 gedrehter Film »Die jungfräuliche Königin« damit, daß Elisabeth ihre Liebe zu Dudley auf dem Altar der Pflicht opfert. Das letzte Bild zeigt die Königin, wie sie in vollendet würdiger Haltung die Tränen bezwingt und zu ihrem Arbeitstisch geht. In einem fünfzehn Jahre später im Auftrag der BBC entstandenen Film aus sechs Episoden spielte Glenda Jackson die Hauptrolle, mit der sie einen überwältigenden Erfolg errang. Vor allem hier wird das Bild der Königin nicht mehr von ihren verschiedenen Verehrern, sondern von den großen politischen Krisen ihrer Herrschaftszeit geprägt. Wir haben es nicht mehr mit der lüsternen, hysterischen, exzentrischen Frau des 19. Jahrhunderts, sondern mit einer modernen Frau zu tun, die auf höchst vernünftige Weise ihre überragende Karriere allem anderen vorzieht. Eine starke Frau.

Wenn Maria Stuart weitgehend an ihre erschütternde Opferrolle gebunden blieb, so liegt das vielleicht daran, daß sich wenige Leserinnen von historischen Romanen und wenige Zuschauerinnen mit der Maria in der Mordnacht von Kirk o'Field oder mit der Anstifterin der törichten Komplotte am Ende ihrer Herrschaftszeit identifizieren möchten. Außerdem ist Maria eine Persönlichkeit, die entweder schwarz oder weiß, schuldig oder unschuldig dargestellt wird.[*] Zu ihren Lebzeiten stand ihr die öffentliche Meinung insgesamt ablehnend gegenüber, doch nach ihrer Hinrichtung hat sich dieses Urteil gemildert. Ihre Gefühlsaufwallungen, die zu katastrophalen Ehen führten, haben ihre politische Karriere zerstört, aber nicht ihre Legende beeinträchtigt – im wesentlichen deshalb, weil in den Augen eines gefühlvollen Publikums nichts größere Bewunderung verdient als eine leidenschaftliche Liebe. Der vielschichtige und originelle Charakter Elisabeths machte in ihrem Fall ein derart entschiedenes Urteil unmöglich.

---

[*] Man muß bis 1987 warten, ehe in Frankreich eine ausgezeichnete Biographie und ein ausgewogenes Charakterbild Maria Stuarts erscheint: Michel Duchein, *Marie Stuart*, Fayard. (Dt.: *Maria Stuart. Eine Biographie*, aus dem Französischen von Enrico Heinemann und Ursel Schäfer, Zürich, Benziger Verlag, 1992.) Einige Jahre später hat der Historiker seiner Phantasie freien Lauf gelassen und einen Roman über seine Heldin veröffentlicht, womit er den Unterschied zwischen Fiktion und Realität respektierte.

Sowohl in ihrer eigenen Zeit als auch später hat man ihren Charakter auf unendlich vielfältige Weise ausgedeutet, vor allem, weil sie sich selbst nie wirklich offenbart hat. Nie hat sie verraten, was sie für ihre Mutter empfand, was hinter ihrem sonderbaren Vorschlag steckte, Dudley mit Maria Stuart zu verheiraten, was ihr Getändel mit Alençon und ihre Geduld gegenüber Essex zu bedeuten hatten. Niemand aus ihrem Vertrautenkreis hat es jemals gewagt, all diese Mysterien zu erhellen. Man beschreibt sie, man analysiert sie nicht. Und schließlich haben sich ihre Untertanen mit ihrer Weigerung abgefunden, sich dem allgemeinen Schicksal des Ehejochs zu beugen, ohne sie deshalb unbedingt zu verstehen. Erstaunlich ist, daß sich diese Entscheidung während ihrer Herrschaftszeit günstig auswirkte, was auch, nachdem man sich lange, sehr lange gedulden mußte, für das Urteil der Nachwelt gilt.

Anhang

Anmerkungen

I Eine Prinzessin als Hurenbastard

1 Bericht von Soranzano (1554), in: A. Baschet, *La Diplomatie vénitienne au XVIe siècle*, Paris, Plon, 1862, S. 121. Die Beschreibung Elisabeths steht auf S. 128.

II Das warnende Beispiel Maria Tudors

1 Vgl. G. R. Elton, *England under the Tudors*, London, Methuen & Co., 1969, S. 214 ff.
2 Calendar State Papers (weiter unten bezeichnet als: CSP), XII, S. 162; zit. von P. Johnson, *Elizabeth I*, New York, Holt, Rinehart and Winston, 1974 (weiter unten nur angeführt als: Johnson), S. 45.
3 Archiv von Venedig, zit. von Anne Somerset, *Elizabeth I*, New York, Anchor Books, 1991 (weiter unten nur angeführt als: Somerset), S. 53.
4 CSP, Spanish (1558-1567), S. 25; zit. von S. Doran, *Monarchy and Matrimony, The Courtships of Elizabeth I*, London, Routledge, 1996 (weiter unten nur angeführt als: Doran), S. 24.
5 CSP, Spanish, S. 372; zit. von Johnson, S. 59.
6 Elisabeth (Elizabeth), *Collected Works*, hrsg. von L. S. Marcus, J. Mueller und M. B. Rose, Chicago, University of Chicago Press, 2000 (weiter unten nur angeführt als: Elisabeth, *Collected Works*), S. 51.
7 Ebd., S. 52; Rede vom 20. November 1558.
8 Bericht des Grafen von Feria vom 14. Dezember 1558; zit. von Somerset, S. 57.
9 Rede von Sir Nicholas Bacon bei der Eröffnung des Parlaments am 25. Januar 1559.

III Die kleine Königin

1 Brief von Throckmorton an Königin Elisabeth vom Januar 1561; zit. von A. Fraser, *Mary Queen of Scots*, New York, Delacorte, 1970 (weiter unten nur angeführt als: Fraser), S. 110.

2 Brantôme, *Sur la reine d'Écosse*, in: *Œuvres complètes*, Paris, Bibliothèque de la Pléiade, 1991 (weiter unten nur angeführt als: Brantôme, *O. C.*), S. 80.

3 Fraser, S. 162.

4 Ebd.

5 Johnson, S. 105.

IV Der schöne Dudley

1 Johnson, S. 65.

2 Thomas Thomson, *Sir James Melville: the Memoirs of his own life*, London, J. S. Stevenson, 1929; zit. bei Johnson, S. 111.

3 Neville Williams, *All the Queen's Men*, New York, Macmillan, 1972, S. 70.

4 Alison Plowden, *Lady Jane Grey, Nine Days Queen*, Stoud, Sutton, 2003, S. 158.

5 Elisabeth, *Collected Works*, S. 73.

6 Ebd., S. 81.

7 Katharina von Medici, *Lettres* (»Briefe«), hrsg. von H. de La Ferrière-Percy und G. Baguenault de Puchesse, in: *Documents inédits sur l'Histoire de France*, Paris, Imprimerie nationale, 1880-1943, II (weiter unten nur angeführt als: Katharina von Medici, *Lettres*), S. 256.

8 Derek Wilson, *Sweet Robin, Robert Dudley, Earl of Leicester, 1533-1588*, London, Allison and Busby, 1997, S. 83.

9 CSP, Spanish, S. 262 f.; zit. von Conyers Read, *Mr. Secretary Cecil and Queen Elizabeth*, New York, Knopf, 1955 (weiter unten nur angeführt als: Read, *Mr. Secretary Cecil*), S. 198.

10 Ebd.

11 Alison Weir, *The Life of Queen Elizabeth*, New York, Ballantine, 1998 (weiter unten nur angeführt als: Weir, *Life of Queen Elizabeth*), S. 121.

12 J. E. Neale, *Queen Elizabeth*, New York, Harcourt, Brace and Co., 1936 (weiter unten nur angeführt als: Neale, *Queen Elizabeth*), S. 80. – Deutsche Übersetzung u.d.T.: »Elisabeth I., Königin von England«, aus dem Engl. übers. von Georg Goyert, München, Diederichs, 1995[3], S. 94.

13 Ebd., S. 82. – Dt.: a.a.O., S. 97.

14 J. E. Neale, *Elizabeth and her Parliaments*, London, Cape, 1953-1957 (weiter unten nur angeführt als: Neale, *Elizabeth and her Parliaments*), S. 109.

V Marias Heirat

1 CSP, Scotland; zit. von Fraser, S. 261.
2 Fraser, S. 263.
3 Ebd., S. 227.
4 Sir John Melville, *Memoirs of His Own Life*, London 1929, S. 107.
5 Lord Herries, *Historical Memoirs of the Reign of Mary Queen of Scots, and a portion of the reign of King James the Sixth*, hrsg. von Robert Pitcairn, Edinburgh, Abbotsford Club, 1836, S.74.
6 Fraser, S. 286.
7 Ebd., S. 309f.
8 Ebd., S. 310.

VI Politischer Mord oder Verbrechen aus Leidenschaft?

1 V. von Klarwill, *Queen Elizabeth and Some Foreigners*, London, John Lane, 1928, S. 208-209; zit. von Doran, S. 79.
2 CSP, Scotland, II, S. 254; zit. von Fraser, S. 284.
3 P. F. Tytler, *History of Scotland*, Edinburgh 1870, II, S. 400.
4 Fraser, S. 278.
5 *Lettres, instructions et mémoires de Marie Stuart, reine d'Écosse* (»Briefe, Instruktionen und Denkschriften der schottischen Königin Maria Stuart«), hrsg. von Alexander Labanoff, London, C. Dolman, 1844, I (weiter unten nur angeführt als: Labanoff), S. 374ff.
6 Rosalind K. Marshall, *Queen of Scots*, Edinburgh, Mercat, 1986, S. 131.
7 Alison Plowden, *Two Queens in One Isle, The Deadly Relationship between Elizabeth I and Mary Queen of Scots*, Stroud, Sutton Publishing, 1999 (weiter unten nur angeführt als: Plowden, *Two Queens*), S. 114.
8 Neale, *Queen Elizabeth*, S. 154. – Vgl. dt.: Neale, a.a.O., S. 176.
9 *Elizabeth I, Autograph Compositions and Foreign Language Originals*, hrsg. von Janel Mueller und Leah Marcus, Chicago, University of Chicago Press, 2002 (weiter unten angeführt als: Elisabeth I., *Autograph Compositions*), S. 126f. – Dt. zit. u.a. in: »Die Briefe der Königin Elisabeth von England 1533-1603«, hrsg. von G. B. Harrison, ins Deutsche übertragen von Hans Reisiger, Wien, Bermann-Fischer Verlag, 1938, S. 70; Stefan Zweig, »Maria Stuart«, Frankfurt am Main, S. Fischer Verlag, [34]2003, S. 260f.
10 *Letters and Poems, by Mary Stuart, Queen of Scots*, New York, Philosophical Library, 1947, Sonett IX, S. 68. – Dt. zit. nach: Neale, a.a.O., S. 175.
11 Labanoff, II, S. 3.

12 Fraser, S. 312.
13 Ebd., S. 315.
14 Plowden, *Two Queens*, S. 125.
15 Hay Fleming, *Mary Queen of Scots*, Edinburgh, S. 454.
16 Fraser, S. 374.
17 Alexandre Teulet, *Relations politiques de la France et de l'Espagne avec l'Écosse au XVI² siècle* (»Die politischen Beziehungen Frankreichs und Spaniens mit Schottland im 16. Jahrhundert«), Paris, Plon, 1862, 3 Bde., II (weiter unten nur angeführt als: Teulet), S. 127.
18 Ebd., S. 130.

VII Lochleven

1 Elisabeth, *Collected Works*, S. 119; Brief vom 23. Juni 1567. – Dt.: »Die Briefe der Königin Elisabeth«, a. a. O., S. 72.
2 Neale, *Queen Elizabeth*, S. 139. – Dt.: Neale, a. a. O., S. 160.
3 Ebd.
4 Labanoff, II, S. 117. – Dt.: Zweig, a. a. O., S. 329.

VIII Ein störender Gast

1 Alison Plowden, *Danger to Elizabeth*, Stoud, Sutton Publishing, 1999 (weiter unten nur angeführt als: Plowden, *Danger to Elizabeth*), S. 13.
2 Ebd., S. 15.
3 Neale, *Queen Elizabeth,* S. 163. – Dt.: Neale, a. a. O., S. 186.
4 Brief von Knollys an Cecil vom 14. Juli 1568; zit. von Read, *Mr. Secretary Cecil*, S. 404.
5 Labanoff, II, S. 129 f.
6 Der Herzog von Norfolk und Lady Dacre hatten bei ihrer Heirat beide jeweils vier Kinder. Diese Kinder heirateten untereinander und vereinigten so, als die Herzogin starb, das unermeßlich große Erbe in der Hand des Herzogs, der Vormund seiner Söhne und Töchter war.
7 Brief Norfolks an Königin Elisabeth vom 11. Oktober 1568, zit. von Neville Williams, *Thomas Howard, Fourth Duke of Norfolk,* New York, Dutton, 1965, S. 137. – Dt.: Zweig, a. a. O., S. 351.
8 Neville Williams, a. a. O., S. 141.
9 Plowden, *Danger to Elizabeth*, S. 86.
10 Elisabeth, *Collected Works*, S. 125; Brief vom 26. Februar 1570.
11 CSP, Scotland, S. 684; zit. von Johnson, S. 174.
12 Pierre Chevallier, *Henri III,* Paris, Fayard, 1985, S. 141.

13 Ebd., S. 143.
14 Ebd.
15 J. Spedding, *Life and Letters of Francis Bacon*, London, Longman, 1861, 7 Bde. (weiter unten nur angeführt als: Spedding), I, S. 97 f.
16 Katharina von Medici, *Lettres*, V, S. 103; Brief vom 10. November 1574.
17 Labanoff, III, S. 6; Brief vom Dezember 1569.
18 Ebd., III, S. 19.
19 Ebd., III, S. 31; Brief vom 19. März 1570.
20 Elisabeth, *Collected Works*, S. 131.
21 Neale, *Elizabeth and her Parliaments*, S. 263 f.
22 Ebd.
23 Ebd.

IX Ein letztes Aufbegehren

1 *Elisabeth I. und drei Göttinnen*, 1569. Hans Eworth zugeschriebenes Gemälde. Sammlung der Königin von England, abgebildet in: *Elizabeth, the Exhibition at the National Maritime Museum*, London, Chatto and Windus, 2003 (weiter unten nur angeführt als: *The Exhibition at the National Maritime Museum*), S. 190.
2 *Portrait of Elizabeth I with a Pelican Emblem*, etwa 1574. Nicholas Hilliard zugeschrieben, Walker Art Gallery, Liverpool. Abgebildet in: *The Exhibition at the National Maritime Museum*, S. 226.
3 Neale, *Queen Elizabeth*, S. 234. – Dt.: Neale, a. a. O., S. 266.
4 Ebd., S. 233. – Dt.: Neale, a. a. O., S. 265.
5 Ebd.
6 Katharina von Medici, *Lettres*, IV, S. 103; Brief vom 10. November 1574.
7 Johnson, S. 110.
8 Katharina von Medici, *Lettres*, VI, S. 112; Brief vom 9. November 1578.
9 Ebd., S. 203, abgedruckter Brief.
10 Weir, *Life of Queen Elizabeth*, S. 320.
11 Katharina von Medici, *Lettres*, VI, S. 112.
12 Brief de Mauvissières vom 7. September 1579; zit. von Conyers Read, *Mr. Secretary Walsingham and the Policy of Queen Elizabeth*, Cambridge 1925, 2 Bde. (weiter unten nur angeführt als: Read, *Mr. Secretary Walsingham*), II, S. 19.
13 Weir, *Life of Queen Elizabeth*, S. 322.
14 Ebd., S. 323.
15 Historical Manuscript Commission, II, S. 265; zit. von Somerset, S. 310.

16 *Sur le départ de Monsieur* (»Auf die Abreise Monsieurs«), in: Elisabeth, *Collected Works*, S. 302.
17 Elisabeth I., *Autograph Compositions*, S. 152. – Dt. u.a.: »Die Briefe der Königin Elisabeth«, a. a. O., S. 166 f.
18 Read, *Mr. Secretary Walsingham*, II, S. 6.
19 Katharina von Medici, *Lettres*, VI, S. 374.
20 Ebd., VI, S. 348.
21 Read, *Mr. Secretary Walsingham*, II, S. 45.
22 Ebd., II, S. 61.
23 Der Briefwechsel Walsinghams, in: Dudley Digges, *The Compleat Ambassador*, London 1655; zit. von Read, *Mr. Secretary Walsingham*, II, S. 60.
24 Johnson, S. 258.
25 Ebd., S. 260.
26 Ebd., S. 261.
27 Elisabeth, *Collected Works*, S. 261. – Dt. u.a.: »Die Briefe der Königin Elisabeth«, a. a. O., S. 195.
28 Neale, *Queen Elizabeth*, S. 252. – Dt.: a. a. O., S. 288.

X Die Hinrichtung

1 Francis de Zulueta, *Embroideries by Mary Stuart and Elizabeth Talbot at Oxburgh Hall*, 1923; und Margaret Swain, *Needlework of Mary*, London 1973. Der kleine Affe wird im Londoner Victoria and Albert Museum aufbewahrt. Er ist abgebildet in: *The Exhibition at the National Maritime Museum*, S. 226.
2 Labanoff, VI, S. 51; Brief vom November 1584.
3 Elisabeth, *Collected Works*, S. 325; Rede vom 30. Juli 1588.
4 Ebd.
5 Labanoff, VI, S. 181; Brief an den französischen Botschafter Michel de Mauvissière vom 10. Juli 1585.
6 Ebd., S. 217; Brief an de Mauvissière und de Châteauneuf vom 6. September 1585.
7 Châteauneuf, *Mémoires*; zit. von Labanoff, VI, S. 151.
8 Im Public Record Office, Kew, erhaltenes Manuskript; abgedruckt in: *The Exhibition at the National Maritime Museum*, S. 220.
9 Labanoff, VI, S. 291. – Dt. u.a. in: Neale, a. a. O., S. 305.
10 Ebd., S. 288.
11 Read, *Mr. Secretary Walsingham*, II, S. 23.
12 Ebd.
13 Ebd., S. 38.

14 Fraser, S. 570.

15 Die Schilderung dieser Szene ist dem Tagebuch Bourgoings entnommen; zit. von François Régis Chantelauze, *Marie Stuart, son procès et son exécution* (»Maria Stuart, ihr Prozeß und ihre Hinrichtung«), Paris, Plon, 1876.

16 Elisabeth, *Collected Works*, S. 284; Brief vom August 1586. – Dt. u.a.: »Die Briefe der Königin Elisabeth«, a. a. O., S. 213 f.

17 Read, *Mr. Secretary Walsingham*, II, S. 52; Brief Walsinghams an Cecil vom 6. Oktober 1586. – Dt. u.a. in: Neale, a. a. O., S. 309.

18 Ebd., S. 53.

19 Elisabeth, *Collected Works*, S. 201 f.; Parlamentsrede der Königin vom 24. November 1586.

20 Ebd.

21 Elisabeth, *Collected Works*, S. 292; Brief Jakobs VI. an Elisabeth vom 26. Januar 1587.

22 J. Morris, *Letter-books of Sir Amias Paulet*, London 1874, S. 361.

23 Henry Nicolas, *Life of Davison*, London 1823, S. 103.

24 Labanoff, VI, S. 492; Brief an den französischen König Heinrich III. vom 8. Februar 1587.

25 Conyers Read, *Lord Burghley and Queen Elizabeth*, New York, Knopf, 1960, S. 378.

26 Neale, *Queen Elizabeth*, S. 276. – Dt.: a. a. O., S. 313.

27 Elisabeth, *Collected Works*, S. 296. – Dt.: Elisabeth, »Die Briefe der Königin Elisabeth«, a. a. O., S. 223.

XI Elisabeths Sieg

1 Johnson, S. 226.

2 Ebd., S. 236.

3 Ebd., S. 248.

4 Vgl. Henry Harrington, *Nugae Antiquae*, 1779, II, S. 215; zit. von Johnson, S. 233.

5 Neale, *Queen Elizabeth*, S. 282. – Dt.: a. a. O., S. 320.

6 Colin Martin und Geoffrey Parker, *The Spanish Armada*, New York, Norton, 1988, S. 165.

7 Elisabeth, *Collected Works*, S. 326; Rede vom 9. August 1588. – Dt.: Neale, a. a. O., S. 336 f.

8 Christopher Hibbert, *The Virgin Queen, Elizabeth I, Genius of the Golden Age*, Reading, Addison-Wesley, 1991, S. 125.

XII *Essex oder Der unwiderstehliche Zauber der Jugend*

1 Brief Anthony Standens an Anthony Bacon; in: Thomas Birch, *Memoirs of the Reign of Queen Elizabeth*, London 1754; zit. von Johnson, S. 367.

2 Brief Rowland Whytes an Sir Robert Sidney; zit. von Johnson, S. 367.

3 Somerset, S. 472.

4 Johnson, S. 367.

5 Tagebuch de Maisses, S. 283; zit. von Lucien-Anatole Prévost-Paradol, *Élisabeth et Henri IV, 1595-1598*, Paris, Michel Lévy Frères, 1863, S. 234.

6 Ebd., S. 166, 210 und 230. Vgl. auch: Janet Arnold, *Queen Elizabeth's Wardrobe Unlock'd*, Leeds, Maney, 1988.

7 Catherine Drinker Bowen, *Francis Bacon, the Temper of a Man*, New York, Little, Brown, 1963, S. 68.

8 Spedding, I, S. 289.

9 Somerset, S. 477.

10 Ebd., S. 502.

11 Neale, *Queen Elizabeth,* S. 348. – Dt.: a. a. O., S. 397.

12 Somerset, S. 519. – Dt. in: Lytton Strachey, *Elisabeth und Essex. Eine tragische Historie*, deutsch von Hans Reisiger, Berlin, S. Fischer Verlag, 1929, S. 191.

13 Brief William Cecils an Robert Cecil; zit. von Johnson, S. 375 f.

14 Ebd.

XIII *Die untergehende Sonne*

1 Spedding, III, S. 146.

2 Thomas Birch, *Memoirs of the Reign of Elizabeth*, London 1754, II, S. 506.

3 Johnson, S. 392.

4 Laffleur de Kermaingant, *L'ambassade de France en Angleterre sous Henri IV. Mission de Jean de Thumery, sieur de Boissise* (»Die französische Botschaft in England unter Heinrich IV. Der Auftrag von Jean de Thumery, Sieur de Boissise«), Paris, Firmin-Didot, 1886 (weiter unten nur angeführt als: Laffleur de Kermaingant, *Boissise*), S. 483.

5 Elisabeth, *Collected Works*, S. 392; Brief vom 19. Juli 1599. – Dt.: »Die Briefe der Königin Elisabeth«, a. a. O., S. 309 ff.

6 Somerset, S. 536.

7 Lytton Strachey, *Elizabeth and Essex*, London, Chatto and Windus, 1928, S. 231. – Dt.: Strachey, a. a. O., S. 248.

8 Spedding, III, S. 135 f.

9 Johnson, S. 405.

10 Somerset, S. 539.

11 Ebd., S. 543.

12 Laffleur de Kermaingant, *Boissise*, S. 477.

13 Somerset, S. 545.

14 Neale, *Queen Elizabeth*, S. 388. – Dt.: a. a. O., S. 444.

15 Elisabeth, *Collected Works*, S. 337; Rede vom 30. November 1601.

16 Neale, *Queen Elizabeth*, S. 391. – Dt.: a. a. O., S. 447.

17 Die Schilderung der letzten Tage der Königin ist zu finden bei: Walter Scott (Hrsg.), *Memoirs of the Life of Robert Carey, Written by Himself*, Edinburgh 1808.

Nachwort

1 Jules Michelet, *Histoire de France*, Paris, Marpon et Flammarion, XII, S. 158.

2 Jane West, *Letters to a Young Lady*, New York 1806; zit. von Michael Dobson und Nicola J. Watson, *England's Elizabeth*, Oxford 2002, S. 100.

3 Zweig, a. a. O., S. 103 f.

4 Ebd., S. 105.

5 Ebd., S. 102.

6 Viktoria an Gladstone, 6. Mai 1870.

7 Rundfunkansprache der Königin Elisabeth II., Weihnachten 1953.

Chronologie

1491	Geburt Heinrichs VIII. als zweiter Sohn Heinrichs VII. und Elisabeths von York
1501	Heirat Arthurs, des Prinzen von Wales, mit Katharina von Aragonien (Aragón)
1502	Prinz Arthur stirbt
1509	Heinrich VII. stirbt
	Heinrich VIII., König von England, heiratet Katharina von Aragonien
1516	18. Februar: Geburt Marias, der Tochter Heinrichs VIII. und Katharinas von Aragonien, der späteren Maria I. von England
1529	›Scheidungsprozeß‹ gegen Katharina von Aragonien
1532	Annatengesetz
1533	Heimliche Heirat zwischen Heinrich VIII. und Anna Boleyn
	Weihe Thomas Cranmers zum Erzbischof von Canterbury
	Thomas Cranmer erklärt Heinrichs VIII. Ehe mit Katharina von Aragonien für ungültig, die Ehe mit Anna Boleyn für gültig
	Geburt Elisabeths (7. September), der Tochter Heinrichs VIII. und Anna Boleyns, der späteren Königin Elisabeth I.
1534	2. Annatengesetz
	Heinrichs VIII. Eid auf die Thronfolge
	Bruch zwischen England und Rom
1535	Thomas Cromwell wird Generalvikar des Königs
1536	Tod Katharinas von Aragonien
	Prozeß und Hinrichtung Anna Boleyns
	Heinrich VIII. heiratet Jane Seymour
	Maria unterwirft sich ihrem Vater
1537	Geburt des Prinzen Eduard, des späteren Königs Eduard VI.
	Tod Jane Seymours im Kindbett
1538	Vermählung Jakobs V. von Schottland mit Maria von Guise
1540	Heinrich VIII. heiratet Anna von Kleve
	Annullierung der Ehe zwischen Heinrich VIII. und Anna von Kleve
	Hinrichtung von Thomas Cromwell
	Heinrich VIII. heiratet Katharina Howard
1541	Heinrich VIII. König von Irland

1542	Hinrichtung Katharina Howards
	Sieg der Engländer über die Schotten bei Solway Moss
	Geburt Maria Stuarts (7./8. Dezember)
	Tod Jakobs V. von Schottland
1543	Heiratsvertrag zwischen England und Schottland über Eduard, Prinz von Wales, und Maria Stuart
	Heinrich VIII. heiratet Katharina Parr
	Schottland erklärt den Heiratsvertrag mit England für nichtig
1543-45	Englands Krieg gegen Schottland
1544	Niederlage der Engländer gegen die Schotten bei Ancrum Moor
1547	Tod Heinrichs VIII. und Thronbesteigung seines Sohnes Eduard VI.
1548	Überfahrt Maria Stuarts nach Frankreich
	Verlobung Maria Stuarts mit dem französischen Dauphin Franz
1553	Tod Eduards VI. von England, Jane Grey für neun Tage Königin, dann Thronbesteigung Maria Tudors als Maria I.
1554	Maria von Guise Regentin von Schottland
	Maria I. heiratet Philipp von Spanien, den Sohn Karls V.
1555	Die blutige Verfolgung der englischen Protestanten beginnt
1556-58	Abdankung Karls V. zugunsten Philipps II. und Ferdinands I.
1558	Ferdinand I. wird zum Kaiser des Heiligen Römischen Reiches gewählt
	Heirat Maria Stuarts und des Dauphins in Paris
	Tod Maria Tudors und Thronbesteigung Elisabeths I.
1559	Heinrich II. von Frankreich beim Turnier tödlich verletzt, Thronbesteigung Franz' II. und Maria Stuarts
1560	Tod Marias von Guise. In Schottland wird der Protestantismus zur Staatsreligion
	Franz II. von Frankreich stirbt. Thronbesteigung Karls IX., Regentschaft Katharinas von Medici
	Tod Amy Robsarts, der Gattin Robert Dudleys
1561	Maria Stuarts Rückkehr nach Schottland
1562	Ernennung von James Stuart zum Grafen von Moray
1563/64	Verhandlungen um Maria Stuarts Wiederverheiratung
1564	Geburt Shakespeares
1565	Maria Stuart heiratet Henry Darnley
1566	David Riccio, der Sekretär Maria Stuarts, wird ermordet
	Maria Stuart flieht nach Dunbar
	Geburt von Maria Stuarts Sohn, dem späteren Jakob VI. von Schottland und Jakob I. von England
1567	Ermordung Darnleys

Heirat (3. Ehe) Maria Stuarts mit dem Grafen Bothwell
Aufstand der Lords in Schottland gegen Maria Stuart und Bothwell
Graf Moray wird zum Regenten Schottlands proklamiert
Herzog von Alba erscheint mit einem spanischen Heer in den Niederlanden, Beginn des niederländischen Freiheitskampfes

1568　Maria Stuart flieht nach England

1570　Graf Moray fällt einem Attentat zum Opfer
Papst Pius V. exkommuniziert Elisabeth I.
England und Schottland verhandeln um Maria Stuarts Freilassung

1571　Beginn und Aufdeckung des Ridolfi-Komplotts
Sieg der Heiligen Liga über die Türken in der Seeschlacht bei Lepanto durch Don Juan de Austria

1572　Hinrichtung des Herzogs von Norfolk wegen Hochverrats
Heirat Margaretes von Valois und Heinrichs von Navarra, des zukünftigen Heinrich IV. von Frankreich
Massaker der Bartholomäusnacht in Paris
Geheime Verhandlungen zwischen England und Schottland um eine Auslieferung Maria Stuarts
Francis Drakes Expedition nach dem spanischen Mittelamerika

1573　Heinrich, Herzog von Anjou, der Bruder Karls IX. von Frankreich, wird zum polnischen König gewählt
Herzog Alba verläßt die Niederlande

1574　Tod des französischen Königs Karl IX., Heinrich III. wird König von Frankreich und verläßt Polen

1576　Don Juan de Austria in den Niederlanden

1577　Francis Drake beginnt seine Erdumsegelung

1579　Besuch des Herzogs von Alençon bei Elisabeth I.

1580　Rückkehr Drakes von seiner Erdumsegelung

1581　Verhandlungen Maria Stuarts über eine Doppelherrschaft mit ihrem Sohn Jakob in Schottland

1583　Verschwörung von Francis Throckmorton

1584　Tod Iwans des Schrecklichen
Hinrichtung von Francis Throckmorton
Überführung Maria Stuarts nach Wingfield
Tod des Herzogs von Alençon
Ermordung Wilhelms von Oranien

1585　Verlegung Maria Stuarts nach Tutbury
Gesetz zum Schutz von Elisabeth I.

1586　Babington-Verschwörung
Maria Stuart kommt in Tixall in strenge Einzelhaft

	Hinrichtung Babingtons und seiner Mitverschwörer
	Beginn des Prozesses gegen Maria Stuart
1587	8. Februar: Hinrichtung Maria Stuarts
	Beisetzung Maria Stuarts in Peterborough
1588	Niederlage der spanischen Armada durch die englische Flotte
	Tod Robert Dudleys
	Ermordung des Herzogs von Guise
1589	Tod Katharinas von Medici
	Ermordung Heinrichs III. von Frankreich
	Heinrich von Bourbon, König von Navarra, wird als Heinrich IV. König von Frankreich
1592	Kaperfahrt englischer Schiffe nach den Azoren
	Shakespeare läßt *Richard III.* aufführen
1594	Krönung Heinrichs IV. zum König von Frankreich
	Romeo und Julia
1596	Graf von Essex erobert Cádiz
1598	Frieden von Vervins zwischen Frankreich und Spanien
	Tod Philipps II. von Spanien
1599	Feldzug des Grafen von Essex in Irland
	Eigenmächtige Rückkehr des Grafen von Essex nach England
1600	Gründung der englischen Ostindischen Kompanie
	Hamlet
1601	Hinrichtung des Grafen von Essex
	Geburt Ludwigs XIII. von Frankreich
1603	Tod Elisabeths I., Thronbesteigung Jakobs VI. von Schottland als Jakob I. von England
1612	Überführung des Leichnams Maria Stuarts nach Westminster

Die englische Thronfolge v

(gekü

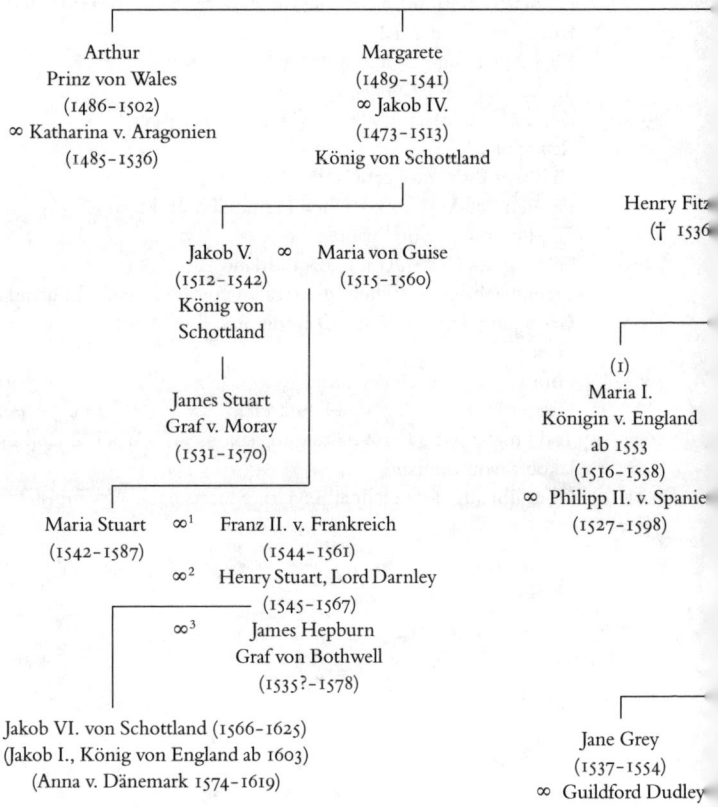

Heinrich VII. (1457-1509) König v. Engl∢

Arthur
Prinz von Wales
(1486-1502)
∞ Katharina v. Aragonien
(1485-1536)

Margarete
(1489-1541)
∞ Jakob IV.
(1473-1513)
König von Schottland

Henry Fitz∢
(† 1536∢

Jakob V.   ∞   Maria von Guise
(1512-1542)   (1515-1560)
König von
Schottland

(1)
Maria I.
Königin v. England
ab 1553
(1516-1558)
∞ Philipp II. v. Spanie∢
(1527-1598)

James Stuart
Graf v. Moray
(1531-1570)

Maria Stuart   ∞¹   Franz II. v. Frankreich
(1542-1587)   (1544-1561)
                 ∞²   Henry Stuart, Lord Darnley
                          (1545-1567)
                 ∞³   James Hepburn
                          Graf von Bothwell
                          (1535?-1578)

Jakob VI. von Schottland (1566-1625)
(Jakob I., König von England ab 1603)
(Anna v. Dänemark 1574-1619)

Jane Grey
(1537-1554)
∞ Guildford Dudley∢
(† 1554)

einrich VII. bis Jakob I.

nealogie)

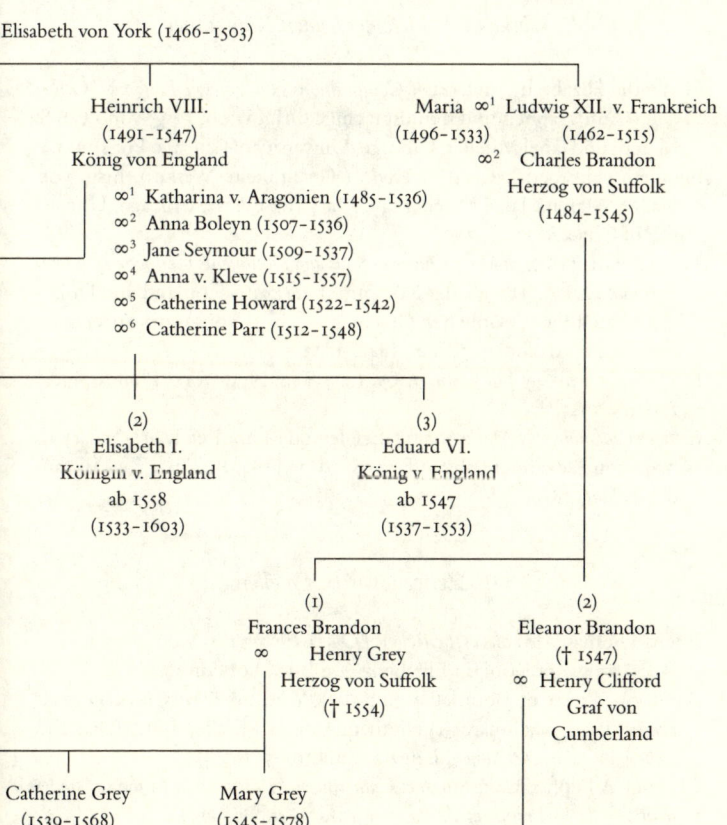

Elisabeth von York (1466–1503)

Heinrich VIII.
(1491–1547)
König von England

 ∞¹ Katharina v. Aragonien (1485–1536)
 ∞² Anna Boleyn (1507–1536)
 ∞³ Jane Seymour (1509–1537)
 ∞⁴ Anna v. Kleve (1515–1557)
 ∞⁵ Catherine Howard (1522–1542)
 ∞⁶ Catherine Parr (1512–1548)

Maria ∞¹ Ludwig XII. v. Frankreich
(1496–1533) (1462–1515)
 ∞² Charles Brandon
 Herzog von Suffolk
 (1484–1545)

(2)
Elisabeth I.
Königin v. England
ab 1558
(1533–1603)

(3)
Eduard VI.
König v. England
ab 1547
(1537–1553)

(1)
Frances Brandon
∞ Henry Grey
Herzog von Suffolk
(† 1554)

(2)
Eleanor Brandon
(† 1547)
∞ Henry Clifford
Graf von
Cumberland

Catherine Grey
(1539–1568)
Edward Seymour
(1539–1621)

Mary Grey
(1545–1578)
∞ Thomas Keys
(1523–1571)

Margaret Clifford
(† 1596)

Bibliographie

I. Werke und Briefe der beiden Königinnen

Elisabeth (Elizabeth), *Autograph Compositions and Foreign Language Originals* (»Autographen und fremdsprachige Originale«), hrsg. von Leah S. Marcus und Janel Mueller, Chicago, University of Chicago Press, 2002.

Elisabeth (Elizabeth), *Collected Works* (»Gesammelte Werke«), hrsg. von Leah S. Marcus, Janel Mueller und Mary Beth Rose, Chicago, University of Chicago Press, 2000.

Maria Stuart, *Letters of Mary Queen of Scots and Documents Connected with her Personal History* (»Briefe der Königin Maria von Schottland und Dokumente zu ihrer persönlichen Geschichte«), hrsg. von Agnes Strickland, London, H. Colburn, 3 Bde., 1842–1843.

Letters and Poems, by Mary Stuart, Queen of Scots, New York, Philosophical Library, 1947.

Lettres et Mémoires de Marie Stuart (»Briefe und Memoiren Maria Stuarts«), hrsg. von Alexander Labanoff, Paris, 7 Bde., 1844, ergänzt von Alexandre Teulet, 1859.

II. Zeitgenössische Quellen

Birch, Thomas, *Memoirs of the Reign of Queen Elizabeth* (»Memoiren aus der Regierungszeit Königin Elisabeths«), 2 Bde., London 1754.

Brantôme, Pierre de Bourdeille, Abbé de, *Recueil des Dames, poésies et tombeaux*, Paris, Gallimard, Bibliothèque de la Pléiade, 1991. (Dt.: *Das Leben der galanten Damen*, Leipzig, Insel, 1905, 1979.)

Chéruel, Adolphe, *Marie Stuart et Catherine de Médicis: étude historique sur les relations de la France et de l'Écosse dans la seconde moitié du XVI⁽ᵉ⁾ siècle* (»Maria Stuart und Katharina von Medici: eine historische Untersuchung über die Beziehungen Frankreichs und Schottlands in der zweiten Hälfte des 16. Jahrhunderts«), Paris, Hachette, 1858.

Herries, John Maxwell, Lord, *Historical Memoirs of the Reign of Mary Queen of Scots, and a portion of the reign of King James the Sixth* (»Zeitgenössische Memoiren aus der Regierungszeit der Königin Maria von Schottland und aus einem Teil der Regierungszeit von König Jakob VI.«), hrsg. von Robert Pitcairn, Edinburgh, Abbotsford Club, 1836.

Katharina von Medici, *Lettres* (»Briefe«), hrsg. von H. de La Ferrière-Percy und G. Baguenault de Puchesse, in: *Documents inédits sur l'Histoire de France*, Paris, Imprimerie Nationale, 1880-1943.

La Mothe-Fénelon, Bertrand de, *Correspondance Diplomatique* (»Diploma-tische Korrespondenz«), hrsg. von C. Cooper und A. Teulet, Paris-London-Leipzig, 7 Bde., 1838-1841.

Melville, James, *Memoirs of his own Life* (»Lebenserinnerungen«), hrsg. von J. S. Stevenson, London 1929.

III. Werke des 20. Jahrhunderts

Black, John Bennett, *The Reign of Elizabeth* (»Die Regierungszeit Elisa-beths«), in: *Oxford History of England*, Oxford, Clarendon Press, 1959.

Davis, Godfrey, *The Early Stuarts* (»Die frühen Stuarts«), in: Oxford History of England, Oxford, Clarendon Press, 1959.

Dobson, Michael, und Nicola Watson, *England's Elizabeth: An Afterlife in Fame and Fantasy* (»Englands Elisabeth: ein Nachleben im Ruhm und in der Phantasie«), Oxford, Oxford University Press, 2002.

Doran, Susan, *Monarchy and Matrimony. The Courtships of Elizabeth I* (»Monarchie und Ehe. Die Werbungen um Elisabeth I.«), London und New York, Routledge, 1996.

Duchein, Michel, *Marie Stuart*, Paris, Fayard, 1987. (Dt.: *Maria Stuart. Eine Biographie*, aus dem Frz. von Enrico Heinemann und Ursel Schäfer, Zürich, Benziger Verlag, 1992.)

Elton, Geoffrey Rudolph, *England under the Tudors*, London, Methuen & Co., 1969. (Dt.: *England unter den Tudors*, aus dem Engl. von Suzanne Gangloff, München, Callwey, 1983.)

Fraser, Antonia, *Mary Queen of Scots*, New York, Delacorte Press, 1970. (Dt.: *Maria, Königin der Schotten*, aus dem Engl. von Ulla H. de Herrera, Hamburg, Claassen, 1971.)

Johnson, Paul, *Elizabeth I*, New York, Holt, Rinehart and Winston, 1974.

Neale, John E., *Queen Elizabeth*, New York, Harcourt, 1934. (Dt.: *Elisa-beth I., Königin von England*, aus dem Engl. von Georg Goyert, Mün-chen, Callwey, 1967.)

Read, Conyers, *Lord Burghley and Queen Elizabeth* (»Lord Burghley und Königin Elisabeth«), New York, Knopf, 1960.

–, *Mr. Secretary Cecil and Queen Elizabeth* (»Staatssekretär Cecil und Köni-gin Elisabeth«), New York, Knopf, 1955.

–, *Mr. Secretary Walsingham and the Policy of Queen Elizabeth* (»Staatssekretär

Walsingham und die Politik Königin Elisabeths«), Oxford, Clarendon Press, 1925.

Starkey, David, *A Struggle for the throne* (»Ein Kampf um den Thron«), New York, Harper Collins, 2001.

–, *Elizabeth I: Apprenticeship* (»Elisabeth I.: die Lehrjahre«), London, Chatto and Windus, 2000.

Weir, Alison, *Mary, Queen of Scots, and the Murder of Lord Darnley* (»Die Königin Maria von Schottland und die Ermordung Lord Darnleys«), New York, Ballantine Books, 2003.

Williams, Neville, *All the Queen's Men, Elizabeth I and her Courtiers* (»Alle Männer der Königin, Elisabeth I. und ihre Höflinge«), New York, Macmillan, 1972.

–, *A Tudor Tragedy: Thomas Howard, Fourth Duke of Norfolk* (»Eine Tragödie der Tudors: Thomas Howard, der vierte Herzog von Norfolk«), New York, Dutton, 1965.

Wilson, Derek, *Sweet Robin, Robert Dudley, Earl of Leicester, 1533-1588* (»Lieber Robin, Robert Dudley, Graf von Leicester, 1533-1588«), London, Allison & Busby, 1997.

Wormald, Jenny, *Mary Queen of Scots, A Study in Failure,* London, George Philip, 1991. (Dt.: *Maria Stuart,* aus dem Engl. von Cornelia Witz, Würzburg, Ploetz, 1992.)

Zweig, Stefan, *Maria Stuart,* Frankfurt am Main, Fischer Taschenbuch Verlag, 2003; die Erstausgabe erschien 1935 in Wien.

Personenregister

Heinrich (Henrique) (1512-1580), Kardinal-König von Portugal 252

Hentzner, Paul (1558-1623), deutscher Reisender 270

Herries of Terregles, John, Lord, s. Maxwell

Hertford, s. Seymour, Edward

Hilliard, Nicholas (1547-1619), englischer Maler 184

Holbein der Jüngere, Hans (1497-1543) 18

Howard, Charles, Lord Howard of Effingham, Graf von Nottingham (1536-1624), Großadmiral 244, 298

Howard, Thomas, s. Norfolk

Hugo, Victor (1802-1885), französischer Schriftsteller 91

Hunsdon, Henry Carey, Lord (1525-1596), englischer Heerführer 167, 244

Huntingdon, Henry Hastings, Graf von (1536-1595), englischer Adliger 72

Huntly, George Gordon, 4. Graf von (1514-1562), schottischer Adliger 71

Huntly, George Gordon, 5. Graf von (1548-1576), schottischer Adliger 108, 119

Isabella von Kastilien (1451-1504), Königin 7

Iwan IV., der Schreckliche (1530-1584), erster russischer Zar 206

Jackson, Glenda (geb. 1936), englische Schauspielerin 314

Jakob I., s. Jakob VI.

Jakob III. (1453-1488), König von Schottland 54

Jakob IV. (1473-1513), König von Schottland. Seine Ehe mit Margarete Tudor begründete den Anspruch der Stuarts auf die englische Thronfolge. 11, 56, 94

Jakob V. (1512-1542), König von Schottland. Er verbündete sich mit Frankreich, als er zuerst die Tochter Franz' I., Magdalena (Madeleine), und danach Maria von Guise heiratete. Vater Maria Stuarts 18, 53, 63, 106, 115, 135, 156

Jakob VI. (1566-1625), König von Schottland, danach als Jakob I. König von Großbritannien; Sohn Maria Stuarts und Lord Darnleys. 1567 wurde er König von Schottland nach der Gefangennahme seiner Mutter, die beschuldigt wurde, seinen Vater ermordet zu haben. 1603, beim Tod Elisabeths, erbte er die englische Krone und vereinigte England, Wales und Schottland unter dem Namen Großbritannien. 112, 113, 116, 137, 140, 142, 154, 180, 183, 202, 209, 216-218, 229, 231, 234, 238, 239, 297, 301, 305-308

Jane Seymour (1509-1537), Königin von England, dritte Frau Heinrichs VIII. 9, 17, 24

Johann von Finnland (1537-1592), König von Schweden 78

Johann von Gent (John of Gaunt), Herzog von Lancaster (1340-1399), Sohn Eduards III. 10

Bildnachweis

akg-images, Berlin: 1, 6, 7, 14, 16
The Bridgeman Art Library, London: 2, 3, 4, 8, 9, 11, 12, 15
National Portrait Gallery, London: 5
Roger-Viollet, Paris: 10, 13